疆理歷

Roderich Ptak

Die maritime Seidenstrasse

Historische Bibliothek der GERDA HENKEL STIFTUNG

Die Historische Bibliothek der Gerda Henkel Stiftung wurde gemeinsam mit dem Verlag C. H. Beck gegründet. Ihr Ziel ist es, ausgewiesenen Wissenschaftlern die Möglichkeit zu geben, grundlegende Erkenntnisse aus dem Bereich der Historischen Geisteswissenschaften einer interessierten Öffentlichkeit näher zu bringen. Die Stiftung unterstreicht damit ihr Anliegen, herausragende geisteswissenschaftliche Forschungsleistungen zu fördern – in diesem Fall in Form eines Buches, das höchsten Ansprüchen genügt und eine große Leserschaft findet.

Bereits erschienen:

Hermann Parzinger: Die frühen Völker Eurasiens.
Vom Neolithikum bis zum Mittelalter

Roderich Ptak

Die maritime Seidenstrasse

Küstenräume, Seefahrt und Handel in vorkolonialer Zeit

Verlag C. H. Beck

Mit 46 Abbildungen und 14 Karten

Satz: Fotosatz Reinhard Amann, Aichstetten
Druck und Bindung: Ebner und Spiegel, Ulm
Gedruckt auf säurefreiem, alterungsbeständigem Papier
(hergestellt aus chlorfrei gebleichtem Zellstoff)
Printed in Germany
ISBN 978 3 406 56189 4

www.beck.de

Inhalt

Vorwort

Eigentlich könnte 2007, im Erscheinungsjahr dieses Buches, ein Jubiläum begangen werden, denn um 1557, vor viereinhalb Jahrhunderten, gründeten die Portugiesen auf dem Südteil der Macau-Halbinsel die erste europäische Niederlassung in Ostasien, die zugleich als letzte an China zurückfiel (1999), zwei Jahre nach Hongkong (1997). Die Experten sind sich zwar darin einig, daß die Errichtung Macaus friedlich verlief und die sino-portugiesischen Beziehungen im allgemeinen sehr freundschaftlich waren (und es bis heute sind), doch hinsichtlich des Gründungsjahres wurden gelegentlich Zweifel geäußert, so daß dieses Ereignis heute eher nur am Rande wahrgenommen wird.

Dafür sind jedoch längst andere Perioden der Geschichte in den Blickpunkt der Öffentlichkeit gerückt. Im frühen 15. Jahrhundert waren große chinesische Flotten in Südostasien und im Indischen Ozean unterwegs, die bis nach Hormuz, Aden und Ostafrika gelangten. Geleitet wurden diese Unternehmungen vor allem von Zheng He, der 1405 zu seiner ersten Fahrt aufbrach, von der er 1407, vor sechshundert Jahren, erfolgreich nach China zurückkehrte. Das Reich der Mitte sah sich damals als maritime Großmacht, die portugiesischen Asienfahrten standen erst noch bevor, die europäische Expansion ebenfalls.

In gewisser Weise also beschlossen Zheng He und seine Zeitgenossen eine ganze Epoche, während der die maritimen Verbindungen zwischen Ost- und Westasien – und zum Mittelmeer – stets in asiatischen Händen lagen. Damit ist unser Thema, die «maritime Seidenstraße», angesprochen, die Portugal nach Umrundung des Kaps zu erkunden begann, sich nach Indien und Fernost vortastend, ein eigenes System von Dependancen errichtend, gewissermaßen in Nachfolge der maritimen Großmacht China. Für viele beginnt hier deshalb ein ganz neues Zeitalter, das erst heute auszuklingen scheint.

Daß wir tatsächlich wieder in eine historische Übergangsphase eingetreten sein könnten, wird in China seit geraumer Zeit mit großem Nachdruck betont. Die maritimen Unternehmungen des damaligen Ming-Staates seien überwiegend friedlich gewesen, auf Harmonie und Toleranz fußend, anders als die erniedrigende Politik von Amerikanern und Briten. Einige Visionäre gehen sogar noch weiter: Chinas Traditionen und Werte könnten langfristig jene Vorstellungen und Ideale ersetzen, die ihrer Meinung nach von den Anglophonen gründlich mißbraucht werden. Mit Stolz wird in China längst vom «Geiste Zheng Hes» gesprochen, mit dem sich der Wunsch nach Offenheit, Pluralismus, wirtschaftlicher Dynamik und einer gerechteren internationalen Weltordnung verbindet.

Durch die bewußte Hinwendung zu den Ozeanen – inzwischen hat China sogar einen «Tag der Meere» eingeführt – fördert der Staat die Erinnerung an jene Epoche, die weit vor der der Portugiesen lag: an die goldenen Jahrhunderte der maritimen Seidenstraße. Das Thema bleibt folglich aktuell. Nahezu überall in den asiatischen Küstenkulturen sind ähnliche Tendenzen zu beobachten: Maritime Erbschaften gilt es zu pflegen, um neue historische Erkenntnisse zu erweitern, hier und da zugleich ein wenig anders zu interpretieren, nicht selten auch zu verklären. Literarische und archäologische Komponenten gehen dabei oftmals erfrischende Symbiosen ein.

Vielleicht kommt das vorliegende Buch deshalb ja zur rechten Stunde. Jedenfalls mag es als ein bescheidener Versuch angesehen werden, Vergangenes einzufangen, in teils ungewöhnlicher Weise, passend wohl zum Geist der Zeit, welche Merkmale dieser auch immer eines Tages annehmen wird.

München, im März 2007 *Roderich Ptak*

I. Einführung

Das Mittelmeermodell

«Konventionelle» Historiker befassen sich mit Ländern oder Regionen. Wenn sie die Meere in ihren Darstellungen berücksichtigen, dann blicken sie meist vom Land auf die See, als säßen sie auf einem Schemel inmitten ihres jeweiligen Gebietes. Jene, denen es um maritime Geschichte geht, hocken gleichsam in einem Boot und sehen in die andere Richtung, von der See aufs Land, vor allem auf die Küstenräume.

Das Mittelmeer ist das «klassische» Arbeitsfeld des maritimen Historikers. Vor allem Fernand Braudel hat sich der Erforschung dieses Gebietes gewidmet. Für ihn bildete es ein nahezu geschlossenes Ganzes, wird es doch, wie bereits der Name andeutet, ringsherum von Land umgeben. Lediglich über die Straße von Gibraltar ist es mit dem Atlantik verbunden und über den kurzen Weg zwischen Port Said und Suez sowie die alte Karawanenroute quer durch das Zweistromland mit dem Roten Meer und dem Persischen Golf, die ihrerseits in den Indischen Ozean führen. Das Schwarze Meer wiederum kann als Anhängsel – fast als «Untermeer» – des Mittelmeeres betrachtet werden.

Natürlich ging es Braudel nicht um das Mittelmeer «an sich», sondern um seine Häfen, Küsten und Inseln. Hierbei kamen ihm in gewisser Weise die räumliche Begrenztheit und Überschaubarkeit des gewählten Arbeitsgebietes entgegen, weisen doch die verschiedenen Gegenden, die den Mittelmeerraum in toto definieren, deutliche Ähnlichkeiten auf. Einige Gemeinsamkeiten – und natürlich auch Unterschiede – können als physische Faktoren betrachtet werden, andere lassen sich als kulturelle Dimensionen auffassen, die direkt oder indirekt von den naturgegebenen Bedingungen mitgeprägt worden sind. Vor allem bei letzteren war Braudel darum bemüht, zu zeigen, daß ihnen eine gewisse Langlebigkeit zueigen sei, sie als sogenannte *longue durée*-Phänomene klassifiziert werden sollten. Die Geschichte des Mittelmeerraumes als Geschichte einer in sich weitestgehend homogenen Region begreifen zu wollen, bedeutete folglich, bei der Darstellung der Ereignisse, dem Aufstieg und Niedergang von Häfen und Reichen etwa, jene Komponenten herauszufiltern, die im Strom der Geschehnisse gleichsam als konstante Pfeiler herausragten, Wandlungsprozesse mehr oder weniger unbeschadet überdauerten, eben eine prägende Funktion im Hintergrund erfüllten, auch wenn diese mitunter an der Oberfläche zunächst kaum wahrzunehmen war.

Freilich, so muß auch der maritime Historiker zugeben, wird Geschichte letztlich eher an Land «gemacht», nicht auf den Meeren. Anders ausgedrückt: Die See als Podium für Ereignisse bleibt der Küste funktional untergeordnet, die partielle Beherrschung der Meere – sofern sie überhaupt zu kontrollieren waren – ist in historischer Zeit niemals Selbstzweck gewesen. Wer hinaus aufs Meer fuhr, setzte sich einem kalkulierten Risiko aus; der positive Ausgang seines «Unternehmens», gleich ob es sich um eine Handels-, Erkundungs- oder Gesandtschaftsreise handelte, um ein militärisch inspiriertes Abenteuer oder eine friedliche Pilgerfahrt, wirkte zurück auf das Land, auf die Menschen im Ausgangshafen, auf den Zielpunkt oder beides. Noch weiter gefaßt: Geschichte von Landregionen kommt gegebenenfalls ohne das Meer aus, die Geschichte maritimer Regionen kann jedoch nicht zur Gänze auf das Land verzichten.

Verweilen wir hier kurz bei der Kontrolle von Räumen. In alter Zeit konnten Landrouten sehr wohl von einer starken Macht beherrscht werden. Straßen und Wege, die durch Schluchten oder über steile Bergpässe führten, aber auch große Flächen ließen sich durch Heere blockieren. Für Seestraßen und das offene Meer trifft Ähnliches wohl viel seltener zu, fehlte es doch meist an den notwendigen technischen Voraussetzungen. Nicht einmal schwere Artillerie, an strategischen Punkten postiert, vermochte eine breitere Hafeneinfahrt wirklich abzusichern. Und in jenen Zeiten, in denen auf See gekämpft wurde wie an Land – indem man gegnerische Fahrzeuge enterte und sodann versuchte, den Feind mit Hieb- und Stichwaffen niederzuringen –, fielen die Kontrollmöglichkeiten noch geringer aus. Derlei freilich hatte auch seine positiven Seiten: Seestraßen, Meeresteile und ganze Ozeane blieben weitestgehend offen, Schiffe konnten nicht selten der Observation des Feindes entgehen. So wurde es für einzelne Häfen und Küstenorte möglich, miteinander in Kontakt zu treten, oft vorbei an den Vorgaben der großen Landmächte, hinter ihrem Rücken – und jenseits der gierigen Blicke potentieller Rivalen. Entfernungen spielten dabei nicht immer eine Rolle; Beziehungsgeflechte, die im Laufe der Jahrhunderte entstanden und wieder vergingen, erreichten gelegentlich «interkontinentale» Dimensionen oder liefen über mehrere Zwischenstationen. Die See bot also mitunter mehr Möglichkeiten als das Land, denn selbst zwischen den entferntesten Orten konnten über direkte Routen neue «Brücken» entstehen.

In einem aber war der Seeverkehr meist anfälliger als die Verbindung über Land: Er hing von äußeren Bedingungen ab, von Winden und Strömungen, denen Segelschiffe und mit Muskelkraft getriebene Fahrzeuge kaum ausweichen konnten. Widrige Umstände an Land ließen sich im allgemeinen schneller umgehen, auch ein schneebedeckter Paß blieb nicht unüberwindbar. Der landgestützte Handel über weite Entfernungen unterlag also nicht unbedingt dem Diktat jahreszeitlicher Schwankungen.

Indes hatten die jahreszeitlichen Schwankungen auf See, freilich weniger im Mittelmeer als im Indischen oder Pazifischen Ozean, zugleich ihre Vorzüge: Sie waren an einen bestimmten Rhythmus gekoppelt. Wer es verstand, sich diesem anzupassen, reduzierte das Risiko, Verluste zu erleiden. Seeverbindungen und maritime Unternehmungen hingen folglich hochgradig von zyklisch wiederkehrenden Bedingungen ab; das heißt, daß die Geschichte großer maritimer Räume – von Ausnahmen abgesehen – in gewisser Weise als Sequenz von Ereignissen aufgefaßt werden kann, die in erheblichem Maße durch einen nahezu konstanten Rhythmus der Natur beeinflußt wurden. Natürlich wissen wir von schleichenden Änderungen des Küstensaums, hervorgerufen durch tektonische Verwerfungen oder Sedimentablagerungen in Flußmündungen, von großen Katastrophen, die völlig unerwartet eintraten, doch auf den «Puls» des Geschehens haben sich «Ausschläge» dieser Art kaum je nachhaltig ausgewirkt.

Werfen wir an dieser Stelle einen Blick auf die Meere Asiens, auf die Welt jenseits des kleinen europäischen Mittelmeeres: In weiten Teilen des Indischen Ozeans und der maritimen Räume Ost- und Südostasiens war der Monsun «Schrittmacher» allen Geschehens. Ohne ihn hätte die Seefahrerei eine völlig andere Gestalt entwickelt, wäre Zeit – für die Hinfahrt zu einem Ziel und die anschließende Heimreise – sicher anders berechnet worden, hätten Schiffe nicht an ganz bestimmten Punkten Station eingelegt, um zu «überwintern», auf günstige Windverhältnisse wartend. Und mehr noch: Orte vor oder an der Küste, aus denen allmählich Häfen hervorgingen, stellten sich gleichfalls auf die Jahreszeiten ein. Händler kamen zur «üblichen» Saison, vielleicht auch Seeräuber und Plünderer, wohingegen es in anderen Monaten wenig zu tun gab. Sicherheitsvorkehrungen waren dann unnötig. Man kümmerte sich um die Straßenverbindungen ins rückwärtige Hinterland, ergriff Baumaßnahmen, traf Vorbereitungen für den nächsten Handelszyklus und vieles andere mehr.

Häfen und Buchten, die als Ankerplätze dienten, glichen Knoten in einem komplizierten Geflecht von Nervenbahnen. Sie verknüpften Land und See. Manche überdauerten gar die wechselvollen Geschehnisse mehrerer Jahrhunderte, können folglich selbst schon fast als *longue durée*-Phänomene angesehen werden. Die seegestützten Verbindungen, welche an sie gekoppelt waren, unterlagen zwar äußeren physischen Bedingungen, ließen sich jedoch im Rahmen nahezu ewig gleicher Vorgaben modifizieren und an neue Gegebenheiten anpassen – oder auch nicht. War das Schicksal eines Ortes etwa aus wirtschaftlichen Gründen von einem anderen, weit über See entfernt liegenden hochgradig abhängig, kam der entsprechenden «Liaison» in aller Regel ein besonderes Gewicht zu.

Verbindungen zwischen Küsten und Häfen – dies eine weitere zentrale Vorstellung bei Braudel – basierten auf *échanges*, auf Austauschbeziehungen aller Art, also nicht allein auf wirtschaftlichen, sondern ebenso auf politischen und kulturellen. Das Mittelmeer war somit ein komplexes Beziehungsgeflecht, ein schier unüberschaubares Ganzes, in stetigem Wandel begriffen, doch zugleich von solchen Verbindungen charakterisiert, die sich nur schleichend wandelten, kaum wahrnehmbar für das Auge des Betrachters.

Braudels Vision vom Mittelmeer war, um die obigen Ausführungen zusammenzufassen, gewissermaßen auf ein hierarchisch geordnetes Model gegründet: Der nahezu unveränderliche Raum mit seinen geographischen Konstanten bildete die grundlegendste Struktur, gleichsam die tiefste Schicht. In sie können jene Langzeitphänomene eingebettet werden, welche über lange Epochen zu beobachten sind und konjunkturellen Zyklen glichen. Die reine Ereignisgeschichte wiederum stellte die oberste Schichtung dar. Eigentlich war sie nebensächlich, ließen sich doch viele Personen, die mit ihr verknüpft sind, auf einer sich allenfalls schleichend wandelnden Bühne fast beliebig ersetzen.

Dieses Bild ist häufig auf andere maritime Regionen übertragen worden – mit dem Ziel, ihnen eine ebensolche Einheitlichkeit beizumessen, und zwar bezogen auf Raum und Zeit, besonders aber auf den Raum. Dabei erhebt sich eine stets gleichbleibende Frage, auf die wohl höchstens eine theoretische Antwort gefunden werden kann: Wie weit blickt der maritime Historiker überhaupt ins Land hinein, wo endet sein Revier? Die intuitive Lösung könnte lauten: Dort, wo der Küstensaum mit seinen Häfen ins Hinterland übergeht, das Hinterland «wichtiger» zu werden beginnt oder wo zwischen Küstensaum und Hinterland mehr Gemeinsamkeiten festzustellen sind als zwischen den Küstenorten an sich, dort ungefähr überquert der primär an maritimen Fragen Interessierte die ihm gesteckten Grenzen. Noch freier formuliert und auf die Austauschbeziehungen übertragen oder die konjunkturellen Zyklen: Überwiegen, gemessen an Häufigkeit, Gewicht und Nachhaltigkeit, die seegestützten Kontakte jene Verbindungen, die Küstenorte mit dem Hinterland venetzten, dann weiß sich der maritime Historiker noch in seinem «Feld».

Natürlich bleibt dieses Bild unbefriedigend, denn Quantifizierungen sind unmöglich und Abweichungen von der «Regel» stets denkbar. Außerdem stehen Kontakte in vielerlei Wechselwirkungen zueinander, und nur in seltenen Fällen sind diese Wirkungen wirklich zu entwirren. Eines jedoch mag das Gesagte verdeutlicht haben: «Regionenbezogene Wissenschaft», traditionelle *area studies* sozusagen, und maritime Geschichte sind nicht völlig deckungsgleich. In räumlicher Hinsicht überlappen sie sich am ehesten in Küstenzonen.

Der afro-asiatische Seeraum

Einige der obigen Gedanken sind, wie schon vermerkt, von der Wissenschaft auf den Indik und Ostasien übertragen worden. Schon in frühen Zeiten – archäologisch nachweisbar – waren Boote und Schiffe auf dem Persischen Golf und im Roten Meer unterwegs, wodurch Teile Westasiens mit den Küstengebieten Indiens oder Sri Lankas verbunden wurden. Auch südlich von Kap Guardafui und Sokotra, bis hinunter nach Sofala, gab es Handelskontakte, läßt sich zudem kultureller «Transfer» im weitesten Sinne beobachten, besonders in islamischer Zeit. In Fernost sind es vor allem das Ostchinesische und das Südchinesische Meer, die über Jahrhunderte Begegnungsräume darstellten. Den chinesischen Küstenprovinzen Zhejiang, Fujian und Guangdong kam dabei spätestens seit dem 8. oder 9. Jahrhundert eine Schlüsselrolle zu. In Japan liefen die Außenbeziehungen meist auf der Südinsel Kyushu zusammen. Selbst Korea und die Ryukyu-Kette traten längere Zeit als wichtige Glieder im Rahmen seegestützter Austauschkontakte hervor.

In Analogie zum oben Gesagten müßte die Betrachtung all dieser Kontakte über das Ostchinesische Meer ungefähr dort aufhören, wo das chinesische Küstenland ins Innere Chinas übergeht. Oder, um ein zweites Beispiel zu nennen: Gleichsam hinter den West-Ghats, welche die Malabar-Küste des Indischen Subkontinents über lange Zeiträume vom Dekkan-Gebiet mit seinen mächtigen Inlandsstaaten trennten, endet die Welt jener Spezialisten, die sich mit dem Arabischen Meer befassen. Doch die Grenzziehung fällt nicht immer leicht: Gehört das Innere Kalimantans (Borneos) in eine Betrachtung der maritimen Räume Südostasiens, oder darf der maritime Historiker diese entlegene Region mit dem Argument ausschließen, sie habe nur selten in nennenswerter Interaktion mit den großen Küstenstaaten und Häfen jener Insel gestanden? Klare Antworten, so steht zu befürchten, fallen schwer.

Asiens maritime Geschichte wurde während der letzten vier oder fünf Jahrzehnte unzähligen Fragestellungen und Spezialuntersuchungen unterzogen. So fehlt es auch nicht an Versuchen, den Blick von oben – aus der Vogelperspektive – zu wagen und eine Gesamtschau zu präsentieren, vor allem des Indischen Ozeans. Auguste

Toussaints Geschichte desselben (1961) wird gerne als markanter Ausgangspunkt erwähnt. Ein anderes, bis heute häufig zitiertes Werk schrieb Kirti N. Chaudhuri (1985). Darin geht es vor allem um die Zeit zwischen der Geburt des Islam und der Mitte des 18. Jahrhunderts, wobei wirtschaftliche Kontakte im Mittelpunkt der Darstellung stehen. Interessant ferner: Chaudhuri hat zwischen der reinen «Ereignisgeschichte» und *longue durée*-Phänomenen klar zu unterscheiden versucht – ganz im Sinne Braudels. Letztere werden daher in thematischen Kapiteln skizziert. Eine vielbeachtete Untersuchung gaben auch Ashin Das Gupta und Michael Pearson heraus. Doch ihr Sammelband, *India and the Indian Ocean* (1987), möchte vor allem Indien in den Mittelpunkt rücken; auch ist er zeitlich auf die Epoche zwischen 1500 und 1800 beschränkt. Anders die elegant geschriebene Darstellung von Kenneth McPherson, dessen Panorama von der Vorgeschichte bis in unsere Zeit reicht und nahezu den gesamten Indik als Makroregion vorstellt. Einen der letzten großen Überblicke, *The Indian Ocean*, verfaßte schließlich erneut Pearson (2003).

Ohne die Anregungen Braudels wären einige der obigen Bücher sicher nicht oder doch zumindest ein wenig anders geschrieben worden. Natürlich versuchen die genannten Autoren – und viele andere, auf die hier aus Platzgründen nicht eingegangen werden kann –, Braudel'sche Kategorien auf ihr Terrain, den Indik, zu übertragen, wobei sie gewisse konzeptuelle Schwierigkeiten nicht ganz verschweigen können. So wird gelegentlich daran erinnert, daß der Indische Ozean eigentlich kein räumlich abgeschlossenes Meer darstellt und seine Gestade niemals von einer einzigen Macht beherrscht wurden (anders als das Mittelmeer, welches bekanntlich einmal eine Art römisches Binnengewässer war). Daneben ist argumentiert worden, die allmählich aufkommende Dampfschiffahrt habe den jahrhundertealten Monsunrhythmus außer Kraft gesetzt, seither sei der Indische Ozean mit all seinen Küsten und Inseln nicht mehr als separates Ganzes zu verstehen, sondern eher als Teil eines einzigen großen Kontinuums, bestehend aus den Weltmeeren in ihrer Gesamtheit.

Trotz gewisser Bedenken hinsichtlich der Anwendbarkeit Braudel'scher Vorstellungen auf die Welt des Indischen Ozeans bleibt das Thema aktuell, wie ein anderer Titel (*Der Indische Ozean, das afro-asiatische Mittelmeer als Kultur- und Wirtschaftsraum*) zeigt, welcher unlängst

(2004) in Österreich erschienen ist. Ausführliche Diskussionen bezüglich der Übertragungsmöglichkeiten enthalten die meisten dieser Werke allerdings nicht. In der Regel werden nur einige methodische Grundgedanken präsentiert, um anschließend «konkrete» Detailfragen zu erörtern. Eine umfassende Studie, die wohl auch Peregrine Hordens und Nicholas Purcells *The Corrupting Sea* (2000) berücksichtigen müßte, steht demnach noch aus.

Vereinzelt wird allerdings schon jetzt zumindest ansatzweise daran erinnert, daß die Rekonstruktion geschichtlicher Details meist ohnehin nur in Bilder münde, in immer neue Annährungen an die vermeintliche Wirklichkeit, deren Darstellung mitunter einer eigenen Dynamik folge. Kurz gesagt, hier scheint ein neuer Zweig der Forschung zu entstehen: die Darstellung dessen, was wir als Geschichte des Indischen Ozeans *wahrnehmen*, eine schriftstellerische Variante gleichsam, die nach einer passenden Methodik sucht, um Selbstverständnis ringend. An dieser Stelle auf konzeptuelle Ergänzungen und Ausweichmöglichkeiten einzugehen, auf die Ansätze Wallersteins etwa, auf Abu Lughod und andere, auf Stichworte wie *histoire croisée*, *entangled history*, «Transfer» und «Wandel», «Translokalität» und ähnliches, hätte vermutlich wenig Sinn; Historiker, die den Indischen Ozean erkunden, haben sich bislang eher selten solch (teil-)alternativer Modelle bedient, wohl nicht zuletzt deshalb, da diese oft wie wirre Mikadostäbchen aufeinanderlasten – filigran, fragil und unnahbar.

Statt dessen ist eine andere, viel konkretere Frage zu bedenken, und zwar in Anlehnung an traditionelle Betrachtungen, die bekanntlich von Westen her kommend nach dem Osten ausgreifen: die Frage nämlich, wie weit der Indische Ozean hinüberreicht in die Sphäre Südostasiens und damit in die ostasiatisch-pazifische Welt. Denn viele, die sich mit dem Indik befassen, beziehen jene Regionen, die heute zu Indonesien zählen, in ihre Betrachtungen mit ein, oft sogar bis zu den Grenzen des Pazifischen Ozeans. Selbst der Golf von Siam, das Südchinesische Meer und sogar Südchina bis hinauf nach Zhejiang werden bisweilen so behandelt, als gehörten sie zur Peripherie eines großen Indischen «Mittelmeeres».

Die damit implizierte Ostausweitung dürfte nicht überall Zustimmung finden, doch hat sie insofern eine Parallele, als der Indische Ozean, wie schon oben bemerkt, auch nach Westen hin «offen» war:

Über seine Untermeere, das Rote Meer und den Golf, stand er stets in enger Verbindung zum europäischen Mittelmeer. Anders ausgedrückt: Seine physischen Grenzen sind zwar definierbar, aber geschichtliche Darstellungen blicken gerne über den vorgegebenen Tellerrand hinaus. Beinahe umgekehrt verhält es sich mit der südlichen Flanke. Obschon der Indik in die subarktische Welt hineinreicht, blieben die weiten Räume jenseits der Malediven – wie zugleich die australische Westküste – weitestgehend unberücksichtigt, da sie in alter Zeit für den Seeverkehr unwichtig waren. Anzumerken hier: Selbst die Erschließung der Kap-Route ist ein ziemlich rezentes Phänomen, das den Indik erst ab dem späten 15. Jahrhundert mit der «atlantischen Welt» verknüpft.

Doch nicht genug der allgemeinen Überlegungen: Letztlich bleiben Räume konstruiert, und maritime Geschichte läßt sich auch in umgekehrter Richtung aufziehen. Korea, Japan, die Ryukyu-Inseln und China haben ihre eigenen Traditionen. Entsprechende Darstellungen blicken darum oft von Norden her kommend auf Südostasien und von dort weiter auf die Welt des Indischen Ozeans. Auch die Landverbindung von Yunnan nach Myanmar und schließlich die Anknüpfung Myanmars – und damit Yunnans – an den Handel rund um die Bengalen-See dürfen nicht unterschätzt werden. Zu allen diesen Themen liegen unzählige Schriften vor, häufig in ostasiatischen Sprachen. Im Gegensatz zu Werken über die Geschichte des Indischen Ozeans sind sie aber nur selten theoretisch abgefedert. Selbst Braudel'sche Kategorien können kaum in jener Literatur geortet werden, die den maritimen Kontakten innerhalb der ostasiatischen Meere oder den Verbindungen zwischen China, Indien und Westasien gewidmet ist.

Für Südostasien als *der* Makroregion, die zwischen dem eigentlichen «Terrain» des Indischen Ozeans und der ostasiatischen Welt liegt, gilt dies freilich nicht. Besonders Denys Lombard hat immer wieder angeregt, Braudel'sches Gedankengut bei Untersuchungen zur Geschichte vor allem der insularen Teile Südostasiens zu berücksichtigen. Diese Vorschläge sind meist wohlwollend aufgenommen worden, letztens etwa von portugiesischen Historikern wie Jorge M. dos Santos Alves. Doch natürlich fehlt auch hier eine die theoretischen Möglichkeiten wirklich auslotende Gesamtschau.

Eher selten sind systematische Zusammenführungen der drei oben definierten maritimen Szenarien: Ostasien, Südostasien und Indischer Ozean. Die große Fülle schriftlicher und anderer Quellen, unterschiedliche Wissenschaftstraditionen und methodische Bedenken mögen die wichtigsten Gründe dafür sein. Interessant in diesem Zusammenhang: Dem Indischen Ozean als Kultur- und Wirtschaftsraum ist gerne eine gewisse Homogenität unterstellt worden, kaum aber der maritimen Welt Ostasiens in ihrer Gesamtheit. Allenfalls einzelne Teilmeere dieser Welt, etwa der Bohai-Golf oder das Ostchinesische Meer, gerieten in den Verdacht, in sich einheitliche, mehr oder minder geschlossene Austauschräume gewesen zu sein, gleichsam Mini-Mittelmeere. Das könnte bedeuten, daß es nur wenige Kriterien gibt, über die der gesamte afro-asiatische Raum als Einheit definierbar wird.

Hieran knüpft sich ein anderer Gedanke. Seit geraumer Zeit spricht die Wissenschaft von der «maritimen Seidenstraße», in Analogie zu einem ganzen System innerasiatischer Landrouten, die China mit der Levante verbanden. Der Ausdruck «maritime Seidenstraße», in den Augen vieler fast schon romantisch verklärt, steht in gewisser Weise für ebenjenen riesigen Gesamtraum, der von Ostasien über Südostasien und Indien bis hin nach Westasien und zu den Küsten Ostafrikas reicht. Man könnte ihn als gigantischen Kanal betrachten, ausgestattet mit Zubringerwegen wie etwa den im heutigen Ostindonesien gelegenen Seeregionen.

Zu ergänzen sind allerdings schon hier zwei wichtige Gedanken: «Seidenstraße» – ohne das Attribut «maritim» – wird einerseits für das Netz der Land- *und* Seewege verwendet, andererseits nur für die Landrouten. Liu Yingsheng etwa hat ein zweibändiges Werk dazu verfaßt; ein Band ist der See, der andere den Landwegen gewidmet. Und ferner: Die wenigen Überblicke zur «maritimen Seidenstraße» meiden theoretische Vorgaben, obschon sie Austauschbeziehungen aller Art thematisieren, wirtschaftliche wie kulturelle. Meist handelt es sich bei diesen Veröffentlichungen um recht heterogene Sammelbände, die gleichwohl, ein wenig im Sinne des oben Gesagten, darum bemüht sind, die Einheit des Raumes anzudeuten oder zumindest ein Bewußtsein dafür zu schaffen.

Die Grenzen des Modells

Kehren wir an dieser Stelle noch einmal zu den unterschiedlichen Sichtweisen zurück, die ja in der Geschichtsschreibung eine zentrale Rolle spielen. Jene, die Südostasiens Vergangenheit erforschen, sich als Südostasienwissenschaftler verstehen, vielleicht sogar aus der Region selbst kommen, neigen dazu, die eigenständigen Traditionen ihrer Kultur(en) zu betonen. Andere interessieren sich mehr für die periodisch auftretenden Einflüsse von außen, denen weite Teile dieses Raumes über Jahrhunderte ausgesetzt waren. Auch werden bei der Erforschung der malaiischen Welt und der kontinentalen Teile Südostasiens oftmals unterschiedliche Maßstäbe angelegt. Und schließlich ist nicht zu vergessen, daß der uns so selbstverständlich gewordene Begriff «Südostasien» eigentlich ein relativ neues Konzept darstellt, das erst in den frühen Jahrzehnten des 20. Jahrhunderts Verbreitung fand. Folglich: Wenn Südostasien-Historiker heute einer Vereinnahmung ihres Forschungsgegenstandes durch jene, die eher im Indik zu Hause sind oder von Norden her auf die Region blicken, ablehnend gegenüberstehen, dann ist dies angesichts sich ändernder politischer und wirtschaftlicher Verhältnisse durchaus verständlich.

Ähnliche Überlegungen betreffen Ostasien: Wie weit nach Süden reicht die Region? Müssen politische Ansprüche – man denke an den Konflikt um die vielen Inselgruppen im Südchinesischen Meer – berücksichtigt werden? Was gar ist von einem Schlagwort wie «Greater China» zu halten, dem man vielleicht ein «Greater Southeast Asia» entgegensetzen könnte? Die Antworten auf diese und ähnliche Fragen werden naturgemäß unterschiedlich ausfallen, sind letztlich an die Brillen gebunden, derer sich die jeweiligen Autoren bedienen.

Einer gewissen Einseitigkeit vermag also wohl niemand zu entrinnen. Historiker arbeiten, oftmals unwissentlich, mit Bildern, kreieren gar neue Klischees, nicht selten in der irrigen Annahme, der vermeintlichen Wirklichkeit ein Stück nähergekommen zu sein. So wurde Braudel hin und wieder vorgeworfen, seine Sicht des Mittelmeeres sei eine nördliche, und die osmanische Komponente habe er nur unzureichend berücksichtigt. Ist hier am Ende ein Konzept entwickelt worden, das nur vorgab, scheinbar Homogenes aus der Vogelperspektive zu beleuchten, ausgeglichen zu sein, über den Dingen zu stehen, in Wirklichkeit aber der europäischen «Denk- und Metaebene» nicht entrinnen konnte und deswegen in eine Art Schieflage geriet? Steht die Idee vom Mittelmeer gar in einer gewissen Beziehung zu politischen oder anderen Entwicklungen jener Zeit, in der Braudel oder seine Vorgänger schrieben? Könnte man sich vorstellen, daß eines Tages auch in Asien von einem großen Ganzen gesprochen werden wird, von einer in sich einheitlichen maritimen Zone, um damit wie auch immer geartete Ansprüche gegenüber Dritten zu artikulieren, sich selbst hervorhebend?

Gewiß, nationale Alleingänge sind allenthalben zu beobachten, doch die willkürliche Instrumentalisierung Braudel'scher Überlegungen dürfte nur selten nachzuweisen sein. Indische Historiker haben den Indischen Ozean, ihren Subkontinent in dessen Mitte wissend, gelegentlich fast wie ein «eigenes» Terrain betrachtet, aber der Mittelmeergedanke mußte dafür nicht wirklich herhalten. Westliche Spezialisten mußten vergleichbare Vorwürfe schlucken: Sie hätten etwa das griechisch-römische Element in der frühen Geschichte des Indischen Ozeans überbetont. Niederländern und Briten wurde gesagt – um ein drittes Beispiel zu nennen –, die nordwesteuropäischen Handelskompanien seien keinesfalls so innovativ gewesen, wie gelegentlich behauptet.

Noch komplizierter liegt der Sachverhalt, wenn die Entstehungsgeschichte bestimmter Kategorien und Begriffe rekonstruiert wird. Das läßt sich z. B. anhand alter Raumkonzepte erläutern. Der Indische Ozean wurde vermutlich recht früh als eine geographische Einheit begriffen, wichtiger aber war wohl seine Segmentierung in Untermeere. Chinesische Texte aus der Song-Epoche (960–1281) enthalten entsprechende Namen, die auf arabische Vorbilder zurückgehen. Was assoziierten die Zeitgenossen mit den betreffenden Bezeichnungen und den Seegebieten an sich? Küsten und Häfen, Handelsströme, jahreszeitliche Winde, kulturellen Austausch?

Selbst so geläufige Konzepte wie die chinesische «Nanyang»-Vorstellung, die Idee eines «Südlichen Ozeans», verdienen besondere Beachtung. Hiermit sind – wohl meist in recht unspezifischer Weise – große Teile Südostasiens gemeint; ob jedoch auch kontinentale Gebiete wie Laos dazugehörten und wie weit der Nanyang-Raum überhaupt nach Süden, Osten und Westen reichte, ist keinesfalls klar.

Gleich wie: Stehen wir hier einem Makro-Szenario gegenüber, dem schon in älterer Zeit eine gewisse Einheitlichkeit, vielleicht auf Austauschbeziehungen beruhend, angedichtet wurde, dessen geographische Fixierung jedoch offen und darum flexibel blieb? Lassen sich hinter diesem Konzept und einigen anderen Toponymen Merkmale entdecken, welche denen des geläufigen Mittelmeermodells in irgendeiner Weise ähneln? Oder war die jeweilige Semantik nicht letztlich übergeordneten chinesischen Denkkategorien verpflichtet, einer «nördlichen Sichtweise» also?

Gleich wie die Antworten ausfallen werden – es ist sehr wohl möglich, daß in früheren Zeiten Vorstellungen kursierten, die einige von Braudels Gedanken, reduziert auf wenige Elemente, in rudimentärer Form vorwegnahmen. Sofern dies zuträfe, wäre die moderne Vision vom afro-asiatischen Mittelmeer, abgeleitet vom europäischen Vorbild, im Extremfall nicht viel mehr als eine zufällige Weiterentwicklung uralter Ideen. Doch hierüber zu urteilen, ist nicht das Anliegen dieses kleinen Buches. Dafür wäre eine komplexe theoriegeleitete Debatte erforderlich. Was bleibt, ist nur eine grundlegende Feststellung: Der Raum, um den es geht, wird zwar von physischen Konstanten geprägt, als Kultur- und Austauschraum gleicht er jedoch einem konstruierten Gebilde. Zu unterschiedlichen Zeiten wurde dieses unterschiedlich definiert. Auch unsere Darstellung ist, strenggenommen, nichts anderes als eine Konstruktion.

Ziele und Besonderheiten des Buchs

Nach so viel Vorlauf ist es nun an der Zeit, zu sagen, was das vorliegende Buch eigentlich will und worin seine Besonderheiten liegen. Es behandelt, wie schon angedeutet, die Geschichte seegestützter Beziehungen innerhalb jenes riesigen maritimen Kontinuums, das von Ostafrika bis zum Japanischen Meer reicht, desjenigen Seeraumes also, der durch die Küsten rings um die nördlichen und westlichen Teile des Indischen Ozeans sowie die Gestade Südostasiens und die ostasiatischen Meere definiert wird. Dabei orientiert es sich – aus der Distanz, in impressionistischer Weise, gleichsam zwischen den Zeilen – an einigen Vorgaben des Mittelmeermodells, aber keineswegs an allen; außerdem möchte es dieses in seiner Komplexität nicht nachzuahmen versuchen. Derlei wäre im Rahmen einer kurzen Überblicksdarstellung ohnehin kaum zu bewältigen. Folglich bleibt es dem Leser die eigentlich dringend benötigte theoretische Grundsatzdebatte schuldig, die man von der «maritimen Asienwissenschaft» längst hätte einfordern müssen.

Das bedeutet unter anderem, daß die Frage nach der Einheitlichkeit jenes Seeraumes, den es zu besprechen gilt, nicht ausdiskutiert wird. Statt dessen können andere Kriterien benannt werden, die eine maritime Gesamtschau zu rechtfertigen scheinen. Das wohl eingängigste wurde bereits angedeutet: Waren und Ideen flossen nicht nur von Europa und Westasien – Westasien hier verstanden als der heutige Iran, die Arabische Halbinsel und die Gebiete westlich davon – nach Indien und Südostasien, sondern häufig auch von dort weiter nach China, Korea und Japan. Umgekehrt erreichten ostasiatische Produkte die westasiatische Welt und Europa. Damit ist eine gewisse geographisch definierte Verklammerung des Gesamtraumes vorgegeben.

Dieser Tatbestand prägt zugleich das gängige Bild von der «maritimen Seidenstraße». Insofern allerdings, als neben chinesischer Seide noch viele andere Waren auf See transportiert wurden, hinkt die Bezeichnung natürlich, denn man könnte ebensogut von der «maritimen Gewürzstraße» sprechen, von der «maritimen Keramikstraße» usw., zumal Gewürze und Keramik bekanntlich fast in allen Gebieten zwischen Ostafrika und Japan Abnehmer fanden. Weitere Elemente, die für eine zusätzliche Verklammerung sorgen, während bestimmter Epochen zumindest, ließen sich mit Leichtigkeit finden.

Der Ausdruck «Straße» suggeriert demnach einen inneren Zusammenhalt des zu beschreibenden Szenarios, denn Wege sind Kommunikationslinien, die verschiedene Orte miteinander verbinden, Bewegung und Fluß andeuten. Doch da Wege über mehrere Stationen laufen, segmentieren sie zugleich den Raum, wobei die einzelnen Segmente einander nicht völlig gleichen müssen. Übertragen auf die Meere Asiens heißt das: Wir haben es mit mehreren solcher Sektoren zu tun, mit einem großen Kontinuum zwar, das jedoch letztlich aus einer Aneinanderreihung von Unterräumen besteht: Persischer Golf, Rotes Meer, ostafrikanische Küste südlich von Kap Guardafui, Arabisches Meer, Golf von Manar zwischen Südindien und Sri Lanka, Bengalisches Meer, Andamanisches Meer, Seestraße von Melaka und – gleichsam parallel dazu – die Westküste von Sumatra mit der Sunda-Straße, der Raum von der Java-See bis hin zur Banda-See, Südchinesisches Meer, Sulu-See, Celebes-See, Straße von Formosa, Ostchinesisches und Gelbes Meer, Golf von Bohai, Seestraße von Tsushima, Japanisches Meer usw. Einige dieser Räume könnte man vermutlich als in sich ziemlich einheitliche, mittelmeerähnliche Gebilde definieren, wie bereits angedeutet, doch sie in ihrer Gesamtheit als homogenes Ganzes zu verstehen, dürfte wohl schwerer fallen, obschon das letzte Wort hierüber in der Wissenschaft noch keinesfalls gesprochen ist.

Die obige Aneinanderreihung – in west-östlicher Richtung oder umgekehrt – eröffnet dabei unerwartete Perspektiven: Was etwa spricht dagegen, zwischen den Küstenräumen rund um den Golf von Siam, längs der Seestraße von Melaka und jenen des Andamanischen Meeres, also zwischen drei Zonen, von denen zwei zum Indik zählen, eine zum Südchinesischen Meer, größere Ähnlichkeiten zu vermuten als etwa zwischen dem Andamanischen Meer und dem Rest des Indischen Ozeans? Natürlich käme es auf die Auswahl der Kriterien an, eben auf die Sichtweisen, doch damit drehen wir uns im Kreise, denn einen verbindlichen und endgültigen Katalog entsprechender Zugriffsnormen wird es niemals geben. Das Aneinanderreihen der Regionen – in loser Verknüpfung – bietet also zum einen den Vorteil, unverbindlich bleiben zu dürfen, und zum anderen vielleicht auch den, keine eindeutigen Grenzen zwischen den Revieren ziehen zu müssen; so etwa erübrigt sich die Frage, wie weit der Indische Ozean als Handels-, Kultur- und Austauschraum nach Osten reichte oder das Nanyang-Gebiet nach Süden.

In einem erweiterten Sinne wird damit fast schon erlaubt, was eigentlich gar nicht erlaubt sein dürfte, aber zugegeben werden muß: Es geht um Bilder, aneinandergereihte Bilder – nicht einer Makroregion, sondern vieler kleiner Segmente. Anders ausgedrückt: Die Vision von einem großen Ganzen zerfällt in kleine Mosaike, die allesamt unvollständig bleiben, denn ein jedes ist bis zu einem gewissen Grade willkürlich zusammengesetzt. Folglich bleibt die Geschichte der maritimen Seidenstraße oder des maritimen asiatischen Raumes eine Vision; sie hat zwar einen wahren Kern, doch am Ende gleicht sie nur einer Sequenz selektiv wahrgenommener Bilder unterschiedlicher Regionen und Zeiten, einer Verkettung von Sachverhalten, von denen viele bereits durch frühere Betrachter vorgefiltert wurden.

Bilder und Impressionen spielen auch in anderer Hinsicht eine Rolle: So etwa neigen Historiker dazu, die Geschichte des Indischen Ozeans von Westen her zu beleuchten. Das griechisch-römische Erbe und die später von Europa aus betriebene Kap-Route mögen dafür verantwortlich sein. Hier wurde die umgekehrte Blickrichtung gewählt, die von Osten ausgehende. Dabei kann der Verfasser die sinologische Brille, die er trägt, nicht ganz verleugnen. Das mag befremden, aber ebenso «erfrischen». Sollte die für deutsche Leser ungewöhnliche Sicht provozieren, haben die folgenden Seiten wenigstens eines ihrer Ziele erfüllt.

Das Obige bezog sich überwiegend auf die räumlich-geographischen Dimensionen. Die zeitlichen müssen nun nachgetragen werden. Eigentlich sollte die Chronologie mit der Geburtsstunde seegestützter Kontakte beginnen, doch ein genauer Anfangspunkt wird wohl nicht mehr zu ermitteln sein, das bedarf keiner weiteren Erläuterung. Bestenfalls fällt er in archäologisch gerade noch rekonstruierbare Epochen, wenn überhaupt. Entsprechend vage ist das erste geschichtliche Kapitel, welches sich – bemüht darum, «feste Planken» unter die Füße zu bekommen – schon nach wenigen Absätzen den etwas besser belegbaren Zeitphasen zuwenden wird. Schwer datierbare Migrationen, Wanderbewegungen von Insel zu Insel, so wie sie z. B. Südostasien erfahren hat, spielen daher kaum eine Rolle.

Erst dort, wo eindeutige Indizien für mehr oder minder regelmäßige Austauschbeziehungen zwischen mindestens zwei Orten oder Gegenden vorliegen, beginnt unsere Geschichte, wenigstens theoretisch. Anfangs handelt es sich dabei um Fragmente, um kurze Momentaufnahmen, die auf Texten oder archäologischen Hinweisen basieren und mal das eine, mal das andere Seegebiet betreffen. Nur ganz allmählich fügen sich die Teilstücke dann zu jenem Kontinuum zusammen, das es in toto zu beschreiben gilt, den asiatischen Seeraum mit seinen vielen Ablegern im Ganzen. Damit stellt sich eine neue Frage: Wie ist die weitere Zeit zu segmentieren? Nach Dynastien und politischen Vorgaben, die vom Land ausgingen? Oder nach anderen Kriterien?

Geographische Faktoren, vor allem die Wind- und Strömungsfeldverhältnisse auf See, haben die maritime Geschichte Asiens wohl am längsten mitgestaltet. Sie blieben nahezu konstant, weil stets dem gleichen Rhythmus folgend. Anders verhält es sich z. B. mit den Folgen neuer Besiedlungen. Wurden Küstenräume mit Orten übersät, mußten ihre Bewohner versorgt werden. Einige Niederlassungen waren dann plötzlich auf Importe von Grundnahrungsmitteln oder Luxusgütern angewiesen, andere gingen dazu über, für den Export zu produzieren. Veränderungen des Naturraums, von Menschenhand herbeigeführt, sorgten demnach für wirtschaftlichen Wandel, der oft in Schüben erfolgte. Hier und da mögen solche Schübe oder auch Bruchstellen, sofern mit ihnen tatsächlich nachhaltige Wirkungen einhergingen, Anhaltspunkte für die weitere Gliederung des Erzählstoffs liefern.

Doch eignet sich die damit zwangsläufig verknüpfte Annahme, Austausch habe ureigentlich mit Handel zu tun, mit der Verrechnung von Werten, wirklich für die Segmentierung der Zeit? Gewiß, derlei würde zum «Ökonomismus» unserer eigenen Epoche passen, zu jenem Maximierungsdenken, das die Menschheit angeblich schon immer geprägt hat; aber wer garantiert uns, daß dies tatsächlich so war und wir keiner modernen Fiktion aufsitzen? Würden nicht vielleicht geistige Veränderungen bessere «Marker» auf der Zeitskala abgeben – man denke etwa an die Entstehung neuer Religionen und ihre schubweise Verbreitung –, oder sollte man gar auf institutionelle Änderungen oder, noch besser, auf Kombinationen von Faktoren zurückgreifen?

Der Phantasie scheint hier keine Grenze gesetzt. Und dennoch wird sie längst gelenkt, durch die Vorgaben früherer Werke. Chaudhuri etwa glaubt an das Aufkommen sogenannter *emporia*-Häfen rund um den Indik und damit an eine Segmentierung des Handelsraumes ab einer bestimmten Zeitphase. McPherson verwendet den Begriff *commercial imperialism* für weite Teile des Mittelalters. Außerdem hat sich das Schlagwort *age of commerce* eingebürgert; damit ist vor allem die Zeit ab ungefähr 1450 gemeint, die, vom internationalen Handel dominiert, durch besonders starkes Wachstum gekennzeichnet sei, besonders in Südostasien. Liu Yingsheng wiederum umgeht eine saubere Segmentierung, ordnet jedoch die «Blütezeit der maritimen Seidenstraße» dem 15. Jahrhundert zu, wobei er vor allem an drei

Dinge denkt: an Zheng Hes Expeditionen, an weitgefächerte Handelsströme und an die Ausbreitung des Islam.

Weitere Vorschläge für Zeiteinteilungen wären schnell gefunden, aber sie müssen hier nicht alle besprochen werden. Wichtiger ist vielmehr, daß sie noch nicht zu festen Konventionen erstarrt sind. Das vorliegende Buch berücksichtigt zwar frühere Ideen – so läßt es sich vor allem von politischen und wirtschaftlichen Zusammenhängen leiten, mehr als von kulturellen Bildern –, aber häufig beschreitet es auch eigene Wege. Die übliche Schnittstelle zwischen Altertum und Neuzeit etwa wurde durchaus «verwässert», wie die betreffenden Abschnitte zeigen. Bisweilen orientiert sich die Segmentierung der Zeit auch an solchen Sachverhalten, die, weit aus dem Hinterland kommend, auf die Küsten und damit die transozeanischen Verbindungen zurückwirkten. Das steht zwar in einem gewissen Widerspruch zu dem Ideal, die maritime Welt aus sich selbst heraus zu erklären, bietet aber andererseits den Vorzug, auf bekannte, dem Leser vertraute Bilder zurückgreifen zu können.

Von grundsätzlicher Natur sind noch zwei andere Fragen, die zumindest andiskutiert werden: ob und in welcher Weise das asiatische Seefahrtsgefüge mit dem Erscheinen der Portugiesen (um 1500) einschneidende qualitative Änderungen erfuhr, wie gelegentlich behauptet, oder auch nicht. Hierüber besteht in der Wissenschaft bekanntlich keine Einigkeit. Selbst die Rolle der niederländischen Seefahrt, die um 1600 in Asien einsetzt, wird heute sehr unterschiedlich bewertet. Ähnliches gilt für die übrigen Europäer: Briten, Franzosen, Skandinavier und andere. Eines ist jedoch klar: Mit der Erschließung des Weges um das Kap der Guten Hoffnung und wenig später der transpazifischen Route wird das bis dahin bestehende Ensemble von Meeren, der alte Seidenstraßenkorridor, um zwei neue Außenverbindungen erweitert.

Der Vormarsch der Europäer und die damit beginnende «Globalisierung» – im Sinne einer allmählichen Verknüpfung der asiatischen, atlantischen und pazifischen Welt – markieren denn auch jene Zeitzone, mit der diese Betrachtung endet. Für die einen mag der gewählte Ausklang wie ein offener Schluß wirken, für andere dürfte er selbstverständlich sein. Der letzte Teil enthält zudem ein kurzes Kapitel, in dem Chinesisches und Portugiesisches verglichen wird –

in der Hoffnung, gedachte Brüche wie ebenso häufig erwogene Kontinuitäten einmal ganz anders beleuchten zu können. Damit ist wohl eine kontroverse Rezeption vorprogrammiert.

Die gewählte Form der Darstellung folgt also dem alten Strickmuster einer einfachen Chronologie, allerdings von hinten (Ost) nach vorne (West) geschrieben und in teils unorthodoxer Weise gegliedert – unter anderem deshalb, weil es darum ging, zu zeigen, wie und auf welche Weise die einzelnen Teilgebiete jenes Raumes, den man als «maritime Seidenstraße» bezeichnet hat, mutmaßlich zusammenwuchsen, welche Strukturen sich dabei herausgebildet haben könnten, welchen Wandlungsprozessen selbige unterlagen. Das erklärt auch die Wahl der Zwischenüberschriften, die gleichsam eine besondere Form der Wahrnehmung abbilden. Zugleich kommt hiermit – so widersprüchlich dies auf den ersten Blick sein mag – eine gewisse Dynamik ins Spiel, die nicht unbedingt im Sinne Braudels sein dürfte und die man gegebenenfalls durch eine Reihe thematischer (*longue durée*-) Kapitel hätte auffangen müssen. Dies ist hier unterblieben. Lediglich das Kapitel über den Seeraum, in dem das geographische Spektrum abgesteckt wird, sowie der kurze Anhang, der freilich mehr als Lesehilfe, denn als Hinweis auf Statisch-Verharrendes gedacht ist, suggerieren andere Zugriffsmöglichkeiten.

Maritime Geschichte gleicht, wie jede andere Geschichtsschreibung, einer Kette von Bildern, welche die Wirklichkeit spiegeln sollen. Doch es gibt einen graduellen Unterschied zwischen maritimer «Kinematographie» und «landgestützter» Historie: Erstere springt nicht selten zwischen Orten und Küsten hin und her, stückelt kleine Fetzen von Informationen aus weit voneinander entfernt liegenden Gegenden zusammen, zumal diese in der Wirklichkeit auch häufig durch ebenso großmaschige Netzwerke verknüpft waren. Hier ist der Versuch unternommen worden, das Mosaikhafte auf ein erträgliches Maß zu reduzieren, geographische Salti zu limitieren und überhaupt Randlastiges außer acht zu lassen. Überdies mögen die beigefügten Kartenskizzen das Lesen ein wenig erleichtern. Sollte das Geflecht von Namen und Sachverhalten mitunter dennoch befremden, sei dem Autor verziehen; Schuld daran trägt schließlich die See, deren Tücken wir nicht ändern können ...

II. Der Seeraum

Die ostasiatischen Meere: Bohai, Gelbes Meer, Ostchinesisches Meer

So wie das Klima auf der Ostseite des nordamerikanischen Kontinents durch den Äquatorialstrom, den Golfstrom und atlantische Winde, die sich in den warmen Monaten des Jahres nicht selten zu Hurrikanen steigern können, bestimmt wird, ist auch die Ostseite des eurasischen Kontinents mehr oder minder rhythmisch wirkenden Naturkräften ausgesetzt. Diese haben seit ältester Zeit das System der Handelsrouten quer durch die ostasiatischen Meere und längs der Küsten Chinas, Koreas und Japans wesentlich geprägt. Der Kuroshio, jene ebenso kräftige wie warme Strömung, die an der Ostseite der Philippinen, Taiwans und Japans vorbeizieht, ist hier jedoch weniger bedeutend, da der Pazifik vor Magellan und der Aufnahme regelmäßiger Beziehungen zwischen der Neuen Welt und Manila nicht an das asiatische Seehandelsgefüge angeschlossen war. Starke Ausläufer des Kuroshio sind zwar auch auf der Westseite der Ryukyu-Kette und in der Korea-Straße zu spüren, aber die Küstengewässer um China und Korea werden eher von jahreszeitlich wechselnden und nicht immer beständigen Strömungen geprägt. Im Juli etwa begünstigt die Fließrichtung des Wassers die nordwärtsgerichtete Reise durch die Straße von Formosa (Taiwan-Straße), im Winter gelten umgekehrte Verhältnisse. Der sogenannte Chinesische Küstenstrom zieht dann vorbei an Vietnam bis in den Golf von Siam und die Java-See hinein.

Auch die Windverhältnisse unterliegen einem ziemlich festen Rhythmus. Meist wehen ab November, gelegentlich auch etwas früher oder später, kontinentale Winde aus nördlichen Richtungen über China und den ostasiatischen Seeraum, bedingt durch ein starkes Luftdruckgefälle von der Mongolei bis hinunter zu den äquatorialen Zonen und Nordaustralien. Während dieser Perioden pflegten Segelschiffe aus China nach Südostasien zu fahren. Üblicherweise im März setzt dann der Südostmonsun ein, der, vom Pazifik her kommend, feuchtwarme Luftmassen gegen die Küsten Japans, Koreas und Ostchinas treibt. Auch das Südchinesische Meer wird im Sommer von südlichen Winden dominiert, die über die Philippinen hinweg, aber ebenso aus südwestlicher Richtung wehen können. In früheren Epochen war dies die Saison für die Reise nach Norden. Mit dem Wind im Rücken und begünstigt durch Meeresströmungen konnten Schiffe damit in recht kurzer Zeit, oft in weniger als zwei Monaten, die lange Strecke vom heutigen Singapur bis zur Mündung des Yangzi zurücklegen. Der umgekehrte Weg, in den Wintermonaten, ließ sich gleichfalls zügig bewältigen: Einer alten chinesischen Quelle ist zu entnehmen, daß der berühmte Ming-Admiral Zheng He (frühes 15. Jahrhundert) für den Abschnitt von Fujian bis nach Java lediglich zweieinhalb Monate benötigte, einschließlich eines rund vierzehntägigen Aufenthaltes an der Küste Zentralvietnams.

Doch kehren wir zurück in den Nordosten, dorthin, wo der afroasiatische Seeraum beginnt. Gemeint sind der Golf von Bohai und der Golf von Liaodong, heute oft zusammengefaßt unter dem ersten Namen. Dieses binnenmeerähnliche Gebilde, das fast schon als Anhängsel des Gelben Meeres und damit des Ostchinesischen Meeres bezeichnet werden könnte, wird nach Osten hin durch die sogenannte Bohai-Straße – in älteren deutschen Kartenwerken auch Zhili-Straße genannt – begrenzt. Die enge Einfahrt, zwischen der heutigen Hafenmetropole Lüda und der Nordseite Shandongs gelegen, ist häufig auf älteren chinesischen Karten dokumentiert worden, nicht zuletzt deshalb, da sie durch Inseln in mehrere, teils recht gefährliche «Unterpassagen» segmentiert ist. Hier führen gleich mehrere Reiserouten hindurch. Reistransporte von Mittel- nach Nordchina, die oft der Küste folgten, waren nicht selten auf diese Strecke angewiesen.

Innerhalb des eigentlichen Bohai gibt es nur wenige Hindernisse für den Seeverkehr, von Eisgang im Winter, gelegentlichen Stürmen sowie Untiefen in den Mündungsgebieten großer Flüsse einmal abgesehen. Da die Distanzen nicht sehr lang sind, konnten sie von Segelschiffen meist in wenigen Tagen bewältigt werden. Oft bot dabei die Überquerung in West-Ost-Richtung eine Alternative zu dem beschwerlichen Landweg von der Gegend um die heutigen Städte Tianjin und Tangshan bis zur Liaodong-Halbinsel. Analoges gilt für die Passage in Nord-Süd-Richtung. Die kurze Seereise von Liaodong nach Shandong wurde dem Landweg gerne vorgezogen.

Ein viel diffizileres Bild bietet der Nordteil des Gelben Meeres mit der sogenannten Korea-Bai. Mehrere Flüsse, vor allem der Yalu, der chinesisch-koreanische Grenzfluß, münden hier in die See. Teile des Küstensaums sind auf einer Breite von bis zu siebzig Kilometern mit Inseln übersät. In diesem Bereich haben sich immer wieder Seeräuber aufgehalten. Auch Schlachten wurden hier geschlagen, und die Quellen belegen etliche Versuche, das Gebiet unter militärische Kontrolle zu stellen. Das war insofern wichtig, als der direkte Weg von China nach Nordwestkorea durch ebendiesen Seeraum führte.

Die koreanische Halbinsel selbst öffnet sich auf ihrer gesamten Länge nach Westen hin. Ihr sind ebenfalls viele Inseln vorgelagert, die den einen als schützende Schlupfwinkel dienten, von anderen aber gemieden wurden. Die Geschichte ihrer Besiedlung haben zumeist koreanische Forscher rekonstruiert. In alter Zeit führte hier, außerhalb des Inselgürtels, ein wichtiger Seeweg vorbei, der über die große Insel Cheju bis zur Goto-Gruppe reichte, welche bereits zu Japan gehört und der Westseite von Kyushu vorgelagert ist.

An der zerklüfteten Südwestseite Koreas war besonders die Region um das heutige Mokpo wichtig. Während jener Epochen, die wir zum Mittelalter oder zur frühen Neuzeit rechnen, wurde sie allerdings immer wieder von bewaffneten Banden, meist aus Japan, heimgesucht. Diese hielten vorübergehend sogar den gesamten Küstenraum bis hin nach Pusan in Atem. Den In-

Die ostasiatischen Meere

Sachalin
Hokkaido
Wladiwostok
40°N
Yalu
Japanisches Meer
KOREA
Ullung
Seoul
Oki-Inseln
Hondo
Tokyo
Pusan
Kyoto
Mokpo
Tsushima
Iki
Shikoku
JAPAN
Cheju
Korea-Str.
Nagasaki
Goto-Inseln
Kyushu
30°N
Ryukyu-Inseln
Bonin-Inseln
Chiwei
Okinawa
Naha
Pazifischer Ozean
130°Ost
140°Ost

seln Tsushima, Iki sowie der gerade genannten Goto-Gruppe und Cheju kamen dabei nicht selten politische und wirtschaftliche Schlüsselrollen zu.

Während in Höhe von Tsushima weitere direkte Routen Korea und Japan verbanden, sind entsprechende Passagen quer durch das Japanische Meer, etwa zwischen Nordostkorea und den Nord- und Mittelabschnitten der langen Hondo-Küste, eher selten geblieben. Die koreanische Ostküste wird von hohen Gebirgen gesäumt, die den Zugang zum Inneren der Halbinsel erschweren. Auf der Ostseite sind zudem kaum Flußmündungen zu finden, an denen sich große Handelspunkte hätten entwickeln können. Ähnliches gilt für den Nordabschnitt dieser Küste bis hin zur Tumen-Mündung und darüber hinaus in Richtung Wladiwostok. Ein flüchtiger Blick durch die Quellen belegt denn auch, daß die weiten Seeräume des Japanischen Meeres und jenseits von Sachalin nur schattenhaft bekannt waren und bestenfalls von Fischern und einigen wenigen Händlern oder Gesandten befahren wurden. Innerhalb des Gesamtgefüges asiatischer Seerouten spielten diese Regionen keine Rolle und können daher weitestgehend übergangen werden.

Blicken wir also zurück ins Gelbe Meer. Dessen südöstlicher Eckpfeiler, Cheju, markierte nicht nur eine von mehreren Routen zwischen Korea und Japan, sondern diente ebenso als Orientierungspunkt für den Weg nach Zhejiang und Jiangsu. Schiffe, die von Japan nach China oder in umgekehrter Richtung fuhren, passierten Cheju meist an der Südseite. Wann dieser Seeweg erschlossen wurde, bleibt freilich unbekannt. Vielleicht läßt er sich mit den sagenumwobenen Unternehmungen, die der erste Qin-Kaiser im 3. Jahrhundert v. Chr. initiiert haben soll, in Verbindung bringen. Sehr viel später, unter den Song (960–1281), begab sich ein Gesandter des chinesischen Kaisers nach Korea; sein Bericht schildert die Überfahrt in allen Details, allerdings sind viele der in ihm enthaltenen Ortsnamen – vor allem Inseln vor der koreanischen Küste – nicht mehr eindeutig zu identifizieren. Im übrigen zeigt die Beschreibung, daß die Reise keineswegs ungefährlich war, wenn die Natur nicht mitspielen wollte.

Gefahren lauerten ebenso in der Westhälfte des Gelben Meeres. Dort münden etliche Flußarme, die zum Stromsystem des Huanghe und Huaihe zählen, in die flache See. Entsprechende Ablagerungen haben riesige Sandbänke entstehen lassen, deren Konturen sich über die Jahrhunderte änderten und vielen Schiffen zum Verhängnis wurden. Meist war es daher sicherer, östlich an den Untiefen vorbeizufahren, wollte man etwa von Mittel- nach Nordchina gelangen. Schützende Buchten gab es dann freilich erst entlang der Südküste von Shandong. Die Umrundung des sogenannten Shandong-Kaps östlich von Weihai, verursachte im allgemeinen keine Schwierigkeiten. Zudem war von dort die Überfahrt nach Korea möglich.

Das Gelbe Meer geht nach Süden über in das Ostchinesische Meer. Hier betritt der Historiker einen Raum, der zwar über die Korea-Straße, die Formosa-Straße und viele Passagen zwischen den Ryukyu-Inseln mit benachbarten Seegebieten verbunden ist, aber doch andererseits in sich ziemlich geschlossen wirkt, beinahe wie ein kleines Mittelmeer – besonders dann, wenn das Gelbe Meer dazugezählt wird. Die Seewege, die dieses Terrain in alter Zeit durchzogen, wie auch jene durch das Gelbe Meer, sind durch Texte, Karten und archäologische Funde gut dokumentiert.

Von allen Verbindungen durch das Ostchinesische Meer wurde vermutlich jene am intensivsten genutzt, die von Fujian über Zhejiang bis zur Yangzi-Mündung führte. Da der betreffende Küstensaum von Flußmündungen, Buchten und bergigen Inseln beherrscht wird, konnten sich hier viele Orte entwickeln, die über lange Perioden vom Seehandel lebten. Die navigatorischen Schwierigkeiten waren indes nicht zu unterschätzen, vor allem im Gebiet des Zhoushan-Archipels. Um von Fujian nach Hangzhou zu gelangen, mußte dieser südlich von Dinghai durchfahren werden; der Weg in Richtung Yangzi-Mündung führte hingegen in einem ausladenden Bogen nach Norden. In jedem Fall waren gute Ortskenntnisse gefragt, schon allein der besonderen Strömungsverhältnisse wegen. Gleiches gilt für den Mündungsbereich des Yangzi mit seinen tückischen Sandbänken.

Weniger frequentiert war der Weg längs der Ryukyu-Kette von Japan in Richtung Nord-Taiwan und von dort hinüber nach Fujian, gewissermaßen am gegenüberliegenden Ende des Ostchinesischen Meeres. Die Ryukyu-Inseln blieben lange im Schatten der Geschichte, doch ab Ende des 14. Jahrhunderts wurden sie für den internationalen Handel allmählich immer wichtiger, so daß sich auch das Wissen um die Wege von und nach Okinawa, der Hauptinsel, zu verfeinern begann. Bereits im 16. Jahrhundert ist die Passage von Fujian hinüber zur Nordspitze Taiwans und von dort über Pengjia, Diaoyu und Chiwei nach Okinawa genau beschrieben. Die Strecke zwischen Naha und der Südspitze Kyushus ist gleichfalls gut zu belegen, wie ebenso – in deren Verlängerung – ein ganzes Netz von Routen entlang der Küsten von Kyushu und Shikoku. Überquerungen des Ostchinesischen Meeres auf einer direkten Linie zwischen Zhejiang und Okinawa scheinen dagegen eher selten gewesen zu sein. Jedoch fuhren Schiffe, wie oben schon angedeutet, häufig von Japan nach Zhejiang.

Das Südchinesische Meer und die Sulu-See

Die Insel Taiwan flankiert den eigentlichen Übergangsraum zwischen Ost- und Südchinesischem Meer: die Formosa- oder Taiwan-Straße. Nicht unerheblich dürfte dabei sein, daß die Westseite der Insel eher flach ist und sich damit dem chinesischen Festland öffnet, während die Ostküste von hohen Bergen gesäumt wird und fast keine geschützten Buchten bietet. Vermutlich hat dies dazu beigetragen, daß Schiffe, die von einem Meer zum anderen wollten, die Passage an der Westseite der Insel bevorzugten. Die mit den Jahreszeiten wechselnden Strömungen spielten natürlich ebenso eine Rolle. Denn im Verein mit entsprechenden Winden begünstigten sie den Weg durch die Taiwan-Straße, im Sommer Richtung Norden, im Winter nach Süden hin. Der Kuroshio – auf der Ostseite Taiwans – fließt dagegen immer nur nach Norden, womit er im Winter die Passage nach Süden erschwerte. Anhaltspunkte für eine regelmäßige Nutzung der Ostroute sind in voreuropäischer Zeit folglich kaum zu finden.

Der Verlauf internationaler Seerouten innerhalb des Südchinesischen Meeres, das bis zur Malaiischen Halbinsel und Sumatra reicht, wurde in früheren Zeiten durch einen wesentlichen Faktor bestimmt: die Existenz unzähliger Riffe und Atolle. Zwischen etwa 15° und 18° N blockieren die Xisha-Inseln (Paracel-Inseln) sowie die Zhongsha-Bänke und -Riffe (Macclesfield-Bänke) den zentralen Teil dieses Meeres, weiter südlich breitet sich die Nansha-Gruppe (Spratly-Inseln) in einem breiten Gürtel vor der Küste Sarawaks aus. Der direkte Weg von Guangdong nach Brunei war darum gefährlich und wurde stets gemieden. Als weniger schwierig galt die West-Ost-Route von Zentralvietnam nach Luzon und Mindoro, südlich der Zhongsha-Zone und nördlich des Nansha-Gebietes. Diese Route wird schon in einigen Quellen der Song-Zeit erwähnt, dürfte aber insgesamt selten benutzt worden sein.

Bei weitem wichtiger waren stets jene Nord-Süd-Verbindungen, die an den Rändern des Südchinesischen Meeres entlangführten. Die Hauptroute, auf der Westseite, folgte der Küste Fujians, Guangdongs und Hainans bis nach Champa im zentralen Teil Vietnams. Wer sie benutzte, mußte darauf achten, die Xisha-Inseln auf ihrer Westseite zu passieren. Der nächste Streckenteil reichte bis nach Pulau Condore vor der Südostspitze Vietnams. Von dort wiederum konnten Schiffe in den Golf von Siam einfahren, die Singapur-Gegend ansteuern oder – vorbei an der Natuna-Gruppe – nach Nordwestkalimantan segeln. Über die Karimata-Straße, östlich von Billiton, ließen sich dann die verschiedenen Häfen rund um die Java-See erreichen. Das letzte Stück dieses langen Weges durch das Südchinesische Meer erforderte – wie der Abschnitt zwischen Hainan und Pulau Condore – genaue Ortskenntnisse, denn der Seeraum südöstlich von Singapur ist von etlichen Inseln und Untiefen übersät.

Während die Route am Westrand des Südchinesischen Meeres schon sehr früh «in Betrieb» war und folglich in den Schriftquellen auch immer wieder erwähnt, gelegentlich sogar recht genau beschrieben wird, blieb der zweite Nord-Süd-Weg – entlang des Ostrandes – über Jahrhunderte eher im Hintergrund. Diese Achse begann gleichfalls in Guangdong bzw. Fujian und führte über die Dongsha-Inseln (Pratas-Inseln) oder die Südspitze Taiwans hinüber nach Luzon. Von dort konnten Schiffe Mindoro erreichen und in die Sulu-See einfahren, um anschließend Ziele innerhalb der Philippinen oder weiter südlich anzusteuern. Ebenso war es möglich, entlang der schmalen Insel Palawan nach Brunei und anschließend weiter nach Kap Datu zu segeln. Bei Kap Datu, an der Nordwestspitze Kalimantans, trafen sich dann die Ostroute und der entsprechende Zweig des Westroutensystems.

Beide Routen haben noch in anderer Form Geschichte geschrieben. Mit ihnen wurden nämlich über Jahrhunderte bestimmte Seeräume assoziiert. So sprechen die chinesischen Quellen gerne vom «Westlichen Ozean» (Xiyang) und vom «Östlichen Ozean» (Dongyang) – und zwar in Anlehnung an die Westroute (*xi hang lu*) und die Ostroute (*dong hang lu*). Die Aufteilung des Südchinesischen Meeres und der sich südwärts anschließenden Räume in zwei große Bereiche war also in gewisser Weise «routengeleitet», wobei es manchmal den Anschein hat, als hätten einige Geographen, die sich zu den Meeren äußerten, nicht unbedingt gewußt, daß beide Routen gleichsam um ein- und dasselbe Gebiet herumführten und sich bei Nordwestkalimantan wieder trafen. Aber es gibt auch Ausnahmen: Navigationsanleitungen aus dem 16. Jahrhundert und noch späteren Epochen liefern minuziöse Angaben, die sehr genaue Raumkenntnisse belegen. Auch koloniale Berichte und Landkarten verdeutlichen das Problem. Interessant ist hierbei, daß portugiesische Werke die Inseln und Riffe im Südchinesischen Meer als ebenso tückisch wiederzugeben bemüht waren wie die chinesischen Quellen. Weit weniger Material ist hingegen in arabischen Texten zu finden. Sie deuten den Weg nach China entlang der Westroute naturgemäß in umgekehrter Richtung an, verzichten aber meist auf die Schilderung navigatorischer Details.

Mit dem Golf von Tongking und dem Golf von Siam besitzt das Südchinesische Meer zwei beinahe eigenständige Ableger. Ersterer liegt etwas abseits der großen Westroute, ist aber über den Roten Strom an

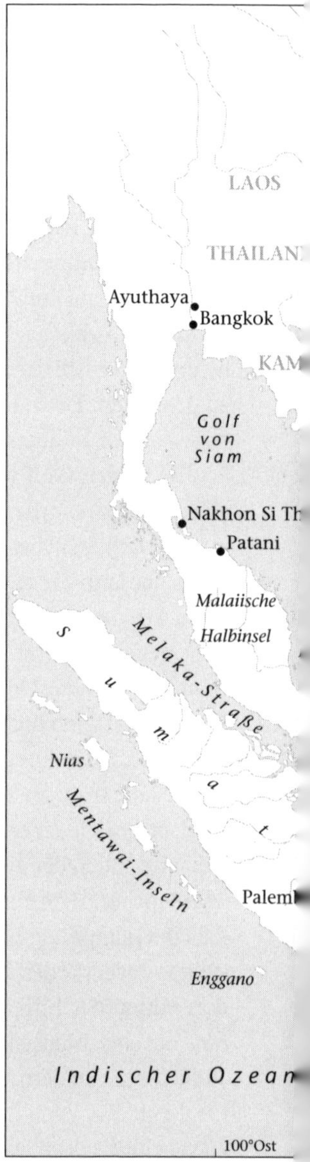

Südchinesisches Meer, Sulu-See und Ostin

Guangdong
Dongsha-Ins.
Qiongzhou-Str.
Golf von [...]nking
Wenchang
Hainan
Wanzhou (Wanning)
Yazhou (Sanya)
Pazifischer Ozean
Huë
Faifó
Xisha-Ins.
Manila
Zhongsha-Ins.
Philippinen
VIETNAM
Mindoro
Samar
Südchinesisches Meer
10°N
Kap Varella
Palawan
Sulu-See
Mindanao
Pulau Condore
Balabac-Str.
Nansha-Inseln
Brunei
Sabah
Sulu-Inseln
Talaud-Inseln
Natuna-Ins.
Sarawak
Celebes-See
Molukken-Str.
Kap Datu
Klabat
0°
Kalimantan (Borneo)
Makassar-Straße
Molukken-See
Sula-Inseln
Sulawesi (Celebes)
Ceram-See
Molukken
Karimata-Str.
Banjarmasin
Ceram
Buru
Billiton
Java-See
Makassar
Str.
Batavia/Jakarta
Flores-See
Madura
Wetar
Java
Bali
Lombok
Sumbawa
Flores
Timor
Lombok-Str.
Alas-Str.
10°S
Sumba
110°Ost
120°Ost

eere

Teile des Hinterlandes angeschlossen und bildet demnach eine Verbindungszone zwischen dem Norden Vietnams und dem eigentlichen Südchinesischen Meer. Über die Qiongzhou-Straße kann er außerdem ziemlich direkt von Guangzhou aus erreicht werden, wobei in alter Zeit diese Passage jedoch als gefährlich galt.

Der Golf von Siam dürfte über Jahrhunderte eine der betriebsamsten Zonen in Südostasien gewesen sein. An seinen Rändern entwickelten sich bedeutende Länder und Häfen. Häufig sind chinesische Texte die einzigen Quellen, die Auskunft hierzu geben. Daneben haben Archäologen an etlichen Orten Funde zutage gefördert, die für unser Verständnis früher Fernverbindungen wichtig sind.

Eine weitere Besonderheit der Region besteht darin, daß sie offenbar schon früh über Landwege mit der Westseite der Malaiischen Halbinsel verbunden war. Vor allem in Höhe des Isthmus von Kra, so wurde immer wieder behauptet, seien regelmäßig Transporte von der einen zur jeweils anderen Küste erfolgt. Das hatte mehrere Gründe: Schiffe, die mit dem Nordmonsun von China nach Süden reisten, konnten die Malaiische Halbinsel nicht sofort umrunden; sie mußten vielmehr an ihrer «Südspitze» oder längs der Sumatra-Küste auf den Südostmonsun warten, erst dann waren sie in der Lage, die lange Straße von Melaka in nordwestlicher Richtung zu passieren. Im übrigen barg die Durchquerung der Inselwelt südlich vom heutigen Singapur nicht gerade wenige Gefahren. Untiefen und schwierige Strömungsverhältnisse erforderten ortskundige Lotsen. Der Landweg bot somit – für manche zumindest – die bequemere Alternative. Er führte zwar durch den Dschungel und über steile Berghänge, konnte aber fast immer passiert werden; zudem ersparte er Zeit, Kosten und Risiken.

Dennoch bleibt die Rekonstruktion der Landpassagen quer durch die Malaiische Halbinsel schwierig. Bis heute ist das Thema deshalb umstritten. Unklarheit herrscht auch bezüglich der Wahrnehmung des Golfs von Siam und des Golfs von Tongking in voreuropäischer Zeit. Alte chinesische Texte gehen zwar von einer, wie oben erwähnt, routengeleiteten Einteilung des Südchinesischen Meeres aus, nach der die beiden genannten «Untermeere» zum Einzugsgebiet des «Westlichen Ozeans» zählten, aber es finden sich auch ältere bzw. konkurrierende Konzepte. Die noch heute gängige Bezeichnung

«Nanhai» (Südmeer) – für das Südchinesische Meer – ist ein Fall. Sie ist schon sehr früh zu belegen. Wo allerdings die Grenzen des Nanhai in der Vorstellung der jeweiligen Zeitgenossen verliefen, bleibt schwer zu bestimmen. Ein anderer Ausdruck – Zhanghai – bezog sich offenbar auf dessen Nordhälfte, mitunter wohl aber zugleich auf den Golf von Siam. Daneben existierte der Ausdruck «Jiaozhiyang» für den Golf von Tongking, der gelegentlich jedoch auch den etwas weiter südlich gelegenen Küstenraum Vietnams zu umfassen schien. Der Name «Qizhouyang» («Meer der Sieben Inseln») wiederum bezeichnete die See östlich und südlich von Hainan, in Anlehnung an eine Gruppe sieben winziger Eilande, die den Seefahrenden als wichtige Orientierungsmarken auf dem Weg nach Süden dienten. Schließlich wurde die See um Pulau Condore manchmal «Kunlunyang» genannt. Daneben existierten die Ausdrücke «Xiao Xiyang» und «Xiao Dongyang» – «Kleiner Westlicher Ozean» bzw. «Kleiner Östlicher Ozean». Wer etwa im frühen 14. Jahrhundert die Westroute wählte, durchquerte erst den «Kleinen Westlichen Ozean» – das Gebiet vor der malaiischen Ostküste –, um hernach in den «Großen Westlichen Ozean», den Indik, vorzustoßen.

Für einige dieser vage umrissenen Räume sind natürlich auch arabische und andere Namen in Gebrauch gewesen. Das «Zhang-Meer» (Zhanghai) erinnert z. B. an das Meer von Sanj (plus Varianten), wobei eine phonetische Verbindung zwischen beiden zu bestehen scheint. Sundur Fulat, das in leicht abweichenden Schreibungen gleich in mehreren Texten vorkommt, verweist dabei vage auf die Hainan-Gegend. Daneben existierte auch der Ausdruck Mah al-Sin (abermals mit Varianten), der gleichfalls für Teile des Südchinesischen Meeres stand.

Blicken wir abschließend noch einmal kurz nach Osten. In Analogie zur Westroute führte die Ostroute – der Weg von China via Luzon in Richtung Sulu – zunächst durch den «Kleinen Östlichen Ozean», die Sulu-See also – so zumindest während der Mongolenzeit –, bevor dann der eigentliche «Große Östliche Ozean» erreicht wurde. Mit letzterem waren die verschiedenen Seegebiete zwischen Billiton und Neuguinea gemeint; nicht ganz klar ist dabei, wohin die Celebes-See gehörte. Nach anderen chinesischen Vorstellungen bildete der gesamte Raum östlich einer imaginierten Nord-Süd-Linie, welche ungefähr durch Brunei lief, einen einzigen großen Bereich, das sogenannte Dongyang-Gebiet.

Die Meere Ostindonesiens

Die verschiedenen Meeresteile Ostindonesiens sind einzelnen Seefahrergruppen sicher schon sehr früh bekannt gewesen, doch insgesamt tauchen sie erst allmählich aus dem Dunkel der Geschichte auf, und zwar viel später als die Seegebiete längs der alten Westroute. Und wieder sind es arabische und chinesische Texte, die am Anfang der Berichterstattung stehen. Die weltweit frühesten, bis heute überlieferten Kurzbeschreibungen – und nicht bloß Erwähnungen – der großen Insel Timor, der Banda-Gruppe, der Nord-Molukken, des Sulu-Archipels und wohl auch der Klabat-Region auf Sulawesi entstammen chinesischen Quellen.

Alle ostindonesischen Teilmeere einzeln zu beschreiben, wäre hier fast unmöglich. Statt dessen sollen hier nur grundlegende Bemerkungen folgen. Wer zu den berühmten Gewürzinseln im Osten wollte, fuhr in der Regel durch die Java-, Banda- und Flores-See, oder er wählte die sogenannte Borneo-Route, die von Kap Datu über Brunei zur Balabac-Straße, dann durch die Sulu- und Celebes-See und schließlich durch die Molukken-See bis hin nach Ternate oder Tidore führte. Somit gab es zwei große «horizontale» Verbindungslinien zwischen dem heutigen Ostindonesien und der Singapur-Melaka-Gegend. Die südlich verlaufende war nicht nur die bekanntere, sie bot auch noch den Vorteil, die Melaka-Straße gegebenenfalls umgehen zu können – durch Ausweichen auf die Sunda-Straße zwischen Sumatra und Java, die gleichfalls in den Indik mündete.

Natürlich müßten hier auch die übrigen «Tore» der malaiischen Inselwelt betrachtet werden – die Alas-Straße, die Lombok-Straße usw. –, doch spielten diese stets nur Nebenrollen und blieben folglich bis in die Neuzeit hinein meist unerwähnt. Gleiches gilt für die Schiffahrt an den Außenrändern der südostasiatischen Inselwelt, etwa längs der Südküsten Sumbawas oder Timors, jenseits der Tanimbar- und Aru-Inseln, in der Ceram-See und östlich der Molukken, ferner östlich der Talaud-Gruppe, Mindanaos, Samars und Luzons. Hier hört

Inseln der Nördlichen Molukken. Westlich von Halmahera findet sich eine Kette überwiegend vulkanisch geformter Eilande, darunter Ternate, Tidore, Moti und Makian. Vor allem Ternate und Tidore, die einen Durchmesser von jeweils nur etwa fünf Kilometer haben, waren im späten Mittelalter und in der frühen Neuzeit für den Verkauf von Gewürznelken bekannt. Hier eine Darstellung aus Pedro Barreto de Resendes Livro de Estado da Índia Oriental (ca. 1636).

gewissermaßen das Terrain des zu Betrachtenden auf, in alter Zeit auch oft des Bekannten, denn hinter den genannten Linien beginnen gleichsam andere Welten, die mit der südostasiatischen zwar lose verbunden waren – erinnert sei nur an Migrationstheorien –, sich aber doch von ihr unterschieden, so wenigstens wollen es alte Konventionen.

Die Melaka-Straße, das Andamanische und das Bengalische Meer

Wenden wir uns nun dem Indischen Ozean zu, genauer gesagt, seinen nordöstlichen Ausläufern, der Straße von Melaka, dem Andamanischen Meer und dem Bengalischen Meer (Golf von Bengalen) sowie der Westseite von Sumatra. Die Straße von Melaka war und ist eine der Schlüsselregionen im asiatischen Seefahrts-

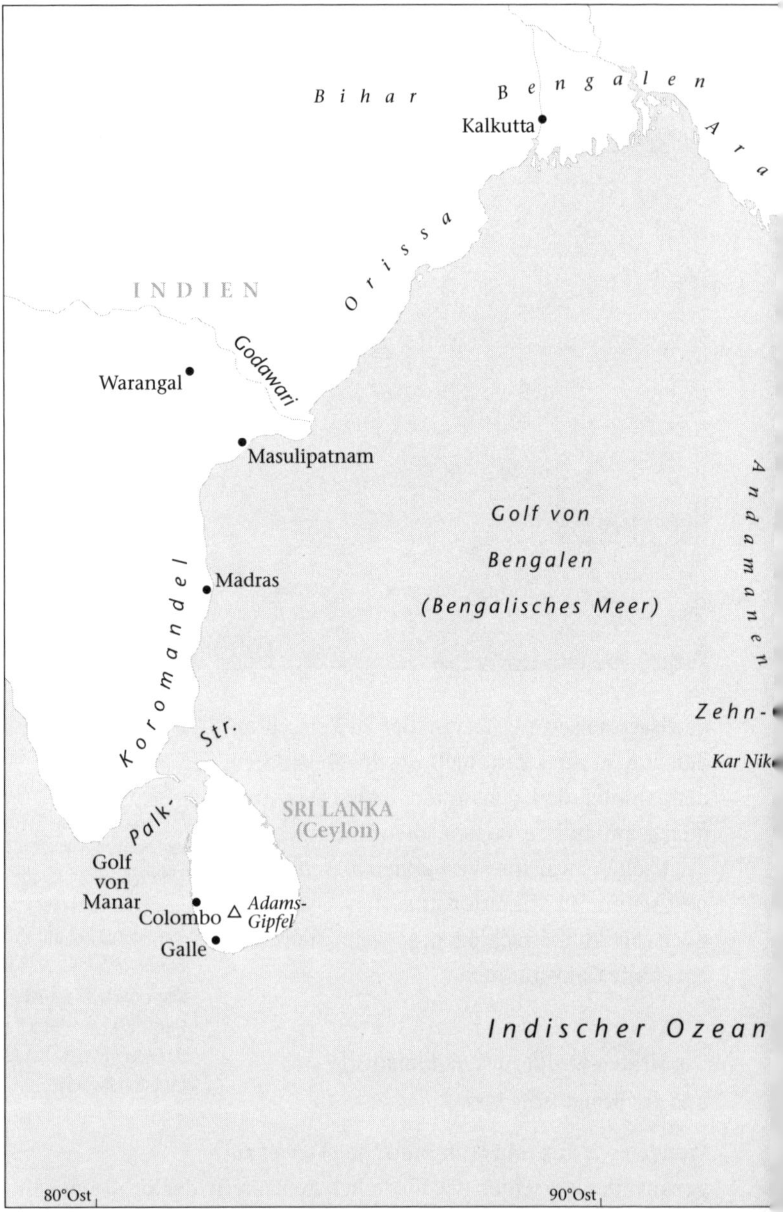

Der Golf von Bengalen, das Andamanische Meer und die Melaka-Straße

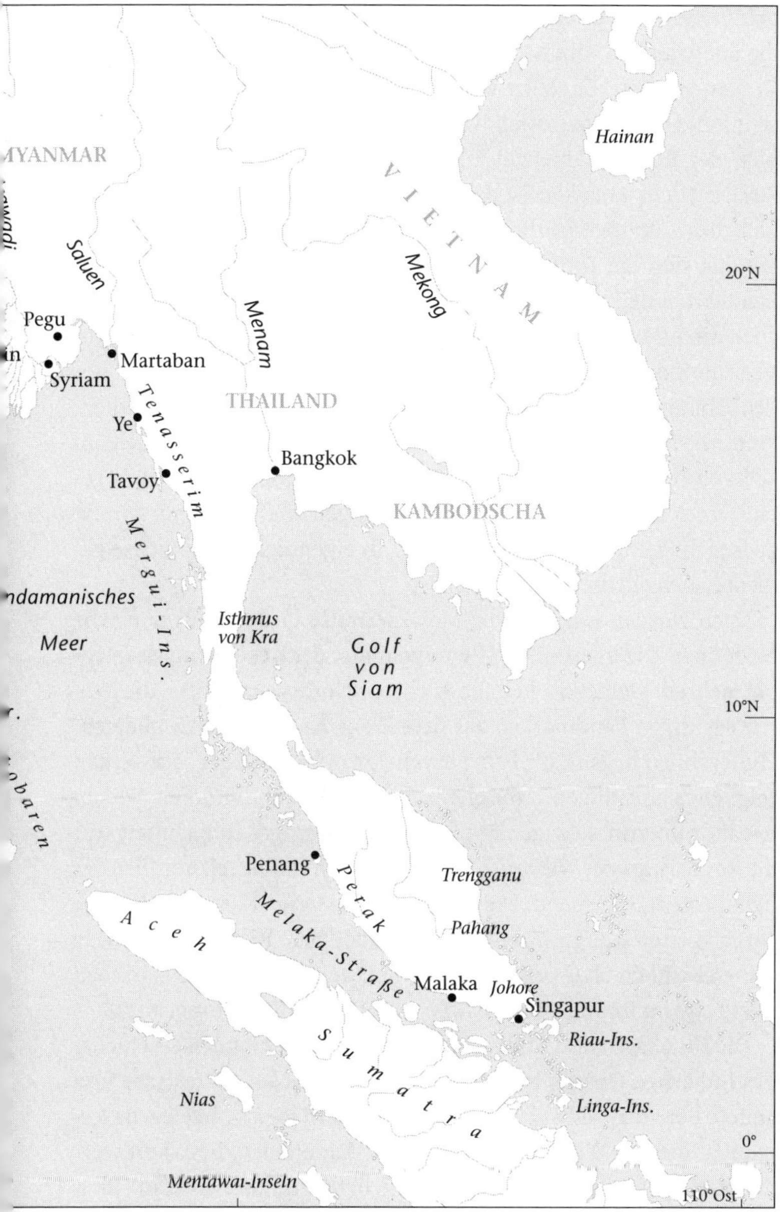
Hainan
VIETNAM
Saluen
Mekong
Menam
20°N
Pegu
Martaban
Syriam
THAILAND
Tenasserim
Ye
Bangkok
Tavoy
KAMBODSCHA
Mergui-Ins.
Meer
Isthmus von Kra
Golf von Siam
10°N
Penang
Perak
Trengganu
Aceh
Melaka-Straße
Pahang
Malaka
Johore
Singapur
Riau-Ins.
Sumatra
Nias
Linga-Ins.
0°
Mentawai-Inseln
110°Ost

gefüge. Auf beiden Seiten dieser Meerenge entwickelten sich Orte, die überwiegend vom Seehandel lebten und nicht selten zu bitteren Rivalen wurden. Zugleich verunsicherten Piraten ganze Küstenabschnitte. Hiervon betroffen waren vor allem das heutige Johore-Gebiet, der Riau-Archipel und die Linga-Inseln am Südausgang der Straße. Nicht ganz klar ist dabei, wann genau welche Routen innerhalb dieses unübersichtlichen Terrains benutzt wurden. Wahrscheinlich hat sich die Topographie im Laufe der Jahrhunderte geändert, Landkarten deuten zumindest unterschiedliche Fahrrinnen an, und auch die Anweisungen in nautischen Büchern variieren. Ablagerungen infolge schwankender Strömungsverhältnisse, Flutwellen, Bodenhebungen und -senkungen, bedingt durch See- und Erdbeben, kommen als mögliche Ursachen in Frage. Der Fernverkehr scheint sich von Zeit zu Zeit an die sich wandelnden Naturbedingungen angepaßt zu haben, wenngleich wohl die sogenannte Singapur-Straße zwischen Pedra Branca und Karimun als eigentliche Hauptachse gedient haben dürfte.

Nach Norden hin geht die Melaka-Straße in das Andamanische Meer über. Die meisten Schiffe folgten hier der Küste Sumatras, wobei mehrere kleine Inseln nahe Aceh, vor Nordwestsumatra, die letzten wichtigen Landmarken auf dem Wege nach Sri Lanka bildeten. Hinter ihnen begann die Fahrt durch den offenen Ozean; sie werden folglich in unzähligen arabischen, chinesischen und anderen Werken erwähnt und oft sehr genau positioniert. Weniger frequentiert war die Route längs der Westseite der Malaiischen Halbinsel, nördlich der heutigen Perak-Gegend. Die gesamte Tenasserim-Küste mit dem ihr vorgelagerten Mergui-Archipel bot wieder viele Risiken und wurde wahrscheinlich eher gemieden. Allein Orte wie Tavoy, Ye, Martaban oder Pegu im Irawadi-Delta hatten eine gewisse Bedeutung.

Die Nikobaren und Andamanen spielten in der Handelsgeschichte des Indischen Ozeans kaum eine Rolle. Arabische, chinesische und andere Berichte, selbst europäische, schildern sie als abgelegene Regionen, die von Wilden, mitunter sogar Kannibalen, bevölkert wurden und allenfalls Wasser und Vorräte lieferten. Kaufleute, die über Sumatra nach Bengalen segelten, in «vertikaler» Richtung sozusagen, kamen häufig an diesen Inseln vorbei, ohne sie jedoch wirklich zu erschließen. Ihre Durchquerung in Ost-West-Richtung – auf der soge-

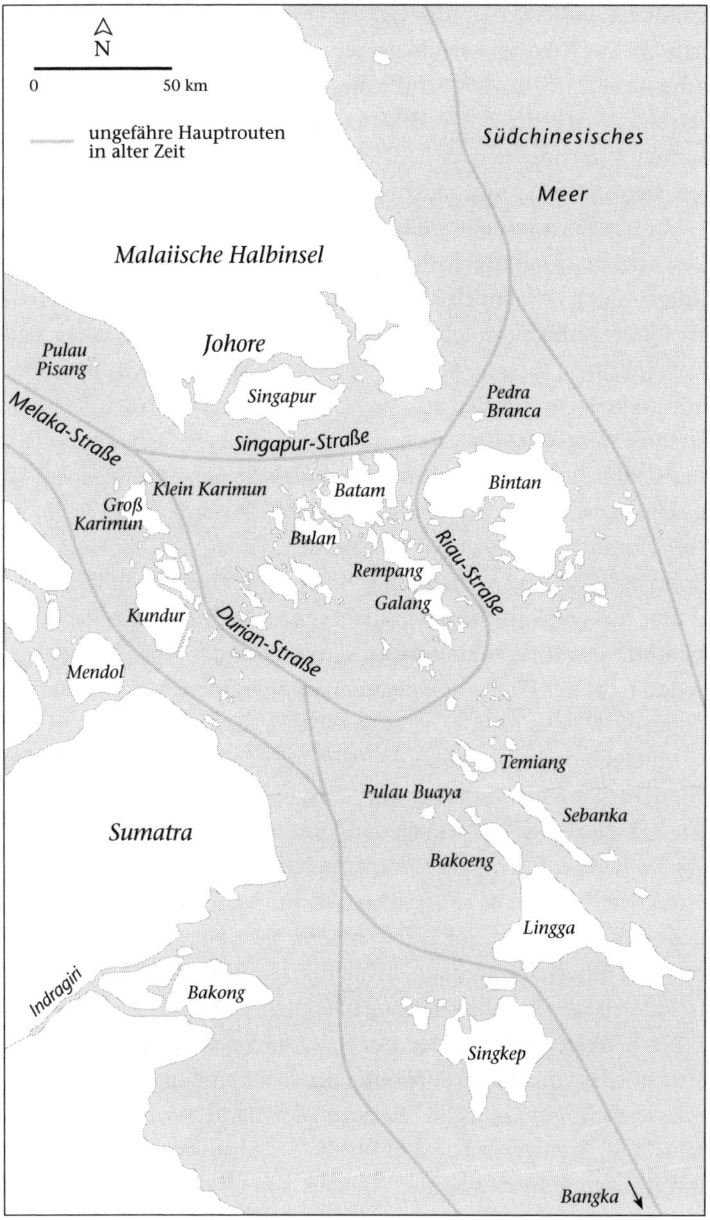

Die Singapur-Riau-Gegend

nannten Zehn-Grad-Straße oder der etwas schmäleren Passage südlich von Kar Nikobar – schildern zumindest arabische Autoren, doch scheinen nicht allzuviele Schiffe diese Wege genutzt zu haben. Andererseits ist zu bedenken, daß Waren, die über Land nach Tenasserim kamen, am schnellsten nach Sri Lanka und Südindien gelangen konnten, wenn sie den Andamanen- und Nikobarengürtel passierten.

Vor der Nordwestspitze des heutigen Aceh-Gebietes traf die oben beschriebene Route durch die Melaka-Straße auf eine zweite wichtige Route – auf jene nämlich, die von der Sunda-Straße ausging und der Westküste Sumatras folgte. Karten und Texten ist zu entnehmen, daß viele Inseln an diesem Weg – Enggano, die Mentawai-Gruppe, Nias und andere – in alter Zeit sehr wohl bekannt waren. Ob Schiffe lieber an ihrer West- oder Ostseite vorbeifuhren, bleibt jedoch meist offen. In jedem Fall war hier stets mit äquatorialen Kalmen zu rechnen. Zu bedenken ist ferner: Während der Monate, die nördlich des Äquators vom Nordostmonsun beherrscht werden, also für Fahrten nach Südosten geeignet sind, wehen einige Breitengrade weiter südlich häufig Winde aus entgegengesetzten Richtungen. Vermutlich trugen diese mitunter als widrig empfundenen Verhältnisse dazu bei, daß der Seeverkehr auf der Westseite Sumatras weniger intensiv ausfiel als der durch die Melaka-Straße.

Im eigentlichen Golf von Bengalen gab es keine nennenswerten Hindernisse. Sein nördliches Ufer wird durch das ebenso fruchtbare wie komplexe Delta des Ganges und Brahmaputra geprägt. Hier entstanden im Laufe der Jahrhunderte mehrere wichtige Häfen, die über Flußarme von See aus zu erreichen waren. Das freilich erforderte genaue Ortskenntnisse, außerdem änderte das Delta durch Ablagerungen und Überschwemmungen ständig sein Gesicht. Entsprechend vielfältig ist die Berichterstattung über diese Gebiete.

Nach Westen und Norden hin stand die reiche Bengalen-Region stets mit dem Inland des Subkontinents in Verbindung und diente somit als wichtiges Bindeglied zwischen der maritimen und der «anderen» Welt. Weniger bedeutend für die Seefahrt waren die sich südwärts anschließenden Küsten Arakans und Orissas. Doch mit dem Godawari-Delta, südwestlich von Orissa, und der Region jenseits von Masulipatnam beschreiten wir erneut Gebiete, deren kommerzieller und kultureller Einfluß sehr weit reichte. Von hier, der Koromandel-

Küste, führten mehrere direkte Wege nach Sumatra. Zugleich war sie angeschlossen an jene große Achse, die Bengalen mit der Ost- und Südseite Sri Lankas verband – und damit letztlich auch mit den weiten Regionen jenseits von Kap Komorin.

Von Norden aus war es natürlich ebenso möglich, über die Palk-Straße bis zur Südspitze Indiens vorzudringen, doch sind die Gewässer an den kritischen Stellen dieser Passage sehr flach. In alter Zeit wurden hier häufig Unglücke gemeldet. Daher steuerten Fahrzeuge mit größerem Tiefgang den Golf von Manar – so heißt das Meeresgebiet zwischen Sri Lanka und Indien im Anschluß an die Palk-Straße – meist von Süden bzw. Osten her an. Allerdings gab es auch an den Küsten Sri Lankas Hindernisse, vor allem Riffe, die unbedingt zu beachten waren. Sie werden sogar in chinesischen Texten erwähnt. Die markantesten Punkte waren hier jedoch die Gegend von Galle und der sogenannte Adamsgipfel.

Das Arabische Meer und die Küste Ostafrikas

Die Wintermonate sind die ideale Zeit für Reisen von Sri Lanka via Kap Komorin nach Kerala. Sowohl der trockene Nordostmonsun als auch der Äquatorialstrom begünstigen die Seefahrt während dieser Periode. Im Sommer weht der Wind hingegen meist aus südwestlichen Richtungen, und auch der Äquatorialstrom ändert dann seine Richtung und zieht in einem Bogen von Ostafrika bis zur indischen Westküste. Damit sind wir in den nordwestlichen Teil des Indischen Ozeans eingetreten, vor allem aber in das Arabische Meer, das in arabischen Texten ausführlich beschrieben wird.

Im Südostteil dieses Meeresgebietes, vor der Kerala-Küste, befinden sich die Lakkadiven und Malediven. Sie ließen sich nur an wenigen Stellen durchqueren, vorzugsweise in Höhe der Insel Minicoy. Schiffe, die von Kalikut aus direkt nach Ostafrika oder Aden wollten, wählten diesen Weg nicht selten. Die Untiefen und ausgedehnten Atolle, vor allem im Bereich der Malediven, waren dagegen weit schwerer zu «bewältigen». Wann genau einzelne Passagen erschlossen wurden, ist freilich nicht mehr zu rekonstruieren. Eines jedoch dürfte unbestritten sein: Direkte Reisen von Juzur al-Dib, wie die Malediven von arabischen Berichterstattern gelegentlich genannt wurden, bis nach

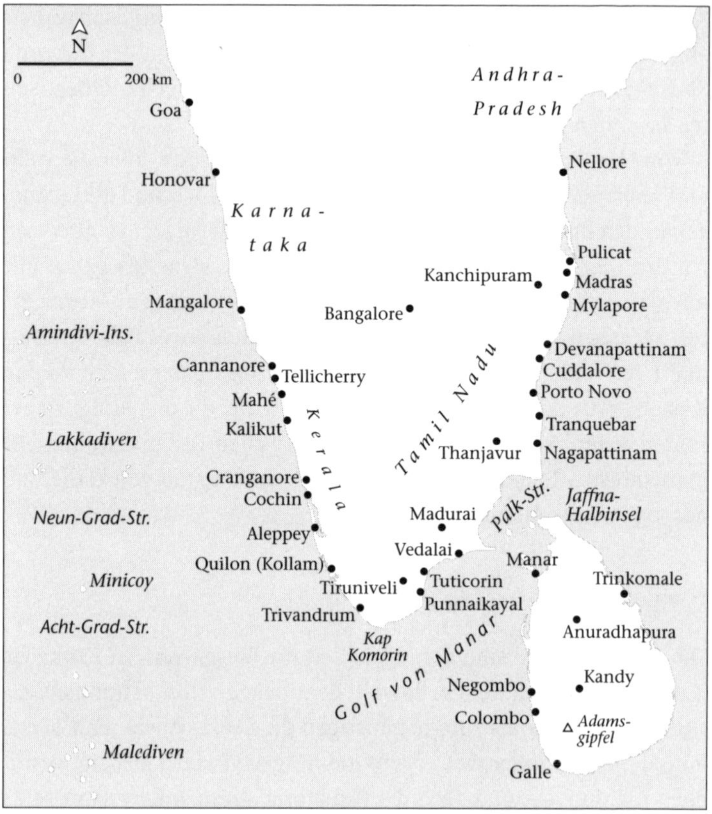

Südindien und Sri Lanka

Ostafrika – auf Routen, die südlich des 5. oder 6. Breitengrades verliefen oder gar den Äquator schnitten – kamen äußerst selten vor. Das gilt zugleich für entsprechende Fahrten zwischen Sri Lanka und Ostafrika, die automatisch zwischen den Malediven hindurchführten. Zwar werden solche Möglichkeiten in der Literatur angedeutet, auch kannte man die Seychellen wohl ebenso wie die Chagos-Gruppe, doch spielten diese eher abgelegenen Gebiete für den internationalen Seeverkehr keine Rolle. Erst die Europäer begannen die Vorteile «diagonaler» Routen durch den mittleren und später sogar den südlichen Teil des Indischen Ozeans systematisch zu erkunden. Fahrten vom Kap der Guten Hoffnung, östlich vorbei an Madagaskar, hin zur

Sunda-Gegend im heutigen Indonesien wurden so z.B. von den Niederländern durchgeführt.

Nun aber wieder in den Norden und damit in das Arabische Meer. Rund um dieses wie um den Golf von Aden gab es etliche markante Punkte, an denen sich die Seefahrt seit altersher orientierte. Dazu zählten einige Buchten und Kaps entlang der Malabar-Küste, die heutige Bombay-Gegend und die Insel Diu vor der Kathiawar-Halbinsel im Nordwesten Indiens. Das Mündungsgebiet des Indus war hingegen nur während bestimmter Zeiten wirklich wichtig. Auch die Makran-Region bis hin nach Hormuz, am Eingang zum Persischen Golf, hatte eher eine Nebenfunktion. Anders sah es mit der Arabischen Halbinsel aus. An der Oman-Küste lief eine wichtige Route bis Ra's al-Hadd. Schiffe, die von dort Richtung Aden fuhren, passierten die Ostseite der Insel Masira, Ra's Madraka, die Südseite der Kuria-Muria-Inseln, Ra's Fartak und andere Punkte. Von Aden und den Häfen der Hadramaut-Küste konnte man schließlich direkt zur Berbera-Küste oder nach Sokotra gelangen.

Sokotra lag im Schnittpunkt gleich mehrerer Schiffahrtslinien. Wer etwa von Goa an der indischen Westküste nach Aden wollte, konnte sowohl nördlich wie auch südlich an dieser Insel vorbeifahren. Der Weg von der Hadramaut-Küste nach Ostafrika führte ebenfalls westlich an Sokotra vorbei, meist von Ra's Fartak über Kap Guardafui und Ra's Hafun nach Süden. Nicht so beliebt scheint hingegen die östliche Umschiffung Sokotras gewesen zu sein, auf der langen Route von Ra's Madraka bis direkt zur mittleren oder südlichen Somalia-Küste. Die Fahrt von Kap Guardafui entlang der Küste, von Bucht zu Bucht, barg vermutlich weniger Risiken. Gleichwohl sind direkte Passagen von Gujarat oder Goa nach Ostafrika belegt, längs einer «Diagonalen», die rund dreihundert Kilometer östlich von Sokotra vorbeilief.

Auch chinesische Seefahrer scheinen mehrere direkte Wege von Südindien bis Ostafrika gekannt zu haben. Dieses Seegebiet hieß in einigen älteren Quellen treffend «Dong Dashihai», wörtlich «Ostarabisches Meer». Daneben gab es den Ausdruck «Xi'nanhai» («Südwestmeer»), mit dem wohl eher die südliche Hälfte des Arabischen Meeres gemeint war. Sokotra, Berbera und Ostafrika im allgemeinen werden in chinesischen Texten ebenfalls erwähnt. Doch berichten

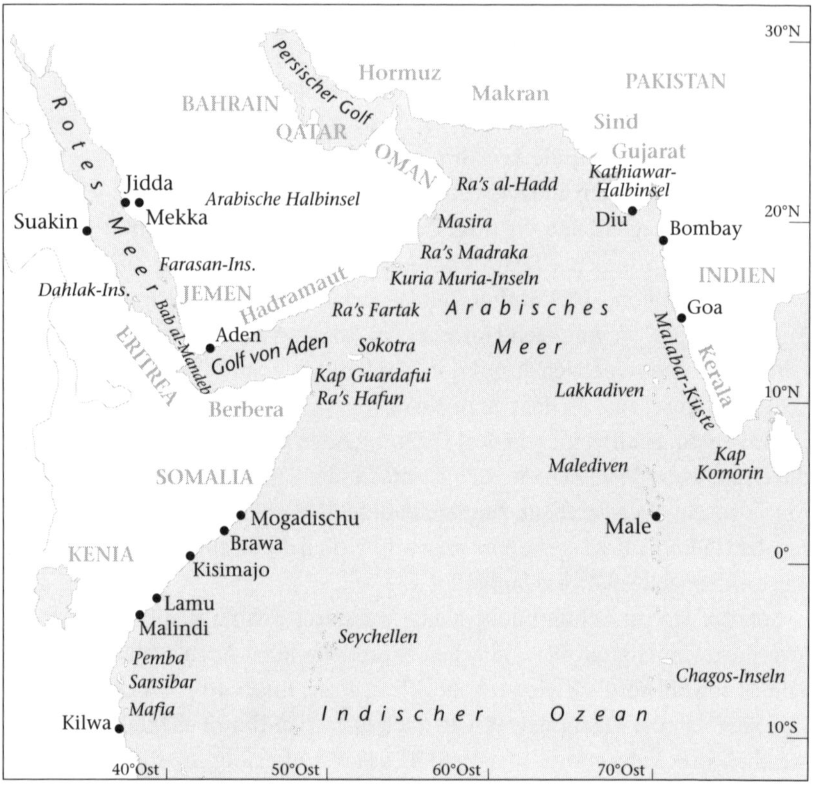

Die Westhälfte des Indischen Ozeans, Arabisches Meer, Persischer Golf, Rotes Meer

arabische Werke naturgemäß sehr viel mehr und vor allem genauer über die Regionen südlich von Ra's Hafun. Markante Stationen auf dem Wege von dort nach Süden waren vor allem Mogadischu, Brawa und Malindi, die Inseln Pemba, Sansibar und Mafia, an denen Schiffe offenbar meist westlich vorbeifuhren, sowie Kilwa und in voreuropäischer Zeit sogar einige Orte und Gegenden jenseits von Kap Delgado – etwa Mosambik, Kilimane oder die Sambesi-Mündung.

Von Pemba oder Sansibar aus wurden auch gelegentlich die Komoren und sogar Madagaskar angesteuert, doch sind regelmäßige Überfahrten schwer zu belegen. Wirtschaftliche Bedeutung hatten sie wohl nur selten. Südlich von Madagaskar und der Sofala-Gegend ging die damals «bekannte» Welt dann allmählich in undefinierte Weiten über. Alte Texte und Karten – sogar chinesische, die arabisches Wissen mitverwerten – legen zwar nahe, daß die Südspitze Afrikas bekannt war, entsprechende Darstellungen bleiben jedoch stets vage; klare geographische Angaben sind ihnen deshalb nicht zu entlocken.

Natürlich unterscheiden sich auch die Wind- und Strömungsverhältnisse rund um das südliche Afrika von denen jener Regionen, die dem Südostpassat ausgesetzt sind. Wie schon oben erwähnt: Erst durch die Europäer wurde das Terrain südlich des Wendekreises und damit südlich der eigentlichen Passatzone systematisch erschlossen und mit dem Rest des Indischen Ozeans verknüpft; davor haben wir es hier überwiegend mit *terra quasi incognita* zu tun. Gleiches gilt für die Region zwischen Madagaskar und Mauritius bzw. Réunion und für spätere Fahrten von Ostafrika Richtung Australien. Diese Fragen – wie ebenso die Erschließung der subarktischen Gebiete – liegen jedoch außerhalb unserer Thematik.

Persischer Golf und Rotes Meer

Die nordwestlichen «Ausgänge» des Arabischen Meeres, der Persische Golf und das Rote Meer, waren in den Augen der meisten Seefahrenden nahezu eigenständige Gebilde. Innerhalb des Golfs führte der kürzeste Weg zwischen der Hormuz-Straße und Basra an der iranischen Küste entlang, die von mehreren, teils recht großen, aber von der Natur nur karg ausgestatteten Inseln gesäumt wird. Auf einigen von ihnen entwickelten sich dennoch wichtige Häfen, die miteinander konkurrierten und zugleich mit dem iranischen Hinterland in Verbindung standen. Ganz anders sah die gegenüberliegende Küste aus. Sie ist zwar flach, aber an vielen Stellen nur schwer zugänglich, weil kleine Inseln, Untiefen und Riffe die Wege zum Festland blockieren. Auch reicht die Wüste an einigen Küstenabschnitten bis ans Meer. Nur dort, wo Karawanenwege zusammenliefen, die Schiffahrt möglich war und die Piraterie gebannt werden konnte, vermochten Umschlagplätze zu gedeihen.

Der Weg vom südlichen Ende des Roten Meeres, also von der heute meist Bab al-Mandeb genannten Meerenge, bis hin zum Suez-Golf ist

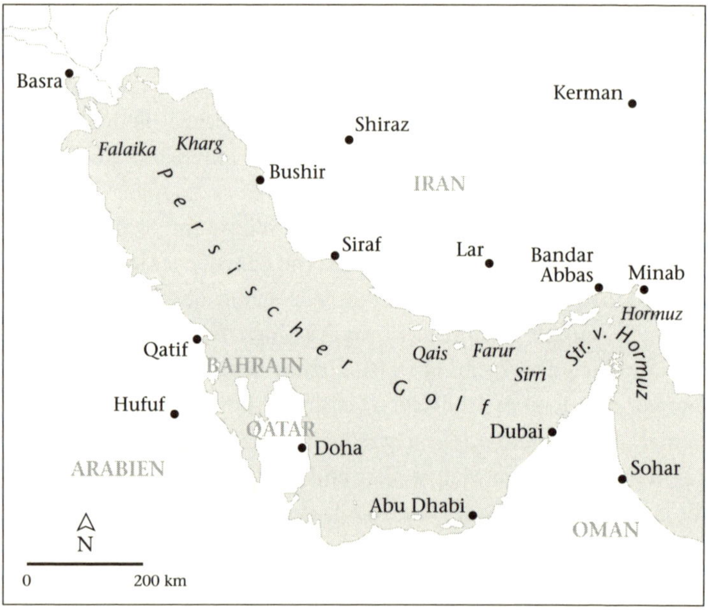

Der Persische Golf

ungefähr so lang wie die direkte Linie zwischen Goa und Ra's Fartak. Doch fällt die Orientierung im Roten Meer – bedingt durch unzählige Inseln und Korallenriffe – deutlich schwerer als die Durchquerung der Arabischen See. Gleich nördlich des Bab al-Mandeb liegen einige Eilande, an denen man östlich vorbeifahren mußte, um die Hodeida-Gegend zu erreichen. Zwischen dieser und Jidda wird die Arabische Halbinsel auf ihrer gesamten Länge von weiteren Inseln gesäumt; die größten finden sich innerhalb der Farasan-Gruppe. Nur selten wagten sich Schiffe hier hinein. Die meisten versuchten auf einem Kurs, der ziemlich genau der Mitte des Meeres in nordwestlicher Richtung folgte, voranzukommen. Auf der gegenüberliegenden Seite, an der afrikanischen Küste, lauerten ähnliche Gefahren. Der tückische Dahlak-Archipel vor Eritrea wurde östlich umgangen, meist auch die Inselwelt vor dem südlichen Sudan. Suakin, nahe Port Sudan, konnte allerdings von zwei Richtungen angesteuert werden: von der «zentralen Fahrrinne» des Roten Meeres aus oder über die Küstenroute via Ra's Qasar.

Schiffe, die von Indien oder gar noch weiter entfernten Gebieten kamen, pflegten meist nur bis Jidda zu fahren. Der Weg von dort bis zum Suez-Gebiet, durch den nördlichen Teil des Roten Meeres, erforderte spezielle navigatorische Kenntnisse, über die Lotsen, denen eher der Südabschnitt vertraut war, nicht immer verfügten. Die ägyptische Küste bildete somit ein anderes «Revier» als die weiter südlich gelegene Zone. Das hatte auch mit den Windverhältnissen zu tun: Der Nordteil ist fast immer, sommers wie winters, nördlichen Winden ausgesetzt. Nur im Winter ist es möglich, von Süden her bis ungefähr in Höhe der Stadt Jidda vorzustoßen. Die nördlich gelegenen Gebiete blieben Segelschiffen demnach verwehrt, allein Galeeren und andere mit Menschenkraft vorangetriebene Fahrzeuge konnten sie von Süden aus befahren. Bei günstigen Verhältnissen war es also möglich, in einer Sommersaison über Aden und Indien bis nach Melaka zu gelangen oder noch weiter, der umgekehrte Weg aber dauerte häufig sehr viel länger.

Eine andere Besonderheit der Region führt uns auf die Arabische Halbinsel selbst. Statt über See ließen sich Waren auch auf dem Landwege von Südosten nach Nordwesten und in umgekehrter Richtung transportieren. Vor allem die Karawanenroute von Mekka via Medina in Richtung des heutigen Jordanien bot in gewisser Weise eine alternative Verbindung zum Weg durch den Nordteil des Roten Meeres mit seinen nahezu ständigen Gegenwinden. Neben dieser Route führten noch weitere «Straßen» über Land – besonders von der gebirgigen Westseite der Halbinsel hinüber zu ihrer flachen Ostseite, die den Golf säumt. Weihrauch und andere Kostbarkeiten wurden folglich nicht nur mit Schiffen, sondern ebenso mit Lasttieren befördert. Doch war das Zusammenspiel von Land- und Seerouten insgesamt ein anderes als etwa im Falle der Malaiischen Halbinsel. Dort ersparten die relativ kurzen Landtransporte mitunter viel Zeit, der Weg durch die Wüste hingegen galt als beschwerlich und dauerte oft recht lange. Außerdem dienten die Verbindungen quer durch die Arabische Halbinsel nicht ausschließlich den Häfen an den jeweiligen Küsten, vielmehr wurden durch sie zugleich Orte im Inneren versorgt. Vergleichbares ist für die Malaiische Halbinsel angesichts der kurzen Ost-West-Distanzen allenfalls auf einem sehr reduzierten Niveau auszumachen.

III. Maritimer Flickenteppich (von den Anfängen bis zur Zeitenwende)

Ostasiens Küsten bis zu den Han

Bis zur Zhou-Zeit. Oben war angedeutet worden, daß die Darstellung im Osten beginnen und sich von dort allmählich nach Westen vortasten würde. Blicken wir also zuerst nach Nordostasien. Archäologische Funde aus den Küstengebieten dieser Region – von Korea bis hinunter nach Südchina – verraten bereits mehrere Jahrtausende vor Christus seegestützte Aktivitäten. So ist z.B. anhand von ausgegrabenen Objekten festgestellt worden, daß es zwischen den Lokalkulturen im heutigen Shandong und denen auf der Liaodong-Halbinsel, die zur modernen Provinz Liaoning gehört, Ähnlichkeiten gab, während Gegenstände, die längs der Westküste des Bohai gesichtet wurden, oft ganz andere Merkmale trugen. Hieraus wurden direkte Kontakte über See zwischen Shandong und Liaodong abgeleitet. Welcher Art sie gewesen sein mögen, entzieht sich freilich unserer Kenntnis, denn schriftliche Quellen fehlen für diese frühe Zeit.

Jungsteinzeitliche Funde scheinen überdies für Verbindungen zwischen der Liaodong- und Shandong-Region und Fundorten längs der koreanischen Küste sowie bis hin in die Gegend Wladiwostoks zu sprechen. Ähnliches gilt für die südchinesischen Räume. Einige Wissenschaftler glauben aufgrund von Objekten, die gehäuft an den Gestaden Fujians und Guangdongs entdeckt wurden, auf eine oder mehrere frühe «Küstenkulturen» in jenen Regionen schließen zu können.

Während Inschriften auf Orakelknochen und Bronzen, welche in wachsender Zahl ab etwa Mitte des zweiten vorchristlichen Jahrtausends zur Verfügung stehen, im allgemeinen nichts über das Meer, die Küsten und die Schiffahrt sagen, enthalten mehrere chinesische Bücher, deren Ursprünge in die sogenannte «Achsenzeit» fallen, sehr viele und teils recht interessante Hinweise zum Thema. Doch wie überall auf der Welt: Die alten Texte sind bis heute nicht genau datierbar, ihre Autoren bleiben zumeist unbekannt oder umstritten, und überhaupt schweben viele Angaben strenggenommen zwischen Legende und «wahrer» Geschichte. Wenn also im berühmten «Buch der Lieder» (*Shi jing*) oder im «Buch der Urkunden» (*Shu jing*) – beide wurden mit Konfuzius in Verbindung gebracht – das Meer erwähnt wird, gar maritime Kontakte zwischen dem chinesischen Kernland, grob also dem damaligen Zhou-Terrain, und anderen Regionen angedeutet sind, dann helfen uns diese Hinweise, vage wie sie bleiben, kaum weiter.

Auch wissen wir nicht, wie die Schiffe und Boote jener Zeit wirklich aussahen. Sicher, am Anfang standen wahrscheinlich Floß und Einbaum – wie bei so vielen anderen Kulturen, die sich der Flußfahrt, der Küste und dem Meer zuwandten –, außerdem ist Keramik in Bootsform gefunden worden, aber alles Weitere bleibt am Ende Spekulation. Das gilt ebenso für bootsähnliche Särge. Warum sie für Bestattungen weit im Inneren Chinas benutzt wurden, bleibt rätselhaft. Mehr ist erst für die letzten Jahrhunderte des ersten vorchristlichen Jahrtausends zu ermitteln. Nun verbinden die Texte gelegentlich Orte und Personen mit dem Schiffbau und der Seefahrt. An einer Stelle heißt es z.B., der Herzog Jing von Qi – Qi war ein Staat, der über weite Teile Shandongs herrschte – habe sich für sechs Monate auf See begeben. Möglich wäre es also, sofern die Geschichte einen wahren Kern hat, daß Qi über hochseetaugliche Fahrzeuge verfügte. Auch mehrere Quellen, in deren Zentrum die Staaten Wu und Yue stehen – beide befanden sich im Einzugsbereich der heutigen Städte Shanghai und Hangzhou –, gehen auf die Meerfahrt ein. Yue habe sehr viele Schiffe gezimmert, darunter auch solche, die für Schlachten geeignet waren, etwa die sogenannten *louchuan*, wörtlich «Turmschiffe» – Fahrzeuge, die hohe Aufbauten hatten. Seither berichten die Quellen immer wieder von «Turmschiffen», ohne allerdings realistische Beschreibungen dieses Typs zu liefern. Im Jahre 468 v. Chr., so heißt es ferner, sei dann die Yue-Hauptstadt unter Einsatz einer großen Flotte mit 8000 Kriegern nach Norden verlegt worden, und zwar nach Langya im Südosten Shandongs. So schön diese und andere Geschichten klingen, so sehr sind sie doch mit Vorsicht zu genießen – unter anderem deshalb, da die heutigen Fassungen der Texte häufig recht späte Kom-

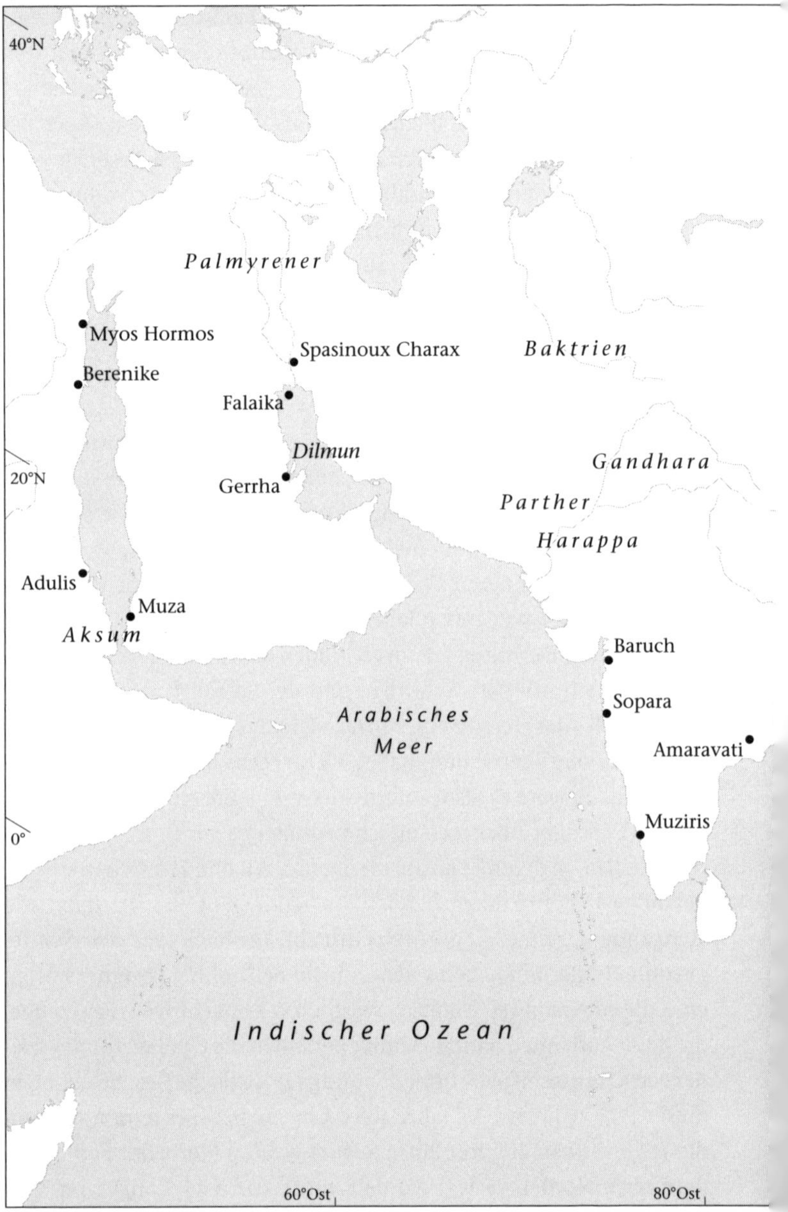

Maritimer Flickenteppich

40°N
Xiongnu
Qi
Shang
(später Zhou, Qin, Han)
Dong Ou
Chu
Min
Yue
20°N
Pazifischer
Ozean
Nan Yue
Luo
Yue
Süd-
chinesisches
Meer
0°
100°Ost
120°Ost

pilationen bilden, die ursprünglichen Versionen aber unbekannt bleiben.

DIE PERIODEN QIN UND FRÜHE HAN. Damit treten wir allmählich ein in eine Zeit, die etwas besser dokumentiert ist – in die Qin- und Han-Perioden. Die Qin führten nach heutigem Verständnis die Einigung der Han-chinesischen Feudalstaaten herbei (221 v. Chr.), wobei es ihnen gelang, von Westen her kommend, nicht nur die Territorien Qis und andere Küstenländer zu erobern, sondern auch das Gebiet von Chu, bis weit südlich des Yangzi-Stroms. Es folgten sodann Versuche, die Region der heutigen Provinz Guangdong und sogar die Nordküste der Insel Hainan unter Qin-Kontrolle zu bringen. Hierbei kamen wiederum Schiffe zum Einsatz.

Selbst mit der koreanischen Halbinsel traten die Qin in Kontakt, allerdings liefen die Verbindungen wohl meist über den Landweg, in Fortsetzung schon viel früherer Handelsbeziehungen, die zumeist durch das Territorium des ehemals selbständigen Staates Yan geführt hatten. Spektakulärer, weil «neu» in der Geschichte – zumindest ist in den Schriftquellen nichts Früheres dazu verzeichnet –, waren offenbar die Kontakte über See zu den «Inseln der Seligen». Dem ersten Annalenwerk Chinas, Sima Qians *Shiji*, ist zu entnehmen, daß ein Mann aus Qi, der Xu Fu hieß, zu den sagenumwobenen Inseln im Osten entsandt worden sei, um magische Kräuter sammeln zu lassen. Möglich, daß es dem Kaiser um eine Unsterblichkeitsdroge ging. Wohin Xu Fu fuhr, sollte er denn wirklich unterwegs gewesen sein, wissen wir nicht, doch könnten die japanischen Inseln sein Ziel gewesen sein. Daß sie von Zeit zu Zeit aufgesucht wurden – wohl meist von Korea aus, via Tsushima –, steht außer Frage, denn archäologische Zeugnisse aus Japan belegen tatsächlich frühe Einflüsse vom asiatischen Festland.

Auch die Han (206 v. Chr. – 220 n. Chr.) zeigten Interesse an der maritimen Peripherie ihres Reiches, wobei sie ähnlich expansiv dachten wie ihre Vorgänger, die Qin. Kurz, der Han-Hof war darum bemüht, die koreanische Halbinsel an sich zu binden, mit Japan in Kontakt zu treten und zugleich den tiefen Süden militärisch, administrativ, wirtschaftlich und kulturell unter seine Kontrolle zu stellen. Und erneut verweisen die Quellen dabei auf den Einsatz von Seefahrzeugen, ja ganzen Flotten. Ein Beispiel ist der kombinierte Land- und Seefeldzug des Jahres 109 v. Chr.: Eine von Yang Pu geleitete Streitmacht brach dabei von Shandong auf, überquerte das Gelbe Meer und rückte gegen die koreanische Küste vor.

Belegt sind ebenso Handelskontakte, die den chinesisch kontrollierten Posten Luolang – auf koreanischer Seite – über See mit Japan verknüpften. Vor allem archäologisches Material dokumentiert diese Verbindungslinie. Nach Westen hin führte der Weg allerdings wohl meist über Land, abermals durch das Yan-Gebiet, nördlich um das Bohai-Meer herum.

Obschon der Han-Staat demnach längs der nördlichen «Seefront» gewisse Aktivitäten entfaltete, blieben die Küstenräume für ihn zweitrangig, in politischer wie wirtschaftlicher Hinsicht. Der Hof blickte eher nach Zentral- und Nordasien, interessierte sich für die Karawanenwege sowie die Sicherung der Nordgrenze gegen die Xiongnu und andere Nomadenvölker, deren Kerngebiete in den Steppen der heutigen Mongolei lagen; die maritime Welt befand sich aus Sicht der Han-Hauptstadt am äußersten Rande des Reiches, in weiter Entfernung des Zentrums. Überhaupt scheint manche Küstenregion, die heute zu China zählt, im imperialen Denken jener Epoche lange Zeit fast ausgespart worden zu sein. So etwa das Gebiet der modernen Provinz Fujian, vis-à-vis der Insel Taiwan, wo sich eine eigene, der See gegenüber offene Kultur entwickelt hatte, die nur bedingt zu unterwerfen war.

Die Küstengebiete im Süden. Verweilen wir deshalb bei den südlichen Küstenregionen und gehen ein wenig zurück in der Zeit. Einige Historiker glauben, daß schon bald nach Einsetzen der ersten großen Einwanderungswellen aus dem Hinterland hier eine gewisse Orientierung zur See hin stattfand. Wann und unter welchen Umständen dies zu den ersten Staatenbildungen führte, ist bis heute umstritten. Während der Qin-Expansion im Norden finden wir jedoch vier nahezu unabhängige Gebilde im Süden vor: Dong Ou an der heutigen Zhejiang-Küste, Min Yue in Fujian, Nan Yue (Nam Viet) in Guangdong und Luo Yue im Nordteil Vietnams. Nach 221 v. Chr. versuchte Qin, Teile des Südens zu annektieren – auch die genannten Territorien –, doch währte die Qin-Herrschaft nicht allzu lange. Denn mit dem Wechsel von der Qin- zur Han-Dynastie gingen die vormals selbständigen Regionen bald wieder eigene Wege.

Das nächste Jahrhundert war dann von mehreren Auseinandersetzungen der genannten Gebiete untereinander wie zwischen diesen und dem Han-Reich gekennzeichnet. Letzteres expandierte vor allem unter Kaiser Wu – dem Vorbild der Qin folgend – nach Süden. Einige Details sind in den Schriftquellen aufgezeichnet, wobei wir allerdings nicht vergessen dürfen, daß es sich ausnahmslos um chinesische Berichte handelt, weswegen der gängigen Überlieferung eine gewisse Einseitigkeit unterstellt werden kann. Dennoch fallen etliche Ereignisse auf: So heißt es einmal, Min Yue habe das kleine Gebiet Dong Ou von See her angegriffen. Die chinesische Seite sandte darauf eine Flotte, die wohl ursprünglich vor der Yangzi-Mündung stationiert war, um Dong Ou zu helfen (138 v. Chr.). Später unterstützte Min Yue den übermächtigen Han-Staat gegen Nan Yue, und eine Min-Yue-Flotte fuhr nach Ost-Guangdong. Ferner wird berichtet, der Nan Yue-Herrscher sei nach Einnahme seiner Hauptstadt durch die Han mit Schiffen nach Westen geflohen, aber schließlich von chinesischen Fahrzeugen verfolgt und am Ende sogar vernichtet worden.

Die genannten Beispiele zeigen, daß bereits im zweiten Jahrhundert v. Chr. mehrfach Wasserfahrzeuge für Kriegstransporte verwendet wurden. Das setzt eine gewisse Logistik, technische Erfahrung und navigatorisches Wissen voraus. Daß Schlachten auf hoher See geschlagen wurden, ist allerdings höchst unwahrscheinlich. Boote und Schiffe kamen eher in Binnengewässern und nahe der Küste zum Einsatz, gleichsam in Verlängerung landgestützter Operationen. Das taktische Ziel bestand darin, gegnerische Fahrzeuge zu entern und den Feind, wie an Land, mit einfachen Waffen auszuschalten.

Infolge der militärischen Entwicklungen wurden die Küstengegenden über längere Zeiträume von den Han-Administratoren verwaltet. Offenbar gewannen darob mehrere Ankerplätze zusätzliches Gewicht, vor allem für den Handel. Von Dongye, einem der wichtigeren Orte, wird z.B. gesagt, er habe Verbindungen zu den Wo, d.h. nach Japan, und weiteren Gebieten unterhalten. Um welche Regionen es sich dabei handelte – vielleicht Taiwan oder die Ryukyu-Inseln –, ist aber umstritten, da die entsprechenden Toponyme unterschiedlich gedeutet werden.

Schlachtszenen mit Booten. Dekor auf chinesischen Bronzespiegeln aus dem 2. Jahrhundert v. Chr., die 1935 in Henan gefunden wurden. Vermutlich bezieht sich das dargestellte Geschehen auf Auseinandersetzungen zwischen den Staaten Wu und Yue.

Das Nan Yue-Reich bildete im Kontext der Han-Expansion nach Süden und der maritimen Welt den interessantesten Fall, nicht zuletzt deshalb, da es während der letzten Jahre durch archäologische Funde mehrfach in den Blick der Öffentlichkeit geriet. Panyu, seine Zentrale, ungefähr an der Stelle des heutigen Guangzhou, stand vermutlich schon lange in Kontakt mit den noch weiter südwestlich gelegenen Regionen des asiatischen Festlandes, so auch mit Luo Yue. Bemerkenswert dabei: Etliche Texte berichten, Nan Yue habe teure Güter wie Elfenbein, Schildpatt, Vogelfedern und Perlen im Rahmen sogenannter Tributbeziehungen an den Han-Staat geliefert. Vieles davon könnte aus den Küstengebieten Nan Yues selbst gekommen sein, doch manche Produkte entstammten wahrscheinlich entfernteren Regionen – und eben das deutet auf seegestützte Verbindungen, die bis zur Malaiischen Halbinsel oder noch weiter gereicht haben mögen.

Hainan und die Gebiete von Min Yue und Dong Ou hatten vermutlich teil an diesen Verbindungen. Parallel dazu scheint der kommerzielle Schiffbau in einigen Orten des heutigen China aufgeblüht zu sein. Auch das navigationstechnische Wissen kam voran. Möglich zudem, daß sich beide Seiten, Han und Nicht-Han, bedingt durch die Umstände, gegenseitig in ihren Bemühungen befruchteten, Herr über die See zu werden. Die Han machten dabei rasche Fortschritte, enthalten doch die offiziellen Annalen ihrer Dynastie einen Katalog von Büchern, dem zu entnehmen ist, daß die kaiserliche Bibliothek mehrere Werke aufbewahrte, die offenbar etwas mit der See und astronomischen Fragen zu tun hatten. Vielleicht handelte es sich dabei bereits um Handbücher, die einfache Hinweise zur Navigation mit Hilfe von Sternen enthielten.

Han-Quellen ist ebenso zu entnehmen, daß China damals schon Erfahrungen im Austausch mit den maritimen Gegenden Südostasiens und einigen Anrainern des Indischen Ozeans gesammelt hatte. Darauf deuten entsprechende Toponyme. Blicken wir darum im folgenden Absatz zunächst auf die mutmaßlichen Entwicklungen in Südostasien.

Südostasien: Unbekannte Welt

Die frühe Zeit. Die frühe Besiedlungsgeschichte dieses Raumes ist bis heute nicht restlos geklärt. Doch wissen wir, daß ab etwa 5000 bis 4000 v. Chr. verstärkt Wanderbewegungen dorthin erfolgten, die ihren Ausgang oftmals im heutigen Südchina nahmen. Die migrierenden Gruppen breiteten sich über viele Inseln des Malaiischen Archipels aus, bis hin zu den Molukken und sogar noch weiter ostwärts, hinein in die pazifische Welt. Im zweiten Jahrtausend v. Chr. folgten dann austroasiatisch- und austronesischsprachige Völker, die offenbar neolithische Kulturelemente mit sich brachten.

Im Zuge der verschiedenen Migrationsströme erreichten auch einige Gruppen Taiwan und später von dort die Philippinen. Andere wiederum bevorzugten Gebiete im kontinentalen Bereich oder im Westteil der malaiischen Welt. Damit setzte eine Art «Inselspringen» ein, denn viele Gruppen zogen von Eiland zu Eiland, bevor sie sich endgültig niederließen. Hinsichtlich der jeweiligen Transporttechniken – über Land wie über See – kann allerdings nichts Genaues gesagt werden.

Eine Besonderheit ist jedoch bemerkenswert: Vor allem aufgrund sprachlicher Indikatoren gilt es als erwiesen, daß auch Madagaskar vom heutigen Indonesien aus besiedelt wurde. Das deutet auf gute Navigationskenntnisse, entsprechende Boote und fortgeschrittene

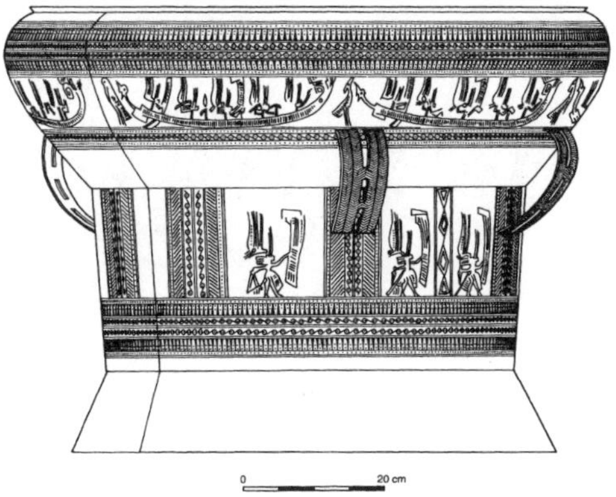

Bronzetrommel mit Booten. Viele ähnliche Objekte mit geometrischen Ornamenten sowie Szenen, die Boote und Krieger zeigen, wurden in Südchina und im Norden Vietnams gefunden und der sogenannten Dongson-Kultur zugeordnet. Sie können oftmals auf die letzten vorchristlichen Jahrhunderte datiert werden.

Organisationsformen. Die meisten Einzelheiten entziehen sich indes wieder unserer Kenntnis. Wie die Weiten des Indischen Ozeans in dieser frühen Zeit gemeistert wurden – ob durch mutige Fahrten quer über die offene See, auf Höhe der Malediven oder der Chagos-Inseln, oder eher durch Reisen entlang der asiatischen Küsten und schließlich von Ostafrika hinüber zur West- und Nordseite Madagaskars –, ist nicht mehr restlos zu klären. Ebenso hinsichtlich der Datierung sind unterschiedliche Thesen zu finden.

Funde von Keramik und schließlich auch von Metallgegenständen in Südostasien selbst belegen dann das allmähliche Aufkommen neuer Kulturformen, besonders im zweiten vorchristlichen Jahrtausend und überwiegend im heutigen Thailand und in Vietnam, wiewohl zugleich mannigfache Einflüsse aus dem Norden – dem China der Shang und Zhou – für diese Epoche ebenso belegbar sind. Vor allem Bronzen deuten auf solche Einflüsse hin. Doch auch hier kann über die Verbreitungsmechanismen nur gemutmaßt werden. Inwieweit regelmäßige Kontakte über See, zwischen Küstensiedlungen, von Insel zu Insel oder über längere Distanzen erfolgten, werden wir wahrscheinlich niemals erfahren. Zu vermuten ist lediglich, daß es häufig seegestützte Unternehmungen gab, in deren Rahmen Kultur- und Handelsgüter ausgetauscht und weitergegeben wurden. Doch von Handelszyklen oder gar ganzen Austauschsystemen zu sprechen, wäre für diese frühe Zeit sicher unangemessen.

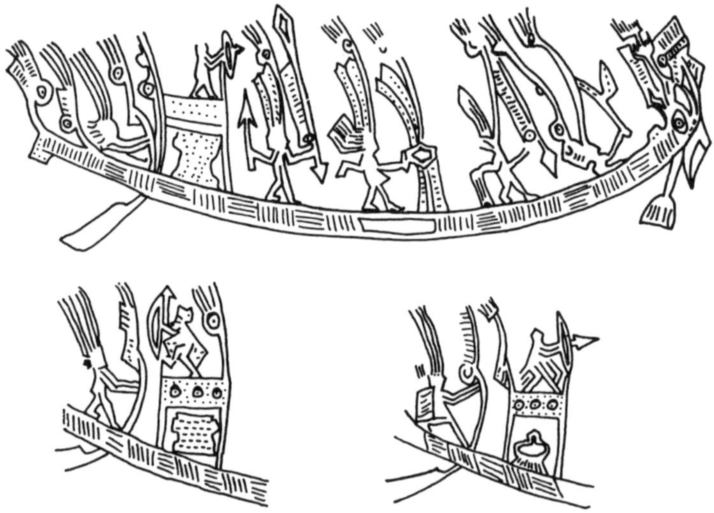

Boot mit Kriegern auf Dongson-Trommel

Staatenbildungen? Vermehrt wird heute angenommen, daß es in Südostasien bereits während der letzten Jahrhunderte des ersten vorchristlichen Jahrtausends, also noch vor der Epoche nachweisbarer indischer Einflüsse, zu vereinzelten Staatengründungen gekommen sei. Siedlungen, oft an Flußmündungen errichtet, hätten intensive Beziehungen zum jeweiligen Hinterland wie zu anderen Küstenorten gepflegt. Mit diesem Bild verbindet sich gelegentlich die Vorstellung von Staatsgebilden, die sich ritueller Macht und Symbole bedienten, um ihre Untertanen zu kontrollieren. Im Mittelpunkt habe ein Monarch gestanden, der vermittels seiner Vasallen über das Umland regierte, welches seinen Regierungssitz gleichsam kreisförmig umgab.

Solche Überlegungen sind allerdings weit hergeholt und bleiben vage. Zudem mögen sie weniger für die vorchristliche Zeit gelten als für spätere Jahrhunderte, vor allem eben die Epoche indischer Einflüsse; charakteristischerweise wird die beschriebene Organisationsform dann ja auch mit einem *mandala* verglichen. Dennoch neigen einige Historiker dazu, für spätere Epochen als gesichert Geltendes zugleich früheren Perioden «anzuhängen», um Südostasien in seiner eigenen «Identität» zu stärken. Ab wann hier wirklich von Staatenbildung gesprochen werden darf, welche Rolle dabei die Seefahrt spielte – das alles wird wohl noch lange offenbleiben. Unbestritten ist hingegen, daß China der südostasiatischen Welt in dieser Hinsicht weit voraus war.

Eine andere Argumentationskette ist die folgende: Fruchtbare Böden und demzufolge Landbau hätten die Entstehung von Häfen und Küstensiedlungen in Südostasien begünstigt. Diese seien über Flüsse mit tropischen Produkten des jeweiligen Hinterlandes versorgt worden. Da nicht alle Orte über alle Waren verfügten, einige wiederum bestimmte Rohstoffe im Überfluß hatten, seien hieraus sehr bald regelmäßige Kontakte über See entstanden. Navigatorisches und technisches Wissen, von einer Generation zur nächsten – mündlich – weitergereicht, habe sich demzufolge rasch entfalten können, neue Bootsformen seien entstanden und hätten sich verbreitet. Ja, es ist sogar über die Präsenz malaiischer Händler nahe der heutigen Stadt Aden und in anderen von der eigentlichen malaiischen Welt weit entfernten Gegenden spekuliert worden. Doch ob dem Seenomadentum – auch dieser Begriff ist in die Wissenschaft eingegangen – tatsächlich ein so hoher Stellenwert zukommen darf, bleibt eine Glaubensfrage, die manche vielleicht eher verneinen würden.

Schwierigkeiten bereitet ebenso der in chinesischen Quellen häufig benutzte Ausdruck «Kunlun ren» (wörtl.: Kunlun-Menschen). Mit diesen waren in der Regel dunkelhäutige Seefahrende gemeint, die im Zusammenhang mit Toponymen auftreten, welche Südostasien zugeordnet, aber kaum näher bestimmt werden können. Welche Völker hinter dem Namen Kunlun standen, ist folglich umstritten. Wahrscheinlich handelte es sich um eine allgemeine Bezeichnung für Fremde aus dem Süden, die gelegentlich nach China kamen oder bei Fernreisen getroffen wurden, sei es in der malaiischen Welt oder nahe den Küsten Kontinentalsüdostasiens. Auch Taiwan und die Philippinen können als mögliche Herkunftsgebiete dieser Menschen nicht ganz ausgeschlossen werden. Bedeutsam ist ihre Erwähnung allemal, belegt sie doch ein frühes Interesse der chinesischen Gelehrten für die maritime Welt und natürlich ebenso, daß ein gewisser Austausch zwischen China bzw. dem alten Nan Yue-Terrain und Südostasien stattfand.

Südasien: Unterschätzte Welt?

DIE HARAPPA-KULTUR. Die frühe Geschichte maritimer Zonen rund um den indischen Subkontinent wirft uns in das dritte vorchristliche Jahrtausend zurück. Mit dem Aufstieg der sogenannten Harappa-Kultur im unteren Industal lassen sich Kontakte zu den alten Reichen Mesopotamiens nachweisen. Diese Verbindungen würden auf gelegentliche oder gar regelmäßige Fahrten durch den Persischen Golf deuten, so ist vielfach vermutet worden. Dilmun (Bahrain), einige omanische Orte und andere Siedlungen könnten dabei als Zwischenstationen gedient haben. Manche Wissenschaftler glauben sogar, es gebe einen Zusammenhang zwischen entsprechenden Handelsaktivitäten und dem Entstehen urbaner Zentren im Harappa-Gebiet, wobei sie nicht allein Küstenorte im heutigen Gujarat, sondern ebenso westwärts, an der Makran-Küste, vor Augen haben. Doch diese Ansichten werden nicht von allen geteilt. So ist ebenso die Vermutung geäußert worden, die Harappa-Kultur habe in erster Linie vom internen Austausch gelebt und nicht vom Außenhandel. Mit dem allmählichen Niedergang einzelner Harappa-Orte (ab etwa 1750 v. Chr.) könnte es dann außerdem zu einem Abflauen maritimer Aktivitäten in jenen Regionen gekommen sein.

Die Harappa-Kultur kannte die Bronzeverarbeitung und wies eine erstaunliche architektonische Vielfalt auf. Offenbar verfügte sie zugleich über ein ausgedehntes Landbausystem und eine üppige Viehwirtschaft. Doch neuen Gruppen, die – von Norden her kommend – allmählich nach Indien vorrückten, vermochte sie nicht standzuhalten. Diese besiedelten bald weite Teile des Industals und andere Regionen, hatten aber zunächst wenig mit der See zu tun.

Um 1500 v. Chr., als die Harappa-Kultur ihrem Ende entgegenging, finden sich dann in vedischen Quellen vage Hinweise darauf, daß Küsten und Meere durchaus bekannt waren. Im allgemeinen deutet aber nur wenig auf die Existenz maritimer Handelsnetze oder auch nur auf eine systematische Nutzbarmachung der Küstengewässer für wirtschaftliche oder andere Zwecke. Das gilt vor allem für die nördlichen Gestade des Subkontinents. Erst die Maurya-Epoche (322–185 v. Chr.) bietet neue Anhaltspunkte für das Aufblühen maritimer Kontakte in jenen Zonen.

SÜDINDIEN. Zeitlich etwas früher anzusiedeln sind mehrere megalithische Gräberfelder in Südindien, besonders im heutigen Tamil-Nadu-Gebiet. Etliche werden auf die Periode ab 500 v. Chr. datiert und bieten Objekte, von denen ähnliche auf der Jaffna-Halbinsel im Nordwesten Sri Lankas und längs der übrigen Westseite selbiger Insel gesichtet wurden. Bei diesen Funden handelt es sich meist um Keramik, die innen schwarz und außen rotbraun bis rot erscheint. Zugleich sind auf Sri Lanka Karneolperlen aufgetaucht. Da Karneol dort nicht vorkommt, müssen die betreffenden Gegenstände über See importiert worden sein.

Kontakte über die Palk-Straße hinweg und damit eine gewisse Seeorientierung des südostindischen Küstenraumes sind deshalb gewiß. Auch wird behauptet, es habe bereits maritime Verbindungen von hier aus zu den nordostindischen Gebieten gegeben, wahrscheinlicher ist jedoch, daß die meisten Kontakte zwischen Nord und Süd über Land liefen, zumal innerhalb Südindiens ausgedehnte Inlandsrouten vorhanden waren – wie ebenso Trassen, welche die Region in toto mit Orten an der Malabar-Küste und den weiter nördlich gelegenen Zentren verknüpften.

RUND UM INDIEN: DIE LETZTEN VORCHRISTLICHEN JAHRHUNDERTE. Unter der Regierung des Maurya-Herrschers Asoka verdichten sich dann die Indizien für die Existenz von Seerouten und Häfen. Baruch (Bharuch, Broach etc.) im östlichen Gujarat, nahe der heutigen Stadt Baroda, gilt als einer der wichtigsten Orte, die externe Handelsverbindungen unterhielten. Gleiches wird der Stadt Sopara, etwas weiter südlich, ebenfalls an der Westseite Indiens, nachgesagt. An der Ostküste blühten z.B. Orte wie Amaravati. Außerdem deuten Texte Verbindungen nach Suvarnabhumi an, d.h. nach Südostasien. Ferner wird erwähnt, daß einzelne Personen mitunter lange Reisen unternahmen, um in fremden Ländern Geschäfte zu tätigen. Für die nachfolgenden Perioden belegen archäologische Funde im Bereich der Makran-Küste, daß auch diese Region für die Seefahrt wieder an Bedeutung gewann.

Aus den vielen Anhaltspunkten – archäologisch ermittelten wie Schriftquellen entnommenen – ist häufig geschlossen worden, rund um den Subkontinent müsse es bereits in den letzten vorchristlichen

Jahrhunderten Handelsnetze gegeben haben, die mitunter bis nach Westasien reichten. Das berühmte Werk *Periplus Maris Erythraei*, aus indischer Sicht eine außenstehende Quelle, nennt z.B. die Stadt Baruch (dort Barygaza) sowie einige andere Orte und bestätigt damit die Existenz maritimer Kontakte quer durch die Arabische See. Distributionsanalysen verschiedener Keramiksorten, Münzen sowie anderer Gegenstände, außerdem von Siedlungsformen, liefern inzwischen zusätzliche Indizien für Handelsaktivitäten. Doch wie sahen diese aus und welche Funktionen erfüllten die entsprechenden Netzwerke? In Baruch etwa liefen offenbar mehrere Inlands- und Seerouten zusammen. Aber ob dieser Ort eher vom Landverkehr, vom Küstenhandel oder von seinen «internationalen» Seeverbindungen profitierte – das steht offen.

Hinsichtlich der Händler ist festzustellen, daß die Texte zwar zwischen verschiedenen Berufen trennen, etwa zwischen Karawanenführern und Geldmaklern, und selbst Bezeichnungen für jene bereithalten, die Schiffsreisen durchführten oder zumindest für sie verantwortlich waren, doch ist dem Geschriebenen nur selten zu entlocken, woher die Gelder für entsprechende Unternehmungen kamen. In einigen Fällen scheinen lokale Fürsten Kauffahrten initiiert zu haben, in anderen dürften es «einfache» Händler gewesen sein, also private Personen oder Gruppen. Epigraphische Quellen deuten an, daß es – wohl etwas später – vor allem in Südindien sehr bald Handelsgilden gab, die miteinander konkurrierten. Einzelne Gruppen oder Personen dürften somit an mehreren Orten tätig gewesen sein oder gar überregionale Netze betrieben haben, die von Norden nach Süden reichten.

Wahrscheinlich jedoch variierte derlei von Region zu Region und von Hafen zu Hafen. Die sogenannte *sangam*-Literatur läßt erahnen, daß die «politische Landschaft» Südindiens in den letzten vorchristlichen Jahrhunderten noch recht fragmentiert aussah und die meisten Fürsten ihre Legitimität auf alte Stammesbindungen zurückführten. Entsprechend uneinheitlich dürfte die Handelswelt in den betreffenden Küstenstrichen gewesen sein. Auf beiden Seiten des Subkontinents, so darf angenommen werden, gab es einige Gegenden und Orte, die über See miteinander kommunizierten, wie ebenso ganze Zonen, die an solchen Kontakten noch nicht teilhatten.

Der Buddhismus. Ein zunehmend wichtiges Element in dieser Konstellation war der Buddhismus. Von Nordindien her kommend, dehnte er sich allmählich nach Mittel- und Südindien aus, bis hin zu den Küstengebieten. Ab 250 v. Chr. begann er auch auf Sri Lanka heimisch zu werden. Der Golf von Manar bildete hierbei das maritime Bindeglied. Einzelne Pilger, so wird argumentiert, könnten sogar noch vor der Zeitenwende bis nach Südostasien gelangt sein, vermutlich an Bord indischer Schiffe, von denen freilich nicht bekannt ist, wie sie aussahen. Die erst später einsetzende «Indisierung» Südostasiens – das nächste Kapitel wird näher darauf eingehen – hätte damit vielleicht eine aus religiösen und wohl zugleich kommerziellen Elementen bestehende «Vorphase» durchlaufen.

Über eine seegestützte Verbreitung komplexer religiöser Systeme in noch früherer Zeit ist nichts bekannt, zumindest nicht im asiatischen Kontext. Der Buddhismus war demnach etwas Besonderes. Er sollte die Austauschbeziehungen quer durch die Bengalische See um eine neue Komponente bereichern, außerdem trug er dazu bei, daß Südindien allmählich aus dem Dunkel der Vergangenheit aufzutauchen begann. Ganz nebenbei wurden auch noch künftige Gemeinsamkeiten zwischen Süd- und Südostasien, die es so zuvor nicht gegeben hatte, gewissermaßen vorweggenommen.

Westasiens Küsten und Ostafrika: Scheinbar bekannte Welt

Frühe Zeit, Perser und Griechen. Warum sich der Buddhismus nicht auch über die Arabische See in Richtung der Golf-Region verbreitet hat, ist eine von vielen ungelösten Fragen. Ihr in extenso nachzugehen, wäre hier unmöglich. Vielleicht waren ja die Kulturen, in denen er hätte Fuß fassen können, ihrerseits zu stark – oder auch nur zu wenig empfänglich für religiöse Änderungen.

Betrachten wir statt dessen den westlichen Rand des Indischen Ozeans – unter Einschluß der Golf-Region und des Roten Meeres. Im alten Ägypten blühte bekanntlich die Flußfahrt, auch gab es in den äußerst fruchtbaren Gebieten des Nil-Deltas mehrere Häfen, die mit anderen Mittelmeerorten in Beziehung standen. Parallel dazu unterhielten einige Siedlungen am Roten Meer ausgedehnte Handelskontakte. Schließlich war man zugleich darum bemüht, Mittelmeer und Rotes Meer miteinander zu verbinden. Von einer Verflechtung früher Verbindungen quer durch das Rote Meer mit jenen Seefahrtslinien, die den Golf durchliefen, kann hingegen noch nicht die Rede sein.

Im ersten vorchristlichen Jahrtausend rückten dann das Zweistromland und – im Mittelmeer – die Phönizier in den Vordergrund. Es folgte der Aufstieg der griechischen Kultur, die ihrerseits die Welt östlich der Levante zu beeinflussen begann. Mit der Zerstörung des assyrischen Reiches durch die achämenidischen Perser und der Ausweitung achämenidischer Macht über den Persischen Golf sowie Richtung Griechenland gelangten bald immer mehr griechische Reisende, darunter viele Kaufleute, in direkten Kontakt mit der «östlichen» Welt. Spuren griechischer Präsenz finden sich in Ägypten, der Golf-Region und sogar in Indien. Daneben wurde das ostafrikanische Aksum-Gebiet, besonders der Hafen Adulis an der Eritrea-Küste, regelmäßig von griechischen Händlern aufgesucht.

Unangemessen wäre freilich die Behauptung, Griechen hätten den Handel in einigen der genannten Regionen kontrolliert. Grabungen rund um den Golf deuten z.B. darauf, daß es unter persischer Vorherrschaft – wie immer diese ausgesehen haben mag – von Failaka (griech. Ikaros) im äußersten Westen (südlich des Shatt-al-Arab) bis hin zum heutigen Oman-Gebiet mehrere recht eigenständige Orte gegeben haben muß, in denen griechische Elemente ganz gewiß nur eine Nebenrolle spielten. Daneben verweisen die Schriftquellen ohnehin auf maritime Aktivitäten unter persischer Führung. Herodot etwa erinnert daran, daß Darius gegen Indien vorgerückt sei und sich die See zunutze gemacht habe.

Der Gandhara-Kultur zugeordnete Münzen griechisch-römischer Art: Silbermünze (Demetrius I., um 200–190 v. Chr.) und Bronzestück (Agathocles, um 190–180 v. Chr.).

Altägyptisches Reiseschiff. Fahrzeuge dieser Art, oft aus Papyrusstauden gebaut, waren meist nur auf Binnengewässern unterwegs.

Unter Alexander dem Großen verdichten sich dann allerdings wieder die Hinweise auf griechische Einflüsse in einigen östlichen Regionen. Ein ähnliches Bild ergibt sich für die darauffolgende Zeit der Seleukiden, die einen Teil des alten Alexanderreiches übernahmen, besonders im Westen, während im Osten Baktrien und Gandhara die Nachfolge antraten. Auch für diese Epochen wird gerne behauptet, die seegestützten Kontakte in der Golf-Region – etwa via Failaka, Gerrha oder Bahrain (griech. Tylos) – und teilweise bis hin nach Indien seien weiterhin griechisch überprägt gewesen. Nur wenige Kaufleute hätten, aus dem Osten kommend, in umgekehrter Richtung «gewirkt».

Doch erinnern wir uns: Bereits die Harappa-Kultur hatte in einem gewissen Austausch mit dem Zweistromland gestanden. Außerdem gab es damals Verbindungen zwischen einigen indischen und den Golf-Häfen, wobei die Initiative hierzu nicht unbedingt immer nur von den «westlichen» Handelspartnern ausgegangen sein muß. Selbst aus griechischer Zeit sind Hinweise auf indische Seefahrende und solche anderer Herkunft bekannt, die westwärts zu reisen pflegten. Eine passende Stelle, die wohl auf die Zeit um 120 v. Chr. zu beziehen ist, findet sich bei Strabon: Dort wird von einem Inder berichtet, der am Roten Meer aufgelesen wurde. Anderswo sind Reisende aus dem Indus-Gebiet erwähnt, die zu bestimmten Inseln gekommen seien – vermutlich nach Sokotra vor Kap Guardafui. Im übrigen kannte das alte Griechenland schon lange davor «indische Perlen» und Pfeffer. Diese Waren wurden wohl an Bord indischer Schiffe zu den Umschlagplätzen rund um die Arabische Halbinsel gebracht, bevor sie von dort weiter nach Südosteuropa gelangten.

Dennoch werden dem europäischen Leser Nearchs Expeditionen im 4. Jahrhundert v. Chr. oder die Unternehmungen von Androsthenes, Archias und Hieron – letztere an der Ostküste Arabiens – geläufiger sein, da diese Männer im Dienste Alexanders standen. Auch die seleukidischen Kontakte zum Maurya-Reich gehören mitunter zum Bekannten. Allein in welcher Form sie stattfanden und bis zu welchem Grade eine Art Kontrolle über den Persischen Golf dazugehörte, bleibt ungeklärt. Unbestreitbar ist hingegen, daß verschiedene Teile Indiens griechische Kulturelemente absorbierten und daraus bisweilen sogar neue Stilrichtungen entstanden. Wer aber die «Kulturmittler» waren und inwieweit die See als «kulturelle Autobahn» genutzt wurde, entzieht sich unserer Kenntnis. Vieles erinnert denn auch an die nur wenig später beginnenden Beziehungen zwischen den Küstenstaaten im Süden des heutigen China und dem mächtigen Han-Imperium. Hier ist gleichfalls fragmentarisches Wissen vorhanden, wie wir sahen, während das Gesamtbild unscharf bleibt.

RÖMISCHE ELEMENTE. Im 2. Jahrhundert v. Chr. – zur Erinnerung, in China regierte gerade Kaiser Wu – übernahmen die Parther mehrere Gebiete von den Seleukiden: das Zweistromland und den Südwesten des heutigen Iran. Parallel dazu wurde das Maurya-Reich verdrängt. Damit schienen die Karten neu gemischt, aber die alte Handelsregion um die heutige Stadt Basra, die sogenannte Charakene mit ihren kommerziellen Zentren Apologos, Spasinou Charax und anderen Orten, blieb ein Kerngebiet für den von Indien bis hin zur Levante laufenden Kommerz. Interessant dabei: Wie das alte Baruch, so war auch Charakene über verschiedene Landrouten mit dem Hinterland verknüpft. Beide dienten als Drehscheiben für See- und Überlandreisende, für Schiffe und Karawanen. Und hier wie da scheint es Gruppen gegeben zu haben, die sich auf ein Metier oder eine Route spezialisiert hatten. Im Falle der Charakene dominierten z.B. die Palmyrener den Weg nach Syrien, wobei sie gleichsam als Mittler zwischen Parthern und – wir rücken wieder ein Stück in der Zeit vor – Römern auftraten. In Indien waren wir dagegen vor allem Gruppen begegnet, die einem bestimmten Gewerbe nachgingen.

Hier freilich müßten auch die Sassaniden betrachtet werden, die ab dem 3. Jahrhundert n. Chr. allmählich die Rolle der Palmyrener übernahmen und, wiederum etwas später, den Golf zu kontrollieren begannen, doch das ist Stoff für das nächste Kapitel. Bleiben wir stattdessen bei den Römern. Diese hatten sich längst über nahezu alle Teile des Mittelmeeres ausgebreitet und um 30 v. Chr. auch Ägypten erobert, wodurch sie vermutlich während der Folgejahre den Handel ägyptischer Häfen im Nordteil des Roten Meeres – man denke an Myos Hormos und Berenike – begünstigten, denn von dort aus wanderten nunmehr römische Waren und Münzen zu verschiedenen Orten rund um den Indik. Natürlich wurde diese Entwicklung dadurch verstärkt, daß sich die römische Herrschaft allmählich bis zur Provinz Arabia ausweitete. Rom streckte damit – gewissermaßen in Nachfolge griechischer Vorgänger – die Hand nach Osten aus, zu einer Zeit, da auch China weit nach Westen zu blicken begann. Dies ist in etwa die Epoche erster seegestützter chinesischer Kontakte nach Indien sowie des schon zitierten *Periplus* und der Beschreibungen von Plinius dem Älteren.

Indien im Blickfeld der griechisch-römischen Welt. Beide Texte deuten den Seeweg nach Indien an, und zwar vom Roten Meer über verschiedene Stationen längs der Arabischen Halbinsel bis hin zur Mündung des Indus. Auch Muziris an der südwestindischen Küste wird genannt. Zudem geht es bereits um bestimmte Produkte: etwa um Weihrauch, der, vom Hadramaut-Gebiet im Südteil der Arabischen Halbinsel kommend, über See und Land nach Norden gelangte. Ein anderes Dokument, nun schon aus dem 2. Jahrhundert n. Chr., unterstützt dieses Bild, nennt darüber hinaus Elfenbein und Stoffballen, erwähnt das ägyptische Alexandria und wiederum Muziris als Handelshäfen. Weitere Quellen, häufig Inschriften, verzeichnen Händler, die zwischen Rotem Meer und Indien verkehrten. Mal

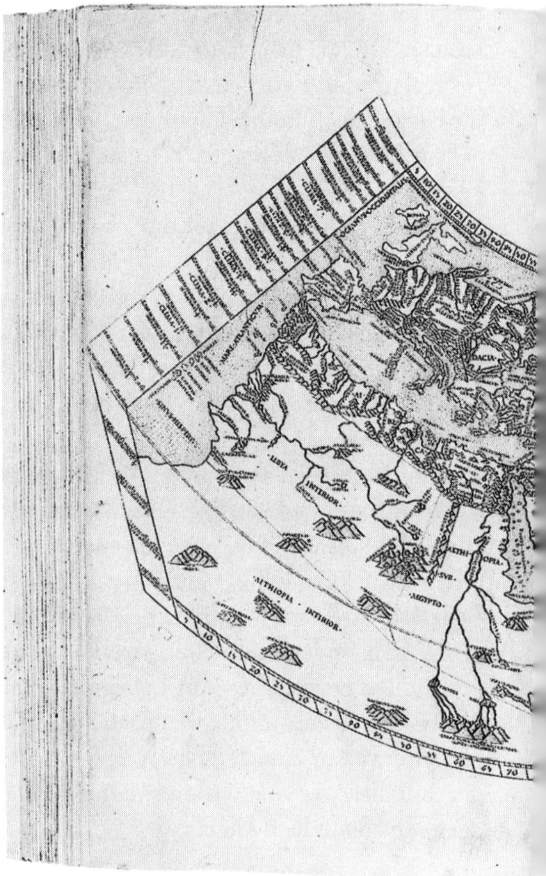

sind es Griechen, mal Inder oder andere, selbst römische Schiffe finden Erwähnung. Spuren griechisch-römischer Präsenz in Indien und – umgekehrt – Aufenthalte indischer Kaufleute im Bereich des Roten Meeres gehören ebenfalls dazu.

Auffällig und in diesem Zusammenhang immer wieder diskutiert sind Gegenstände griechisch-römischer Herkunft, welche in Indien gefunden wurden. Dazu gehören Amphoren, die vor allem in Gujarat, aber ebenso an der Koromandel-Küste zu Tage kamen, etwa in Arikamedu. Auch Bronzen mit klassischen Motiven, Glasperlen und Münzen werden häufig genannt. Viele Objekte, so allerdings eine andere

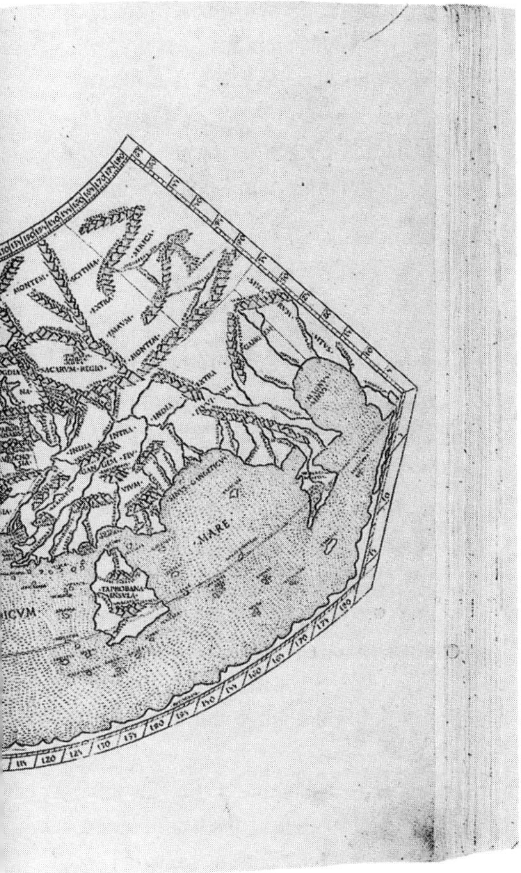

Weltkarte nach ptolemäischer Vorstellung. Im Zentrum des Indischen Ozeans ist die Insel Taprobana, Sri Lanka, zu sehen. Das Bengalische Meer und die Meere östlich der Malaiischen Halbinsel waren damals in Europa kaum bekannt.

Meinung, habe Indien schon selbst herstellen können, quasi in Nachahmung importierter Vorbilder.

Im *Periplus* findet sogar die von Europa und Westasien abgekehrte Koromandel-Küste Erwähnung. Demnach war der Weg um Kap Komorin schon lange bekannt. Dies will aber nicht automatisch heißen, daß zugleich die Möglichkeit direkter Verbindungen von der Jemen-Gegend über die Lakkadiven und Malediven bis hin nach Südindien genutzt wurde. Vielmehr tasteten sich Seefahrende, alter Tradition folgend, an den westasiatischen Ufern entlang und sodann von Gujarat bis hinunter an die Malabar-Küste. In Kenntnis wechselnder

Wind- und Strömungsverhältnisse führen sie denselben Weg auch wieder zurück. Vieles bleibt allerdings im Bereich des Spekulativen, denn indischerseits sind für diese frühe Epoche keine detaillierten Aufzeichnungen vorhanden, die man denen im *Periplus* oder bei Plinius entgegenstellen könnte. Ob daraus zu schließen ist, daß die griechisch-römische Welt am Ende mehr von Indien wußte als umgekehrt, bleibt freilich offen.

Zusammenfassung

In ältester Zeit, noch vor Einsetzen der ersten Schriftquellen, hatte der asiatisch-afrikanische Seeraum ganz gewiß noch nicht die Funktion eines allgemeinen Austauschraumes zwischen Ost und West. Kontakte über See waren auf einige Zonen beschränkt und fanden oft nur unregelmäßig statt. Im Laufe der Zeit mehren sich dann aber die Anzeichen dafür, daß einzelne Küstenstreifen häufiger miteinander in Verbindung traten. Hieraus entwickelten sich feste Seerouten, die schließlich auch in entsprechenden Texten angedeutet sind. Sowohl in Fernost wie am westlichen Ende des asiatischen Seeraumes wußte man bald um die saisonalen Winde und die Strömungsverhältnisse in einzelnen Meeresteilen. Das ermöglichte die Überwindung großer Distanzen.

Spätestens in griechisch-römischer Zeit begannen die Küstenzonen des Arabischen Meeres, des Golf-Raumes und des Roten Meeres näher zusammenzurücken. Parallel dazu entwickelte sich die Seefahrt in Ost- und Teilen Südostasiens. Bereits unter den Qin und Han kamen große Flotten zum Einsatz, sind regelmäßige Handelsverbindungen zwischen Ost- und Südchinesischem Meer bekannt. Allein das Bengalische Meer lag ein wenig hinter der Entwicklung zurück. Erst verhältnismäßig spät finden sich erste Anzeichen dafür, daß auch dieser Seeraum mehr und mehr in den größeren Kontext des Indischen Ozeans einbezogen wurde. Und schließlich: Über Reisende, welche die gesamte Strecke – von Fernost bis nach Ägypten oder umgekehrt – per Schiff zurücklegten, wird in den Quellen bis zur Zeitenwende noch nichts berichtet.

Bis zu einem gewissen Grade waren es die großen Landmächte, die den Küsten- und Seehandel förderten. Das gilt für die verschiedenen

Reiche von Ägypten bis nach Nordwestindien sowie, im Osten, für den mächtigen Han-Staat. Zwischen diesen beiden Polen gab es natürlich noch die Landverbindung quer durch Zentralasien, die intensiv genutzt wurde. Das in der Literatur oft unterstellte Wechselspiel zwischen Land- und Seeroute – mal sei die eine, mal die andere Verbindung wichtiger gewesen – ist aber während der vorchristlichen Jahrhunderte noch nicht zu beobachten, zumal auch das Bengalische Meer weitestgehend *terra incognita* blieb.

Eine deutliche Unterscheidung zwischen Küsten- und Fernhandel fällt in dieser frühen Zeit schwer, sowohl in Ostasien wie auf den Meeren zwischen Ägypten und Indien. Sicher ist hingegen, daß der Handel bereits unterschiedliche Organisationsformen angenommen hatte. Es gab Einzelpersonen, die Transaktionen tätigten, und wohl auch schon Händlergruppen, die miteinander Absprachen trafen und längere Fahrten planten, wobei sie nicht nur die Windverhältnisse, sondern ebenso entsprechende Aufenthalte in den Ziel- und Durchgangsorten berücksichtigen mußten.

Allgemein wird davon ausgegangen, daß vor allem teure Güter gehandelt wurden. Gelegentlich profitierten staatliche Instanzen hiervon. Das gilt wahrscheinlich vor allem für die Gebiete rund um den Golf und das Rote Meer. In Fernost hören wir hingegen von Tributlieferungen, die aus dem tiefen Süden eingingen. In vielen Fällen war der Handel überdies schon an dic Verfügbarkeit monetärer Zahlungsmittel geknüpft. Das setzt Austauschraten voraus und impliziert einfache Formen der Kreditvergabe.

Ob es bereits Orte gab, die ausschließlich und allein vom See- und Küstenhandel lebten, ist ungewiß. Kandidaten wären wohl am ehesten einige der vorwiegend archäologisch belegbaren Siedlungen in der Golf-Region. Im allgemeinen aber lebten Häfen davon, daß sie zugleich Anschluß an Inlandsrouten hatten. Panyu ist ein Beispiel. Da Grundnahrungsmittel und andere Massengüter wahrscheinlich kaum über See transportiert wurden, mußten Häfen außerdem Zugang zu agrarischen Produkten des jeweiligen Hinterlandes haben.

Mit der Seefahrt wurden selbstverständlich viele Kulturgüter verbreitet. Daneben wanderte technisches und nautisches Wissen von einem Ort zum anderen. Oft aber bleiben die Anfänge solcher Transferleistungen unbekannt. So wissen wir nicht, welche Rolle die eigen-

Die Arabische Halbinsel nach Ptolemäus. Straßburger Ausgabe des Jahres 1513.

ständigen Küstenkulturen im heutigen Fujian und Guangdong vis-à-vis dem Han-Reich spielten, wenn es etwa um die Entwicklung und Adaption neuer Schiffstypen ging.

Wahrscheinlich trieben militärische Ambitionen den technischen Fortschritt voran. Die wenigen Zahlen aus der chinesischen Welt sind in jedem Falle beeindruckend. Selbst wenn sie übertrieben sein mögen, belegen sie, daß der Ferne Osten zu großen Bauleistungen imstande war, was eine entsprechende Logistik voraussetzte. Dergleichen ist für Süd- und Südostasien nicht bekannt.

Der gesamte Seeraum zwischen Japan und Ostafrika bestand so-

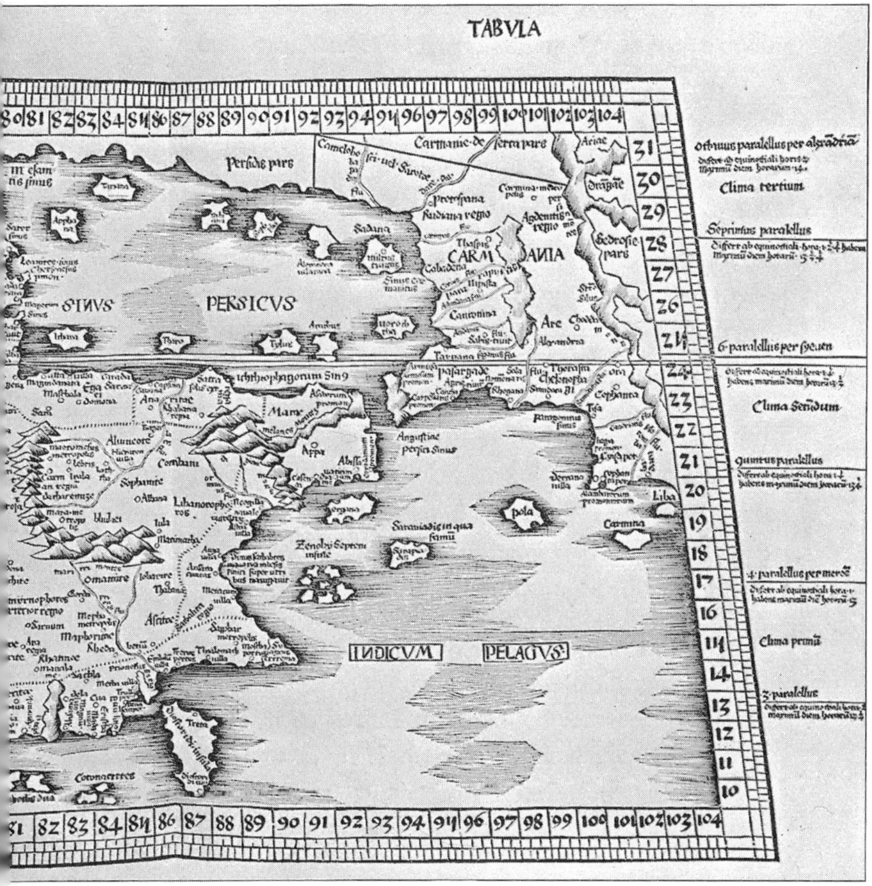

mit, um das Obige bildhaft zu fassen, aus einem Flickenteppich verschiedener maritimer Reviere, die bis zur Zeitenwende unterschiedliche Entwicklungsniveaus erreichten. Manche können vielleicht im Sinne Braudels schon als kleine Austauschzonen betrachtet werden, andere verharrten eher in einem Vorstadium. Von einer durchgängigen maritimen Trasse, wie sie hinter dem Etikett «maritime Seidenstraße» zu vermuten wäre, kann allerdings noch nicht wirklich die Rede sein.

IV. Zusammenwachsen der Zonen (ca. 1–600 n. Chr.)

Das «Ostmeer»

Schriftquellen. Die Han wußten nicht nur um die Wind- und Wetterverhältnisse auf hoher See, sie kannten auch die Segeltechnik. Boote und Schiffe wurden also nicht mehr allein mit menschlicher Kraft vorangetrieben. Zudem hatte man längst die wichtigsten Seerouten – von Shandong nach Korea und Japan, durch das Bohai-Meer, von der Yangzi-Mündung bis nach Hainan und weiter nach Südostasien – erschlossen, längere Schiffsreisen waren demnach nichts Ausgefallenes mehr. In den folgenden Jahrhunderten konnte sich dieses Wissen allmählich verfestigen und erweitern. Zahlreiche Quellen zeugen davon, die uns zugleich über Handel und Seefahrt in den Meeren Ost- und Südostasiens unterrichten. Diese Quellen sind fast ausnahmslos in chinesischer Sprache verfaßt worden.

Zu den wichtigsten Schriften mit entsprechenden Angaben gehören die chinesischen Dynastienannalen. In jenen Teilen, welche ausländische Staaten beschreiben oder die Ereignisse einer Regierungsepoche zusammenfassen, sind besonders viele Hinweise zu finden. Auch die Geographiekapitel sowie gelegentlich einige Sektionen über Militärwesen und Handel bieten weiterführende Details. Daneben hält die chinesische Literatur mehrere Werke des sogenannten *leishu*-Genres bereit, die mit Enzyklopädien zu vergleichen sind, oft allerdings nur den Charakter von thematisch geordneten Quellen- oder Zitatensammlungen haben; hier und da enthalten diese Bücher Angaben zum Überseeverkehr, zu Warenströmen, fremden Ländern, Schiffen, Gesandtschaften, Seerouten, zur Einteilung der Meere und zu anderen relevanten Themen. Viele, wenngleich nicht alle Hinweise können überdies mit archäologischen Funden abgeglichen werden.

Späte Han- bis Wei-Zeit. Betrachten wir nun, nach Regionen geordnet, die Chronologie der Ereignisse. Während der zweiten Hälfte der Han-Dynastie wurden die unter Kaiser Wu initiierten Au-

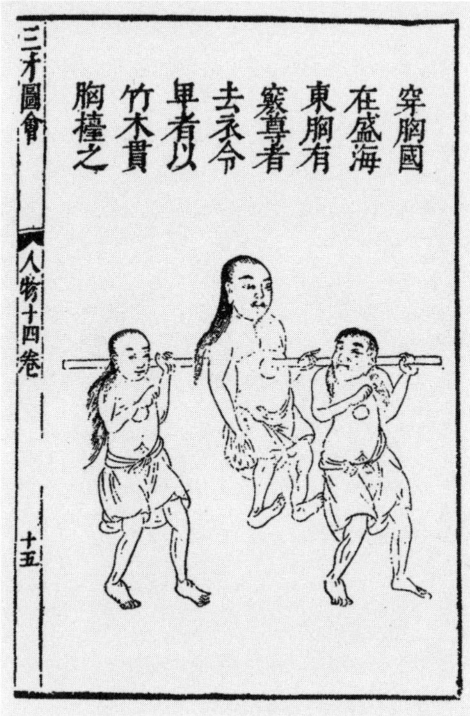

Bewohner des «Brustlochlandes» (Chuanxiongguo). Alte chinesische Werke über fremde Länder und Völker in Übersee enthalten allerlei Wundersames. Viele Motive – so auch dieses – klingen bereits im Shanhai jing an, dessen Ursprünge in die Han-Zeit oder gar noch frühere Epochen zurückreichen. Die Darstellung ist dem bekannten Werk Sancai tuhui aus dem frühen 17. Jahrhundert entnommen.

ßenbeziehungen des Reiches nur mit großer Mühe aufrechterhalten, da die Macht der Zentrale schwächelte und am Ende ganz zerfiel. Das traf auch die «Seefront». Die Verbindungen nach Korea und von dort weiter nach Japan sind deshalb in den Schriftquellen nur spärlich belegt. Daß diese Kontakte überhaupt fortgeführt wurden, kann zumeist mit kommerziellen Interessen begründet werden, die in der Regel privater Natur waren. Inwieweit hieraus jedoch reguläre Handelszyklen abzuleiten sind, ist nicht mehr ergründbar.

Dieses Bild gilt zugleich für die nächsten dreieinhalb Jahrhunderte, während der China eine lange Periode der Teilung erlebte. Der Süden entwickelte sich dabei anders als der Norden, über den zunächst die Wei-Dynastie (220–265 n. Chr.) herrschte. Ihr Hauptinteresse lag in einer erneuten Reichseinigung, deshalb bekämpfte sie die südlichen Nachbarstaaten Wu und Shu Han. Der maritimen Peripherie kam somit nur eine sekundäre Bedeutung zu. Nichtsdestotrotz nennen die

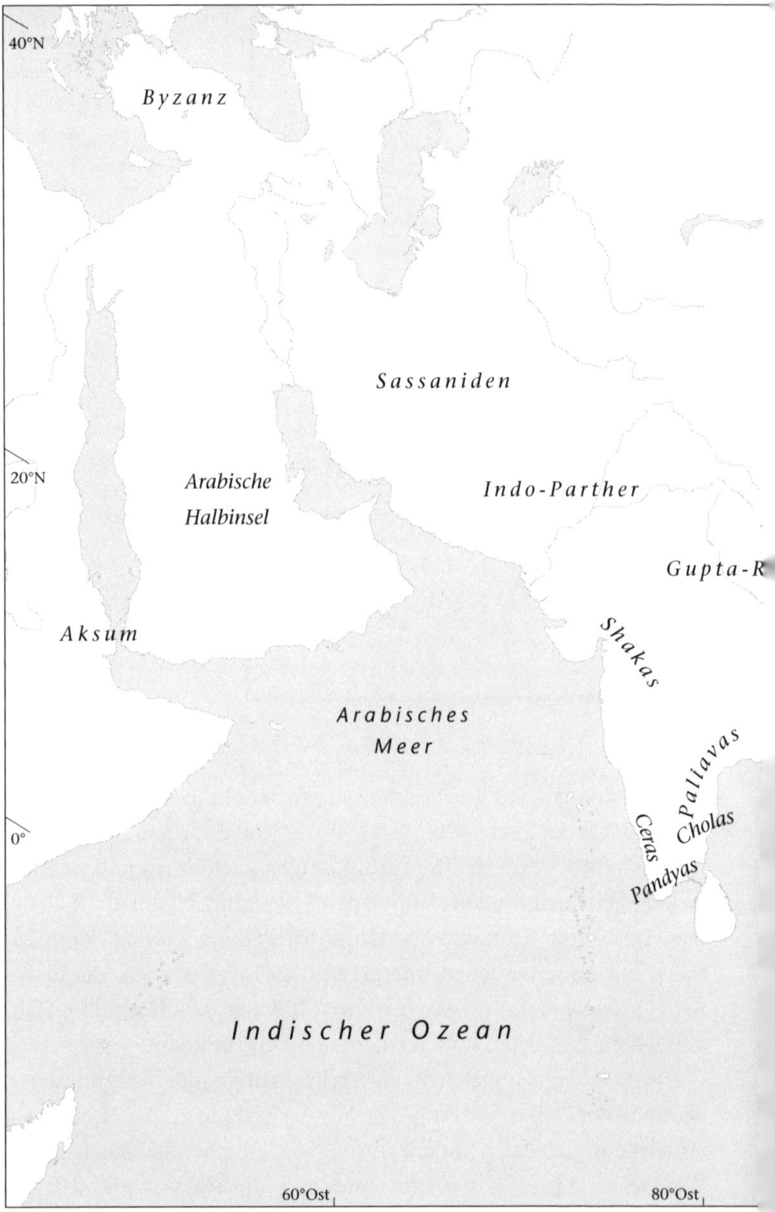

Zusammenwachsen der Zonen (ca. 1–600 n. Chr.)

40°N
Koguryo
Luolang
Silla
Paekche
Wo
Wei
Shu Han
Wu
(später Jin, dann Liu Song, Nan Qi, Liang und Chen)
20°N
Pazifischer Ozean
Panyu
Hepu
Xuwen
Jiaozhi
Süd-chinesisches Meer
Linyi
Funan
ches
Diansun
Oc-eo
0°
Panpan
Chitu
100°Ost
120°Ost

offiziellen Annalen jener Zeit Kreise und Städte im Küstenbereich, von Shandong bis hinauf zum Bohai-Gebiet. Außerdem wird von Tributmissionen aus Japan berichtet. Diese und andere seegestützte Unternehmungen liefen zumeist über die Route längs der koreanischen Halbinsel, wie zuvor.

Alle Gebiete im Osten Chinas wurden nun – alter Tradition folgend – der Kategorie «Ostmeerbarbaren» zugeordnet, im Gegensatz zu den Regionen Südostasiens. Letztere waren über die bereits erwähnte Westroute zu erreichen und erscheinen folglich wiederum in Anlehnung an ähnliche Benennungen aus älterer Zeit meist unter dem Sammelbegriff «Südmeerbarbaren». Die Formosa-Straße und Taiwan, damals noch nicht unter diesem Namen bekannt, bildeten dabei implizit die natürliche Grenze zwischen zwei großen See- und Austauschräumen, zwischen dem «Ostmeer» (Donghai) zum einen und dem «Südmeer» (Nanhai) zum anderen.

Die koreanische Welt. Die folgenden drei Jahrhunderte wurden im Nordosten durch den allmählichen Aufstieg Koguryos mitgeprägt, das zunächst Teile der Mandschurei kontrollierte, dann die ehemalige chinesische Kommandantur Luolang und alsbald auch die Präfektur Daifang übernahm. Im frühen 5. Jahrhundert verschob Koguryo, nun Herr über den Nordteil der koreanischen Halbinsel, seine Hauptstadt ins heutige Pyongyang. Mit den in Nordchina jetzt häufig wechselnden Dynastien – den Wei folgten erst die Jin und später mehrere nichtchinesische Herrscherhäuser – blieb Koguryo selbstverständlich in Kontakt. Aus chinesischer Sicht handelte es sich bei den entsprechenden Delegationen, die aus Korea kamen, meist über Land, natürlich um Tributgesandtschaften. Damit ist eine gewisse Unterordnung angedeutet, erneut im Einklang mit alten Gepflogenheiten. Ob dies auch koreanischer Sicht entsprach, bleibt freilich dahingestellt.

Zwei weitere Staaten entwickelten sich auf der koreanischen Halbinsel: Paekche und Silla. Ersterer stand ab dem 5. Jahrhundert in diplomatischem Austausch mit China, während Silla, im Südosten der Halbinsel, vor allem im 6. Jahrhundert offizielle Missionen sandte. Außerdem sind Beziehungen zwischen den über Nord- wie über Südchina herrschenden Dynastien zum einen und den Wo, den Bewohnern der japanischen Inseln, zum anderen belegt. Die chinesische Berichterstattung dazu vermittelt den Eindruck – und das gilt für frühere und spätere Epochen gleichermaßen –, die genannten Regionen seien kulturell niedrigstehend gewesen, weniger zivilisiert als China selbst.

Der Buddhismus. Im vorangehenden Kapitel wurde bereits das allmähliche «Ausgreifen» des Buddhismus nach Südostasien vorweggenommen. Inzwischen war dieser auch über den Landweg – durch die Oasenstaaten im heutigen Xinjiang – nach Nordchina vorgedrungen. Dort ist er eindeutig für die spätere Han-Zeit belegt. Unter den Wei und ihren Nachfolgern verbreitete er sich dann umso schneller. Buddhistische Texte wurden nunmehr ins Chinesische übertragen, Schreine und Klöster entstanden, und bald bildeten sich sogar neue Schulen. Auch die Literatur und mit ihr die höfische Welt unterlagen dem Einfluß des Fremden. Zudem waren jetzt sakrale Kunstwerke, vor allem Skulpturen, überall in Nordchina zu finden. Aufgrund ihrer großen Zahl und vieler überlieferter Daten können sie erstaunlich genau nach Regionen, Epochen und Stilen eingeteilt werden.

In gewisser Weise gilt dies gleichermaßen für die Staaten der koreanischen Halbinsel, die den Buddhismus – zeitverzögert – aus China übernahmen. Sowohl der Landweg wie die üblichen Seerouten wurden hierbei instrumentalisiert. Erstmals fand damit eine wichtige Religion per Schiff großflächige Verbreitung in Fernost. Am Ende dieser langen Verbreitungskette stand natürlich Japan, das sich sowohl via Korea wie direkt von China aus mit buddhistischen Vorstellungen und entsprechenden künstlerischen Anregungen «versorgen» ließ. Diplomatische Kontakte und Handelsverbindungen, quer durch das «Ostmeer» hindurch, gingen somit Hand in Hand mit religiösen Kontakten, sicher oft eine unzertennbare Einheit bildend – und wohl nicht ganz unähnlich jenen Kontakten, die für den Bereich Indien-Südostasien noch zu beobachten sein werden.

Das «Südmeer»

DER WEG NACH HUANGZHI. Wandern wir nun in das «Südmeer» – und damit zurück in der Zeit. Die Han-Annalen berichten nicht nur über Eroberungen in den Gebieten der heutigen Provinzen Fujian und Guangdong sowie im Norden Vietnams, sie erzählen ebenso von einem weit entfernt liegenden Land namens Huangzhi und von der langen Reiseroute, die dorthin führte. Unzählige Studien sind hierzu verfaßt worden, denn die Angaben im Ausgangstext bleiben kontrovers, vor allem die Toponyme lassen verschiedene Deutungen zu. Doch die meisten Historiker würden Huangzhi heute wohl in Südindien suchen.

Der Weg in dieses eigenartige Land begann nicht etwa in Panyu, der alten Südmetropole, wie man meinen könnte, sondern in Xuwen oder Hepu, beide im Einzugsbereich des Golfes von Tongking gelegen, nahe der Insel Hainan. Andere Indizien sprechen gleichfalls dafür, daß diese Orte neben Rinan sowie verschiedenen Buchten und Ankerplätzen an der Küste von Jiaozhi (Nordvietnam) vorübergehend Chinas Tore in den Süden bildeten. Das hatte seinen guten Grund: Über Xuwen und Hepu führte eine Landverbindung direkt nach Norden, eine häufig frequentierte Handelsader offenbar, die damals vermutlich wichtiger war als die Straße von Panyu ins Landesinnere. Erst sehr viel später sollte Panyu – als Guangzhou – die Funktion der Häfen rund um den Tongking-Golf übernehmen.

Aus dem oben Gesagten könnte abgeleitet werden, die seegestützten Verbindungen zwischen Hainan im Süden und dem weiter nordöstlich gelegenen, noch recht bevölkerungsarmen Fujian-Gebiet seien damals nicht so wichtig gewesen. Da die Küste keineswegs dauerhaft von den Han kontrolliert wurde, mag dies sogar zutreffen. Aber Vorsicht ist geboten: Erstens sollte der Küstenhandel nicht unterschätzt werden. Und zweitens verfügten Nicht-Han-Gruppen – wie im vorangehenden Kapitel angedeutet – sehr wohl über die Logistik und Erfahrung, die zur Aufrechterhaltung regelmäßiger Verbindungen längs des gesamten Raumes, vom alten Dong Ou-Gebiet bis hinunter zu den ehemaligen Nan Yue-Regionen, erforderlich waren.

Diese Beobachtungen legen die Vermutung nahe, die lange Küstentrasse könnte mit der «internationalen» Route nach Huangzhi verbunden gewesen sein. Letztere führte nach dem Verlassen des Golfs von Tongking über mehrere Stationen in Richtung Süden, bis mit dem Schiff offenbar ein Land namens Shenli erreicht wurde. Von dort ging es weiter zu Fuß nach Fugandulu, und von Fugandulu erfolgte dann die Fahrt über ein nicht näher beschriebenes Meer hin zum endgültigen Ziel, Huangzhi. Die kurze Landpassage – mehr als zehn Tage soll sie gedauert haben – unterbrach also den Seeweg. Daraus wurde geschlossen, die Malaiische Halbinsel sei an geeigneter Stelle (wo immer Fugandulu gewesen sein mag) von Ost nach West durchquert worden, um Zeit zu sparen oder weil der Weg durch die Riau-Gegend am südlichen Ende der Halbinsel noch nicht ausreichend bekannt war und als gefährlich galt. Wenn diese Überlegungen stimmen, dürfte das letzte Teilstück der Reise wohl an Bord eines Schiffes indischer oder anderer Herkunft, kaum aber eines chinesischen Fahrzeugs erfolgt sein. Denn gesicherte Hinweise auf chinesische Fahrten in den Indik sind für diese Zeit nicht vorhanden.

Aus Huangzhi, so der zitierte Text, wurden Glas, Perlen und seltene Steine beschafft, teure Produkte, die sehr wohl für Südindien sprechen, aber auch anderweitig erstanden werden konnten. Sie galten in China, wie überall, als Preziosen und wurden im Rahmen eingehender Tributgesandtschaften häufig registriert. Im Zusammenhang mit der Vietnam-Küste sind sie gleichfalls erwähnt.

Quellen der späten Han-Zeit und nachfolgender Epochen nennen noch andere südostasiatische Gebiete, die wohl längs der Route nach Huangzhi lagen. Darunter finden sich Linyi, Funan, Diansun (Dunsun) und mehrere Regionen, die auf Sumatra oder Java vermutet werden. Mit Linyi ist das Cham-Terrain an der heutigen Vietnam-Küste gemeint, gelegentlich aber auch nur dessen Hauptstadt. Nach Norden hin grenzte Linyi an Jiaozhi und damit an Territorien, die von China verwaltet wurden. Mit diesen und anderen Nachbarn lag Linyi mehrfach in Fehde, außerdem begann es sehr bald fremde Kulturelemente zu absorbieren. Funan beherrschte Teile des vietnamesischen Südens und Kambodschas. Meist wird es heute wie eine lokale «Großmacht» gesehen. Diansun überschaute wahrscheinlich den nördlichen Sektor der Malaiischen Halbinsel und scheint ein Nachbar Funans gewesen zu sein.

WU UND JIN. Daß sich Chinas Wissen über Südostasien allmählich ausweitete, hatte letztlich mit den Entwicklungen in Ostasien selbst zu tun: Während Wei als ein Nachfolgestaat der Han über den chinesischen Norden herrschte, regierte die Wu-Dynastie (222–280) über den Südosten. Ihr gelang es nicht nur, die meisten Attacken Weis abzuwehren, sondern auch, neue urbane Zentren in Küstennähe zu schaffen und sich damit dem Seehandel zu öffnen. Außerdem sandte Wu mehrfach Flotten nach Norden, um mit den Anhängern der Gongsun-Familie, die zeitweilig Liaodong kontrollierte, gemeinsam gegen Wei vorzugehen. In diese Überlegungen wurde sogar Koguryo einbezogen. Zudem ist von Kontakten nach Osten die Rede – vielleicht nach Taiwan oder Ryukyu – und von einer großen Seestreitmacht, die angeblich 30 000 Mann zählte und den Norden Hainans unterwarf.

Insgesamt war damit die Küste, vor allem der tiefste Süden, enger an eine chinesische Regierungszentrale gebunden als je zuvor, enger jedenfalls, als es unter den Qin und Han möglich gewesen wäre. Folglich verkehrten Wu-Schiffe nun an der gesamten Küste, von der Yangzi-Mündung bis hinunter nach Hainan und von dort weiter bis nach Südostasien. Wu war somit der erste wirklich *chinesische* Staat – nach den kleinen, unabhängigen Reichen, die in vorchristlicher Zeit über Teile des heutigen Zhejiang- und Jiangsu-Gebietes regiert hatten –, der eine klare Orientierung zur See aufwies, und zwar in wirtschaftlicher wie politischer Hinsicht.

Leider sind die vielen chinesischen Schriften, die in ebenjener Epoche über südostasiatische Länder entstanden, heute nicht mehr vorhanden. Einzelnen Fragmenten, meist in Werken der *leishu*-Gattung überliefert, ist jedoch zu entnehmen, daß die Geographen in Wu ein breites Wissen über die maritime Welt erworben hatten. Zwei große Reisende werden besonders oft genannt: Kang Tai und Zhu Ying. Sie waren im 3. Jahrhundert unterwegs und hinterließen wichtige Aufzeichnungen, über die wir durch spätere Texte im Bilde sind. Fast vierzig Toponyme erscheinen dort und anderswo. Zusammengenommen lassen sie erkennen, daß die Westhälfte der malaiischen Welt und darüber hinaus viele Länder und Orte rund um die Bengalen-See und das Andamanische Meer inzwischen als *terra cognita* galten. Wu-Schiffe, so dürfen wir vermuten, fuhren bereits um die Südspitze der

Malaiischen Halbinsel herum; auf transisthmische Landtransporte war man folglich nicht mehr angewiesen.

In gewisser Weise hatte es Wu damit geschafft, verschiedene Segmente entlang der Westroute «seefahrtstechnisch» zu integrieren. Das mag eine Art Vormachtstellung auf ebenjener Route implizieren oder auch nicht. Daß es überhaupt soweit kam, hatte natürlich noch mit der Entwicklung in Nordchina selbst zu tun: Wei blieb nämlich, wie zuvor der Han-Staat, an die innerasiatischen Karawanenwege angeschlossen, über welche Kontakte bis hin zu den Parthern, zum Zweistromland oder nach Kleinasien möglich waren. Davon konnte Wu, das im Südosten lag, kaum profitieren; es förderte deshalb den Seehandel, um über die maritime Route Zugang zu den Reichtümern anderer Länder zu erlangen.

Das sollte sich auch unter den Jin nicht ändern, die ab 280 das Wu-Gebiet übernahmen. Jin herrschte zwar für drei oder vier Jahrzehnte über Nord- und Südchina gleichzeitig, wurde dann aber nach Süden abgedrängt und kontrollierte um 320 nur noch diesen. Damit blieb der direkte Zugang zu den Karawanenwegen weiterhin versperrt. Im übrigen lösten im Norden die Herrscherhäuser einander so schnell ab, daß die Handelswege daselbst sehr unsicher wurden und die Seeroute wahrscheinlich zusätzlich an Bedeutung gewann.

Funan. In Kontinentalsüdostasien scheint Funan seinerzeit zur stärksten Macht aufgestiegen zu sein. Es kontrollierte nun zugleich mehrere Orte auf der Ostseite der Malaiischen Halbinsel und bildete folglich eine unumgängliche Zwischenstation für den Handel durch den Golf von Siam. Das zumindest deuten chinesische Quellen an, die ebenso von funanesischen Tributdelegationen berichten. Außerdem war die Musik dieses Landes sehr beliebt. Um die Mitte des 3. Jahrhunderts errichteten die Wu sogar eine Behörde zur Pflege entsprechender Lieder – vielleicht ein früher Hinweis darauf, daß der Süden durchaus als exotisch galt. Ein gewisser Hang zum Exotischen wird im übrigen nur wenig später, im Spiegel mehrerer Schriften, deutlich erkennbar.

Seinen Aufstieg verdankte Funan offenbar nicht nur dem Handel, sondern gleichermaßen einer reichen landwirtschaftlichen Grundlage. Im Delta des Mekong und westlich davon sind Reste eines ausgedehnten Bewässerungssystems entdeckt worden, dessen Anlage und erfolgreiche Bewirtschaftung auf fortschrittliche Organisationsformen schließen lassen. Dies fügt sich zu den reichen Funden bei Oc-eo, nahe der Küste im heutigen Grenzgebiet zwischen Vietnam und Kambodscha. Hier sind Gegenstände verschiedener Herkunft aufgetaucht, sogar römische Münzen.

Wie Linyi und andere Gebiete wurde auch Funan regelmäßig von Kaufleuten und Mönchen aus Indien besucht. Diese brachten Waren aus dem Einzugsgebiet des Indischen Ozeans und verbreiteten indisches Gedankengut und indische Kunst. Hier begegnen wir erstmals jenem Phänomen, das gerne als «Indisierung Südostasiens» bezeichnet wird.

In welcher Weise indische Elemente von den lokalen Eliten aufgesogen und in die jeweils eigenen Kulturen integriert wurden, entzieht sich natürlich unserer Kenntnis. Dafür gibt es verschiedene Thesen. Eine besagt, Ehen zwischen einflußreichen Händlern und Töchtern mächtiger Lokalfürsten hätten kulturelle Brückenschläge gefördert. Die berühmte Kaundinya-Legende, die Funan mit Südindien verknüpft, gehört in diesen Zusammenhang. Daneben ist chinesischen Texten zu entnehmen, daß südostasiatische Herrscher gelegentlich indische Titel trugen, fremdes Gedankengut folglich in die lokalen Höfe vorgedrungen sein muß. Ritus und Religion wurden demnach in Teilen Südostasiens «indisiert», nicht selten wohl auf Einladung lokaler Fürsten, die ihren Status mit Hilfe fremder Symbole zu legitimieren suchten.

Einige Historiker behaupten sogar, erst durch die indische Einflußnahme sei der Staatenbildungsprozeß in Südostasien, besonders in Funan, wirklich vorangekommen. Andere schieben diesen in frühere Epochen zurück oder setzen die frühesten Staaten erst etwas später an, wie oben berichtet. Die Kriterien dafür fallen sehr unterschiedlich aus. Vor allem weitgefächerte maritime Handelsbeziehungen und die jeweiligen Herrscherfunktionen seien dabei entscheidend gewesen.

Im Laufe des vierten Jahrhunderts wurde Funan, das mehrere Nachbarn erfolgreich bekämpft hatte, durch interne Entwicklungen geschwächt. Nach einer These habe dies viele kleinere Orte auf der Malaiischen Halbinsel in die Lage versetzt, für einige Zeit die Mittlerfunktion Funans zu übernehmen. Infolgedessen sei der Fernhandel nach Süden ausgewichen. Doch unter den Nachfolgedynastien der Jin – den Liu Song, Nan Qi, Liang und Chen, die bald eine nach der anderen Teile Südchinas beherrschten – ist Funan wiederum als häufiger Tributlieferant verzeichnet, wenngleich seine relative Position in diesem «Geschäft» nun tatsächlich an Bedeutung verlor. Wirklich in die Knie gezwungen wurde es vermutlich erst im 6. Jahrhundert durch Zhenla, seinen nordwestlichen Nachbarn, auf den später zurückzukommen sein wird.

ZWISCHEN INDIEN UND CHINA: LINYI UND ANDERE. Neben den Gesandtschaften aus Funan trafen natürlich noch andere offizielle Missionen in den Metropolen Südchinas ein: aus dem alten Linyi, aus Java, Sumatra und der Malaiischen Halbinsel, aus Panpan und sogar Sri Lanka sowie anderen entfernten Gegenden. Rund einhundert solcher Missionen sind für die Zeit zwischen 420 bis 589 registriert, also für die Jahre zwischen dem Ende der Jin-Dynastie und der erneuten Reichseinigung unter den Sui.

Über die Geschichte der meisten Entsenderländer ist – mit Ausnahme Linyis – wenig bekannt. Allgemeine Aussagen sind aber möglich: Panpan, wohl im Nordteil der Malaiischen Halbinsel nahe Diansun gelegen, könnte durch seinen Zugriff auf Landtransporte quer durch die Halbinsel profitiert haben. Gleichzeitig werden ihm Kontakte zu den Regionen im heutigen Myanmar unterstellt. Langkasuka und Chitu, die sich viel weiter südlich befanden, zählten wahrscheinlich zu den Gewinnern jener Entwicklung, die Funan vorübergehend geschwächt hatte. In den meisten Fällen sind, wie bereits erwähnt, indische Einflüsse nachzuweisen.

Letzteres gilt in besonderem Maße für Linyi. Indische Historiker vertraten deshalb die These, dieses Gebiet sei eine Art indische Dependance gewesen. Doch Linyi vermochte dem Druck aus dem Norden, dem chinesisch verwalteten Jiaozhi, nicht immer standzuhalten, und das relativiert die indische Rolle. So rückten im Jahre 446 Truppen der Liu-Song-Dynastie, die damals gerade über Südchina herrschte, gegen das Cham-Gebiet vor. Zu häufig waren die militärischen Zusammenstöße geworden, die Linyi an seiner nördlichen Grenze verursacht hatte, und zu zahlreich angeblich auch die Piratenüberfälle, die ihm zur Last gelegt wurden. Die Strafaktion der Liu Song führte erwartungsgemäß zur Niederwerfung Linyis, das nachfolgend für mehrere Generationen in eine wie auch immer geartete Abhängigkeit von China geriet.

Trotz chinesischer Eingriffe in das bestehende «System» – richtig bleibt wohl die Annahme, indische Kaufleute hätten wesentlich zum Fernhandel südostasiatischer Orte beigetragen, selbst wenn lokale und südasiatische Schriftquellen hierzu wenig Konkretes zu vermelden haben. Eher vorsichtig wird derlei von chinesischen Historikern beurteilt, obschon es gerade die Dynastienannalen und andere chinesische Texte sind, über die wir die meisten Einzelheiten erfahren.

Chinesische Werke sind es denn auch, die im Falle südostasiatischer Orte erstmals den Ausdruck *guo* benutzen, welcher sehr wohl mit dem Wort «Staat» übersetzt werden kann. Dies alles deutet auf eine gewisse Offenheit in der zeitgenössischen Berichterstattung, scheint sie doch signalisieren zu wollen, daß einige Gebiete bereits ein entsprechendes Entwicklungsniveau aufwiesen. Natürlich wird damit zugleich kulturelle Überlegenheit kundgetan, denn China hatte es, überspitzt formuliert, keinesfalls nötig, die eigene Rolle zu überzeichnen und andere abzuwerten. Mit der Institution des Tributhandels war das Verhältnis zwischen beiden Seiten ohnehin zurechtgerückt – und das genügte. Sicher, man könnte es auch anders fassen: Den ausgefeilten Wirtschafts- und Verwaltungsstrukturen, die Südchina aufzuweisen hatte, vermochte Südostasien wenig Gleichwertiges entgegenzusetzen ...

Das oben Gesagte legt nahe, daß Chinas Einfluß in den Küstengegenden Südostasiens durchaus größer gewesen sein dürfte, als man es heute annimmt. Unklar bleibt allerdings, wie sich dies auf den Seeverkehr auswirkte. Selbst archäologische Zeugnisse helfen hier nicht weiter. Woher also kamen die meisten Fernhändler, die zwischen Südostasien und China hin- und herpendelten: aus China oder eher aus anderen Regionen? Wie wichtig waren die sogenannten Kunlun-Schiffe, die noch immer in den Quellen genannt sind? Handelte es sich nunmehr um einen Ausdruck, der pauschal für alle fremden Fahrzeuge stand oder nur für «malaiische»? Fuhren Tributdelegationen an Bord chinesischer Schiffe nach China, wie häufig in viel späteren Zeiten, oder benutzten sie eher eigene Schiffe? Und aus welchen

Gründen überhaupt weitete sich der Handel quer durch Südostasien aus? Stimulierte am Ende Chinas wachsende Nachfrage nach «exotischen» Gütern das Geschäft – dies war oben schon angedeutet worden –, oder lag es mehr am Wunsch der Südostasiaten selbst, chinesische und indische Waren zu beziehen, daß der Handel gedieh? Zahlen fehlen verständlicherweise, und genaue Antworten wird es darum niemals geben.

BUDDHISTISCHE REISENDE. Hier ist erneut ein Absatz zum Buddhismus angesagt, denn inzwischen hatte sich dieser weiter über China ausgebreitet, nicht allein im Norden, sondern ebenso im Süden. Das bedeutete religiöse Kontakte zwischen Indien und China, auch via Südostasien. Buddhistische Texte belegen solche Verbindungen. So sind die Namen vieler Reisender bekannt, die sich über die Seeroute – oder den Landweg – von China nach Indien und Sri Lanka begaben. Die Ziele waren stets die gleichen: Es ging ihnen um spirituelle Erfahrungen und darum, neue Schriften zu finden, die eine Übersetzung ins Chinesische lohnten.

Unter den chinesischen Pilgern, die es während der Teilung Chinas nach Westen trieb, ragt vor allem ein Name hervor: Faxian. Er hinterließ einen Text, der wichtige Daten zu den durchreisten Orten zusammenfaßt. Darunter sind unter anderem Beobachtungen zu lokalen Legenden und Gebräuchen, nebst persönlichen Erfahrungen. Faxian begann seine Reise in Nordwestchina. Um 408 finden wir ihn dann im Ostteil Indiens (Tianzhu). Dort hielt er sich in mehreren Orten der Ganges-Region auf. Schließlich zog er nach Sri Lanka, wo er gleichfalls geraume Zeit verweilte. Letztlich kehrte er auf dem Seewege nach China zurück und erreichte wohlbehalten die Küste von Shandong.

Bemerkenswert ist, daß Faxian nicht eindeutig offenlegt, ob er Landsleute auf Sri Lanka traf, obgleich seine Darstellung hier eigentlich recht ausführlich ist. Auch die knappe Beschreibung des südostasiatischen «Landes» Yepoti – dort will er fünf Monate zugebracht haben – erwähnt keine Chinesen. Daraus wurde geschlossen, der Aktionsradius chinesischer Schiffe hätte sich auf das Südchinesische Meer bis hinunter zur Malaiischen Halbinsel beschränkt. Doch die Angaben Faxians bleiben umstritten. So ist bis heute offen, welcher Ort hinter Yepoti stehen könnte. Mehrere Optionen wurden in Betracht gezogen: von Sumatra über Java und Langkasuka bis zur Westseite Kalimantans. Uneinigkeit herrscht ebenfalls hinsichtlich der Frage, wem oder welchen Orten die Schiffe, mit denen Faxian reiste, wirklich zuzuordnen sind. Waren es indische Fahrzeuge, südostasiatische oder andere? Außerdem wird die gewählte Route unterschiedlich interpretiert: Fa Xian sei durch die Straßen von Singapur und Formosa gekommen, so eine Meinung, andere glauben an eine Reise durch die Sunda-Passage und die Ostumgehung Taiwans über den offenen Pazifik.

Neben Faxian gab es noch andere Mönche, die per Schiff zwischen China und Indien unterwegs waren, etwa Zhiyan, vermutlich ein Nordwestchinese, oder Tan Wujie (auch Fayong genannt), der sich, wie Faxian, erst bei der Rückreise für die See entschied. Auch Nichtchinesen nutzten gelegentlich die an sich viel schnellere Meeresroute. So erfahren wir von einem gewissen Gunavarman aus Kaschmir. Von Java kommend, begab sich dieser zunächst nach Guangzhou, um anschließend nach Norden weiterzureisen. Mitte des 6. Jahrhunderts war dann der indische Mönch Paramartha mehrfach mit dem Schiff unterwegs; er erreichte unter anderem Guangzhou und Liang'an in Fujian. Ähnliche Nachrichten finden sich für spätere Epochen, die zugleich weitere Texte mit neuen Namen und Inhalten bereithalten.

HANDELSWAREN. Die Handelsgüter, welche in jener Epoche von oder über Südostasien nach China gelangten oder in die umgekehrte Richtung flossen, blieben im Prinzip die gleichen wie zuvor. Gewürze, wertvolle Steine, Perlen, kostbare Hölzer, Vogelfedern, *materia medica* wanderten nach Norden, Keramik, Seide und andere handwerkliche Produkte nach Südostasien. Überdies spielten Edelmetalle eine zunehmend wichtige Rolle. Insgesamt wurde der Warenaustausch weiterhin von teuren Luxusgütern beherrscht. Transporte von billigen Rohstoffen und Grundnahrungsmitteln sind kaum zu belegen.

Auffällig ist hingegen, daß chinesische Quellen gelegentlich Pferdetransporte erwähnen. Das läßt auf eine fortgeschrittene Logistik schließen und wirft natürlich die Frage auf, woher die importierten Tiere letztlich kamen. Für spätere Zeiten sind entsprechende Lieferungen aus dem Yunnan-Guangxi-Grenzgebiet über Jiaozhi belegt. Möglich ist somit, daß diese Regionen bereits in den ersten nachchristlichen Jahrhunderten eine gewisse Rolle spielten.

Bemerkenswert ferner, daß selbst solche Produkte genannt werden, die dem fernen Westen zuzuordnen sind, etwa rote Korallen. Da Qin – damit ist anfangs das oströmische Gebiet gemeint, später dann das Zweistromland oder Kleinasien – wird z.B. mit der Korallenfischerei verknüpft. Dies ist insofern erklärbar, als in einigen Mittelmeerregionen tatsächlich entsprechende Erwerbszweige vorhanden waren und Gegenstände aus Korallen über die Levante nach Fernost gelangten. Und schließlich: Auch Sakralobjekte wanderten in Richtung China. Vereinzelt gilt das sogar für Bauteile, die bei der Errichtung buddhistischer Schreine benötigt wurden.

Östlicher Indik: Entschleierung

Indisches in Südostasien. Während die zunehmende Verflechtung der «Südmeer»-Anrainer mit China heute einigermaßen strukturiert dargestellt werden kann, fällt Vergleichbares für die Kontakte zwischen Südostasien und Indien, d.h. für Handel und Austausch rund um den Golf von Bengalen und das Andamanische Meer, sehr viel schwerer. Chinesische Berichte enthalten wenig Konkretes hierzu, und indische Schriftquellen liefern gleichfalls meist nur vage Anhaltspunkte. In einigen Fällen ergeben sich sogar Widersprüche. *Jataka*-Texte erwähnen gelegentlich brahmanische Händler, andere Quellen erklären, Seereisen seien unerwünscht gewesen. Chinesische Nachrichten wiederum deuten an, in Diansun und Panpan habe es viele Brahmanen gegeben. Kaum vorstellbar ist, daß alle diese Personen auf dem Landweg über Myanmar dorthin gekommen sein sollen.

Andere Schwierigkeiten ergeben sich daraus, daß buddhistische und hinduistische Elemente in Südostasien nicht immer sauber getrennt werden können. Hieraus und aus weiteren Überlegungen sind verschiedene Thesen entstanden: Insgesamt seien nur wenige Reisende aus Indien gekommen, so eine Vorstellung. Brahmanische und buddhistische Vorstellungen hätten sich dann in Südostasien – oft unabhängig von Indien – sehr schnell fortentwickelt und von Anfang an eine eigene Prägung erhalten; dies erkläre zugleich lokale Unterschiede innerhalb der Region und bisweilen sogar die Vermengung beider Richtungen.

Neben diesen und ähnlichen Fragen gibt es noch ein prinzipielles

Dilemma. Die wissenschaftliche Literatur geht Südostasien meist von «Westen» her an. Es werden demzufolge indische Einflüsse registriert, aber nur wenig wird über solche Elemente gesagt, die von Südostasien nach Indien oder Sri Lanka gelangt sein könnten. Dies hat wahrscheinlich mit der Natur des archäologischen Materials zu tun. Eben nicht alle Dinge, die über See gehandelt wurden, hinterließen dauerhafte Spuren. Indisches in Südostasien blieb erhalten, kaum aber Südostasiatisches in Indien.

Um wenigstens einige Beispiele aus dem archäologischen «Spektrum» zu nennen: Südostasien kennt viele Fundorte, an denen Perlen – oft aus Karneol –, verschiedene Gefäße, Metallgegenstände und andere Objekte sichergestellt wurden, von welchen vermutlich viele aus Indien oder Sri Lanka kamen. Die Bestimmung der jeweiligen Herkunftsregionen erfordert eine gründliche Beschäftigung mit zeitgenössischen Entwicklungen und Herstellungstechniken, die nicht unumstritten sind. Nach einer Auffassung hat sich z.B. die Produktion von Perlen während der Post-Maurya-Epoche allmählich vom indischen Subkontinent nach Mantai auf Sri Lanka verlagert; demnach wäre Sri Lanka vorübergend das wichtigste Verteilungszentrum für bestimmte Arten von Kunstperlen gewesen, die in Südostasien offenbar als Schmuck gebraucht oder für rituelle Zwecke benötigt wurden. Später, so eine andere Hypothese, sei dann die Herstellung ostwärts bis Khlong Tom (Khuan Lukpad) und Oc-Eo gewandert, also nach Südostasien selbst.

Bei Gefäßen lassen sich, wie überall auf der Welt, gleichfalls mehrere Typen bestimmen. Das gilt z.B. für Fundstücke aus der Chao Phraya-Gegend im heutigen Thailand, denen ähnliche Gegenstücke in Südasien zugeordnet wurden. Doch das scheint eher die Ausnahme zu sein, denn im allgemeinen sind wir noch weit davon entfernt, die südasiatischen Ursprungsgebiete sämtlicher Gefäßtypen einwandfrei identifizieren zu können. In anderen Fällen wiederum bleiben Unterscheidungen nach Typen und Epochen ohnehin unmöglich. Vielfach dürfte es sich zudem um lokale Imitationen entfernter Vorbilder handeln. Demnach war die Herstellungstechnik nach Osten gewandert, nicht nur die Ware an sich. Und schließlich ist ebenfalls zu bedenken, daß viele Behältnisse ganz einfach zum Transport verderblicher Substanzen dienten; in diesen Fällen über rituelle, künstlerische, stilistische und andere Dimensionen nachzudenken, erscheint nicht immer angemessen.

Natürlich sind ebenso Funde bekannt, die mit Indien wenig zu tun haben. Die Distribution von Trommeln des Dongson-Typs und anderen (aber nicht allen) Metallgegenständen ist eine eher auf Südostasien selbst beschränkte Angelegenheit. Erstere sind, wohl ursprünglich aus dem Norden kommend und in einem gewissen Verhältnis zu China stehend, über mehrere Regionen Kontinentalsüdostasiens und der malaiischen Welt verstreut. Einzelne Stücke hat man sogar östlich von Java gefunden. Hinsichtlich ihrer Verwendung, die örtlich unterschiedlich ausgefallen sein mag, herrscht nach wie vor große Unsicherheit.

Etwas anderer Natur ist folgende Überlegung: In Südostasien habe es anfangs nur Holzhäuser gegeben; erst unter indischem Einfluß sei das Bearbeiten von Steinen und die Errichtung entsprechender Bauten möglich geworden. Das habe zu zivilisatorischem Fortschritt und zur allmählichen Verbreitung neuer Kunstzweige geführt. Gewiß, den indisch beeinflußten Reliefs und Skulpturen Südostasiens ist wenig Vergleichbares entgegenzusetzen, was auf ähnlich nachhaltige Einflüsse in umgekehrter Richtung – von Südostasien auf Indien zielend – schließen ließe; dennoch sollte Südostasien im Kontext der ersten nachchristlichen Jahrhunderte nicht ganz «untergebuttert» werden, wie gleich zu sehen sein wird.

Südostasiatisches in Indien. Im *Periplus* wird von Schiffen berichtet, die zwischen Indien und dem alten (südostasiatischen) Chryse verkehrten. Vielleicht ist dies als Hinweis auf die sagenumwobenen Kunlun-Fahrzeuge zu werten. Mit Chryse verbindet sich zugleich die Vorstellung von großen Goldvorkommen. Das wiederum fügt sich zu entsprechenden Bildern, die in alten indischen Texten vermittelt werden. Gelegentlich wurde deshalb argumentiert, Indien hätte viel Gold benötigt, dieses wäre ein wesentliches Motiv für Handelsfahrten nach Südostasien gewesen. Südostasien habe demnach – über indische und andere Händler – den Subkontinent mit Edelmetallen versorgt.

Eine andere, sehr viel plausiblere Überlegung ist die folgende: Indische Münzen und Bronzen, die ab der Maurya-Zeit hergestellt wurden, weisen oft einen hohen Zinnanteil auf. Zinn könnte in großen Mengen aus Südostasien herbeigeschafft worden sein. Vor allem mit Bezug auf die Malaiische Halbinsel wird gerne von früher Zinnförderung gesprochen. Aber die meisten anderen Details hinsichtlich Gewinnung, Transport und Distribution entziehen sich dann wieder unserer Kenntnis.

Ähnliches gilt für die Nachfrage nach *materia medica*. Chinesische Texte – man denke an die vielen Einträge in den frühen *leishu* oder gar an das *Nanfang caomu zhuang*, ein Werk aus dem 4. Jahrhundert, das unter anderem die exotische Flora Südostasiens systematisch zu erfassen sucht – belegen ein wachsendes Interesse an medizinisch verwendbaren Substanzen. Gleiches trifft für Indien zu. Dort scheint sich mit der allmählichen Verbreitung des Buddhismus das medizinische Wissen ausgeweitet haben. Dieser Prozeß könnte bereits in den ersten nachchristlichen Jahrhunderten von gesteigerten Einfuhren südostasiatischer Substanzen begleitet worden sein. Kampfer aus Sumatra und Borneo, Muskat und Gewürznelken von den Molukken wären Kandidaten für entsprechende Importe.

Exkurs: Kaurigeld. Sofern diese Vermutungen stimmen, fiele die Bilanz der Beziehungen zwischen Indien und Südostasien nicht mehr ganz so einseitig aus. Allerdings besteht noch viel Raum für weitere Spekulationen. Textilien sind vermutlich in beide Richtungen geflossen, ebenso das Wissen um ihre Herstellung. Kaurischnecken, wohl vor allem auf den Malediven und rund um den Golf von Thailand gesammelt, wurden hier und da als Zahlungsmittel eingesetzt. Sie sind mehrfach bei Grabungen im Einflußbereich der Bengalen-See gefunden worden. Über Inlandsrouten – wahrscheinlich entlang der großen Flüsse Myanmars – gelangten sie sogar bis nach Yunnan, wo sie noch in der frühen Neuzeit zirkulierten. Überhaupt wäre die Geschichte der Kauri-Schnecken als Zahlungsmittel neu zu schreiben, denn schon weit in vorchristlicher Zeit finden wir sie im Herzen Chinas. Wer, so ist zu fragen, waren die Händler, wie profitierten die «Produzenten» von der monetären Pracht? Und ist die Zirkulation von Kaurigeld vielleicht dafür verantwortlich, daß über lange Zeiträume in Südostasien kaum richtige Münzen vorhanden waren – von einigen römischer und anderer Herkunft einmal abgesehen?

Kaurischnecken hatten ein gewisses Gewicht, für den Zahlungsverkehr galten sie nur dann als praktisch, wenn es um kleine Beträge ging. Da von uneingeschränkter Monetarisierung in der nachchristlichen Ära noch nicht die Rede sein kann, müßte folglich ein Teil des seegestützten Handels – zwischen Südostasien, China und Indien – in Form mehr oder minder direkter Tauschgeschäfte erfolgt sein, Ware gegen Ware. Doch welche Rolle spielten Kauris in dieser Konstellation tatsächlich? Hier geben die Hinweise auf Edelmetallausfuhren zu denken. Begann südostasiatisches Gold Kaurigeld zu ersetzen? Wogen am Ende gar Gold, Zinn und Gewürze Südostasiens Einfuhren aus Indien auf? Wäre dies eine Erklärung für die Ungereimtheiten in der sichtbaren Bilanz?

Institutionelles und buddhistische «Netzwerke». Kehren wir an dieser Stelle noch einmal zur Ausbreitung des Buddhismus zurück. In Indien hatten es viele buddhistische Klöster mittlerweile zu Reichtum gebracht. Sie verfügten über Land, erhielten Schenkungen und gaben ihrerseits große Summen für gemeinnützige Zwecke aus. In gewisser Weise zählte dazu auch die Unterstützung von Handelsinitiativen. Da nicht wenige Mönche ursprünglich aus höhergestellten Familien kamen, Verbindungen zu lokalen Eliten pflegten und vor allem über marktrelevante Informationen verfügten, spielten sie bei der Kontaktnahme mit Südostasien wahrscheinlich häufig eine Schlüsselrolle.

In Südostasien selbst dienten sie kraft ihrer Bildung und ihres Schriftwissens als kulturelle Mittler – nach indischem Verständnis fast wie «Entwicklungshelfer». Im Verein mit den Händlern verstanden sie es, südostasiatische Führungsschichten an sich zu binden. Handelsinteressen und religiöse Absichten gingen somit Hand in Hand. In mancherlei Hinsicht erinnert dies an die spätere Ausbreitung des Islam und der christlichen Lehre. Auch hier wirkten ähnliche Mechanismen, wiederum von See her kommend, auf Südostasien ein.

Oben war bereits angeklungen, daß sich einige Fremde in Südostasien niederließen. Mancherorts hatten sich gar «Minikolonien» gebildet, in denen ausländische Mönche und Händler lebten. Je weiter wir in der Zeit voranschreiten, desto zahlreicher sind die Indizien hierfür. Kurz, der Gedanke liegt nahe, schon für die ersten nachchristlichen Jahrhunderte von Diasporabildungen zu sprechen. Wenn dieses Bild stimmt, es also zutrifft, daß in mehr oder weniger aufgeschlossenen, quasi frei zugänglichen Küstenorten Südostasiens bereits zu dieser frühen Stunde Strukturen existierten, an deren Spitze einheimische Landesfürsten standen, die sich mit fremden Kaufleuten und Gebildeten umgaben, welche wiederum ihre eigenen Landsleute nachzogen und die eigenen Traditionen fortführten, dann wäre wohl ebenfalls von Netzwerken zu sprechen, die miteinander konkurrierten, quer über den östlichen Indik hinweg, wie natürlich an einigen Küsten des Südchinesischen Meeres. Zur Erinnerung: Handelsnetze waren bereits in vorchristlicher Zeit für den Westteil des Indischen Ozeans angenommen worden. Nun finden sich verstärkt Hinweise für das Entstehen von Gilden in Südindien, die sich ausbreiteten und damit die These fortschreitender Netzwerkbildung – eben auch im östlichen Teil des Indischen Ozeans – durchaus untermauern.

Konkurrierende Handelssysteme zwischen Indien und Südostasien lassen sich aber bislang nicht wirklich identifizieren. Die südindischen Machtzentren – das Cera-Reich an der Südwestküste des Subkontinents, die Gebiete der Pandyas und Cholas an der Ostseite, ab dem 6. Jahrhundert dann die Pallava-Dynastie – bleiben in ihren Konturen oft unscharf. Ähnliches gilt für Indiens Hinterlassenschaften in Südostasien: Nur selten können sie einer spezifischen Region des Subkontinents eindeutig zugeordnet werden. Auch bezüglich der Präsenz südostasiatischer Seefahrender und entsprechender Diasporastrukturen an der indischen Ostküste wissen wir fast nichts (von ganz wenigen Gesandtschaften abgesehen wie etwa einer, die, aus Funan kommend, zum Ganges-Gebiet gereist sein soll).

SEEWEGE. Selbst hinsichtlich der Nutzung von Seerouten durch den Golf von Bengalen und das Andamanische Meer bestehen für diese Epoche offene Fragen. Von Oc-Eo über Khlong Thom dürfte es mindestens eine kombinierte See- und Landverbindung gegeben haben, die in der Verlängerung westwärts über das Andamanische Meer zum heutigen Tamil-Nadu-Gebiet führte. Vermutlich war diese Verbindung in irgendeiner Weise deckungsgleich mit dem eingangs beschriebenen Weg nach Huangzhi, der wahrscheinlich, wie wir ge-

Diese Zeichnung beruht auf einer Darstellung in den Ajanta-Höhlen (Indien). Das sogenannte «Ajanta-Schiff» ist sehr unterschiedlich interpretiert worden. Je nach Auslegung weist es chinesische, ägyptische, römische oder andere Konstruktionsmerkmale auf.

sehen hatten, auch eine Landdurchquerung erforderte. Doch an welcher Stelle der Malaiischen Halbinsel diese erfolgte, um zu den Ufern des Andamanischen Meeres zu gelangen, ist nicht klar.

Parallel dazu können wir von regulären Passagen zwischen Sri Lanka, Sumatra und der Singapur-Gegend ausgehen. Sri Lanka war selbst den Chinesen jener Zeit ein fester Begriff und wird demnach mehrfach in geographischen Texten erwähnt; schließlich hatten Faxian und andere etliche Gebiete Südasiens bereist. Sicher wußten sie auch von Da Qin, dem Endpunkt des langen Weges nach Westen, doch lag diese Zone weit außerhalb der buddhistischen Welt: jenseits des Xihai, des «Westmeeres» oder Persischen Golfes, im Zweistromland oder gar in Kleinasien. Die Route um die Südspitze der Malaiischen Halbinsel nach Sri Lanka und zurück war hingegen erschlossen, Schiffe aus Wu, Jin, Südostasien oder Indien befuhren sie. Ob und an welcher Stelle des Subkontinents sie gegebenenfalls mit der transisthmischen Route zusammentraf, wissen wir aber nicht.

Neben diesen Strecken durch den offenen Ozean – das Andamanische Meer und den Golf von Bengalen – gab es selbstverständlich reguläre Küstenverbindungen vom Ganges-Delta und Orissa hinunter bis zur Palk-Straße. Doch hinsichtlich der Route von Bengalen bis zur Irawadi-Mündung oder der Tenasserim-Gegend herrscht Unklarheit, und es ist auch nicht bekannt, wer die Händler und Reisenden auf dieser Trasse waren und woher sie kamen.

Ähnliches gilt für mögliche Nord-Süd-Verbindungen zwischen den westlichen Endpunkten transisthmischer Transportwege (oder auch nur einem Endpunkt, sollte es nicht mehrere gegeben haben) und der weiteren Küstenroute von Tenasserim hinunter zum Südteil der Malaiischen Halbinsel. Lokale Gruppen mögen einzelne Segmente dieser «Handelsarterie» betrieben haben, so sie überhaupt existierte. Und vielleicht waren «Länder» wie Panpan und Diansun am Ende sogar vorübergehende Konkurrenten, die unterschiedliche Netzwerke bedienten und damit zugleich Einfluß auf die Reisewege quer durch den Indischen Ozean ausübten.

In der Tat, dem weiteren Spekulieren sind keine Schranken gesetzt: Kedah und einige andere Gegenden längs der malaiischen Westseite bilden archäologische Fundgruben, auch sie waren demnach schon während der ersten nachchristlichen Jahrhunderte in den seegestützten Handels- und Kulturtransfer eingebettet; aber über die Nutzung der Seewege und die jeweiligen Bindeglieder ist damit letztlich wenig gesagt. Vielleicht wurden einzelne Abschnitte der malaiischen Westküste ja mehr von Norden her beeinflußt als direkt von Südasien.

Gleichwohl, so darf wohl abschließend behauptet werden – und daran bestehen keinerlei Zweifel –, weiteten sich die Kontakte quer durch die Bengalen-See nun allmählich in einer Weise aus, die dazu führte, daß sehr viel mehr Orte als zuvor in internationale Austauschbeziehungen eingebunden wurden. Damit wuchsen die in Ost- und Westasien existierenden Handelssysteme schneller zusammen. Südindien, mehr als Bengalen und Bihar, gehörte zu den Katalysatoren dieser Entwicklung, deren Rhythmik bislang so schwer zu erfassen ist.

Westlicher Indik, Rotes Meer, Persischer Golf: Mare Euro-Asiaticum

Golf und Rotes Meer im Wettstreit. Indien, Westasien und Ostafrika durchliefen während der ersten nachchristlichen Jahrhunderte eine bewegte politische Geschichte, deren Umrisse jedoch oftmals sehr viel klarer wirken als jene, welche den Handel und Kulturaustausch im östlichen Teil des Indischen Ozeans bestimmten. Blicken wir zunächst nach Iran: Mit dem Aufstieg des Sassaniden-Reiches (ab 226), dessen Könige der Lehre Zoroasters folgten, gerieten allmählich wieder Teile der weiter nördlich gelegenen Regionen Zentralasiens unter den Einfluß einer Macht, die zugleich maritime Interessen verfolgte. Damit gelangten mehr Waren aus dem Inneren Asiens über den iranischen Raum in die Golf-Region und weiter zur Levante. Offenbar stabilisierte sich dadurch auch der Seehandel durch den Golf und blühten dort neue Hafenorte auf.

Kaum einhundert Jahre später breitete sich die Gupta-Dynastie über Teile Nordindiens aus. Ihr gelang es recht bald, große Gebiete Mittelindiens für sich zu gewinnen. Das scheint den Handel durch die Ganges-Region vom heutigen Bengalen bis hin nach Nordwestindien und weiter Richtung Westasien vorübergehend erleichtert zu haben, womit der Verkehr durch den Golf noch mehr Gewicht gewann. Zu den Handelsgütern zählten neben den «klassischen» indischen Produkten wie Pfeffer, der letztlich von der Malabar-Gegend kam, wohl auch solche, die aus Südostasien und Fernost stammten. Diese Waren wurden entlang der indischen Westküste nach Norden transportiert, bevor sie dann zu den Golf-Anrainern gelangten.

Viele Wissenschaftler glauben, der Aufschwung in der Golf-Region habe zu einem temporären Rückgang entsprechender Handelsströme durch das Rote Meer geführt. Vor allem von den indischen Häfen seien Waren nun eher durch die Straße von Hormuz in den Golf gelangt als eben zur südarabischen Küste. Wirklich beweisbar ist diese These, die erstmals eine gewisse Konkurrenz zwischen Golf und Rotem Meer unterstellt, aber nicht.

Eine andere Entwicklung führt uns nach Ostafrika und dann an den Rand des östlichen Mittelmeeres. Das Aksum-Reich im heutigen Äthiopien, welches über seinen Hafen Adulis nachhaltigen Einfluß auf den Handel durch das Rote Meer ausgeübt hatte – Produkte aus dem Inneren Afrikas, z.B. Elfenbein, wurden über Adulis in den Seehandel eingespeist –, übernahm in jener Zeit das Christentum. Die damit einhergehenden Änderungen führten zu vorübergehenden Turbulenzen längs der Eritrea-Küste und kamen dem Seeverkehr nicht unbedingt zugute. Ähnliches war weiter nördlich zu beobachten: Konstantin I. erklärte Byzanz zur neuen Hauptstadt (330) seines Reiches, und auch hier waren mit der Ausbreitung des Christentums Neuerungen verbunden, die der Handel erst verkraften mußte. Bald jedoch zogen Aksum und Byzanz an einem Strang, zumal es galt, fremde Mächte vom Roten Meer fernzuhalten und dem mächtigen Sassaniden-Reich die Stirn zu bieten.

Zuvor hatten sich im heutigen Jemen jüdische Gruppen etabliert, denen es offenbar gelungen war, Teile des Handels durch das Rote Meer an sich zu reißen, ja sogar einen eigenen Staat zu führen. Wahrscheinlich unterhielten diese Gruppen auch Kontakte nach Südindien. Da sie, so eine Überlegung, mit den Sassaniden zusammenarbeiteten, geriet der Jemen sehr schnell ins Visier des Aksum-Reiches. Dieses ging schließlich, wohl mit byzantischer Unterstützung, gegen seine Nachbarn vor und stellte die Jemen-Region unter äthiopische Obhut. Damit war iranischen Interessen längs der südarabischen Küste ein Riegel vorgeschoben, ganz im Sinne von Byzanz. In der Folge nahm der Handel durch das Rote Meer, der natürlich unter den Auseinandersetzungen gelitten hatte, wieder zu. Allerdings blieb er, was seine Ausdehnung nach Osten angeht, vermutlich auf die südindischen Häfen und einige afrikanische Orte südlich von Kap Guardafui beschränkt. Die Oman-Küste und die Golf-Region führten gleichsam ein Eigenleben unter sassanidischer Herrschaft und blieben ihrerseits mit den nordwestindischen Orten liiert.

Diese unterstellte Zweiteilung der Verbindungen zwischen Westasien und Indien scheint den Handel durch den westlichen Teil des Indischen Ozeans für geraume Zeit geprägt zu haben. Auf der nördlichen «Achse» verkehrten wohl hauptsächlich indische, persische und arabische Fahrzeuge, weiter im Süden – nun schon durch den offenen Ozean, von Sokotra oder der Hadramaut-Küste hinüber nach Kerala – finden wir äthiopische Schiffe, gelegentlich sicher auch griechische bzw. byzantinische, südindische und andere. Funde byzantinischer Münzen in Südindien belegen eindrucksvoll, daß bis ins 6. Jahrhundert entsprechende Kontakte vom oströmischen Restreich über das Rote Meer bis nach Kerala und sogar Sri Lanka bestanden.

Dominanz der Sassaniden. Mittlerweile hatten die Sassaniden im Norden zugleich die Landverbindung nach China belebt. Über diese gelangte z.B. chinesische Seide nach Westasien; Weihrauch vom Südteil der Arabischen Halbinsel, Perlen aus der Golf-Region, Bernstein aus Europa und andere Kostbarkeiten flossen in umgekehrter Richtung. Hiervon profitierten die über Nordchina herrschenden Fremddynastien türkischer und anderer Herkunft, außerdem die Sassaniden selbst und ebenso Nordindien, das z.B. Gold aus Zentralasien absorbierte. Im Laufe des 5. Jahrhunderts gerieten die Landwege dann jedoch zunehmend unter Druck, denn Nomaden unterwarfen nun weite geographische Räume und störten damit die Warenströme. Infolgedessen sahen sich offenbar viele persische Kaufleute dazu veranlaßt, die Seeverbindungen nach Indien zu intensivieren. Fortan finden wir ihre Spuren nicht nur an der Indischen Westküste selbst, sondern bald auch auf Sri Lanka, wo westasiatische gegen chinesische Güter getauscht wurden. Das wiederum dürfte den Handel zwischen Südindien und Südostasien gefördert haben.

Um 520 wurden die Sassaniden und der Gupta-Staat von Zentralasien aus massiv bedroht. Die Sassaniden überlebten den Ansturm trotz großer Verluste, aber das Gupta-Reich, welches zugleich mehrere innere Krisen hinnehmen mußte, schwächelte und begann auseinanderzubrechen. Beinahe parallel dazu unternahm Aksum einen weiteren Feldzug gegen die Jemen-Region, um den dortigen Christenverfolgungen ein Ende zu setzen. Daneben führten Byzanz und die Sassaniden mehrfach Kriege gegeneinander. Schließlich wurde der Jemen im Jahre 570 von einer iranischen Streitmacht besetzt, worauf diese Region für mehr als sechzig Jahre unter fremder Kontrolle blieb.

Damit verschoben sich die Gewichte erneut mit der Folge, daß der Seeverkehr durch den Indischen Ozean vermutlich sein Gesicht änderte. Zwar blieben die meisten Häfen an der Westküste Indiens für den Handel offen, aber im Bereich des Roten Meeres beeinträchtigten die Entwicklungen den Warenaustausch sehr wohl. Auch der landgestützte Handel zwischen Iran und Byzanz litt unter den Kriegen, die Nachfrage nach Gütern aus dem Osten sank oder konnte nicht gestillt werden, und viele Produkte, die zuvor nach Europa geflossen waren, blieben nun, wenn überhaupt, in der Golf-Region «hängen».

Byzanz wurde – nach gängiger Auslegung – vor allem von chinesischen Seidenlieferungen abgeschnitten. Sogar von einer «Seidenkrise» ist bisweilen die Rede, die dann jedoch durch das allmählich nach Europa vordringende Wissen über die Kunst der Seidenherstellung gemildert worden sei. Ob Seide bis dahin hauptsächlich über den Land- oder Seeweg in die Golf-Region, also den Zubringerbereich, gelangt war, bleibt freilich Ansichtssache.

Eigentlicher Gewinner der vielen Veränderungen und Konflikte waren die Sassaniden, die nun ganze Segmente des Seehandels im westlichen Teil des Indischen Ozeans kontrollierten, und zwar nicht nur im Golf, sondern ebenso längs der Hadramaut-Küste bis hin zum Jemen und jenseits von Sokotra bis zur Somalia-Küste. Die äthiopische Seefahrt dagegen gehörte mehr oder minder der Vergangenheit an, auch die Byzantiner fielen zurück. Andere kleinere Händlergruppen existierten hingegen fort, etwa Juden und nestorianische Christen, die bis nach Indien tätig blieben. Vor allem in späterer Zeit werden sie in den Schriftquellen genannt, doch die Anfänge entsprechender Diasporabildungen in Indien und Sri Lanka fallen sehr wohl in die ersten nachchristlichen Jahrhunderte. Das ist z.B. den Aufzeichnungen des Cosmas Indicopleustes aus Alexandria zu entnehmen, der von mehreren christlichen Gemeinden an der indischen Westküste und auf Ceylon berichtet.

Zusammenfassung

Während der ersten nachchristlichen Jahrhunderte rücken die verschiedenen Seeräume Asiens enger zusammen. Das gilt für den nordostasiatischen Seeraum, der erstmalig zur Verbreitung einer wichtigen Religion, des Buddhismus, genutzt wurde, wie für das Südchinesische Meer. Vor allem unter den Wu und ihren Nachfolgedynastien entwickelte sich die Seefahrt zwischen Südchina und der südostasiatischen Welt. Chinesische Texte dokumentieren die Rolle verschiedener Gebiete längs der alten Westroute, so etwa Funans, außerdem wird der Warentausch zwischen Ost- und Südostasien in groben Zügen sichtbar. Archäologische Funde bestätigen hier und da die Quellenberichte, bieten aber noch viele weitere Hinweise, die aufgrund ihrer Komplexität immer neue Rätsel aufgeben.

Eindeutig zu entnehmen sind den materiellen Relikten nun auch regelmäßige Kontakte zwischen Südostasien und Indien. War das Bengalische Meer in den vorchristlichen Jahrhunderten noch ein wenig bekanntes Terrain gewesen, so wurde es jetzt von mehreren Verbindungslinien durchzogen, die man sogar in China registrierte. Zu den auffälligsten Merkmalen seegestützter Kontakte gehörte zweifelsohne Indiens geistige Einflußnahme, die sich unter anderem in Gestalt buddhistischer Reisender und der Weitergabe von Ideen via Südostasien nach China manifestierte.

Wie intensiv hingegen chinesische institutionelle und geistige Faktoren Südostasien um diese Zeit geprägt haben, bleibt schwer abzuschätzen. Jiaozhi und das Cham-Gebiet absorbierten mit Sicherheit viel Chinesisches, für die Regionen weiter südlich ist wohl von einer geringeren Wirkkraft auszugehen, obgleich chinesische Fahrzeuge dann und wann wohl in den Indischen Ozean vordrangen.

Auch wenn China von den Gebieten in Westasien wußte, spricht nichts zwingend für die Annahme, chinesische Schiffe hätten sogar die Golf-Region oder das Rote Meer besucht. Die Seefahrt der Wu reichte vermutlich bis in die Bengalische See. Insgesamt blieb die Route von Japan nach Persien und Ägypten, obschon nunmehr durchgehend bekannt, damit weitestgehend gestückelt, denn innerhalb eines jeden Teilabschnitts beherrschten unterschiedliche Gruppen den Handel. Nur selten scheinen einzelne Personen oder gar «Teams» die gesamte Strecke zwischen West und Ost bewältigt zu haben. Ein seltener Fall ist chinesischerseits überliefert: Händler aus Da Qin seien über Jiaozhi nach Wu gekommen, heißt es in den Texten. Erst sehr viel später hören wir dann von Kaufleuten aus der iranischen Welt, die bis nach Fernost fuhren.

Die Entwicklung rund um die Westhälfte des Indischen Ozeans, Golf und Rotes Meer eingeschlossen, wurde von mehreren großen Anrainermächten geprägt, allen voran den Sassaniden. In diesem Zusammenhang bemerken wir auch erstmals, daß die Golf-Region und das Rote Meer durchaus konkurrierende Systeme zwischen dem östlichen Mittelmeerraum und Indien darstellten. Ähnliches ist in späteren Zeiten auszumachen: Mal wird die eine Region wichtiger, mal die andere.

Während die Sassaniden aufstiegen, schwand der Einfluß des griechisch-römischen Erbes gegen Ende des hier betrachteten Zeitraums dahin. Insgesamt wird die Rolle der frühen «Europäer» bis heute sehr unterschiedlich gesehen. Nichtsdestotrotz bilden jene Texte, die von Westen her auf Südasien blicken, zentrale Dokumente für die Geschichtswissenschaft. Man denke hier nur an Ptolemäus, der wertvolle Hinweise zu Sri Lanka und anderen entfernten Gegenden liefert. Freilich spielte sein Weltbild am anderen Ende Eurasiens keine Rolle.

Funde aus der frühen nachchristlichen Zeit lassen auf eine vermehrte Zirkulation von Gold und Metallen schließen, wozu z.B. Münzen gehören. Indien dürfte in dieser Konstellation eine zentrale Funktion erfüllt haben. Damit einher ging sicherlich eine gewisse Monetarisierung des Handels. Diese betraf offenbar alle Segmente des asiatischen Seeraums, nur in Südostasien könnte sie weniger ausgeprägt gewesen sein. Perlen und Schmuck, Gegenstände aus Glas, verschiedene Keramiken und andere Dinge wurden in jener Epoche gleichfalls über die Seewege verbreitet. Der Austausch von Kostbarem lief damit parallel – oder Hand in Hand – mit der Zirkulation von Geld und Metallen.

Erstmalig ist auch ein gewisses Wechselspiel zwischen der Seeroute und den Landwegen, welche Ost und West verbanden, festzustellen. Mit der Teilung Chinas nach dem Ende der Han-Herrschaft – die Wei regierten den Norden, die Wu kontrollierten den südlichen Küstensaum – wird dies besonders offensichtlich. Was Ostasien betrifft, könnte die vermehrte Nutzung des Seeweges auf eben die genannte Teilung, welche die friedfertige Kommunikation zwischen den beiden chinesischen Staaten deutlich behinderte, zurückgeführt werden. Gegen Ende des 6. Jahrhunderts betreten wir dann allmählich wieder eine Phase, in der sowohl in Westasien wie auch in Ostasien große Einheitsreiche gleichzeitig regieren: zunächst noch die Sassaniden in Iran und die Sui in China, etwas später die ersten islamischen Mächte und die Tang-Dynastie. Damit beginnt ein neues Kapitel unter neuen Vorzeichen.

V. Zwischen Tang-Reich und Kalifat (ca. 600–950/1000)

Die ostasiatischen Meere: «tangoid» und «buddhophil»

Überblick, Sui und Tang. In China wurde das ausgehende 6. Jahrhundert von der erneuten Reichseinigung bestimmt. Die Sui (581–617) eroberten erst den Norden, danach den Süden. Das Jahr 589 gilt als dasjenige, in dem die Einigung vollzogen wurde, obschon – strenggenommen – einige Gebiete noch Widerstand gegen die Herrscher aus dem Norden leisteten.

In jedem Fall liefen die unterschiedlichen Entwicklungen in Nord und Süd nun allmählich wieder zusammen, die Zentralregierung war darum bemüht, die verschiedenen Kultur- und Wirtschaftsräume, vor allem in den fruchtbaren Ebenen des Ostens, administrativ, infrastrukturell und handelstechnisch zu integrieren. Dieser Prozeß wurde zu Beginn des 7. Jahrhunderts kurzfristig unterbrochen, doch dann unter den Tang (618–906) fortgeführt. Erst im 10. Jahrhundert durchlief China abermals eine Periode der Teilung, die für rund zwei Generationen alte Gräben zwischen Nord und Süd aufriß. Es handelt sich um die sogenannte Wudai-Zeit oder «Zeit der fünf Dynastien», denn die fünf über Nordchina herrschenden Höfe wurden später als legitime Nachfolger der Tang anerkannt, während die im Süden entstehenden Staaten keine Zustimmung seitens der offiziellen Historiographie fanden. Um 960 gelang es den Song schließlich, die letzte der Wudai-Dynastien zu verdrängen und allmählich auch den Süden zu unterwerfen.

Während dieser bewegten Zeit herrschten über Korea anfangs noch die drei Staaten Paekche, Koguryo und Silla. Allmählich gewann Silla jedoch die Vorherrschaft. Parallel dazu existierte in Teilen der späteren Mandschurei ein eigenes Land, Bohai genannt, das aber für die maritime Welt kaum Bedeutung hatte. Japan indes, zuvor eher eine Nebenrolle spielend, rückte nun näher an Korea und China heran.

Für alle Epochen und Regionen halten chinesische Texte wiederum

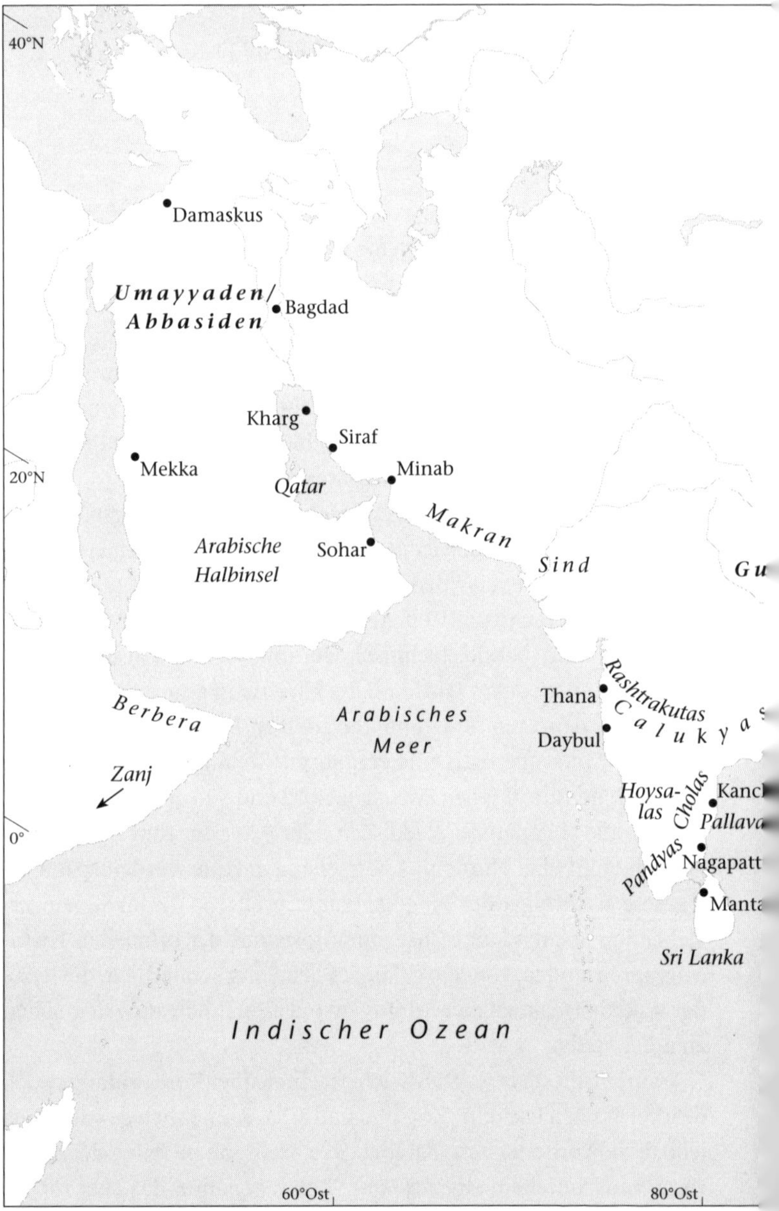

Zwischen Tang-Reich und Kalifat (ca. 600–950/1000)

40°N
Bohai
ghuren
Silla
Dengzhou
Tsushima
Yangzhou
Chang'an
Luoyang
20°N
Sui/Tang
Min
Quanzhou
Pazifischer
Ozean
Nan Han
Guangzhou
Nanzhao
Pyu
Jiaozhi
Mon
Champa
Süd-
chinesisches
Meer
Dvara-
varti
Zhenla
ches
Takuapa
Nakhon Si Thammarat
0°
Satingpra
Yarang
Chitu
Kedah
Ramni
Kalimantan
Fansur
Srivijaya
Sailendras
100°Ost
120°Ost

viele Nachrichten bereit, die hier nur in groben Zügen zusammengefaßt werden können. Bleiben wir zunächst im Nordosten. Die Sui sicherten ihre «Nordfront» durch umfangreiche Arbeiten entlang der Großen Mauer. Gleichzeitig waren sie um Expansion bemüht. Dies veranlaßte sie unter anderem zu mehreren Feldzügen gegen Korea, die sehr verlustreich verliefen. Hierbei kamen Landtruppen und große Flotten zum Einsatz. Hunderte von Schiffen und Booten, so die Quellen, seien in den Häfen Ostchinas gezimmert und von Shandong aus über das Meer gegen den Feind geschickt worden, doch vergebens.

Während der Kriegsjahre litt natürlich der «freie» Seehandel rund um Shandong und längs der heutigen Jiangsu-Küste, außerdem wurden mehrere andere Erwerbszweige, die von ihm abhingen, schwerwiegend beeinträchtigt. Die Kriegsmaschinerie des Hofes absorbierte Kapital und Arbeitskräfte, was den Rhythmus der Küstenregionen störte. Fast noch wichtiger war aber der Ausbau des Großen Kanals, der die fruchtbaren Gebiete am Unterlauf des Yangzi mit den weiter nördlich gelegenen Städten verband und ganz allgemein als Versorgungstrasse diente. Mit seiner Inbetriebnahme reduzierte sich die Abhängigkeit vom Küstenverkehr. Hierunter litten jedoch gleichfalls lokale Interessen am Überseehandel.

Dennoch unterhielt der Sui-Staat mehr oder minder reguläre Kontakte nach Japan, was offenbar zugleich Japans Wünschen entsprach. Dabei ging es nicht so sehr um Güteraustausch, der ohnehin nicht allzu umfangreich gewesen sein dürfte, sondern eher um Diplomatie und kulturelle Belange. Bekannt geworden ist in diesem Zusammenhang vor allem der Gesandte Pei Shiqing, der über Shandong, Paekche, Tsushima und Iki nach Osten reiste und später einige japanische Studenten mitbrachte, die für geraume Zeit in China blieben und dort die Grundlagen chinesischer Kultur erlernten. Diese Tradition lebte unter den Tang fort. Der Seeweg, über den Japan längst buddhistische Errungenschaften importiert und überhaupt Signale von allerlei neuen Entwicklungen in China erhalten hatte, begann nun – gleichsam nebenbei – zu einer *avenida* für Bildungshungrige zu werden.

Mit dem Wechsel zur Tang-Herrschaft wurden vor allem Südchina und das untere Yangzi-Tal von Aufständen erschüttert, die aber bereits um 622 unterdrückt werden konnten. In der Yangzi-Gegend hatte sich inzwischen Yangzhou zur führenden Handelsmetropole emporgeschwungen. Hier liefen bald immer mehr teure Luxusgüter ein, die aus den entfernten Gebieten des chinesischen Südens, Südostasiens oder gar der Indikregion stammten. Außerdem gab es in Yangzhou viele ausländische Kaufleute, darunter auch solche, die in den Quellen als Bosi-Händler registriert sind, wohl also aus Persien oder zumindest von weither kamen. Das ist das erste Mal, daß wir ihnen in großer Zahl am chinesischen Ende der «maritimen Seidenstraße» begegnen. Weiter unten werden sie im Zusammenhang mit Chinas Beziehungen nach Südostasien noch mehrfach zu erwähnen sein.

Von Yangzhou aus, das Zugang zum Großen Kanal und zum Mittellauf des Yangzi hatte, dementsprechend verkehrsgünstig lag, wurden die importierten Kostbarkeiten weiterverteilt, sei es auf Landwegen oder über die Binnenschiffahrt. Yangzhou war damit für die Versorgung der großen Städte Chang'an und Luoyang unerläßlich. Gleichzeitig galt es als kulturelles Zentrum, in dem sich Dichter und Denker, Künstler und Mönche trafen.

Damit rückte die Gegend um den Unterlauf des Yangzi – und mit ihr die nahe Provinz Zhejiang – zugleich ins Blickfeld der Außenwelt, auch Japans. Entsprechend änderte sich das Geflecht maritimer Verbindungen quer durch das Ostchinesische Meer. Die Quellen melden nun häufiger Fahrten zwischen der Zhejiang-Küste und den japanischen Inseln, wobei gelegentlich sogar einzelne Stationen entlang der Ryukyu-Kette angelaufen wurden; freilich spielten letztere für den Seeverkehr ansonsten noch keine große Rolle. Parallel dazu sind verstärkt Kontakte zwischen der viel weiter südlich gelegenen Fujian-Küste und Japan zu beobachten; das bedeutete, daß Japan etwas enger an Südchina «angeschlossen» wurde. Taiwan, auf dieser Route gesichtet und in den Quellen entsprechend beschrieben, damals noch unter anderem Namen, blieb allerdings vorerst im Abseits.

Die vermutlich älteren Routen durch das Gelbe Meer und den Nordteil des Ostchinesischen Meeres, meist von Dengzhou in Shandong zur koreanischen Westküste und schließlich hinüber nach Kyushu, scheinen dagegen zumindest im 7. Jahrhundert an Bedeutung verloren zu haben, obschon sie «in Betrieb» blieben. Wesentliche Segmente dieses Wegesystems beschrieb Jia Dan (um 800), dessen berühmte Notizen in den Tang-Annalen überliefert sind. Natürlich konnten Shandong und die Korea-Küste auch von Süden aus angefahren werden; doch der Weg längs der heutigen Jiangsu-Küste nahm viel Zeit in Anspruch und galt wegen der zahlreichen Untiefen stets als gefährlich.

Tang und Bohai, Korea, Japan. Über die noch weiter nördlich gelegenen Routen ist vergleichsweise wenig bekannt. Es war jedoch möglich, durch die Japanische See zum Mündungsgebiet des Tumen-Stromes und in die Region des heutigen Wladiwostok zu reisen. Der Weg dorthin führte an der koreanischen Ostküste entlang oder aber direkt von der Ishikawa-Gegend hinüber zum Festland. Von dort ging es weiter über Land durch den Bohai-Staat bis zur Tang-Hauptstadt. Das Verbindungsstück durch die rauhe Japanische See ist von Kurieren benutzt worden, die vor allem vom 8. bis zum 10. Jahrhundert zwischen Bohai und Japan verkehrten; wahrscheinlich ist es aber kaum je in den regulären diplomatischen Austausch zwischen Japan und den Tang eingebunden gewesen.

Noch weniger wissen wir über Verbindungen von der Amur-Mündung nach Sachalin und von dort aus nach Süden oder gar durch das Ochotskische Meer. Der Einfluß Bohais reichte zwar bis in den hohen Norden, zugleich deuten chinesische Texte vage Kenntnisse jener Regionen an, aber Eindeutiges läßt sich nicht ermitteln. Gleich wie, wirtschaftlich waren diese von Korea und China weit abgelegenen Gebiete für die maritime Welt ohnehin kaum relevant, lieferten sie doch meist nur Pelze. Selbst die Verbindungen durch das Japanische Meer – Japan erhielt neben Pelzen Ginsengwurzeln und allerlei Gefäße, sandte im Gegenzug Textilien, Edelmetalle und fremdländische Exotika nach Bohai – sollten nicht überschätzt werden.

Verweilen wir dennoch kurz im Norden. Die Tang standen vor allem im 8. und 9. Jahrhundert in regem Kontakt mit Bohai. Dabei ging es um Bündnisse, die Korea und andere Regionen betrafen. Der wohl bekannteste chinesische Emissär, der mit Bohai verhandelte, war ein gewisser Zhang Jianzhang. Über den Seeweg erreichte er zunächst die Liaodong-Halbinsel; von dort aus reiste er auf Flüssen und über Land weiter in den Nordosten. In umgekehrter Richtung wurden mehrere Dutzend Gesandtschaften südwärts geschickt, die ebenfalls den Seeweg zwischen Liaodong und Shandong benutzten. Neben Pelzen überreichten sie gelegentlich Textilien und Falken als Tributgaben.

Wie ihre Vorgänger führten auch die Tang mehrere Kriege gegen die Staaten der koreanischen Halbinsel. Davon profitierte vor allem Silla, das sich mit Hilfe Chinas auf Kosten seiner Nachbarn ausdehnte, um schließlich nahezu die gesamte Halbinsel unter seine Herrschaft zu bringen. Bei diesen Auseinandersetzungen kamen mitunter große Heere und Flotten zum Einsatz. In einem Fall, so die Überlieferung, stellte China fünfhundert Schiffe bereit; in einem anderen half Japan dem bedrängten Paekche mit einer ganzen «Armada», dabei gingen angeblich vierhundert Schiffe in Flammen auf. Zahlen wie diese mögen übertrieben sein, doch sprechen sie für eindrucksvolle Baukapazitäten und eine entsprechende Infrastruktur, die es gestattete, in kurzer Zeit große Holzvorräte und andere Rohstoffe für militärische Zwecke zu mobilisieren. Offenbar galt das für China wie für Korea und Japan gleichermaßen.

Welche Folgen die langen Auseinandersetzungen in Korea für die kommerzielle Seefahrt dort und in Shandong hatten, bleibt indes ungewiß. Wahrscheinlich litt sie unter den Ereignissen – wie schon zu Zeiten der Sui. Außerdem unterlag der Überseehandel bisweilen strengen Auflagen. So war es privaten Unternehmern in China nahezu verboten, eigene Schiffe bauen zu lassen. Die Vorstellungen der Regierung liefen darauf hinaus, möglichst den gesamten nördlichen Küstensaum unter Kontrolle zu behalten. Diese und andere Faktoren betrafen, wie gesagt, die Regionen rund um das Gelbe Meer und könnten den vorübergehenden Rückgang der freien Schiffahrt auf der «Linie» Shandong-Korea-Kyushu erklären, den wir vor allem im 7. Jahrhundert beobachten.

Während der zweiten Hälfte der Tang-Zeit änderte sich das Bild, die kommerziellen Aktivitäten nahmen im allgemeinen wieder zu. Interne Auseinandersetzungen scheinen Handel und Gewerbe in den Küstenstreifen nicht dauerhaft geschadet zu haben. Vereinzelt ließen sich sogar Kaufleute aus dem aufblühenden Silla in chinesischen Hafenorten nieder, wo sie eigene Quartiere errichteten. Der maritime Nordosten Chinas rückte damit erneut an Korea heran, und bald waren auch mehrere chinesische Städte im Mündungsgebiet des Yangzi an Geschäften mit Silla beteiligt. Das bedeutete zugleich, daß Korea verstärkt über See und die Zwischenstation China mit den Regionen rund um das «Südmeer» in Verbindung kam.

Die Beziehungen zwischen den Tang und Japan – Japan erscheint nun in den chinesischen Quellen auch als «Riben», damit wird der alte Name «Wo» bisweilen ersetzt – entwickelten sich auf mehreren Ebenen, oft parallel zu den chinesisch-koreanischen bzw. den japanisch-koreanischen Kontakten. Diplomatische Gesandtschaften wurden ausgetauscht, Händler waren unterwegs, und schließlich begaben sich immer häufiger Personen ins Reich der Mitte, die, meist aus Zentraljapan kommend, vor allem religiösen Interessen nachgingen.

Der diplomatisch-politische Austausch durchlief verschiedene Phasen. Insgesamt fiel er aber nicht so intensiv aus, wie man vielleicht meinen könnte. Das hing damit zusammen, daß japanische und chinesische Interessen nicht selten divergierten, vor allem hinsichtlich der Entwicklungen in Korea, hoffte Koguryo doch auf japanische Hilfe gegen Silla und die Tang. Sicherheitshalber ließ die japanische Seite sogar einige Küstenabschnitte auf Kyushu befestigen, weil sie fremde Angriffe fürchtete.

Die kommerziellen Beziehungen blieben von diesen Sorgen eher unberührt. Sie blühten vor allem während der zweiten Hälfte der Tang-Zeit auf, als sich die außenpolitischen Spannungen gelegt hatten. Aufstände, die nun vermehrt im Inneren Chinas tobten und den Binnenverkehr erheblich störten, beeinträchtigten den Seehandel durch das Ostchinesische Meer offenbar nur wenig. Chinesischerseits konzentrierte sich das Außengeschäft auf die Zhejiang-Gegend und das Yangzi-Mündungsgebiet. Im Laufe des 9. Jahrhunderts wurde es überwiegend von Tang-Kaufleuten getragen; Japan, so wird häufig angenommen, habe damals über keine wirklich hochseetauglichen Schiffe verfügt, allenfalls über solche, die mit der kurzen Strecke nach Korea zurechtkamen.

REISENDE UND KULTURAUSTAUSCH. Die Literatur kennt die Namen vieler Reisender, offizieller Gesandter wie Handeltreibender, die während der Tang-Epoche zwischen Japan, Korea und China verkehrten. Darunter sind auch etliche buddhistische Mönche, die religiöse Texte besorgten, in chinesischen Klöstern lebten und sich durch ihre

Lehrer inspirieren ließen. Bald führte dies in Japan zur Gründung neuer Sekten, welche chinesische Vorbilder nachahmten. Einige Gruppen unterhielten sogar quer über das Ostchinesische Meer hinweg separate Verbindungen – gleichsam von Kloster zu Kloster –, die mitunter Korea einbezogen, denn auch Korea versorgte Japan mit Buddhistischem.

Daneben gab es «offizielle» Studenten aus Japan und Korea, die lange Zeit in China weilten. Ihre Aufgabe bestand darin, sich in klassischen Schriften und praktischem Wissen unterweisen zu lassen. Nach Abschluß des Studiums kehrten sie dann in die Heimat zurück. Allein im Jahre 840 sollen so über hundert Personen ihr frisch erworbenes «Knowhow» nach Silla mitgenommen haben. In dieser Zeit wurde Korea, vielleicht mehr als je zuvor, von chinesischer Kultur geprägt. Ähnliches im «Reich der aufgehenden Sonne»: Chinesische Historiker betonen immer wieder, daß sich Japan damals – man denke an die berühmte Nara-Epoche – fast ganz an der Tang-Kultur orientiert habe. In der Tat, die Tempelarchitektur ist ein schlagender Beweis hierfür. Aber auch das Alltagsleben wurde nachweislich von chinesischen Sitten beeinflußt, und sogar institutionelle Errungenschaften wanderten nach Osten, etwa Vorstellungen von Gesetz und Ordnung.

Einer der großen japanischen Reisenden jener Zeit hieß Ennin. Seine Tagebuchaufzeichnungen aus dem 9. Jahrhundert vermitteln ein buntes Bild von den Verhältnissen im Tang-Staat. Sie enthalten z.B. Angaben zu religiösen Bräuchen, Handel und Verkehr. Vor allem aber deuten sie an, mit welcher Neugier und Bewunderung das Fremde aufgenommen wurde. Unter den chinesischen Reisenden ragt ein gewisser Jianzhen hervor, der aus der Yangzhou-Gegend kam, Mönch war und lange bei verschiedenen Meistern in Chang'an und Luoyang gelernt hatte. Nach mehreren fehlgeschlagenen Versuchen gelang ihm schließlich die Überfahrt nach Japan. Dort wirkte er mehrere Jahre in Nara und übte offenbar bleibenden Einfluß aus.

Das Ostchinesische Meer gewann somit im Laufe der Tang-Zeit eine neue Qualität. Es ermöglichte nicht nur Handelsverbindungen, sondern auch Kulturtransfer auf breiter Front, in einer bisher nicht gekannten Dichte und Intensität, und wandelte sich damit zu einer höchst facettenreichen Kontaktzone. Allerdings blieb der Austausch am Ende ziemlich einseitig, denn von Japan selbst gelangten nur wenige Dinge nach Westen. Statt dessen lösten Chinas Errungenschaften am östlichen Rand der «bekannten Welt» einen regelrechten Entwicklungsschub aus, den es dort vorher in dieser Weise nie gegeben hatte. Fast könnte man daher von einer Art Sinisierung jener Regionen sprechen. Mit den Buddhistenverfolgungen, die in der zweiten Hälfte der Tang-Zeit über China hereinbrachen, wurde der seegestützte Transfer neuer Ideen dann zwar gebremst, aber Japan und Korea standen nun längst auf festen Füßen und vermochten das Erworbene eigenständig weiterzuentwickeln.

WUDAI-AUSKLANG. Die kurze Periode der Teilung Chinas, die dem Untergang des Tang-Reiches folgte, hatte für die Anrainer des Gelben und des Ostchinesischen Meeres keinerlei Vorteile. Im Nordosten breiteten sich die Khitan aus, ursprünglich ein Konglomerat nomadisierender Gruppen. Schon 926 brachten diese das alte Bohai zu Fall. Außerdem stritten sie mit den nördlichen Nachfolgedynastien der Tang um die Küstengegenden. Im Jahre 947 gab sich der Khitan-Staat dann den Namen Liao. Da er immer wieder Einfluß auf China zu nehmen suchte, bemühte er sich natürlich um Verbindungen zu den weiter südlich gelegenen Gebieten. Das führte unter anderem zu Kontakten mit dem kleinen Reich Wuyue, welches für einige Jahrzehnte an der Zhejiang-Küste existierte.

Silla spielte in dieser Konstellation gleichfalls eine gewisse Rolle. Es suchte sich abwechselnd mit dem chinesischen Norden, den Khitan und dem kleinen Wuyue zu arrangieren, wurde dann aber von Truppen des neugegründeten Späteren Paekche überrannt. Kurz darauf übernahm das ebenfalls recht junge Koryo (916–1392) die Führung auf der koreanischen Halbinsel. Die Handelsbeziehungen nach Shandong und über das Ostchinesische Meer entbehrten während dieser Jahre voller Wirren naturgemäß einer gewissen Konstanz; das traf alle Beteiligten, selbst die kleinen Häfen Japans. Erst mit Konsolidierung der Song-Herrschaft, die weite Teile Chinas wieder unter einer Hand vereinte, stellte sich – vorübergehend wenigstens – ein neues Gleichgewicht im Nordosten ein.

Südchinesisches Meer: Von Südostasiaten, Chinesen und «Persern»

SUI UND TANG IM SÜDEN. Zu Beginn der Sui-Herrschaft über China wurden die südlichen Küstengebiete des neuen Einheitsstaates von mehreren Revolten in Mitleidenschaft gezogen. Dadurch gerieten die sonst üblichen Handelsströme ins Stocken, und der Nachschub an exotischen Luxusgütern ging zurück. Dies trieb den Hof dazu an, im Süden aktiver zu werden. Zu den herausragenden Ereignissen gehörten ein größerer Feldzug gegen Linyi, bei dem auch Schiffe zum Einsatz kamen, die vom Jiaozhi-Gebiet aus in See stachen, außerdem eine Expedition in Richtung Taiwan – Fremde aus dem Süden und «Kunlun»-Personen sollen an ihr mitgewirkt haben – und schließlich die recht bekannt gewordene diplomatische Mission des Chang Jun nach Chitu. Wo genau Chitu lag, ist umstritten. Wahrscheinlich befand es sich im Nord- oder Mittelabschnitt der Malaiischen Halbinsel und war gerade dabei, das im Niedergang befindliche Funan als eine unter mehreren regionalen Nachfolgemächten abzulösen, ansonsten ließe sich Chang Juns Mission nicht erklären. Der Sui-Staat benötigte schließlich verläßliche Partner, nicht zuletzt gegen Linyi.

Inzwischen war Guangzhou längst zur wichtigsten Hafenstadt des Südens aufgestiegen. Sie mußte zwar mit den Orten an der heutigen Vietnam-Küste konkurrieren, wie schon zuvor, bot aber mehr Sicherheit und zog darum viele ausländische Kaufleute an, die von hier aus immer häufiger nach Norden weiterzureisen pflegten. Oben ist bereits erwähnt worden, daß sich einige sogar nach Yangzhou begaben, über Inlandswege oder per Schiff, der Küste folgend.

Der Übergang zur Tang-Dynastie verlief im chinesischen Süden glimpflicher als im Norden, denn die ihn begleitenden Wirren währten nur wenige Jahre. Gegen Ende des 7. Jahrhunderts kam es jedoch wieder zu einem größeren Aufstand in Jiaozhi, außerdem zu einer spektakulären Aktion gegen den Gouverneur von Guangzhou, der von einem Kunlun-Angehörigen getötet wurde. Weitere Unruhen sollten folgen: Sie hatten ursächlich damit zu tun, daß die Macht der Zentrale in der entfernten Hauptstadt zu schwächeln begann. Die schweren Jahre der berühmten An Lushan-Rebellion, samt Folgen (ab 755), tangierten den Süden allerdings nicht so stark, doch dafür wurde Guangzhou wenig später von Ausländern geplündert. Die genauen Gründe hierfür verlieren sich im dunkeln. Unter den Plünderern seien vor allem Personen aus Bosi und nun auch aus Dashi (meist Arabische Halbinsel bzw. Kalifatsgebiete) gewesen, so die Quellen. Vielleicht waren sie um eine «gesicherte» Bleibe in Fernost bemüht, doch das bleibt freilich Spekulation.

Während der folgenden Zeit wurden Guangzhou und das Jiaozhi-Gebiet abwechselnd von widrigen Ereignissen überrascht, die vermutlich dazu beitrugen, daß sich das Schwergewicht des Seehandels entlang der südlichen Küsten zwischen diesen Regionen hin- und herverlagerte. Im 9. Jahrhundert litt Jiaozhi zudem unter Angriffen des benachbarten Nanzhao-Staates, der auch die chinesischen Inlandsverbindungen im Sichuan-Gebiet empfindlich störte. Ob all das zu einem Rückgang des Handelsvolumens an der «Seefront» beitrug, ist schwer abzuschätzen. Der Tang-Staat hatte damals längst die Kontrolle über Xinjiang und die Karawanenwege durch Zentralasien verloren, die meisten Im- und Exporte mußten deshalb über die Häfen des Ostens und Südens getätigt werden. Möglich also, daß sich die Händler von den vielen innenpolitischen Wirren nicht abschrecken ließen.

Um 875 begann eine weitere große Rebellion, die mehrere chinesische Städte, etwa am Yangzi, und alsbald auch Teile der Küstenregionen verwüstete. Ihr Anführer, Huang Chao, ließ 878 die südliche Metropole Guangzhou in Flammen aufgehen, wobei viele ausländische Kaufleute ihr Leben verloren. Von diesem Schlag erholte sich Guangzhou nur sehr langsam. Einige Kaufleute kehrten zwar zurück, aber die blutigen Unruhen in anderen Regionen Chinas dauerten an.

Nach dem endgültigen Fall der Dynastie (906) etablierten sich im Süden mehrere Kleinstaaten, von denen nur zwei genannt seien: Min (907–945), das kurzfristig Fujian kontrollierte, und Nan Han (917–971), das über Guangdong und einige umliegende Landstriche herrschte. Die Kleinstaaten führten untereinander Kriege, trieben aber ebenso Handel und unterhielten Auslandskontakte im Stile der Vorgängerdynastien, bis sie schließlich von den Song ab 960 geschluckt wurden.

KONTINENTALSÜDOSTASIEN. Die südostasiatischen Anrainer rund um das Südchinesische Meer wurden während des gesamten Zeitraumes, besonders aber im 7. und 8. Jahrhundert, immer mehr von Chinas wachsendem Bedarf an teuren Luxusgütern und vom Seehandel beeinflußt, durchliefen aber gleichzeitig etliche Krisen und Konflikte, die mitunter zu regionalen Schwerpunktverschiebungen führten. Die Angaben hierzu sind überwiegend in chinesischen Texten nachzulesen, auch Inschriften erhellen einzelne Sachverhalte, zeichnen allerdings meist nur Namen auf. Daneben bieten archäologische Funde wertvolle Zusatzinformationen.

Linyi, das vorübergehend von China bedrängt wurde, dann aber im 7. und frühen 8. Jahrhundert vermutlich eine Periode relativ stabiler Handelskontakte durchlief, wird in chinesischen Quellen nun auch Zhancheng (Champa) genannt. Bosi-Kaufleute legten hier häufiger Station auf dem Wege nach Norden ein. Überhaupt dürften sie Linyi / Champa – und Jiaozhi – im Rahmen ihres sich rasch ausweitenden Handelsnetzes zunehmend als eine «Schlüsselposition» betrachtet haben, zumal die sogenannte Westroute an der Champa-Küste vorbeiführte. Später finden wir allerdings ebenso Händler aus Champa selbst in China und Südostasien. Inwieweit sie mit den Bosi-Kaufleuten konkurrierten oder zusammenarbeiteten, bleibt indes offen.

Mit seinen westlichen Nachbarn stand Champa oft in Fehde, so auch mit Zhenla, das mehrere Jahrzehnte benötigte, bis es allmählich die Position im Seehandel errang, die zuvor Funan innegehabt hatte. Im 8. Jahrhundert war Zhenla zudem geteilt. Überdies scheint es von westasiatischen Kaufleuten eher selten besucht worden zu sein, vielleicht wegen seiner andersartigen Kultur und der relativ günstigeren geographischen Lage Champas. Erst mit dem Aufstieg Angkors Ende des 9. Jahrhunderts und dem dort einsetzenden «Bauboom» begannen die Khmer in Zhenla allmählich ihre Nachbarn zu überstrahlen.

Zu den übrigen Küsten Kontinentalsüdostasiens vermelden die chinesischen Texte nicht sehr viel. Einige Toponyme, etwa Luo Yue, lassen sich zudem nicht genau auf eine bestimmte Region festlegen, überdies sandten diese Länder und Orte nur wenige Tributdelegationen ins Reich der Mitte. Das eben erwähnte Chitu wird zwar in den Tang-Quellen und sogar noch später weiter verzeichnet, aber die geographische Positionierung bleibt undeutlich.

Srivijaya. Wichtiger als die vielen kleinen Fürstentümer auf der Malaiischen Halbinsel war Srivijaya, das sich Ende des 7. Jahrhunderts im Osten Sumatras etabliert hatte. Der Regierungssitz dieses stark buddhistisch geprägten Gebildes befand sich – so die gängige Annahme – im heutigen Palembang. Von dort aus kontrollierte Srivijaya anfangs die Sunda-Straße, später wohl auch die Singapur-Gegend. Reisende, die, wie damals üblich, den Seeweg von Indien nach China benutzten, also auf die Landpassage quer durch die Malaiische Halbinsel verzichteten, kamen folglich automatisch durch Terrain, das unter Srivijayas Aufsicht stand.

Über die interne Organisation Srivijayas ist viel spekuliert worden. Einige glauben an einen zentral geführten Staat, andere eher an eine «Hanse-ähnliche» Struktur mehr oder minder loser miteinander verknüpfter Orte, in deren Zentrum ein Herrscher stand, dessen Autorität sich hauptsächlich auf symbolisch-rituelle Kriterien gründete. Inwieweit er zugleich über militärische Druckmittel verfügte, bleibt offen. Es wird jedoch gelegentlich angenommen, Srivijaya habe mehrere zuvor autarke Orte und Gruppen, darunter auch solche, die von der Piraterie gelebt hatten, allmählich an sich gebunden, zu überwiegend friedfertigen Untertanen gemacht und dadurch für Ordnung in strategisch wichtigen Regionen gesorgt.

Chinesische Quellen berichten vergleichsweise intensiv über Srivijaya, gehen auf dessen innere Belange ein und erwähnen mehrere Gesandtschaften, die über Guangzhou ins Tang-Reich kamen. Porzellanfunde in Palembang z.B. bestätigen diese Kontakte. Allerdings nennen die Texte für den Zeitraum von der Mitte des 8. Jahrhunderts bis Anfang des 10. Jahrhunderts keine Gesandtschaften mehr. Eine mögliche Erklärung hierfür lautet: Bosi- und Dashi-Kaufleute, die inzwischen das größte Ausländerkontingent in Guangzhou und etlichen Städten nördlich davon stellten, hätten verschiedene Händlergruppen von den chinesischen Märkten verdrängt; Srivijaya – weiter südlich liegend – wäre auf die eigenen Positionen zurückgefallen, sich bestenfalls darum bemühend, sein Einflußgebiet rund um Sumatra zu festigen und auszuweiten.

Palembang zählte bekanntlich zu den stark «indisierten» Orten Südostasiens. Es galt als Sammelpunkt für buddhistische Pilger und stand vorübergehend mit den religiösen Zentren Indiens in Kontakt.

Eine Verbindungslinie führte nach Nalanda im Grenzgebiet zwischen Bengalen und Bihar, in dem sogar häufig chinesische Mönche unterwegs waren. Somit ist denkbar, daß Srivijaya ab dem 8. Jahrhundert mehr nach Westen blickte und den offiziellen Austausch mit China anderen überließ.

Für die Händler aus Westasien mag dies von Vorteil gewesen sein. Sie folgten der Lehre Zoroasters oder – wir sind bereits in die islamische Zeit eingetreten – auch der Lehre Muhammeds, unterschieden sich daher deutlich von Südostasiaten und Chinesen, vermochten aber dennoch – oder gerade deshalb? – ihre Positionen rund um das Südchinesische Meer auszuweiten. Ein erst vor wenigen Jahren nahe der Insel Billiton gefundenes Wrack belegt, daß Bosi- und / oder Dashi-Händler zwischen China und Südostasien verkehrten. Einen weiteren Beleg liefert der berühmte chinesische Pilger Yijing, der in Guangzhou ein Schiff bestieg, das von einem Bosi-Kapitän nach Srivijaya geführt wurde, und im frühen 8. Jahrhundert begegnen wir dem Inder Vajrabodhi, der von Bosi-Schiffen in Ceylon berichtet.

Srivijaya verfügte über nahezu alle Produkte der malaiischen Welt, die von überall her in Palembang zusammenliefen. Das schloß Kampfer von Borneo oder Barus ein, Gold und Gewürze, Pfeffer, exotische Tiere, Harze, seltene Hölzer usw. Gäbe es Statistiken für diese Epoche, sie würden Srivijaya sicher als eines der großen asiatischen Handelszentren ausweisen. Auf dieses Warenangebot des tiefen Südens konnte China kaum verzichten. Es ist darum denkbar, daß im 9. Jahrhundert intensive Privatkontakte zwischen Guangzhou und Srivijaya bestanden, die von Bosi-Händlern und Kaufleuten anderer Herkunft getragen wurden, oder daß «dritte» Häfen, etwa längs der Malaiischen Halbinsel, als Zwischenstationen in solche Kontakte eingebunden waren, obschon die Texte hierzu schweigen. Das Ausbleiben von Tributdelegationen, von dem oben die Rede war, sollte darum nicht überbewertet werden. Auch die unterstellte Dichotomie – Bosi- und Dashi-Händler im Norden, Srivijaya im Süden – trifft nicht unbedingt zu.

JAVA UND «OSTINDONESIEN». Nach Osten hin stand Srivijaya nicht nur mit den Gewürzinseln in Verbindung, sondern vor allem mit den Orten Javas, die ebenfalls offizielle Delegationen nach China sandten. Diese kamen – so chinesische Texte – von Heling und Shepo und trafen vor allem zwischen circa 760 und 870 ein. Das ist ausgerechnet die Zeit, während der Srivijayas Gesandtschaften ausblieben. Ob hieraus abzuleiten ist, Java sei im offiziellen diplomatischen Verkehr mit den Tang vorübergehend an die Stelle Srivijayas getreten – eine Alternative zu der Version, Bosi-Kaufleute hätten sich «vorgedrängt»? –, gilt jedoch als zweifelhaft. Klare Anhaltspunkte dafür fehlen.

Überdies geben die Namen Shepo und Heling viele Rätsel auf. Shepo wurde tatsächlich häufig auf Java bezogen (wie auch hier), aber die Literatur kennt noch andere Hypothesen. Heling ist, wie Shepo, gerne am zentralen Abschnitt der nordjavanischen Küste vermutet worden. Andere Vorschläge weisen auf den Südabschnitt der Malaiischen Halbinsel, auf Kalimantan oder noch entferntere Gegenden, die allerdings wohl kaum in Betracht kommen. Wie sich die Beziehungen zwischen Shepo, Heling und Srivijaya gestalteten, bleibt angesichts dieser geographischen Unsicherheiten leider unklar.

Im Zentralteil Javas florierte damals noch ein weiteres buddhistisch gefärbtes Reich: das der Sailendras. Mit Shepo oder Heling hatte es wahrscheinlich wenig zu tun. Landbau und Handel bildeten seine ökonomische Grundlage, und ähnlich den Khmer leitete es einen regelrechten «Bauboom» ein. Das ist die Zeit der berühmten Borobudur-Tempelanlagen, die ab Ende des 8. Jahrhunderts entstanden und als Ausdruck spirituell wie weltlich motivierter Legitimationswünsche seitens der Herrschenden gelten. Stilistisch erinnert diese Architektur nun schon stark an die der Spätgupta-Kunst in Zentralindien, die auch anderweitig in Südostasien ihre Spuren hinterlassen hat.

Die berühmte Borobudur-Anlage auf Java, datiert auf ca. 800, zeigt insgesamt sieben Schiffe, von denen mindestens fünf zur gleichen «Gattung» gezählt werden können. Charakteristisch sind unter anderem Ausleger, Vorder- und Achtersteven. Die Funktion der Segel wird unterschiedlich gedeutet.

Die Sailendras standen in regem Kontakt mit Srivijaya. Reistransporte und der Austausch ostindonesischer Gewürze gegen entsprechende Produkte aus Sumatra oder den weiter westlich und nördlich gelegenen Gebieten charakterisierten offenbar die kommerziellen Bande zwischen beiden Seiten, die sich im wesentlichen auf den Verkehr entlang der nordjavanischen Küste gestützt haben müssen. Im 9. Jahrhundert wurde das Sailendra-Gebiet dann von inneren Wirren zerrüttet. Srivijaya, so scheint es, profitierte hiervon und nahm einen Teil der Sailendra-Angehörigen auf, führte offenbar sogar den Namen dieser

Dynastie fort. Inzwischen hatten sich die eigentlichen Machtzentren innerhalb Javas nach Osten verlagert. Srivijaya blieb davon zunächst unberührt. Damit aber rücken wir allmählich in die frühe Song-Zeit vor, während der Srivijaya auch seine alten Tributkontakte nach China reaktivierte – doch das gehört ins nächste Kapitel.

Die Regionen östlich von Java – vor allem die Molukken, Flores, Timor usw. – werden in den Texten der Zeit noch nicht richtig wahrgenommen. Doch die nunmehr häufige Nennung von Gewürznelken, Muskatnuß und Sandelholz (*Santalum album*) verrät, daß diese entlegenen Inseln fest in das bestehende Handelsgefüge integriert waren. Mit hoher Wahrscheinlichkeit gingen die genannten Produkte durch die Hände lokaler Gruppen oder über Kaufleute aus Sumatra und Java erst nach Palembang und in andere größere Orte, von wo aus sie dann weiterverteilt wurden. Direkte Verbindungen zwischen den östlichen Teilen der malaiischen Welt und China, durch die Sulu-Zone, dürften hingegen noch keine große Rolle gespielt haben.

Hinduistische und buddhistische Spuren an den Küsten Kalimantans belegen, daß auch diese Insel in den Seeverkehr einbezogen war. Einige chinesische Toponyme wurden gleichfalls mit ihr verknüpft – sogar Heling, wie oben erwähnt –, doch alle bislang verfügbaren Deutungen bleiben vage. Wahrscheinlich sorgten wiederum lokale Händler – weniger Chinesen und Bosi-Kaufleute – für entsprechende Kontakte zur «Außenwelt». Insgesamt erfüllte Kalimantan aber eher eine Randfunktion im internationalen Handelsgefüge.

China als Magnet: Routen, Bosi-Händler, Institutionelles. Wenden wir uns abschließend noch einmal einigen generellen Überlegungen zu. Die Nutzung der westlichen Seeroute durch das Südchinesische Meer und durch die Melaka-Straße gehörte nach 500 oder 600 – aus chinesischer Sicht – längst zum Alltag. Ihre wesentlichen Stationen sind z.B. von Jia Dan, der bereits einmal zitiert wurde, beschrieben worden. Jia Dan nennt aber noch eine weitere Route, die schwer einschätzbar bleibt: Von Jiaozhi aus führte sie über Land durch das Nanzhao-Gebiet, dessen Zentrum im heutigen Yunnan lag, und von dort weiter nach Westen. Auf diesen gebirgigen Pfaden ließen sich letztlich Myanmar und Tibet erreichen. Der Norden Myanmars wiederum stand über Inlandswege mit dem Irawadi-Delta in Verbindung. Ein kleiner Teil des Handels zwischen China und den Anrainern rund um die Bengalen-See könnte demnach über diese Route gelaufen sein, die allerdings beschwerlich und keineswegs immer offen war.

Mit der Ausweitung des Bosi-Netzwerkes – ein anderes Thema – finden wir nun auch die ersten systematischen Beschreibungen Südostasiens in Texten aus der persisch-arabischen Welt. Sie ergänzen die chinesische Quellen in gewisser Weise, werfen aber wieder neue Fragen auf, da die Toponyme auch hier nicht immer eindeutig zu identifizieren sind. Wenigstens ein Bericht, *Akhbar al-Sin wa'l Hind*, datiert auf die Zeit um 850, sei jedoch an dieser Stelle genannt. Meist wird er einem gewissen Sulaiman zugeschrieben, obschon die Urheberschaft nicht sauber geklärt ist. Darin findet sich eine kurze Schilderung Guangzhous, die unter anderem die Präsenz westasiatischer Kaufleute in dieser Stadt belegt. Außerdem erfährt der Leser Näheres zur Organisation des Handels, zu Steuerabgaben und vieles andere mehr.

Chinesische Quellen benutzen während der Tang-Zeit erstmalig den Ausdruck *fanfang*, den man als «ausländisches Viertel» übersetzen kann. Entsprechende «Quartiere» gab es in Guangzhou und etlichen anderen Orten. Sie wiesen diasporaähnliche Strukturen auf und hatten einen hohen Anteil an Personen aus Bosi und Dashi. Das paßt zu den Schilderungen Sulaimans. Einige der ausländischen Kaufleute, oft auch *fanshang*, später gelegentlich *keshang* genannt, waren wohl auf dem Landweg nach China gekommen, vielleicht sogar über die Yunnan-Trasse, doch die allermeisten Bewohner solcher *fanfang*-Quartiere, die offenbar über eine eigene Administration und besondere Rechtsprechung verfügten, folgten wahrscheinlich der Seeroute. Überdies sind während der letzten Jahrzehnte vor allem in Südchina Münzen und andere Objekte gefunden worden, die ebenfalls auf eine starke westasiatische Präsenz deuten. Nicht ganz so reichhaltig fallen entsprechende Belege für die Region Südostasien aus. Daß es ein weitverzweigtes und sicher gut funktionierendes westasiatisches Handelsnetzwerk gab, welches Teile Südostasiens und Chinas umspannte, ist hingegen unbestritten.

China bot ein für diese Epoche fortschrittliches Gerüst von Institutionen, die für die Administration des Seehandels zuständig zeichneten: die sogenannten *shibo-* oder Schiffahrtsämter. Ihnen oblag die Registrierung von Schiffen – dafür wurden entsprechende Dokumente ausgestellt – sowie die Erhebung von Einnahmen. Außerdem halfen sie, Gesandtschaften über Inlandswege in die Hauptstadt zu leiten. Natürlich wurden Chinas Häfen, wie berichtet, von mehreren Katastrophen getroffen, insgesamt aber dürften die relativ liberalen und periodisch sicheren Bedingungen dazu beigetragen haben, daß viele Fremde ins Land strömten. Wohl kaum eine andere Region zwischen Ostafrika und Fernost konnte ähnlich günstige Konditionen bieten.

Während das Reich der Mitte somit viele Fremde anzog – aufgrund seiner boomenden Wirtschaft, seiner Offenheit und des entsprechenden institionellen Gerüsts –, ist die Rolle der eigenen Seefahrenden schwer einzuschätzen. Die Wu, so war im letzten Kapitel unterstellt worden, hatten Handel und Verkehr durch den Einsatz ihrer Schiffe gefördert und damit den Weg nach Süden systematisch nutzbar gemacht – bis hin zur Südspitze der Malaiischen Halbinsel und sogar hinein in den Indik. Während der Tang-Zeit schoben sich die Bosi-Händler auf genau dieser Teilstrecke deutlich in den Vordergrund. Das verleitet zu der Frage, ob sie nicht eventuell zur führenden Gruppe im Südchinesischen Meer avanciert sein könnten, gleichsam auf Kosten der alten Wu-Tradition (sofern diese wirklich so weit gereicht hatte) und vielleicht auch zu Lasten lokaler südostasiatischer Kreise.

Einige Indizien deuten darauf, daß dem nicht so war, China vielmehr eine bedeutende Seehandelsmacht blieb, also keineswegs in Passivität verfiel, sondern die eigene Rolle noch stärkte. Denken wir nur an die außerordentlichen Aktivitäten in Nordostasien, die hohe Schiffbaukünste voraussetzten, welche natürlich zugleich in Fujian und Guangdong zu finden waren. Selbst Bosi-Händler hätten bisweilen chinesische Baukunst und Holzlieferungen in Anspruch genommen, um ihre Fahrzeuge zimmern zu lassen, so ein weiteres Argument. Außerdem halten chinesische Historiker ohnehin gerne an der Vorstellung fest, Tang-Fahrzeuge seien – über Südostasien hinaus – gelegentlich bis in den Indischen Ozean vorgedrungen.

Diese Meinung ist aber nicht unanfechtbar, denn unabhängige Zeugenaussagen fehlen. Ein möglicher Ausweg aus dem «weltanschaulichem Dilemma» wäre vielleicht die Behauptung, Bosi-Kaufleute, Chinesen und Händler anderer Herkunft hätten sich Schiffe und Crew geteilt, die Fernfahrt entlang der großen Westtrasse, zumindest auf einigen Abschnitten derselben, sei bis zu einem Grade internationalisiert gewesen, und folglich erübrige sich eine saubere Aufteilung nach Herkunftsländern. Doch auch diese Lösung bliebe natürlich nur eine Hypothese.

Richtig ist mit Sicherheit, daß fortschrittliche Organisationsformen Pilgerfahrten zwischen China, Srivijaya und Indien erleichterten, es also vermehrt zu Passagiertransporten kam. Einem großen Reisenden waren wir schon begegnet: Yijing. Er hinterließ wichtige Notizen, die Einblicke in die «andere» Welt gewähren. Viele weitere Namen von buddhistischen Mönchen sind bekannt, die in ähnlicher Weise als Kulturmittler wirkten. Einige kamen sogar aus Korea. Huizhao, aus Silla, gehört z.B. in diese Gruppe. Wahrscheinlich reiste er über den Seeweg nach Indien, wie die meisten anderen.

Zumindest vor den Buddhistenverfolgungen unter den Tang florierten somit die religiösen Kontakte durch das Südchinesische Meer und die Bengalen-See. Chinas Rolle ist hier kaum zu überschätzen. Als wirtschaftlicher Magnet und Abnehmer neuer Ideen motivierte es geradewegs zu ausgedehnter Reisetätigkeit. Vielleicht war dies am Ende sogar ausschlaggebend dafür, daß die schleichende Indisierung Südostasiens – sozusagen im geistig-materiellen Sog, den das Reich der Mitte ausgelöst hatte – fortgeführt werden konnte.

Östlicher Indik: Handel und kultureller Transfer zwischen Indien und Südostasien

Srivijaya und die Westseite Malayas. Die Entwicklung im östlichen Teil des Indischen Ozeans ist – wie schon zuvor – auch für diesen Zeitraum schwer nachzuzeichnen. Entsprechende Texte enthalten zwar mehr Informationen als die wenigen Werke aus den ersten nachchristlichen Jahrhunderten, aber die meisten Angaben bleiben äußerst vage. Selbst hinsichtlich der verschiedenen Orte und Länder «an sich» – auf beiden Seiten der Bengalen-See bzw. des Andamanischen Meeres – ist oft wenig Konkretes herauszufinden, das sich auf deren mögliche maritime Interessen beziehen ließe. Archäologische Daten fallen ungleich reichhaltiger aus, doch ergeben die vielen verstreuten Mosaiksteine noch kein in sich wirklich abgerundetes Bild.

Beginnen wir mit Srivijaya. Vielfach wurde die Vermutung geäußert, dieses Reich habe ganze Küstenstreifen der Malaiischen Halbinsel unter seine Kontrolle gebracht, vor allem auf deren Westseite. Doch das ist umstritten. Kleine Häfen, die mehr als tausend Kilometer von Palembang entfernt lagen, seien aus der Distanz militärisch kaum beherrschbar gewesen, so ein Argument, logistische und andere Überlegungen sprächen dagegen. Sofern man überhaupt von formalisierten Bindungen zwischen einzelnen Orten längs der Malaiischen Halbinsel und Srivijaya ausgehen dürfe, könne es sich bestenfalls um rituell oder symbolisch definierte Beziehungen gehandelt haben.

Welcher Art Srivijayas Einfluß über seine nordwestlichen Nachbarn am Ende war, bleibt also offen. Bemerkenswert ist jedoch, daß chinesische Quellen diesem Land eine gewisse Bedeutung zumessen und ähnliches auch dem arabisch-persischen Schriftgut zu entnehmen ist, das ab dem 9. Jahrhundert zur Verfügung steht. Vor allem ein Toponym hat die Wissenschaft hier immer wieder beschäftigt: Zabaj. Wahrscheinlich bezog sich dieser Name ursprünglich auf die Sailendra-Herrscher in Java und später dann auf Palembang, damit also auf Srivijaya selbst. In jedem Fall erscheint Zabaj als reiches und wichtiges Land, das zugleich politisch-wirtschaftliche Interessen auf der Malaiischen Halbinsel verfolgt haben muß.

KALAH, KEDAH UND ANDERE GEBIETE. Rätsel gibt ebenso das Wort «Kalah» auf. Nach einer Sichtweise wurde es als Ort an der Westseite der malaiischen Halbinsel, vorzugsweise in Süd-Kedah, angesehen. Ein anderer, durchaus plausibler Vorschlag besteht darin, *kalah* als einen Terminus technicus zu interpretieren. Vielleicht handelte es sich, aus arabischer Sicht, um eine Art Hafen oder Sammelplatz, der gleichsam entlang der malaiischen Westküste hin und her wanderte. Von Westen her betrachtet, befand sich Kalah (oder eben *kalah*) hinter dem Harkand-Meer – das ist die gängige arabische Version für die Bengalen-See – und damit jenseits der Andamanen und Nikobaren. Insgesamt wird Kalah / *kalah* sehr häufig in den Quellen erwähnt und bezeichnet quasi den Endpunkt einer (oder der) Route durch die östliche Hälfte des Indischen Ozeans. Von dort aus fuhren Schiffe dann weiter nach Zabaj. Noch weiter östlich lagen das Sankhai (chinesisch Zhanghai), also die Meeresregion direkt südlich von Hainan, und Sanf, d.h. Linyi bzw. später Champa.

Doch kehren wir zurück zur malaiischen Westküste. Vieles spricht dafür, Kalah / *kalah* mit dem chinesischen Geluo (mehrere Varianten) gleichzusetzen, was am Ende wohl doch auf einen konkreten Ort in oder nahe der Kedah-Region hinauslaufen könnte. Daß dieses Gebiet tatsächlich eine gewisse Bedeutung für den Handel hatte, wie schon in früheren Zeiten, belegen archäologische Hinterlassenschaften: vor allem Skulpturen, Keramik und einige wenige architektonische Relikte. Zu den wichtigen Grabungsorten zählen jene auf der Insel Ko Kho Khao und bei Kampong Sungai Mas. Die dort gefundenen Objekte erinnern im übrigen an entsprechende Zeugnisse der Pallava-Dynastie, die ab dem 6. Jahrhundert über Teile der Indischen Ostküste herrschte. Das legt direkte Kontakte nahe, so eine häufige Meinung.

Neben Kalah / *kalah* spielte noch Takuapa nahe Ko Kho Khao eine gewisse Rolle, allerdings wohl nur im 9. Jahrhundert. Chinesische Texte nennen wiederum eine Reihe «passender» Toponyme, die sowohl mit Takuapa als auch mit Geluo und Ko Kho Khao verknüpft wurden, aber die Ansichten dazu sind sehr unterschiedlich. Gleiches gilt für die indischen Einflüsse in der Region. Vor allem aus einer tamilischen Inschrift, welche die Präsenz von Angehörigen entsprechender Händlergilden aus Südostindien nahelegt, wurde geschlossen, die Pallavas hätten Kedah politisch, wenn nicht gar militärisch an sich binden wollen. Indische Gilden hinterließen jedoch auch anderenorts ihre Spuren, später etwa im thailändischen Nakhon Si Thammarat oder in Quanzhou; das bestätige zwar die Existenz eines ausgedehnten Handelsnetzes, keinesfalls aber mehr, so eine andere, eher moderate Meinung. Überlegungen, die Pallavas hätten Srivijayas angebliche oder tatsächliche Vormacht auf der Malaiischen Halbinsel brechen wollen, seien darum weit hergeholt.

Gesandte und Pilger aus Srivijaya, die nach Indien fuhren – das wenigstens darf als gesichert gelten –, suchten die Kedah-Küste häufig auf. Wahrscheinlich wurden sie dabei respektvoll behandelt, empfingen vielleicht sogar Geschenke und Tributgaben (wenn es denn eine rituelle Unterordnung unter Palembang gegeben haben sollte). Insgesamt mögen Srivijayas Kontakte nach Indien – via Kedah oder direkt – somit vielfältiger gewesen sein, als gemeinhin angenommen wird. Nicht nur das schon erwähnte Nalanda im heutigen Bengalen wäre als Beleg für diese Kontakte zu nennen, sondern ebenso ein 1005 in Nagapattinam von Srivijaya gestifteter Tempel. Inwieweit reguläre Transporte südostasiatischer Produkte auf Srivijaya-Schiffen parallel zu den religiösen Verbindungen nach Indien liefen, bleibt hingegen ein Geheimnis.

Frühe arabische Quellen nennen weitere Toponyme, die von Interesse sind: besonders Fansur / Balus, Ramni und Langabalus, wobei in allen Fällen verschiedene orthographische Varianten auftauchen. Die ersten zwei Namen wurden meistens auf Barus bezogen; das ist jene Gegend auf der Westseite Sumatras, die für den Export von Kampfer bekannt wurde. Fahrten entlang dieser Küste – von Barus bis zur Sunda-Straße – sind für die hier behandelte Epoche allerdings nicht wirklich zu belegen. Ramni (Lambri, Lamuri usw.) befand sich an der Nordspitze Sumatras; Schiffe, die dort Waren und Proviant luden, mußten nicht unbedingt auch noch längs der Kedah-Küste vor Anker gehen; vielmehr war die direkte Passage von Ramni bis zur Südspitze der Malaiischen Halbinsel sehr wohl möglich. Langabalus steht für die Nikobaren, die wirtschaftlich uninteressant waren, jedoch Frischwasser und Nahrungsmittel boten. Sie werden neben den Andamanen zugleich in chinesischen Quellen erwähnt, und die Legenden und Geschichten, die sich um sie rankten, zirkulierten noch in der Neuzeit.

DIE KÜSTEN TENASSERIMS UND MYANMARS. Über die ältere Geschichte obiger Orte und Inseln ist so gut wie nichts bekannt. Wenig läßt sich auch über die Ereignisse längs der Tenasserim-Küste sagen. Wahrscheinlich stand sie mit verschiedenen Gebieten im Irawadi-Raum, dem Norden Myanmars, der Chao Phraya-Gegend und Zhenla in regem Austausch und diente zugleich als eine von vielen Stationen, über die indische Mönche und Händler nach Südostasien «einsickerten» – auf dem Land- wie dem Seewege. Die chinesischen Texte hierzu bleiben vage, oft enthalten sie nur Angaben zu dem uns bereits bekannten Diansun, die aus längst verflossenen Zeiten stammen. Andere Toponyme und die dazugehörigen Kurzbeschreibungen sind schwer zu deuten. Insgesamt scheinen Tang-Pilger demnach eher selten über die Tenasserim-Region nach Westen gelangt zu sein, ihre bevorzugte Route blieb der Weg durch Srivijaya. Archäologische Zeugnisse mögen eines Tages mehr zu diesem Thema liefern; momentan sind sie noch rar, anders als auf der Ostseite der Malaiischen Halbinsel – man denke hier nur an Yarang, Laem Pho, Satingpra und weitere Grabungsorte.

Noch weiter nördlich, im heutigen Myanmar, regierten die Pyu, die in chinesischen Quellen Piao genannt werden. In den Tang-Annalen ist das Pyu-Reich korrekt zwischen Zhenla, Indien, dem Meer und Nanzhao positioniert. Nach 800 sandte es zwei oder drei Gesandtschaften in die Tang-Hauptstadt, die vermutlich über Land reisten, teils wohl entlang jener Route, die Jia Dan beschrieb. Neben den Pyu sind zugleich die Mon und das Reich Dvaravati, östlich davon ins heutige Thailand hineinreichend, zu erwähnen. Beide Gebiete wiesen südasiatische Einflüsse auf, unter anderem aus der Pallava-Epoche. Wie anderswo in Südostasien auch dürften indische Mönche und Kaufleute – zudem wahrscheinlich Personen aus Sri Lanka – häufig in diesen Regionen unterwegs gewesen sein. Viele kamen vermutlich über den Seeweg vom indischen Bodhgaya und anderen Zentren, doch sind keine Einzelheiten zu ihren Reiserouten überliefert. So muß z.B. offenbleiben, ob etwa bei Fahrten von Sri Lanka nach Myanmar die Andamanen als Zwischenstation dienten oder ob sie gegebenenfalls östlich umfahren wurden.

Die Ostküste Indiens. Auf der Ostseite des Subkontinents sind ab dem 6. Jahrhundert vor allem vier Reiche von Bedeutung, diejenigen der schon mehrfach genannten Pallavas sowie der Cholas, Pandyas und Palas. Die Pallavas beherrschten ab Ende des Jahrhunderts weite Gebiete des heutigen Tamil-Nadu. Zu ihrer Hauptstadt hatten sie Kanchipuram (nahe Madras) auserkoren. Im Laufe des 7. Jahrhunderts gerieten sie in lange und heftige Konflikte mit den Calukyas, dabei wechselten größere Landstriche mehrfach den Besitzer. Das wirkte sich zeitweise negativ auf Handel und Verkehr in den Küstengegenden aus. Bis ins 9. Jahrhundert blieben die Pallavas dennoch Herren über Teile der Tamil-Nadu-Region. Weiter südlich regierten die Cholas und Pandyas, die vorübergehend von den Pallava-Herren abhängig wurden, sich dann aber gegen sie auflehnten. Vor allem die Cholas übernahmen dabei im 9. Jahrhundert große Teile des ehemaligen Pallava-Reiches.

Nördlich der Calukya- und Pallava-Reiche schloß sich die Orissa-Küste an. Hier herrschten zunächst die Shailodbhavas, auf die ab 736 das Königreich der Bhauma-Karas folgte, das sich zugleich in Richtung Bengalen ausbreitete und bis ins 10. Jahrhundert seine Stellung zu halten vermochte. Bengalen selbst wurde derweil von den Palas regiert. Der Ort Tamralipti (Tamluk) im Ganges-Delta scheint in dieser Zeit als Hafen eine gewisse Bedeutung erlangt zu haben. Vermutlich gab es von hier aus reguläre Verbindungen zum heutigen Myanmar sowie nach Süden. Außenpolitisch aktiv war die Dynastie besonders unter ihren Königen Dharmapala und Devapala. Diese nutzten die Gelegenheit, ihren Machtbereich anläßlich der vielen Kriege, die im Norden Indiens tobten, auszuweiten. Doch danach verlor der Pala-Staat für einige Zeit die fruchtbare Bengalen-Region und gelangte erst wieder an der Wende vom 9. zum 10. Jahrhundert zu neuem Ruhm.

Das Pala-Reich stellte insofern eine Besonderheit dar, als es alte buddhistische Traditionen fortführte und besonders den Tantrismus förderte. Die meisten anderen indischen Regionen hatten sich dagegen wieder dem Hinduismus zugewandt. Zur Erinnerung: In Nalanda gab es ein Zentrum buddhistischer Gelehrsamkeit. Es unterhielt enge Kontakte nach Srivijaya, dessen Herrscher offenbar um 860 ein ganzes Kloster für die Mönche seines Landes in besagter Stadt errichten ließ.

Die Kunst der Palas, so ist immer wieder gezeigt worden, hinterließ deutliche Spuren in Südostasien. Gleichzeitig gab es Verbindungen nach Tibet und Sri Lanka. Träger dieser Kontakte waren neben Händlern vor allem Mönche und Klöster. Auch die Pallava-Kunst hat Südostasien beeinflußt, und wie im Falle der Palas spielten religiöse Institutionen dabei sicher eine Schlüsselrolle. Der chinesische Mönch Xuanzang, der über die beschwerliche Landroute nach Indien gekommen war, berichtet von zahlreichen Klöstern – auch in den Reichen der Palas und Pallavas. So erwähnt er religiöse Stätten in Kanchipuram und den Nachbarregionen, wobei er durchblicken läßt, daß bereits sehr viele Orte hinduistische Kulte pflegten.

SRI LANKA. Anders als die meisten indischen Regionen bewahrte Sri Lanka buddhistische Traditionen und pflegte Kontakte zu entsprechenden Einrichtungen auf indischer Seite. Gleichzeitig diente es vermehrt als Sprungbrett für Reisen nach Myanmar, Malabar und Persien sowie nach den insularen Gebieten Südostasiens und nach China. In zeitgenössischen chinesischen Texten wird Sri Lanka meist unter dem Namen Shiziguo geführt. Arabische und persische Quellen enthalten ebenfalls detaillierte Hinweise, die zugleich erkennen lassen, an welchen markanten Küstenpunkten der Insel sich die Schiffahrt orientierte. Diese Aufzeichnungen sind um ein Vielfaches genauer als z.B. die Angaben des Cosmas Indicopleustes aus dem 6. Jahrhundert.

Daß Sri Lanka längst als Drehscheibe für den Handel zwischen weit voneinander entfernten Gebieten diente – und zwar mehr als etwa die Häfen entlang der Koromandel-Küste –, belegen auch archäologische Zeugnisse. Keramik aller Art ist an mehreren Orten der Insel ausgegraben worden. Chinesisches Porzellan, wohl von Bosi-Kaufleuten, lokalen Händlern, Südostasiaten, Indern oder gar Chinesen gebracht, gehörte offenbar zu den besonders begehrten Waren. Einer der bekanntesten Fundorte ist Mantai. Die ältesten chinesischen Stücke, die dort sichergestellt wurden, stammen aus dem 6. und 7. Jahrhundert. Funde an der indischen Südostküste, auf der anderen Seite des Golfes von Manar, weisen dagegen auf etwas spätere Zeiten.

Seide aus den urbanen Zentren des Tang-Staates und Gewürze von den Molukken wanderten ebenfalls über Sri Lanka nach Westen. In umgekehrter Richtung flossen indische Produkte und Waren aus Westasien und Afrika. Entsprechende Anhaltspunkte liefern vor allem chinesische und arabische Texte.

Obschon Sri Lanka von den Auseinandersetzungen zwischen den südindischen Fürsten nicht ganz unberührt blieb, ließen sich Händler und Reisende kaum hiervon beeindrucken. Zu wichtig war der seegestützte Austausch geworden, als daß man auf ihn hätte verzichten wollen, außerdem lag Sri Lanka auf dem Wege zwischen Ost und West und war damit eine bequeme Zwischenstation. Neben persischen und arabischen Kaufleuten, deren Anwesenheit z.B. durch sassanidische Keramik, Münzen verschiedener Epochen und allerlei Inschriften belegt ist, kamen denn auch weiterhin Christen und andere auf die Insel. Wahrscheinlich unterhielten gleich mehrere dieser Händlergruppen feste Niederlassungen vor Ort, vielleicht sogar kleinere, *fanfang*-ähnliche Quartiere, die es ebenso in etlichen Häfen Südostasiens gegeben haben muß, z. B. in Champa und Palembang.

Hierin mögen sich die wichtigen «Punkte» entlang der großen Südtrasse durch das Bengalische und Andamanische Meer – Sri Lanka-Ramni / Kedah-Palembang – von den Häfen rund um die nördliche Hälfte dieses Seeraumes unterschieden haben. Der Norden wurde vermutlich von indischen Seefahrenden und Mönchen dominiert, die der Küste folgten und gelegentlich bis zu den Zentren im Hinterland vorstießen. Fast könnte man darob, Braudels *longue durée*-Vorstellungen evozierend, von einem buddhistischen Mittelmeer sprechen. Anders die südliche Hälfte: Sie gehörte den Händlern, die aus sehr unterschiedlichen Regionen kamen und über lange Distanzen zu ihren Landsleuten und Partnern in weit entfernte Häfen fuhren – gewissermaßen von *fanfang* zu *fanfang*, wenn dieser Ausdruck gestattet sei –, um dort ausgedehnte Geschäfte zu tätigen. Ob es allerdings wirklich eine solche Nord-Süd-Dichotomie innerhalb der östlichen Hälfte des Indischen Ozeans gab, müßte noch verifiziert werden.

Westlicher Indik, Rotes Meer, Persischer Golf: Im Spiegel des Propheten

Die Malabar-Küste. Historiker, die sich mit dem 6. bis 10. Jahrhundert befassen, gehen die Geschichte der maritimen Kontakte durch die Arabische See, das Rote Meer und den Persischen Golf fast immer von Westen her an. Das hängt nicht nur mit der sassanidischen Seefahrt zusammen, sondern vor allem mit der Ausbreitung des Islam, die ab dem 7. Jahrhundert einsetzt und sehr rasch Iran und andere Gebiete in ihren Bann zieht. Dennoch beginnen wir, wie teils schon in den vorangegangenen Kapiteln, im Osten, an der Malabar-Küste, und arbeiten uns nach Westen vor.

Die Geschichte Keralas wurde damals von den Pandyas im äußersten Süden und den Ceras bestimmt, etwas später auch von den Hoysalas. Weiter nördlich regierten die Calukyas, deren Reich im 7. Jahrhundert den Dekkan-Raum überspannte und vor allem auf der Ostseite des Subkontinents in langwierige Auseinandersetzungen mit den Pallavas geriet. Wahrscheinlich führte dies während einiger Perioden zur intensiven Nutzung von Landverbindungen quer durch das Calukya-Gebiet, gleichsam von Küste zu Küste. An einzelnen Orten auf der Westseite des Subkontinents trafen diese Routen dann auf weiterführende Seewege bzw. lokale Nord-Süd-Verbindungen. Das könnte dem maritimen Handel in mehreren Häfen, vor allem am Konkan-Abschnitt, dienlich gewesen sein.

Südindien blieb indes während der gesamten Epoche stark fragmentiert, was diesen Raum in gewisser Weise anfällig machte, besonders als sich die Cholas und andere Regionalmächte anschickten, ihn zu erobern. Doch andererseits mögen die Partikularinteressen gerade der kleinen Fürstentümer den Seeverkehr gefördert haben, wie es ja auch in Südostasien zu beobachten war, wo ebenfalls über Jahrhunderte Orte und Gebiete miteinander konkurrierten, die weniger vom Hinterland als vom Seehandel abhingen.

Wirtschaftlich zeichnete sich die Malabar-Region unter anderem dadurch aus, daß sie weiterhin viel Pfeffer produzierte, der schon «immer» nach Westen geflossen war. Das lockte vermehrt Händler aus Iran und von der Arabischen Halbinsel herbei, denen die gesamte indische Westküste allmählich immer vertrauter wurde. Arabische Texte jener Epoche enthalten folglich sehr viele Notizen zu navigatorischen Fragen, welche die Westküste des Subkontinentes betreffen. Wahrscheinlich ist ein Teil dieses Wissens von indischen Seefahrenden übernommen worden, die regelmäßig entlang der Küste verkehrten, gleichsam von Hafen zu Hafen. Neben Indern und Westasiaten fanden sich aber ebenso singhalesische Reisende, die gleichfalls als Informanten gedient haben mögen.

Malediven und Lakkadiven. Zur Interessensphäre tamilischer, singhalesischer und anderer Seereisender – und natürlich der lokalen Machthaber längs der Malabar-Küste – gehörte noch eine weitere Region, über die bislang nur wenig gesagt wurde: die Malediven und Lakkadiven. Beide Inselgruppen bestehen aus Korallenatollen, die sich, der Kerala-Küste vorgelagert, über eine große Entfernung in Nord-Süd-Richtung erstrecken. Die Anfänge ihrer Besiedelung verlieren sich im dunkeln. Doch sind viele Spezialisten der Meinung, sie sei in Schüben erfolgt. Besonders linguistische Indizien sprächen hierfür. Einige ältere Texte, etwa der Bericht Xuanzangs, spielen vage auf die Existenz dieser Atolle an, aber erst in dem oben bereits erwähnten *Akhbar al-Sin wa'l Hind* (um 850) werden sie unmißverständlich «identifiziert». Ab dann findet der Leser weitere Hinweise in navigatorischen Texten, die erahnen lassen, daß beide Inselgruppen im 9. oder 10. Jahrhundert, wenn nicht schon früher, häufig besucht wurden.

Ob es in dieser Periode direkte Verbindungen von Sri Lanka oder Kerala über die Malediven bis hin nach Ostafrika oder zum Ausgang des Roten Meeres gab, wissen wir freilich nicht. Entsprechende Routen lassen sich erst später in arabischen Quellen belegen. Doch eines ist gewiß: Die Malediven boten Kaurischnecken in schier unerschöpflicher Fülle – Geld gewissermaßen, das an den Stränden aufgelesen wurde. Dieses zirkulierte nicht nur bis nach Ostasien, wie bereits berichtet, es war auch in Afrika zu finden. Zudem eigneten sich Kauris als Ballastmaterial. Ihre «Verschiebung» über den offenen Ozean war demnach kostengünstig und brachte Gewinne für lokale Händler und Kaufleute, die auf den Fernrouten tätig waren.

Spätere Notizen weisen noch auf eine andere Besonderheit hin: Die Malediven, wie zugleich die Malabar-Küste, waren reich an Kokospalmen. Aus diesen ließen sich bekanntlich Coir (Fasern) und Öl gewinnen. Coir wurde als Rohstoff für Schnüre und Taue benötigt, Öl hatte viele Anwendungsmöglichkeiten. Außerdem eignete sich das Holz der Bäume für den Bau von Bootskörpern. Es ist darum sehr wahrscheinlich, daß beide Gebiete für den Ost-West-Verkehr schon damals in versorgungstechnischer Hinsicht eine gewisse Bedeutung erlangt hatten. Dies mag zu weiteren Spekulationen verleiten: Vielleicht gab es, in Abhängigkeit politisch-wirtschaftlicher Entwicklungen, Phasen, in denen fremde Händler eher die Malediven anliefen, um entsprechende Rohstoffe zu erstehen, und wiederum andere, in denen vor allem die südwestindischen Orte den «Zuschlag» erhielten. Doch belegbar ist ein solches Wechselspiel natürlich nicht.

NORDWESTINDIEN. In Nordwestindien war inzwischen das Gupta-Reich zusammengebrochen. Doch während der ersten Hälfte des 7. Jahrhunderts gelang es einem Herrscher namens Harsha, vorübergehend weite Landstriche in seine Gewalt zu bringen und damit für kurze Zeit einen entsprechenden Nachfolgestaat zu errichten, der seinen Schwerpunkt zwischen Ganges und Yamuna hatte. Wiederum hören wir entsprechende Einzelheiten durch den chinesischen Pilger Xuanzang, der das Harsha-Reich bereist hatte. Zu den Häfen auf der Kathiawar-Halbinsel und nahe der Indus-Mündung ist allerdings für diese Periode wenig in Erfahrung zu bringen. Möglich, daß einige Gegenden und Orte, über die in der Vergangenheit andere Fürsten geherrscht hatten, nunmehr vorübergehend als Ex- und Importzonen für das Harsha-Reich dienten. Dergleichen ließe sich auch mit Bezug auf die vor allem später in Erscheinung tretenden Rajputen-Gruppen sagen, die von Rajasthan aus ebenfalls Kontakte zu einzelnen Häfen unterhielten.

Im frühen 8. Jahrhundert wurde Nordwestindien schließlich mit einer völlig neuen Situation konfrontiert: Muslimische Heere, die längst den iranischen Raum unter ihre Kontrolle gebracht hatten, brachen von Westen her ein. Der Sind im unteren Industal wurde schon um 710 erobert; Auslöser der Auseinandersetzungen dort soll im übrigen eine ungesühnte Piratenattacke gegen ein Schiff mit muslimischen Kindern gewesen sein. Nur wenige Jahre später fielen die Kathiawar-Halbinsel und der Süden Rajasthans in muslimische Hände. Doch im weiteren Verlauf des 8. Jahrhunderts kam die islamische Expansion vorerst zum Stillstand, denn besonders die Rashtrakutas und Gurjara-Pratiharas stemmten sich mit Erfolg gegen den Vormarsch. Gleichwohl blieb der Sind bis um 860 unter der Herrschaft des fernen Kalifats.

Währenddessen entwickelten sich mehrere Häfen, die zwischen dem Indus-Delta und der heutigen Stadt Bombay lagen, zu Drehscheiben für den Handel von der Golf-Region bis hinunter zur Malabar-Küste. Zu diesen Häfen zählten z.B. Daybul und Thana. Wahrscheinlich profitierten sie nicht allein vom Seeverkehr, sondern auch davon, daß sie Endpunkte wichtiger Überlandrouten bildeten, die sie mit dem jeweiligen Hinterland verbanden. Edelmetalle, Korallen, Bernstein und andere Rohstoffe dürften in diesen Orten – wie in den Kerala-Häfen – gegen Pfeffer, Textilien, Schildpatt, Zimt aus Sri Lanka, chinesische Keramik und Seide sowie südostasiatische Erzeugnisse getauscht worden sein.

Doch noch etwas anderes ist festzuhalten: Auch Pferde dürften in

Nordwestindien nun häufiger auf Schiffe verladen worden sein. Vor allem in späteren Zeiten erhalten wir Hinweise auf Transporte nach Kerala und gelegentlich sogar weiter Richtung Sri Lanka. Einige dieser Pferde stammten aus dem indischen Nordwesten, andere wurden vermutlich schon damals aus der arabisch-persischen Region bezogen, und zwar über den Seeweg.

Hierbei stellt sich eine weitere, generelle Frage: Gab es Perioden, in denen der Weg entlang der Makran-Küste für Fahrten zwischen Indien und Westasien bevorzugt wurde, und wiederum andere Phasen, die zu Reisen auf einem etwas südlicher gelegenen Kurs durch das offene Meer zwangen? Eindeutige Antworten fallen schwer, doch mögen die militärischen Konflikte in Nordwestindien sehr wohl eine intensivere Nutzung der zweiten Möglichkeit bewirkt haben, zumindest während einiger Dekaden. In diese Überlegungen müßten dann ebenso die Malediven und Lakkadiven einbezogen werden, die aufgrund ihrer geographischen Lage als bequeme «Ausweichquartiere» auf dem Weg durch die Arabische See gesehen worden sein könnten. Allerdings dürfte dies nur Transporte zwischen Kerala und der Arabischen Halbinsel bzw. Ostafrika betroffen haben, nicht aber die Verbindungen zwischen Nordwestindien und den westasiatischen Regionen.

Die Arabische Halbinsel und die Geburt des Kalifats. Die Arabische Halbinsel stand im ersten Drittel des 7. Jahrhunderts unter dem Einfluß von Byzanz und den Sassaniden. Letztere dominierten zugleich den Handel im Persischen Golf. Beide Großreiche hatten Interesse an den Rohstoffen der Halbinsel. So bezogen die Sassaniden von dort das Silber, das sie für ihre Münzen benötigten. Ebenso begehrt war Weihrauch aus dem Hadramaut-Gebiet. Über den Seeweg wurde er nach Indien und weiter nach Fernost geschafft; für den Transport Richtung Ägypten und Syrien bot sich hingegen die alte Landverbindung an, längs der arabischen Westküste, oder die kombinierte Land- und Seeroute. Der Raum um Jidda und Mekka spielte dabei eine zentrale Rolle, flossen doch die meisten Waren, die nach Nordwesten gingen, durch diese Region.

Es ist möglich, daß einige Gruppen auf der Arabischen Halbinsel die Präsenz der beiden mächtigen Nachbarn im Osten und Norden damals nicht mehr hinnehmen wollten, zumal wesentliche Gewinne aus dem internationalen Handel in sassanidische und byzantinische Taschen wanderten. Wenigstens ist der rasche Aufstieg mehrerer arabischer Stämme, den wir zu Beginn des 7. Jahrhunderts vor allem im Umfeld von Mekka beobachten, gelegentlich auf diese Unzufriedenheit mit den herrschenden «Großmächten» zurückgeführt worden. Doch rein religiöse Gründe oder der Übergang vom Nomadentum zur Seßhaftigkeit, der bei den betreffenden arabischen Gruppen um dieselbe Zeit einsetzte, mögen ihr Emporkommen ebenso gefördert haben. Gleich wie, mit der allseits bekannten Geburt des Islam entstand auf der Westseite der Halbinsel ein neues regionales Machtzentrum, das seine arabischen Träger innerhalb weniger Jahre in die Lage versetzte, nach Norden und Osten vorzudringen. Die ungeheure Dynamik dieser Expansion ist bekannt: Sie brachte das Sassaniden-Reich bereits um 640 dermaßen in Bedrängnis, daß es wenig später, im Jahre 651, kollabierte. Allein Konstantinopel konnte dem ungewohnten Ansturm islamischer Heere standhalten, die gleichwohl Ägypten und Syrien und sogar bald ganz Nordafrika an sich zu reißen wußten.

Damit war in kürzester Zeit ein neues Reich entstanden, das – erstmals seit Alexanders Zeiten – wieder über einige Küstenabschnitte längs des östlichen Mittelmeeres wie zugleich über Teile der Golf-Region und des Roten Meeres herrschte. Von 661 bis 749/50 wurde dieses Reich von den Umayyaden regiert, die Damaskus zu ihrer Hauptstadt wählten und bald bis zur Iberischen Halbinsel und ins heutige Afghanistan vordrangen. Einer ihrer Statthalter residierte im Irak, von wo aus auch der Vorstoß nach Indien geleitet wurde, von dem wir oben gehört hatten.

Die Golf-Region und die Abbasiden. Den Umayyaden, die an der Verbreitung der arabischen Sprache und Kultur in den eroberten Gegenden sehr interessiert waren, folgten 750 die Abbasiden. Sie verlegten die Hauptstadt nach Bagdad (762) und orientierten sich bald mehr nach Osten als ihre Vorgänger. Die Ostwärtsverlagerung des Kalifats änderte zwar nichts daran, daß in mancherlei Hinsicht am arabischen Erbe festgehalten wurde, doch oft wird unterstellt, zugleich sei eine größere kulturelle Vielfalt zugelassen worden. Das

Arabische Kalligraphie, ein Boot mit Riemen darstellend.

wiederum habe eine Belebung des Seehandels durch den Golf Richtung Indien und Fernost bewirkt, gewissermaßen in Fortsetzung sassanidischer Traditionen. Letzteres paßt sehr wohl ins Bild, denn dies ist die Zeit, in der chinesische Texte immer häufiger von Kaufleuten aus «Bosi» oder «Dashi» sprechen, d.h. von Personen, die unter den Abbasiden aus der Golf-Region oder von der Hadramaut-Küste über die Malabar-Häfen, Sri Lanka, Srivijaya und Sanf (bzw. Linyi oder Champa) bis nach Guangzhou und Yangzhou reisten. Und es ist ebenso die Zeit, in der islamische Texte immer mehr Wissen über die Seewege vermitteln.

Neben der Seeroute rückte nunmehr auch der Landweg wieder ins Blickfeld des Geschehens. Durchgehend «offen» war er aber nur selten. Kriegerische Auseinandersetzungen störten den ungehemmten Warenfluß, wie schon häufig zuvor. Die berühmte Schlacht am Talas (751) ist ein oft zitiertes Beispiel dafür. Dennoch gelangten immer wieder Karawanen aus Westasien in die Tang-Hauptstadt. Nicht selten, so die Texte, kamen ihre Führer aus «Dashi» oder «Bosi», wobei der letzte Terminus freilich vage bleibt. Offenbar hatte er nicht nur den Zusammenbruch des sassanidischen Reiches überdauert, sondern wurde auch für solche Gruppen benutzt, die sich längst aus Iran zurückgezogen hatten. Bisweilen mag er sogar als *pars pro toto* gedient haben, als Bezeichnung für Fremde schlechthin, die irgendetwas mit dem «Fernen Westen» oder – zu Kalifatszeiten – mit dem Islam zu tun hatten.

Arabisches Schiff, Umzeichnung nach einer Darstellung bei al-Hariri.

Über die innerasiatischen Wege erhielten natürlich ebenso die Sassaniden und später die islamischen Reiche ausländische Waren, und zwar vor allem aus China. Doch das Gros chinesischer Güter dürfte weiterhin über die Seeroute nach Westen gekommen sein, besonders ab Mitte des 8. Jahrhunderts. An vielen Orten rund um den Persischen Golf wurde chinesische Keramik entdeckt, darunter auffällig viel olivgrüne Ware, von der man annimmt, sie sei als Behältnis für den Transport verderblicher Produkte benutzt worden. Wichtige Fundorte sind z.B. Minab und Siraf auf iranischer Seite, ferner auf der Insel Kharg, bei Failaka im heutigen Kuwait, in der Qatar-Gegend und schließlich bei Sohar (Suhar) am Golf von Oman. Weit weniger Stücke werden hingegen aus dem Einzugsbereich des Roten Meeres gemeldet. Das spricht – indirekt – für die Nutzung des «konventionellen» Seeweges via Südwestindien und Gujarat bis hin ins alte Zweistromland.

OSTAFRIKA. Doch Sassaniden, Umayyaden und Abbasiden waren nicht nur an China «angeknüpft», es entwickelten sich auch ausgedehnte Handelsverbindungen nach Süden bis an die ostafrikanische Küste. Das christlich orientierte Aksum-Reich mit seinem wichtigen Hafen Adulis am Roten Meer kam mit den sich rasch ändernden politisch-militärischen Verhältnissen in der Region nicht mehr zurecht. Fortan wichen die Christen jenes Gebietes ins Innere Äthiopiens zurück, wo sie nunmehr, von Muslimen umringt, in der Isolation überleben mußten, abgeschnitten vom christlichen Europa. Selbst die Berbera-Küste, das heutige Somalia und viele Orte weiter südlich gerieten – parallel zu den Ereignissen in Eritrea, Nordafrika und Mittelasien – ins Visier islamischer Händler. Arabische Quellen aus jener Zeit enthalten viele Details, die Handelskontakte zwischen den islamisch geprägten Kernregionen im Norden und einzelnen Häfen jenseits von Kap Guardafui anzeigen. Zu den frühen Texten zählen die Werke von al-Masᶜudi und Buzurg ibn Shahriyar. Besonders ersterer deutet die Existenz reger Verbindungen zwischen der Golf-Region, Oman und Zanj – das ist das Gebiet südlich der Berbera-Küste – an.

Vor allem Gold und Elfenbein lockten Händler nach Ostafrika. Daneben wurden Sklaven benötigt, erst in Damaskus, dann in Bagdad. Das spornte die Kaufleute zu immer neuen Unternehmungen an, und bald wurden Afrikaner in großer Zahl nach Norden gebracht. Einer der «Hauptabnehmer» war die Golf-Region, wo Tausende landeten, von denen viele an die Märkte im iranischen Hinterland abgegeben wurden. Nie zuvor hatte das organisierte Geschäft mit Menschen in den maritimen Zonen Asiens und Afrikas eine so wichtige Rolle gespielt.

Bemerkenswerterweise berichten auch einige Tang-Quellen von dunkelhäutigen «Sklaven», den sogenannten «Kunlun nu». Kunlun-Angehörigen und Kunlun-Schiffen waren wir schon begegnet. Doch inwieweit diese etwas mit Afrika zu tun hatten, ist schwer zu sagen. Möglicherweise handelte es sich nur um einen allgemeinen Ausdruck für Personen, die gelegentlich aus der südostasiatischen Welt nach China gebracht wurden, um dort niedere Arbeiten zu verrichten. Von großangelegten Geschäften mit Sklaven blieb das Tang-Reich im übrigen zumeist verschont.

Aber nicht nur arabische Texte erzählen von Ostafrika, auch chinesische Quellen gehen vage auf diese Regionen ein. So werden die Berbera-Küste und Malindi in Tang-Werken erwähnt. Eine frühe Beschreibung des Berbera-Gebietes lieferte z.B. Duan Chengshi im 9. Jahrhundert. Wie das Wissen um jene aus chinesischer Sicht weit entfernt liegenden Gegenden überhaupt nach Fernost gelangte, ist nicht überliefert. Einzelne chinesische Händler mag es an Bord von Bosi- oder anderen Schiffen nach Afrika getrieben haben; wahrscheinlicher ist aber, daß entsprechende Nachrichten über dritte Personen nach China wanderten – und anschließend in die Texte. Das würde auch zu den Vorstellungen der Zeit passen, denn die Tang-Kultur kannte eine klare Vorliebe für's «Exotische», und die maritime Welt bildete ein unverzichtbares Element in dieser kuriosen Konstellation.

Mit der islamischen Erschließung Ostafrikas können freilich noch andere Besonderheiten verknüpft werden. So sind z.B. Reste von Moscheen aus jener Zeit gefunden worden. Daneben hat man Keramik aus dem Norden an verschiedenen Orten zu Tage gebracht. Selbst chinesische Stücke aus dem 8. bis 10. Jahrhundert wurden gesichtet, die entweder über die Golf-Region oder – nicht völlig auszuschließen – direkt von den Kerala-Häfen bzw. den Malediven dorthin gelangten. Schließlich ist festzuhalten, daß die arabisch-islamische Seefahrt von der afrikanische Küste alsbald zu den Komoren ausgriff, von wo es wahrscheinlich auch erste mehr oder minder regelmäßige Kontakte zur Insel Madagaskar gab. Damit weitete sich das geographische Spektrum der Seefahrt im Indischen Ozean erheblich aus, wurden bislang kaum bekannte Zonen in jene Räume einbezogen, die als gut erschlossen galten.

Zusammenfassung

Daß verschiedene Händlergruppen und Häfen vorzugsweise bestimmte Teilmeere des gesamten asiatischen Seeraumes bedienten, war bereits berichtet worden. Dieser Prozeß, den man mit dem Schlagwort «Kompartmentalisierung» belegen könnte, kam auch nach 600 voran. Allerdings gab es Ausnahmen. Vor allem Kaufleute aus der Golf-Region legten große Distanzen zurück und waren in mindestens drei geographischen Zonen tätig, im westlichen Indik, in der Bengalen-See und im Südchinesischen Meer. Einige wenige dürften selbst den Süden des Ostchinesischen Meeres erreicht haben, denn während der Tang-Zeit trafen wir sie in Yangzhou, am Unterlauf des Yangzi. Ob auch chinesische Händler ihre Aktivitäten auszuweiten vermochten, im Vergleich zu jenen der alten Wu-Seefahrer, ist hingegen nicht ganz klar. Die Meinungen darüber gehen auseinander.

An beiden Enden des asiatischen Seeraumes entwickelte sich das Wissen über Routen, Navigationstechniken, fremde Länder und Orte ab dem 8. Jahrhundert besonders schnell. Das wird in einer Vielzahl von Texten deutlich. Nicht nur die Bengalen-See und das Andamanische Meer sind nun genau bekannt, auch die ostafrikanische Küste südlich von Kap Guardafui rückt mehr und mehr ins Bewußtsein der Reisenden.

Obschon die Landverbindung durch Zentralasien periodisch offenstand, bedeutete dies nicht, daß der maritime Handel darunter gelitten hätte. Vielmehr scheinen die großen Mächte im Osten wie im Westen – besonders die Tang, Sassaniden und Abbasiden – soviel Dynamik entwickelt zu haben, daß die von ihnen ausgehende Nachfrage den Überlandtransport *und* den Seeverkehr antrieb. Ab Mitte des 8. Jahrhunderts allerdings, als der Tang-Staat die Kontrolle über Turkestan allmählich verlor, nahm eher die Bedeutung der Seefahrt zu. Hier scheint es denn einen gewissen Substitutionseffekt zugunsten der Meeresroute gegeben zu haben.

Institutionelle Faktoren, besonders in China, begünstigten den seegestützten Austausch. Fremde ließen sich nicht nur dort, sondern auch in anderen Häfen längs der großen Trassen nieder. Das «Netz» von Diaspora-Ansiedlungen wurde damit dichter. Dies implizierte komplexere Organisationsformen des Handels, wahrscheinlich eine schnellere Zirkulation von Geld und Waren und sicher auch, gleichsam als Voraussetzung hierfür, von besseren Informationen. Der Fernhandel wurde demnach berechenbarer, das erlaubte Absprachen zwischen den Beteiligten sowie – hier und da – ein gewisses Maß an Arbeitsteilung. Möglich schließlich ebenso, daß Fremde in den jeweiligen «Gastgeberkulturen» nun vermehrt soziale Aufstiegschancen sahen. Dies wird allerdings erst in späteren Perioden richtig sichtbar.

Währenddessen schritt in Teilen Südostasiens die «Indisierung» voran. Mönche, Pilger und Händler waren neben den lokalen Eliten ihre wichtigsten Träger. Die fortgesetzte Ausbreitung des Buddhismus – in diesem Falle chinesischer Überprägung – betraf auch den nordöstlichen Seeraum, das Gelbe und Ostchinesische Meer. Korea und Japan wurden massiv von China beeinflußt, dabei spielten buddhistische Kreise eine ganz zentrale Rolle. Religion und Handel gingen in diesen Breiten eine gewisse Symbiose ein wie schon bei den seegestützten Beziehungen zwischen Indien und Südostasien. Wahrscheinlich gab es sogar konkurrierende buddhistische Netzwerke.

Parallel dazu begann die seegestützte Expansion des Islam. Mehrere Orte entlang der westasiatischen Meere und einige Sektoren der ostafrikanische Küste profitierten hiervon. In Ost- und Südostasien gehörten die Bosi-Händler zu den Vorboten der Islamisierung. Allerdings mögen sich hinter diesem Ethnonym bisweilen auch nicht-Muslime verborgen haben, vor allem in sassanidischer Zeit.

Prägend für den maritimen Handel in Südostasien war sicher ebenso der Aufstieg Srivijayas. Als der Tang-Staat während des 9. Jahrhunderts in die «Abschwungphase» übertrat, scheint Srivijaya erst recht an Bedeutung gewonnen zu haben. Dies ist überhaupt das erste Mal in der Geschichte, daß ein Reich in der malaiischen Welt eine international so zentrale Position übernahm. Anders die Entwicklung in Indien: Hier partizipierten mehrere «mittelgewichtige» Länder und Orte am Seeverkehr; einer Macht die führende Rolle zuzuschreiben, fällt daher ziemlich schwer. Sicher ist wohl allein, daß Sri Lanka – seiner exponierten geographischen Lage wegen – besondere Aufmerksamkeit erringen konnte.

Die archäologische Landschaft jener Zeit wird durch ein neues markantes Phänomen gekennzeichnet: die Verbreitung chinesischer Keramik. Entsprechende Stücke aus der Tang-Dynastie sind vor allem in der Golf-Region gefunden worden. Die meisten, so eine Meinung, seien an Bord indischer, arabischer und anderer Fahrzeuge nach Westen gelangt. Daneben überschwemmte China die asiatischen Märkte mit Seide. Die übrigen Warenströme änderten sich kaum, bildeten also – im wahrsten Sinne des Wortes – *longue durée*-Phänomene.

Ab dem 7. Jahrhundert, so eine abschließende Bewertung, wuchs der asiatische Seeraum zu einer integrierten Gesamtstruktur zusammen, die gleichwohl die Teilung in bereits bekannte regionale Segmente fortschrieb, wenn auch unter leicht veränderten Vorzeichen. Die treibende Kraft hinter diesem Prozeß war nicht unbedingt die muslimische Seefahrt, wie gemeinhin angenommen; hier spielten vielmehr verschiedene Faktoren mit, allen voran der mächtige Tang-Staat, daneben auch indisch-buddhistische Elemente – und ganz allgemein der Austausch von Wissen und Techniken.

VI. Im Sog des Fernen Ostens (ca. 950/1000–1350)

Die ostasiatischen Meere: Song und Yuan als Dirigenten

Song, Liao, Jin: ihr Verhältnis zueinander. Während der rund dreieinhalb Jahrhunderte, die im folgenden behandelt werden, wird die chinesische Küste vom Bohai-Meer bis hinunter nach Hainan nicht ausschließlich nur von einer Macht beherrscht. Im vorangegangenen Kapitel war es – mit Ausnahme der letzten Phase – fast durchgehend die Tang-Dynastie gewesen, deren dominante Rolle das Geschehen rund um die nordasiatischen Meere maßgeblich bestimmt hatte.

Mit Beginn der Song-Herrschaft (960) war die Kontrolle über Chinas Küstenräume also wieder fragmentiert. Der Süden wurde den Song zwar zügig unterstellt, im Norden endete die in west-östlicher Richtung verlaufende Grenze zwischen diesen und den nördlichen Nachbarn, dem Liao-Staat (907/946–1125) der Khitan, aber sehr bald am Bohai-Meer. Obgleich die Shandong-Halbinsel, zuvor kurzfristig selbständig, für einige Zeit unter chinesischem Einfluß blieb, stand die Küste der heutigen Provinz Liaoning bis hin zur koreanischen Grenze damit unter Aufsicht einer nicht-chinesischen Macht.

Im frühen 12. Jahrhundert wurden die Liao von den Dschurdschen geschwächt und schließlich aus Nordostchina verdrängt, auch von der Bohai-Küste. Hiermit gaben sich die Dschurdschen, die inzwischen nach chinesischem Vorbild den Jin-Staat (1115–1234) errichtet hatten, aber nicht zufrieden. Sie attackierten das Song-Reich, mit dem sie zuvor gegen die Liao kooperiert hatten, und zwangen es alsbald zur Verlegung seiner Hauptstadt. Fortan residierten die Song nicht mehr in Kaifeng, sondern im südlichen Hangzhou (ab 1127), dem alten Lin'an. Damit fielen zugleich große Küstengebiete des ehemaligen Song-Territoriums in die Hände der Jin. Die Grenze zwischen beiden Staaten verlief danach südlich der Shandong-Halbinsel.

Zwar hatten die Song weiterhin Anteil am Handel im Ostchinesischen Meer, dessen Volumen sogar wuchs, doch in geographischer Hinsicht beschränkte sich diese Rolle nun meist auf einige Orte in Fujian, Zhejiang und rund um die Yangzi-Mündung, denn der nördliche Küstenraum gehörte ja den Jin. Diese Teilung der Küstenzone blieb für mehr als hundert Jahre erhalten. Erst mit dem Auftreten der Mongolen, die den Jin-Staat eliminierten (1234), parallel dazu gegen Korea vorgingen und anschließend das Song-Reich eroberten (1281), geriet der gesamte chinesische Küstenraum wieder unter eine Hand.

Der Fall Kaifengs im 12. Jahrhundert markiert einen Schnitt in der Geschichte des Song-Staates. Die Zeit davor wurde oft als Nord-Song-Periode bezeichnet, die Zeit danach als Süd-Song-Epoche. Sowohl die «nördlichen» wie auch die «südlichen» Song arrangierten sich – von vorübergehenden Auseinandersetzungen abgesehen – mit ihren jeweiligen Nach-

«Turmschiff». Schwerbewaffnete Fahrzeuge dieses Typs, meist nur mit Riemen angetrieben, kamen bei Schlachten auf Flüssen und Seen, vielleicht auch im chinesischen Küstenraum zum Einsatz. Über ihre Abmessungen und Proportionen ist wenig bekannt. Die Abbildung entstammt dem Wujing zongyao (1044), einem bekannten militärhistorischen Text.

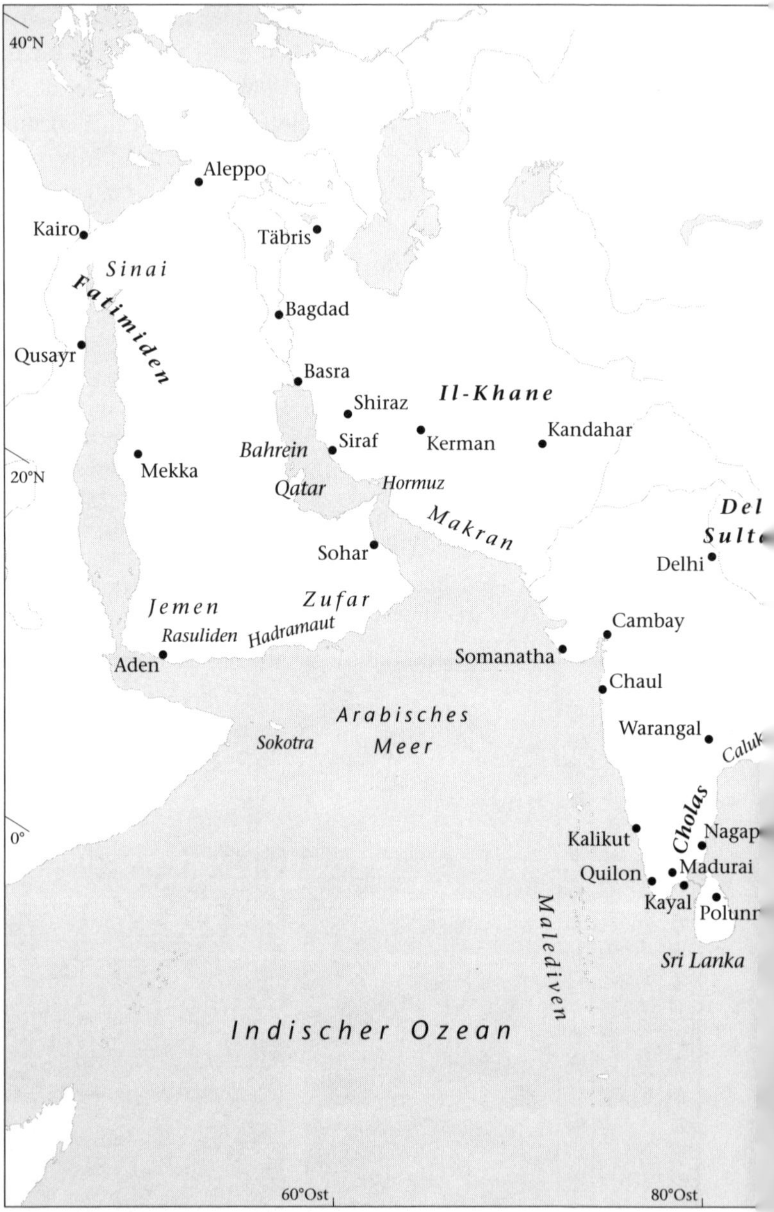

Im Sog des Fernen Ostens (ca. 950/1000–1350)

40°N
Hondo
Dadu
Koryo
Shikoku
Tsushima
Hakata
Kyushu
Xixia
Liao/Jin
Jiao-Lai-
Kanal
Cheju
Nagasaki
Chang'an
Luoyang
Mingzhou
Song/Yuan
Lin'an
Wenzhou
20°N
Quanzhou
Liuqiu
(heute: Taiwan)
Guangzhou
Dali
(Nanzhao)
Sonargaon
Pazifischer
Ozean
Pratas-Ins.
(Dongsha)
Pagan
Dai
Viet
Hainan
Yazhou
Pegu
Thaton
Sukothai
Champa
Süd-
chinesisches
Meer
Mindoro
Butuan
Angkor
Tavoy
Zhenla
Andamanen
Mergui
Takuapa
Satingpra
Sulu-
Ins.
0°
Brunei
Klabat
Samudra-
Pasai
Trengganu
Molukken
Lambri
Aru
Foluo'an
Barus
Banda-Ins.
Srivijaya
Madura
Timor
Majapahit
Bali
100°Ost
120°Ost

barn im Norden, erst mit den Liao und dann den Jin, indem sie ihnen regelmäßig große Summen zahlten. Für den Song-Hof bedeuteten diese Leistungen im großen und ganzen keine übermäßige Belastung, zumal sie nur einen kleinen Teil aller Ausgaben darstellten. Außerdem war es billiger, Stabilität zu erkaufen als teure Kriege zu führen. Ruhige Verhältnisse an der außenpolitischen «Front» boten zudem günstige Rahmenbedingungen für die Entwicklung von Handel und Verkehr. Davon profitierte zwar vor allem der Song-Staat, doch auch die nördlichen Nachbarn zogen materielle Vorteile aus dieser Konstellation, denn die eingehenden Zahlungen machten einen wesentlichen Teil ihrer Haushalte aus und ermöglichten Ausgaben, die ohne «Fremdgeld» wohl kaum realisiert worden wären. Für den Song-Staat freilich kam es darauf an, daß der am «Subventionstropf» hängende Norden nicht in Kriege gegen seine Geber investierte, sondern in andere Unternehmungen.

Um die nötigen Abgaben an den Norden zahlen zu können, schuf der Song-Staat Bedingungen, die das private Unternehmertum förderten. Neben Handel und Gewerbe blühte auch der Überseeverkehr auf, und Importe konnten mit entsprechenden Steuern belegt werden, die in der Regel moderat ausfielen, Geschäfte mit dem Ausland also nicht behinderten. Zugleich wurden andere interne Abgaben auf einem annehmbaren Niveau gehalten, obschon es hier offenbar Schwankungen und regionale Unterschiede gab. Daneben konnte sich die Geldwirtschaft in einer Weise entfalten, die es Unternehmern erlaubte, größere Kredite aufzunehmen, Kapital zügig zu verschieben und fortschrittliche Produktionsstätten zu betreiben. Hiervon profitierten die urbanen Zentren am Unterlauf des Yangzi, die Song-Hauptstädte – besonders Hangzhou – und viele andere Orte.

Glücklicherweise sind wir über die quantitative Seite der Song-Wirtschaft deutlich besser informiert als über die Wirtschaft früherer Perioden. In den Quellen finden sich z.B. Zahlen für die Geldeinnahmen aus dem Überseehandel. Daneben lassen sich in einigen Fällen die Produktionsvolumina abschätzen. Da auch der Tributverkehr fortgeführt wurde, sind zu diesem Sektor ebenso viele Angaben erhalten, die sich jedoch meist auf den Import bestimmter Luxusgüter beziehen. Die entsprechenden Mengen, sofern in Gewichten ausgedrückt, lagen allerdings selten über einigen Hundert oder Tausend *jin*

(Pfund). Aus diesen und anderen Zahlenreihen kann im übrigen geschlossen werden, daß der Song-Staat an der Seefront zwar gewaltige Umsätze verbuchte, der Zentralhaushalt jedoch keineswegs hochgradig vom maritimen Handel abhing.

Song und Korea. Der Landweg zwischen China und Westasien war, wohl anders als etwa im 7. Jahrhundert (weit vor der Talas-Schlacht), über lange Perioden schwer zu passieren. Gleich mehrere Staaten und Völker blockierten die Karawanenrouten, vielerorts mußten Zölle gezahlt werden, häufig störten Kriege den freien Warenfluß. Auch wenn der Song-Staat über seine nordwestlichen Nachbarn, z.B. die Xixia (Tanguten), weiterhin über Land Waren aus dem «Westen» bezog, so war doch eine verstärkte Hinwendung zur See die unausweichliche Folge.

Das alles beeinflußte die Bündnis- und Handelspolitik der Song. So wurden besonders zu den Anrainern des jeweils direkten nördlichen Nachbarn – gewissermaßen zu den Nachbarn des Nachbarn – diplomatische Kontakte gepflegt. Unter den Nord-Song gab es z.B. vorübergehende Verbindungen zu den Dschurdschen, die ihr Gebiet «hinter» den Liao hatten und Pferde nach Shandong lieferten. Doch viel wichtiger für den maritimen Handel war der Austausch mit Korea. Auch hier ging es mitunter darum, den «Partner» jenseits der Landgrenze von zwei Seiten in Schach zu halten; derlei konnte im Verein mit Korea schnell arrangiert werden. Im übrigen trug Selbiges dazu bei, daß erst die Liao und später die Jin von der See eher ferngehalten wurden und nur selten Interesse am Handel quer durch das Gelbe Meer zeigten. Hinzu kam, daß Gesandtschaften zwischen den Liao- bzw. Jin-Gebieten und dem koreanischen Koryo-Staat ohnehin fast immer über den Landweg reisten.

Anders sahen die Kontakte zwischen dem Song-Reich und Koryo aus: Hier waren beide Seiten auf die See angewiesen, denn die Landrouten durch die heutige Provinz Liaoning waren oftmals blockiert. Allein die nördlichen Song empfingen rund vierzig offizielle Delegationen aus Korea, die alle per Schiff nach China reisten. Zudem wird von etlichen chinesischen Emissären berichtet, die mal die Nordroute, mal die Südtrasse, von Zhejiang aus, für die Überfahrt wählten.

Gelegentlich erschienen nach Abschluß einer Gesandtschaftsfahrt entsprechende Itinerarien. Einige Titel sind in den bibliographischen Kapiteln der Song-Annalen erwähnt, erhalten sind aber leider nur wenige Notizen, abgesehen von dem berühmten Werk Xu Jings, der einen Emissär des letzten Nord-Song-Herrschers nach Korea begleitete und darüber später eine genaue Abhandlung anfertigte. Dieser Text wirft zwar hinsichtlich des Reiseweges viele Fragen auf – nicht alle dort erwähnten Toponyme sind eindeutig zu identifizieren –, dafür aber bietet er Eindrücke vom Leben an Bord, von den Gefahren auf See und von den Ängsten und Hoffnungen, die mit einer Fahrt durch das offene Meer zwangsläufig einhergingen.

Neben den offiziellen Beziehungen zwischen den Song und Koryo gab es auch zahlreiche private Kontakte, die gleichfalls über See liefen. Waren diese anfangs nicht gerne gesehen, aus Sorge, chinesische Händler würden mit dem nördlichen Liao heimliche Geschäfte tätigen, wurden die Kaufleute dann in der zweiten Hälfte des 11. Jahrhunderts geradewegs dazu ermuntert, nach Korea zu reisen. In umgekehrter Richtung kamen überdies koreanische Studenten nach China, derer sich die Song-Behörden oft großzügig annahmen und die sich vor allem für chinesische Kunst und Philosophie interessierten. Ähnliches war bereits unter den Tang beobachtet worden.

Da die Khitan periodisch Druck auf Koryo ausübten und der direkte Weg von Shandong nach Korea somit während des 11. Jahrhunderts gefährlicher wurde, verlagerten sich die privaten Kontakte nun bald auf die weiter südlich gelegene Trasse, welche von Mingzhou (heute Ningbo) aus nach Norden führte, unter Umgehung der Shandong-Halbinsel. Wahrscheinlich trug das zum Aufstieg Mingzhous ganz entscheidend bei. Daneben erlangte auch Dinghai, etwas östlich von Mingzhou, eine gewisse Bedeutung für den Handel im Ostchinesischen Meer.

Mit dem Übergang zur Süd-Song-Herrschaft blieb die Zhejiang-Küste für private Kontakte nach Korea weiterhin sehr wichtig. Außerdem belegen die Quellen nunmehr häufig die Präsenz chinesischer Händler in Korea selbst. Einige tausend Personen, so ist gemutmaßt worden, reisten während dieser Zeit nach Koryo. Folglich gab es in mehreren Orten eine wachsende chinesische Diaspora, die mit Hangzhou, Mingzhou und anderen Zentren in der Heimat regen Austausch pflegte. Bemerkenswert außerdem: Die Texte zeigen an, daß auch die Kontakte zwischen Fujian und Korea intensiver wurden. In Fujian war die Stadt Quanzhou inzwischen zum führenden Hafen aufgestiegen. Obschon sie vor allem mit den Ländern des Südens in Verbindung stand, worauf noch einzugehen sein wird, förderte sie zudem den direkten Handel mit Nordostasien. Das ging – auf lange Sicht – wahrscheinlich zu Lasten der weiter nördlich gelegenen Orte an der Zhejiang-Küste.

Song und Japan. Archäologische Funde bestätigen die in den Schriftquellen angezeigten Beziehungen zwischen einzelnen Song-Städten und ihren koreanischen «Partnerhäfen». Dies gilt in gewisser Weise ebenso für den Verkehr zwischen China und Japan. Der Song-Staat exportierte neben Textilien unter anderem Kupfer bzw. Münzen, die nicht nur nach Korea gelangten, sondern ebenso nach Japan. Oftmals wurden diese dann vor Ort eingeschmolzen, um das gewonnene Metall anderweitig zu verwerten. Der Abfluß von Münzen nach Japan ist zwar nicht quantifizierbar, aber es gab Versuche, ihn zu begrenzen. Außerdem wurde gelegentlich behauptet, er sei für Japan, dessen aufstrebender Inlandsmarkt Zahlungsmittel benötigt habe, sehr wichtig gewesen, für China hingegen von Nachteil, weil Kupfer dort periodisch teurer wurde.

Da unter den Song zugleich die Keramikindustrie boomte, erhielten Korea und Japan überdies chinesisches Porzellan. Daneben wanderten andere Erzeugnisse aus chinesischen Manufakturen und neue Herstellungstechniken über das Meer nach Osten. In umgekehrter Richtung, von Japan her, flossen Silber und Gold, Handwaffen und Produkte des Kunsthandwerks nach China. Selbst Schwefel wurde dort benötigt.

Trotz der günstigen wirtschaftlichen Entwicklungen beiderseits des Ostchinesischen Meeres besuchten nur wenige japanische Gesandtschaften die Song-Metropolen. Überhaupt scheinen offizielle Kreise in Japan häufig eine sehr abweisende Haltung gegenüber allen Fremden eingenommen zu haben. Das traf nicht nur die Song, sondern auch Koryo. So hatten bilaterale Spannungen den Gesandtschaftsverkehr zwischen Japan und Korea immer wieder zum Erliegen gebracht. Daneben drückten Seeräuberattacken im Süden des

Inselreichs auf die Stimmung. Ein größerer Angriff verdient hier besondere Beachtung, da er von Dschurdschen-Gruppen ausging, die noch vor Gründung der Jin-Dynastie, der koreanischen Ostküste folgend, durch das Japanische Meer fuhren und Kyushu überfielen. Das war die sogenannte Toi-Invasion des Jahres 1019, die japanischerseits gelegentlich den Koreanern angelastet wurde.

Von solchen Geschehnissen ließ sich der private Handel indes nicht beeindrucken. Zahlreiche chinesische Reisende, die regelmäßig von Mingzhou oder anderen Häfen nach Hakata und gelegentlich sogar zu einigen Orten weiter nördlich fuhren, sind namentlich bekannt. Bereits im 11. Jahrhundert wurden mehrere Küstenstreifen auf der Westseite von Hondo bis zur Wakasa-Bucht regelmäßig aufgesucht, selbst von koreanischen Schiffen. Einige Chinesen siedelten sogar in japanischen Küstenorten auf Kyushu, wo sie in sogenannten Tangfang (Tôbô), d.h. «Chinesenquartieren», lebten.

Während der schwierigen Jahre, die der Verlegung der Song-Hauptstadt folgten, scheinen die privaten Handelsverbindungen zwar gelitten zu haben, doch nach 1150, noch vor Einsetzen der Kamakura-Zeit in Japan (1185–1333), gewannen sie erneut an Bedeutung. Chinesische Schiffe verkehrten jetzt z.B. auf der japanischen Inlandsee, jenem schmalen Meeresteil zwischen Hondo und Shikoku, der durch viele kleine Inseln und Buchten gekennzeichnet ist. Im 13. Jahrhundert entstand hier sogar eine künstliche Insel für den Handel.

Auffällig ist darüber hinaus, daß zugleich mehr japanische Fahrzeuge nach China gelangten, damit also die Kontakte nicht mehr ganz so einseitig ausfielen wie noch unter den Nord-Song, als sie nahezu ausschließlich von Chinesen getragen worden waren. Und wie in früheren Epochen kamen erneut viele japanische Mönche und an chinesischer Kultur Interessierte ins Reiche der Mitte, die sich in religiösen Dingen unterweisen ließen. Folglich strömten weiterhin chinesische Ideen nach Japan, die dort zur Bildung neuer Sekten und Schulen beitrugen und vor allem den Buddhismus bereicherten. Sogar die japanische Kunst profitierte von den außerordentlichen Errungenschaften ihrer Song-Vorbilder. Man denke hier nur an die Malerei.

Ob die Intensität der Kontakte zwischen dem Song-Staat und Japan insgesamt geringer war als unter den Tang, ist ein alter Streitfall. Wichtiger ist sicher, daß die kulturelle Dynamik, die mit den maritimen

Beziehungen quer über das Ostchinesische Meer einherging, genauso die koreanische Halbinsel tangierte. Diese absorbierte fortgesetzt chinesische Kulturelemente – neben solchen aus den Liao- und Jin-Traditionen –, die sie zeitverzögert, wie stets, nach Japan weitergab. Die alte Brückenfunktion Koreas setzte sich damit fort, mit dem Unterschied allerdings, daß nun fast alle Verbindungen zwischen dem «eigentlichen» China, den Song also, und Korea über See liefen, was unter den Tang so noch nicht der Fall gewesen war.

DIE MONGOLEN IN NORDOSTASIEN. Mit dem Vormarsch der Mongolen sollte sich die Lage in Nordostasien drastisch ändern. Damit betreten wir einen neuen Zeitabschnitt, der bereits im frühen 13. Jahrhundert beginnt. Zunächst schwächten die Mongolen den Jin-Staat, wobei sie von den Song unterstützt wurden, welche die neue Macht im hohen Norden unterschätzen, und schließlich brachten sie das Jin-Reich ganz zu Fall (1234). In der Folge drangen die Mongolen bis hin zum Bohai-Gebiet und nach Shandong vor. Die nordchinesischen Küstenzonen standen damit unter mongolischer Kontrolle. Um diese Zeit wurde auch Korea mehrfach angegriffen. Es leistete zwar erbitterten Widerstand, doch naturgemäß litten Gewerbe und Verkehr unter den politisch-militärischen Umständen. Das wiederum schädigte die Handelsverbindungen quer durch das Ostchinesische Meer, zwischen den Süd-Song und Korea zum einen, wie auch zwischen diesen beiden und Japan zum anderen. Ein Vorteil der mongolischen Besetzung Koreas bestand jedoch darin, daß die Zahl räuberischer Überfälle auf Inseln und Küstengebiete im koreanisch-japanischen Seeraum um 1260 deutlich zurückging.

Nach dem Einfall in Korea blickten die Mongolen auf China und Japan. In den 1250er Jahren rückten sie zunächst in Yunnan ein und unterwarfen Nanzhao, um sodann gegen den Norden des heutigen Vietnam-Gebietes vorzugehen. Jetzt war der Song-Staat von der Landseite her umfaßt und mußte mehrere Schläge hinnehmen, die auch Teile der nördlichen Küstenzone tangierten. Bald danach wurde Khubilai zum Großkhan eingesetzt.

Ab 1266 war die mongolische Führung verstärkt darum bemüht, auch Japan gefügig zu machen, wobei die koreanische Seite mehrfach in diplomatische Manöver eingespannt wurde. Diese Initiativen schei-

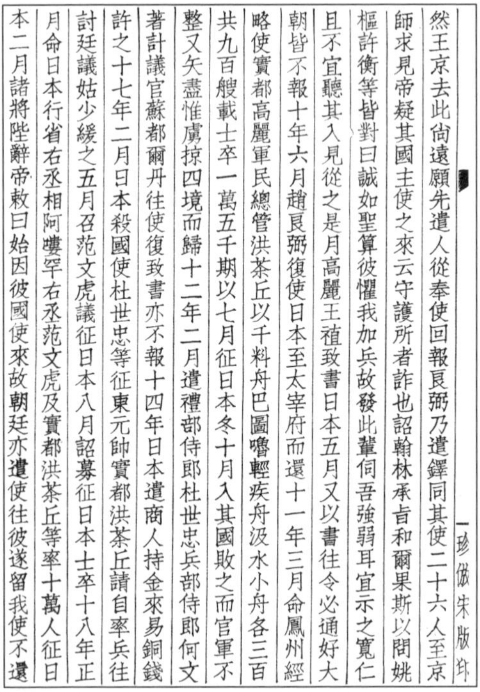

Auszug aus den Yuan-Annalen. Der Text berichtet über die Entwicklung der mongolisch-japanischen Beziehungen im späten 13. Jahrhundert.

terten jedoch. Parallel dazu ging der Krieg gegen den Song-Staat weiter. Währenddessen ließ Khubilai – chinesischen Vorbildern nacheifernd – die Yuan-Dynastie ausrufen (1271). Zwei Jahre später verlegten die Mongolen Soldaten nach Cheju vor der koreanischen Küste. Kurz darauf begann der erste Angriff auf Japan (1274), angeblich unter Einsatz von mehr als 900 Schiffen und Booten und einer großen Zahl von Landungstruppen. Diese stachen von Korea aus in See, attackierten die Inseln Tsushima und Iki und verwüsteten, auf Kyushu angekommen, Teile der heutigen Präfektur Nagasaki. Bei Hakata gab es schließlich die entscheidenden Kämpfe, über deren Ausgang allerdings Uneinigkeit herrscht, zumal sich die Angreifer überraschend zurückzogen, wohl aufgrund logistischer Engpässe, wie gelegentlich behauptet wurde. Japan blieb damit Schlimmeres erspart.

Während der folgenden Jahre drangen mongolische Truppen erneut tief nach China ein. Die Song verfügten zwar über eine für ihre Zeit moderne Streitmacht, aber den äußerst flexibel vorgehenden

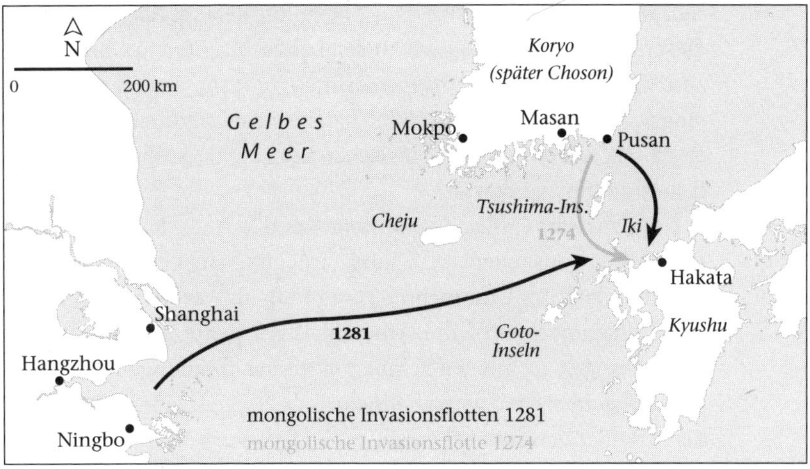

Mongolische Invasionsversuche in Japan

Heeren der Angreifer waren sie nicht mehr gewachsen. Eine Stadt nach der anderen fiel, so auch Nanjing und schließlich Hangzhou, die Song-Metropole, womit die Mongolen zugleich die Küste der reichen Provinz Zhejiang in Besitz nahmen. Wenig später erfolgte die Eroberung der südlichen Provinzen. Schließlich wurde nahe der heutigen Stadt Macau die letzte große Schlacht geschlagen, deren tragischer Verlauf später immer wieder Stoff für Geschichten bot. Khubilai Khan sah sich jetzt endlich in der Lage, die Nachfolge der Song über China anzutreten, welchem rund neunzig Jahre Fremdherrschaft bevorstanden.

Unterdessen hatte Japan Vorkehrungen gegen eine weitere Mongolen-Attacke getroffen; ein vorübergehend erwogener Gegenangriff auf Koryo war allerdings ausgeblieben. Statt dessen wurde Khubilai, wie erwartet, seinerseits aktiv. Da die Yuan inzwischen nahezu die gesamte chinesische Küste kontrollierten und offenbar Teile der alten Song-Marine übernommen hatten, konnten sie für ihren neuerlichen Kriegszug gegen Japan zwei große Flotten ausrüsten. Die eine begann ihre Überfahrt wiederum in Korea, die andere stach von Zhejiang aus in See. Mehrere tausend Mann, darunter wieder viele Chinesen, seien an diesem Unternehmen beteiligt gewesen, so die Quellen. Die genauen Zahlen liegen im dunkeln, auch alle weiteren Einzelheiten sind sehr widersprüchlich, doch das ist hier ohne Belang. Abermals führte dieser Angriff, im Gegensatz zu den Landschlachten in China, nicht zum Ziel. Die Invasionstruppen erlitten Verluste, viele ihrer Schiffe gingen verloren, und erneut blieb Japan eine mongolische Besatzung erspart. Allein einige Inseln zwischen Korea und Kyushu wurden von den Angreifern verwüstet.

Der zweite mongolisch-japanische Konflikt (1281) hatte noch mehrere andere Konsequenzen. Khubilai war enttäuscht über den ungünstigen Verlauf des Unternehmens, deshalb übte er weiter Druck aus und drohte mit einem dritten Überfall. Das forderte Japan zusätzliche Vorkehrungen ab, mit denen innenpolitische Änderungen einhergingen wie wohl ebenso wirtschaftliche Belastungen. Eine andere Folge der Auseinandersetzung bestand darin, daß ein größeres Kontingent südchinesischer Gefangener in Japan zurückblieb. Diese Personen mögen langfristig direkt oder indirekt zur späteren Entwicklung sino-japanischer Handelskontakte beigetragen haben. Ein drittes Ergebnis betrifft die Legendenbildung. Bald wurde die zweimalige Abwehr der Mongolen göttlicher Hilfe zugeschrieben, denn Stürme, so hieß es, hätten zur Vernichtung der angreifenden Schiffe beigetragen, das auserwählte Inselreich schützend. Diese Überhöhung der Geschehnisse ist selbst in viel späteren Zeiten politisch instrumentalisiert worden.

Zurück ins 13. Jahrhundert. Nach einer Überlieferungstradition sei nur einige Jahre nach dem zweiten Angriff auf Japan auch der Versuch gescheitert, das «Liuqiu»-Gebiet unter mongolische Herrschaft zu bringen. Mit Liuqiu war zu dieser Zeit wohl Taiwan und nicht die Ryukyu-Kette gemeint, obschon die Meinungen dazu auseinandergehen. Beide Gebiete hatten noch keine wichtige Position im maritimen Handel erlangt, unterhielten aber gelegentliche Kontakte nach Fujian und Japan.

Obschon die mongolischen Flottenunternehmungen allesamt groß angelegt waren, wissen wir doch erschreckend wenig über den genauen Ablauf der Ereignisse. Eines ist allerdings unbestreitbar: Ein derartiges Flottenaufgebot hatte der Ferne Osten noch nicht erlebt. Sicher, die in den Texten genannten Zahlen sind kräftig übertrieben, aber sie lassen erahnen, mit welchem Aufwand entsprechende Vorbereitungen getroffen wurden. Zugleich wird deutlich, daß die Mongolen schon kurz nach Besetzung des chinesischen Küstensaumes in der Lage waren, lokale Werften und andere Produktionsstätten in ihre Dienste zu stellen und die zivilien und militärischen Hinterlassenschaften der Song systematisch zu nutzen. Das spricht nicht nur für ungewöhnliches Organisationstalent, sondern belegt ebenso – gleichsam ex post – die außerordentlichen Kapazitäten der Song-Wirtschaft, denn ohne das Erbe einer geeigneten Infrastruktur wäre es den Mongolen wohl kaum möglich gewesen, ihre maritimen Unternehmungen entsprechend zu planen.

See- und Küstenhandel unter den Yuan. Nur kurze Zeit nach dem zweiten mongolischen Rückschlag im Land der aufgehenden Sonne kehrte der nordostasiatische Seeraum wieder zu seinem alten Rhythmus zurück. Auch wenn sich hier und da noch heftiger Widerstand gegen die Besatzer regte, berichten die chinesischen Texte sehr bald von kommerziellen Kontakten zwischen Japan und dem mongolisch kontrollierten Festland, Korea eingeschlossen. Außerdem fuhren erneut buddhistische Mönche nach China, ließ sich die intellektuelle und religiöse Elite in Japan abermals von chinesischen Ideen beflügeln. Dabei dienten die Orte Qingyuan (zuvor Mingzhou, heute Ningbo) und Hakata als wichtige Drehscheiben des wirtschaftlichen und kulturellen Austausches.

In institutioneller Hinsicht schrieb der Yuan-Staat vielfach Einrichtungen fort, die von den Song eingeführt worden waren. Dazu gehörten die sogenannten *shibo*-Ämter, von denen es bereits unter den Tang Vorläufer gegeben hatte. Auch unter den neuen Herrschern bestand ihre Aufgabe darin, eingehende Schiffe abzufertigen. Entsprechende Behörden, die für den Einzugsbereich des Ostchinesischen Meeres zuständig zeichneten, wurden in Shanghai, Qingyuan, Hangzhou, Ganpu und Wenzhou eröffnet. Eine andere Besonderheit der Yuan-Zeit bestand darin, daß der Staat für mehrere Jahrzehnte den Handel zu dirigieren suchte. Während dieser Periode, die ungefähr von 1285 bis 1320/25 währte, wurden viele Kaufleute mehr oder weniger gezwungen, sich in staatliche Dienste zu begeben. Erst danach erfolgte eine Lockerung der Vorschriften, was dem Privatsektor natürlich entgegenkam. Einige maritime Unternehmer nutzten die Gunst der Stunde, entwickelten ausgedehnte Handelsnetze und gelangten so zu außerordentlichem Reichtum.

Die «Konsolidierung» der Verhältnisse rund um das Ostchinesische und Gelbe Meer führte jedoch noch zu einer ganz anderen Entwicklung, die schon Ende des 13. Jahrhunderts sichtbar wird. Da die Mongolenhauptstadt – Dadu oder Khanbalik genannt – im wenig fruchtbaren Norden lag, mußte sie mit Nahrungsmitteln versorgt werden, die aus dem Süden kamen. Doch die Binnenwege reichten nicht aus, um die erforderlichen Transporte zu gewährleisten. Daher förderte der Staat den Küstenverkehr von den Produktionsgebieten am Unterlauf des Yangzi hinauf nach Shandong und von dort weiter in das Bohai-Gebiet. Hierzu wurden spezielle Verwaltungsstrukturen und Anreizsysteme geschaffen, die Produzenten und Händler gleichermaßen dazu ermuntern sollten, sich im Dienste der fremden Herren zu engagieren.

Glücklicherweise halten die Quellen jener Zeit recht genaue Angaben zu diesem Thema bereit. So kennen wir die Reismengen, die jedes Jahr per Schiff in den Norden geschafft wurden. In Spitzenjahren – vor allem in den 1320ern – erreichten diese Lieferungen 100 000 bis 200 000 Tonnen, wobei die Verlustraten auf See gelegentlich auf unter ein Prozent gedrückt werden konnten. Bekannt ist ebenso, daß die Reiseroute im Laufe der Zeit geändert wurde. Anfangs folgten die meisten Schiffe der Küste, doch Untiefen und schwierige Windverhältnisse zwangen dazu, neue Fahrrinnen zu suchen, die durch tiefere Gewässer führten, letztlich durch das offene Meer. Die verschiedenen Möglichkeiten wurden regelmäßig ausgelotet, und man war darum bemüht, die zum Einsatz gebrachten Schiffe entsprechend umzurüsten.

Nicht zu vergessen ist ferner, daß die Behörden zwischen 1280 und 1294 einen Kanal betrieben, der von der heutigen Jiaozhou-Bucht an der Südküste Shandongs bis zur Nordseite der Halbinsel, nahe Laizhou, führte. Diese etwa 130 Kilometer lange Wasserstraße kürzte die Reistransporte um die Nordostspitze Shandongs erheblich ab. Außerdem hatte sie militärische Bedeutung, vor allem in logistischer Hinsicht. Von seiner Funktion her ließe sich der Jiao(zhou)-Lai(zhou)-Kanal ansonsten mit dem Nord-Ostsee-Kanal und ähnlichen Wassertrassen vergleichen. Nach der Schließung 1294 wurden immer wieder Vorschläge für eine Neueröffnung unterbreitet, doch dazu kam es nicht.

Zu keiner Zeit hatte der Transport von Lebensmitteln im nahen oder erweiterten Küstenbereich, durch das Ostchinesische und Gelbe Meer, eine ähnlich wichtige Rolle gespielt wie unter den Mongolen. Denn die Hauptstädte früherer Dynastien lagen nicht so weit nördlich und ließen sich zudem meist über Straßen, Flüsse und Kanäle versorgen. Dadu war jedoch auf die regelmäßigen Transporte über See angewiesen, was wiederum den Händlern zugute kam. Einzelne Personen wurden durch den Handel sehr reich und oft so mächtig, daß sie innerhalb einer Küstenregion marktbeherrschende Funktionen ausübten. Gegen Ende der Mongolenherrschaft sollte sich dies als äußerst problematisch erweisen. Denn etliche Magnaten wollten nun nicht mehr für die Mongolen arbeiten, andere gerieten in offenen Konflikt mit den nachfolgenden Ming, die den freien Händlern grundsätzlich mißtrauten. Als Zhu Yuanzhang, der 1368 als erster Ming-Kaiser den Thron bestieg, gegen die privaten «Handelsimperien» vorging, wurden gewachsene Strukturen samt der dazugehörigen Küstennetzwerke – vor allem am Unterlauf des Yangzi und in Zhejiang – unnötig zerstört und ganze Handelssegmente unter staatliche Aufsicht gestellt. Von diesem Schlag konnte sich das private Unternehmertum in den genannten Gegenden lange nicht erholen.

Doch gehen wir noch einmal in jene Jahre zurück, in denen sich die Küstenschiffahrt nahezu ungestört entfalten durfte. Wäre es möglich, den gesamten Seeverkehr durch das Ostchinesische und Gelbe Meer in Zahlen zu fassen, so hätten die oben geschilderten Reistransporte daran sicher den größten Anteil. Demnach lag das geographische Schwergewicht des Handels damals eindeutig im chinesischen Küstenbereich. Die Verbindungen zwischen Japan, Korea und China nahmen dagegen, vom Transportvolumen her betrachtet, eine sekundäre Rolle ein. Unter den Tang und Song dürfte dieses Ungleichgewicht nicht so ausgeprägt gewesen sein. Zu jener Zeit waren die internationalen Verbindungslinien wichtiger, und die Küstentransporte hatten eine sekundäre Funktion, zumal auch die Regierungsmetropolen über interne Verkehrswege erreicht werden konnten.

Insgesamt durchliefen die See- und Küstenräume Nordostasiens vom 10. bis 14. Jahrhundert eine sehr wechselvolle Zeit. Ausschlaggebend hierfür waren die politischen und wirtschaftlichen Veränderungen in China. Zwar gab es Phasen, die sich durch eine gewisse Stabilität auszeichneten, aber diese währten stets nur für einige Jahrzehnte. Allein der fortgesetzte Transfer kultureller Elemente – von China nach Korea und Japan – überdauerte sämtliche Entwicklungen. In Südchina und rund um das Südchinesische Meer bot sich dagegen ein völlig anderes Bild, wie die folgenden Ausführungen zeigen werden.

Südchinesisches Meer und ostindonesische Meere: Ausgriff nach Osten

DIE SONG-WIRTSCHAFT UND DER SÜDEN. Die politische Aufteilung des chinesischen Raumes, erst zwischen den Nord-Song und den Liao, später zwischen den Süd-Song und den Jin, bewirkte eine Verlagerung der wirtschaftlichen, administrativen und geistigen Zentren Chinas nach Osten und Süden. Außerdem verstanden es die Song, Fujian und Guangdong noch enger an ihre jeweiligen Zentralen zu binden, als dies zuvor unter den Tang geschehen war. Handel und Verkehr in den Küstenorten profitierten im übrigen davon, daß der Song-Staat weitestgehend auf militärische Auseinandersetzungen verzichtete, von den ihm aufgezwungenen Abwehrschlachten einmal abgesehen.

Angesichts dieser insgesamt günstigen Umstände ist in der Sekundärliteratur – wohl vor allem mit Blick auf Zhejiang und den Süden des Reiches – gelegentlich behauptet worden, die sich rasch entwikkelnde Song-Wirtschaft habe einige Merkmale hervorgebracht, die auch unmittelbar vor Beginn der industriellen Revolution in Europa zu beobachten gewesen seien. Doch trotz wachsender Betriebsgrößen, institutioneller Änderungen, beschleunigten Kapitalumlaufs, steigender Bildungsstandards und technischer Innovationen schafften es die Song am Ende nicht, ein «kapitalistisches» System zu begründen. Die mutmaßlichen Ursachen hierfür sind umstritten. Ein möglicher Faktor sei dennoch genannt, dessen Auswirkung auf die maritimen Zonen freilich unklar bleibt: Die Oberschicht scheint, alte Traditionen fortschreibend, Gewinne vornehmlich in den Kauf von Land investiert zu haben, also nicht unbedingt in die Produktion. Kaufleute waren zwar wie zu allen Zeiten unverzichtbar, doch Unternehmergeist wurde nicht überall großgeschrieben. Die geistigen Strukturen blieben somit in gewisser Weise dem Gewohnten verhaftet, selbst die an sich fortschrittlichen Küstengegenden kamen dagegen nicht an.

Gleichwohl gab es qualitative Änderungen und viele Neuerungen. Davon profitierten die Häfen Fujians und Guangdongs in besonderer Weise. Die Nachfrage, die von den urbanen Zentren am Unterlauf des Yangzi und unter den Süd-Song zugleich von Hangzhou ausging, zog die Küstenorte des Südens in ihren Bann. Größte «Gewinnerin» war die Stadt Quanzhou. Sie überflügelte bald die alte Metropole Guangzhou und lockte immer neue Händler ins Land. Die aufblühende Keramikindustrie, die über Inlandsrouten mit den Häfen verknüpft war und oft für den Export produzierte, der sich ausweitende Textilsektor und die Herstellung von Luxusartikeln und teuren Konsumgütern, all das belebte den Außenhandel im Süden. Mehrere Schriftquellen zeigen an, daß diese Güter in großen Mengen ausgeführt wurden und dafür entsprechende «Exotika» aus Südostasien und dem Indik-Raum nach China gelangten, die in vielen wichtigen Song-Städten erhältlich waren und das urbane Leben entsprechend bereicherten.

Zum maritimen Außenhandel Fujians und Guangdongs gehörte auch das Geschäft mit Metallgegenständen und Münzen. Chinesisches Kupfergeld zirkulierte nicht nur in Nordostasien, sondern auch in einigen Regionen Südostasiens. Ja, sogar in Ostafrika wurde Song-Geld gefunden. Sicher ist daher die Behauptung nicht übertrieben, Chinas Einfluß habe zu jener Zeit die Monetarisierung einiger «Volkswirtschaften» deutlich beschleunigt, vor allem in den Gebieten rund um das Südchinesische Meer. Gleichwohl sind die Gründe für den Abfluß von Kupfergeld aus China nicht restlos geklärt. Die parallele Zirkulation von Papierwährung und Münzen mit geringem bzw. hohem Kupfergehalt, von der Behörden und Kaufleute in jeweils unterschiedlicher Weise profitierten, ist wohl eine wesentliche Ursache hierfür gewesen, denn vielfach scheinen Händler gute Münzen gehortet zu haben, um sie bei passender Gelegenheit im Zahlungsverkehr mit dem Ausland einzusetzen – trotz entsprechender Ausfuhrverbote. Daneben müssen aber auch die wirtschaftlichen und finanziellen Verhältnisse in den Aufnahmeländern selbst berücksichtigt werden, die wahrscheinlich mit dazu einluden, Kupfer aus China zu beschaffen.

Die Kontrolle über den maritimen Außenhandel Quanzhous, Guangzhous, Mingzhous und anderer Orte oblag den *shibo*-Ämtern – wie schon unter den Tang. Doch nahmen diese Behörden nunmehr häufig weitergehende Funktionen wahr, außerdem wurden sie allmählich enger in die übrige Finanzverwaltung integriert. Von den erhobenen Abgaben profitierten sowohl die Zentrale wie zugleich die jeweils zuständigen Regionen. Beide Ebenen der Verwaltung hatten somit Interesse, den Auslandsverkehr zu fördern. Daneben waren die *shibo*-Ämter für die «Abwicklung» sogenannter Tributdelegationen zuständig, für Handelslizenzen und vieles andere mehr.

Die offene Haltung gegenüber der See, Chinas wachsende Wirtschaftskraft und vor allem die steigende Nachfrage nach ausländischen Gütern – all das lockte naturgemäß viele Fremde ins Land. Da die Landwege nach Westasien, wie beschrieben, Hindernisse boten, kamen Ausländer in der Regel über das Meer nach China. Hatten sie noch während der Tang-Zeit oftmals in Chang'an, Luoyang und anderen Städten des Landesinneren Wurzeln geschlagen, blieben die meisten nun in den Küstenorten. Die höchste Konzentration ausländischer Kaufleute gab es vermutlich in Quanzhou und Guangzhou. Hier existierten sogenannte *fanfang*, ausländische Stadtviertel der Art, wie wir sie schon unter den Tang kennengelernt hatten. Ihre Bewohner stammten aus islamischen Gebieten, aber ebenso aus Südindien und anderen Regionen. Gräber, Inschriften – gelegentlich sogar in mehreren Sprachen – und andere Relikte belegen ihre Anwesenheit. Wie groß diese Viertel waren, ist allerdings schwer abzuschätzen. Doch dürften in ihnen gut und gerne mehrere Tausend Personen gelebt haben, die wahrscheinlich an ihren eigenen kulturellen Traditionen festhielten.

In summa: Die Sogwirkung, die von der Song-Wirtschaft auf die Häfen des Südens und von diesen wiederum auf die maritimen Länder Südost-, Süd- und Westasiens ausging, war vermutlich so stark wie nie zuvor. Auch «äußerlich» beeindruckte der Song-Staat. Seine urbanen Zentren zählten mehr Einwohner als die früheren Tang-Orte. Allein in Hangzhou, der Süd-Song-Hauptstadt, sollen mehr als eine Million Einwohner gelebt haben. Wahrscheinlich war Hangzhou damit der größte maritime Umschlagplatz weltweit. Und nie zuvor hatten Chinas Küstenzonen so viele Waren anbieten können, darunter etliche, die eigens für den Export gedacht waren. Selbst in finanztechnischer Hinsicht galt das Reich der Mitte als führend und wirkte wie ein Magnet auf ausländische Kaufleute und «Anleger».

QUANZHOU UND DIE OSTROUTE UNTER DEN SONG. Doch China zog nicht nur Fremde an. Die wirtschaftliche Entwicklung trieb die eigenen Landsleute hinaus in die weite Welt, auf die Suche nach neuen Märkten und Gewinnen. Das erklärt nicht nur den regen Handel mit Korea und Japan, sondern ebenso den vermutlich noch regeren mit den Ländern des tiefen Südens. Dazu paßt die Feststellung, daß China nun vermutlich mehr Handelsschiffe besaß als früher. Diese waren zudem größer und besser ausgestattet als die Fahrzeuge der Wu und Tang. Die Verbreitung von Kompaß und neuen Navigationstechniken fällt ebenso in jene Epoche. Texte mit Angaben zu technischen Entwicklungen – auch zur kommerziellen Schiffahrt und selbst zu Kriegsschiffen und Waffen für das Heer – belegen die vielen qualitativen Änderungen unter den Song.

Freilich wurden einige Ideen und Kenntnisse über die Märkte des Südens und fernen Westens nicht direkt erworben, sondern von ausländischen Kaufleuten übernommen, die regelmäßig in den *fanfang* verkehrten. Die ethnographischen Werke Zhou Qufeis (1178) und Zhao Ruguas (1225) sowie andere Quellen legen dies nahe. In ihnen finden sich kurze Erwähnungen und Beschreibungen von Orten und Ländern bis hin zum Vorderen Orient und Mittelmeer. Sogar Sizilien und die iberische Halbinsel waren bekannt. Das entsprechende Wissen hierzu stammte wahrscheinlich von muslimischen Reisenden, die unter dem Kalifat weiträumige Kontakte quer durch Nordafrika geknüpft hatten. Unter ihnen fanden sich wohl auch Bosi- und Dashi-Händler, denen wir schon anderweitig begegnet waren.

Daß während der Song-Periode besonders Quanzhou von der Anwesenheit Fremder sowie vom Seehandel im allgemeinen profitierte, ist noch auf mehrere andere Gründe zurückzuführen. Bereits zuvor hatte der kleine Staat Min, an dessen Küste Quanzhou lag, intensive Verbindungen zu den Ländern des Südens gepflegt – gewissermaßen in Konkurrenz zu Guangzhou. Diese Seeorientierung wurde unter den Song fortgesetzt. Dabei gelang es, große Teile der Fujian-Region allmählich in den Rest des Reiches zu integrieren. Die strukturellen Verschiebungen, die hiermit einhergingen, führten zu einer komplexen Segmentierung der lokalen Wirtschaft: Einige lokale Betriebe produzierten für das Ausland, andere für die chinesischen Nachbarregionen. Parallel dazu bezog Fujian Waren aus dem Hinterland, und schließlich importierte vor allem Quanzhou ausländische Produkte, von denen ein Teil nordwärts strömte, etwa zu den Häfen im unteren Yangzi-Tal, später auch nach Hangzhou. Zugleich wurden die Verbindungen nach Nordostasien aktiviert. Quanzhou schaffte es somit, seine geographische Position, flankiert von günstigen Rahmenbedingungen, für sich auszunutzen.

Doch lag Quanzhou nicht nur an der Nahtstelle zwischen der alten Westroute, die längs des asiatischen Festlandes südwärts führte, und der Route durch das Ostchinesische Meer nach Hangzhou, Korea oder Japan; vielmehr war es ebenso möglich, von Fujian zur Südspitze Taiwans überzusetzen und dann weiter zu den Philippinen zu segeln. Diese letztlich am östlichen Rand des Südchinesischen Meeres verlaufende Trasse war bis dahin kaum je kommerziell genutzt worden. Wenigstens berichten die Quellen nichts dazu. Das sollte sich nun ändern. Song-Texte enthalten nämlich Hinweise auf entsprechende Unternehmungen, die bis nach Mindanao reichten, gelegentlich wohl auch noch weiter.

Demnach wurde zu dieser Zeit neues Terrain erschlossen, wobei der Fujian-Gegend – und innerhalb dieser wiederum der Stadt Quanzhou – eine zentrale Rolle zufiel. Fortan führten zwei große Handelsrouten nach Süden: eine alte, die von den Seefahrenden vieler Nationen frequentiert wurde, und eine neue, deren Meister die in Quanzhou stationierten Kaufleute waren. Entsprechend gelangten südostasiatische Kostbarkeiten nun über zwei Wege nach Fujian, wurde außerdem die philippinische Welt näher an China herangeführt, konnten zusätzliche Märkte für den chinesischen Süden gewonnen werden.

Funde songzeitlicher Keramik bei Butuan auf Mindanao und anderswo belegen die neuen Kontakte entlang der Osttrasse. Doch Vorsicht ist geboten, denn einzelne Inselgruppen innerhalb des philippinischen Archipels standen wahrscheinlich zugleich in Verbindung mit Orten im heutigen Vietnam. Der Überlieferung ist zu entnehmen, daß direkte Fahrten auf einer horizontalen Linie zwischen Champa und Mindanao oder Mindoro durchaus möglich waren, vorbei an den Riffen und Atollen im zentralen Teil des Südchinesischen Meeres. Vage Hinweise auf indische Kultureinflüsse am philippinischen Ende könnten ebenfalls hierzu passen. Denkbar ist also, daß Händler aus Champa, vielleicht sogar solche, die chinesischerseits als Bosi- oder

Dashi-Personen bezeichnet wurden, neben den «vertikalen» Nord-Süd-Verbindungen zwischen Quanzhou und den Philippinen für diese «horizontalen» Kontakte sorgten.

Zwei weitere Elemente können ergänzt werden. Erstens war es ebenso möglich, von Guangzhou aus nach Luzon zu fahren – mit oder ohne Aufenthalt bei den Pratas-Inseln oder an der Südwestseite Taiwans. Auch diese Route könnte gelegentlich von islamischen Reisenden frequentiert worden sein. Doch die Indizien bleiben vage, im Gegensatz zu jenen, die für die Intensivierung der von Fujian aus betriebenen «Osttrasse» sprechen. Zweitens gab es eine Route entlang der Sarawak-Küste, die schon in früheren Zeiten auszumachen ist. Vor allem eine Grabinschrift in Brunei, die auf das Jahr 1264 datiert ist, läßt vermuten, daß sie weiterhin, unter den Song, benutzt wurde. Insgesamt aber läßt sich wenig Konkretes über die Händler sagen, die hier entlang fuhren, oder über das entsprechende Handelsaufkommen im allgemeinen.

CHAMPA UND SEINE NACHBARN, 11. BIS 13. JAHRHUNDERT. Begeben wir uns wieder an die Küsten Chinas und Vietnams und damit zur alten Westroute. Händler aus Westasien – allen voran solche aus Bosi und Dashi – unterhielten während der Song-Zeit ausgedehnte Handelsnetze in Fernost, deren wichtigste Eckpfeiler die entsprechenden *fanfang* in Quanzhou und Guangzhou bildeten, außerdem kleine Niederlassungen bei Yazhou (auf Süd-Hainan) und, sehr wichtig, entlang der Champa-Küste. Viele dieser Personen trugen den Namen Pu, auch auf der oben genannten Grabinschrift in Brunei ist er zu finden. Wahrscheinlich waren sie nicht nur im Handel aktiv, sondern förderten zugleich die Verbreitung des Islam. Daß in einigen chinesischen Küstenregionen vor allem später gelegentlich von Hui-hui-Gruppen die Rede ist, d.h. von Muslimen, mag ebenso auf den Einfluß dieser Kaufleute zurückgehen.

Neben den Händlern aus Westasien treffen wir längs der Westroute natürlich auch auf Personen aus Champa selbst, die nicht immer sauber von ersteren abzugrenzen sind. Champa, so ist zu ergänzen, sandte zugleich regelmäßig Tributdelegationen nach China, die oft über Hainan und Guangzhou nach Norden reisten. Parallel dazu berichten die Quellen von Gesandtschaften aus Jiaozhi, dem nördlichen

Hainan und das heutige Guangdong-Gebiet (Kartenausschnitt). Diese Nachzeichnung beruht auf einer Darstellung der Song-Zeit, der sogenannten «Jiuling shouling tu» (1121). Die Umrisse der Insel Hainan sind ungewöhnlich realistisch wiedergegeben.

Nachbarn Champas, die wohl meist den Landweg benutzten. Über diese Kanäle erhielt der Song-Staat z.B. Elefanten, Rhinozeroshorn, exotische Vögel und wertvolle Hölzer. Entsprechende Daten enthalten vor allem die umfangreiche Sammlung *Song huiyao (jigao)*, Ma

Duanlins *Wenxian tongkao* (14. Jahrhundert) und bestimmte Kapitel in den Song-Annalen.

Im Gegensatz zu früheren Zeiten wurde die Jiaozhi-Region jetzt nicht mehr von China aus verwaltet. Doch orientierte sich die Oberschicht dieses Gebietes kulturell nach wie vor an chinesischen Vorbildern. In dem hier betrachteten Zeitraum gab es mehrere Herrscherhäuser im Norden Vietnams, von denen die Ly-Dynastie (1010–1225) am wichtigsten war. Ihre Geschichte ist überwiegend in chinesischen

Werken dokumentiert, etwa in den gerade genannten Texten. Ende des 12. Jahrhunderts kam in China noch eine andere Bezeichnung für Jiaozhi in Mode: Annan (daraus abgeleitet «Annam»). Daneben wurde ebenso der Name Dai Viet benutzt.

Champa und Jiaozhi (bzw. Annan / Dai Viet) waren Rivalen und führten mehrere Kriege gegeneinander. Das zwang den Song-Staat zu diplomatischen und militärischen Maßnahmen, vor allem dann, wenn Jiaozhi-Flotten chinesische Küstenorte im Golf von Tongking bedrohten. Doch lag die betroffene Seeregion insgesamt eher abseits der großen Westroute, so daß vorübergehende Unruhen auf regionaler Ebene – gelegentliche Grenzkonflikte zwischen den Song und Jiaozhi eingeschlossen – den internationalen Handelsverkehr, der ja an der Ostseite Hainans vorbeilief, kaum wirklich beeinträchtigten.

Aus Sicht Champas bot sich noch eine andere Konstellation. Jiaozhi, das Zugang zum heutigen Yunnan hatte und von dort z.B. Pferde bezog, die auch Champa selbst benötigte, konnte am besten in Schach gehalten werden, wenn es von Süden und Norden her in die Zange genommen wurde. Das ließ Champa den nötigen Spielraum für Attacken gegen seinen westlichen Nachbarn, nämlich Zhenla. Um seine Position im internationalen Handel zu wahren, förderte Champa deshalb den Tributverkehr nach China, außerdem die Kontakte zu Kaufleuten in Quanzhou, Guangzhou und anderen Orten. Daneben hielt es offenbar Verbindungen zu den weiter südlich gelegenen Regionen, wie besonders aus späterer Zeit bekannt ist. Auch in kultureller Hinsicht erwies sich Champa als vielschichtig: Es blieb, wie schon unter den späten Tang, eingebunden in islamische Handelsnetze, während die höfische Welt eher das indische Erbe pflegte.

Werfen wir abschließend noch einen Blick auf den benachbarten Khmer-Staat. Dieser hatte nur selten Kontakt mit dem Song-Hof, doch wurde er, wie Champa, von chinesischen Händlern besucht. Im frühen 12. Jahrhundert begann dann in Zhenla eine Zeit des kulturellen Aufschwungs, in der die berühmte Tempelanlage von Angkor entstand. Gleichzeitig sind rege Beziehungen zu anderen Gebieten festzustellen, einige davon in weiter Entfernung. So sprechen mehrere Indizien für «politische» und kulturelle Kontakte zu den Cholas in

Schiffsdarstellung aus Angkor Thom, Kambodscha, um 1185. Vor allem Ruder, Anker und die in Matten eingeteilten Segel legen nahe, daß es sich um ein chinesisches Schiff handelt.

Südindien, die quer über das Bengalische Meer hinweg gepflegt wurden. In gewisser Weise hatte Zhenla damit eine Brückenfunktion zwischen seinen östlichen Nachbarn und einigen maritimen Regionen, die aus seiner Sicht in Übersee lagen.

DIE OSTSEITE DER MALAIISCHEN HALBINSEL, 11. BIS 13. JAHRHUNDERT. Weiter südlich, auf der Malaiischen Halbinsel, lagen Dengliumei (mehrere orthographische Varianten) und andere Gebiete, im tiefsten Süden der Halbinsel schließlich Foluo'an. So wenigstens deuten es chinesische Texte an. Diese Regionen unterhielten nur selten offizielle Beziehungen zum Song-Staat, aber untereinander wie mit anderen Ländern standen sie in lebhaftem Austausch. Wahrscheinlich wurden sie auch häufig von privaten chinesischen Händlern aufgesucht, vor allem ab dem 12. Jahrhundert. Ihre Identifikation mit heute bekannten Orten bleibt allerdings umstritten. Dengliumei ist z.B. mit Tambralinga (bei Nakhon Si Thammarat) gleichgesetzt worden, aber in der Literatur sind noch andere Vorschläge zu finden.

Während der letzten Jahre hat die Archäologie zusätzliche Einblicke in die Geschichte dieser Region ermöglicht. Dabei fällt auf, daß chinesische Keramik aus dem 10. und 11. Jahrhundert insgesamt eher selten auf der Malaiischen Halbinsel vorkommt. Mit dem 12. Jahrhundert ändert sich das jedoch. Grabungen bei Satingpra, im Umfeld von Nakhon Si Thammarat, belegen massive chinesische Einflüsse. Hier sind Stücke aus Zhejiang, Fujian und Guangdong gefunden worden. Überhaupt scheint diese Gegend, die heute zu Thailand gehört, damals eine zentrale Rolle im Handel gespielt zu haben.

Nicht klar ist hingegen, ob, wann und inwieweit die Ostseite der Malaiischen Halbinsel von außen «politisch» kontrolliert worden ist. Über mögliche Einflüsse aus Zhenla, Sri Lanka und Myanmar wurde angesichts vager Hinweise in Texten und kultureller Relikte – meist buddhistischer Herkunft – mehrfach spekuliert. Auch Srivijaya, dessen Kerngebiet noch immer auf Sumatra lag, könnte die malaiische Ostküste vorübergehend unter seine Fittiche genommen haben; sichere Belege fehlen aber.

Auffällig ist ferner, daß arabische Geographen jener Epoche wenig Konkretes über die Gebiete, welche heute zu Pahang, Terengganu oder Südostthailand zählen, zu berichten wissen. Die Präsenz muslimischer Händler in der Bengalen-See sowie auf dem «Westrouten»-Abschnitt zwischen Champa, Hainan und Quanzhou ist eindeutig belegt, aber für das Segment dazwischen würde man sich genauere Angaben wünschen. Vielleicht wurde diese Region lange von bestimmten Gruppen gemieden, doch das mag genausogut ein Trugschluß sein, zumal epigraphisches Material, wie gesagt, sehr wohl auf rege Außenkontakte deutet.

SRIVIJAYA UND JAVA, 11. BIS 13. JAHRHUNDERT. Im tiefen Süden der Malaiischen Halbinsel und auf Sumatra scheint Srivijaya im ausgehenden 10. und frühen 11. Jahrhundert, wie schon davor, die führende Macht gewesen zu sein. Song-Texte nennen mehrere Tributdelegationen, die von dort kamen. Daneben gab es vielschichtige halboffizielle und private Kontakte zwischen einzelnen chinesischen Häfen und «Sanfoqi», wie Srivijaya noch immer in den Quellen hieß. Gelegentlich ist die Vermutung geäußert worden, Srivijaya habe sich damit das Wohlwollen Chinas sichern wollen. Vor allem die Zeit kurz nach 1000 zeige Spuren komplexer Rivalitäten rund um das Srivijaya-Gebiet, die von Angkor im Norden, Java im Osten und den Cholas im Westen ausgingen.

Am gefährlichsten waren offenbar die Cholas. Sie sollen Srivijaya im Jahr 1025 von Südindien aus attackiert und geplündert haben. Dabei seien mehrere Bastionen vorübergehend in die Hände der Angreifer gefallen. Als Beleg hierfür dient in erster Linie eine Inschrift in Südindien. Allerdings sind die Einzelheiten des Konfliktes bis heute unklar geblieben – wenn er denn überhaupt in dieser Form stattgefunden hat. Unklarheit herrscht auch hinsichtlich eines weiteren Angriffs in der Zeit um 1068/69.

Spätere chinesische Aufzeichnungen legen nahe, daß Srivijayas alte Schlüsselrolle im Handel zwischen «Ost» und «West» von diesen Aktionen unberührt blieb. Denn immer noch hören wir von Händlern, die aus verschiedenen Ländern nach Sumatra kamen, oder davon, daß Chinesen dort ihre Schiffe warten ließen. Manche hielten sich sogar dauerhaft in Srivijaya auf. All das spricht nicht unbedingt für einen tiefen Einschnitt in der Geschichte Sumatras. Zhao Rugua, der im frühen 13. Jahrhundert schrieb, nennt sogar mehrere Gebiete, die damals angeblich von Srivijaya abhängig waren. Darunter finden sich Pahang, Kelantan, das oben genannte Foluo'an und andere Orte auf der Malaiischen Halbinsel, ferner Xintuo (vermutlich Sunda an der gleichnamigen Straße), Lambri (Ramni etc.) im Norden Sumatras und sogar das ferne Sri Lanka! Natürlich ist diese Liste mit Vorsicht zu genießen, denn in den meisten Fällen kann sie nicht durch lokale Quellen verifiziert werden.

Parallel zu den mutmaßlichen Spannungen rund um Srivijaya und den Chola-Angriffen wurde der Osten Javas ab Ende des 10. Jahrhunderts immer wichtiger. Noch vor der Jahrhundertwende gerieten Java und Srivijaya in einen kurzen Konflikt. Im frühen 11. Jahrhundert unterwarf der javanische König Airlangga, angeblich Srivijayas momentane Schwäche nutzend, das benachbarte Bali und stärkte damit zugleich seine Position im Gewürzhandel mit den Molukken. Doch nach Airlanggas Tod (1049) zerbrach sein Reich in zwei Fürstentümer, und erst 1222 wurde Ostjava wieder vereinigt.

An der Struktur überregionaler Handelsströme änderten diese Machtverschiebungen wohl recht wenig. Srivijaya und die javanische Küste standen bis weit in das 13. Jahrhundert hinein in regem Kontakt mit China und den Anrainern des Indischen Ozeans, wie zuvor. Und dieselben Produkte, die bereits unter den Tang ausgetauscht worden waren, flossen auch jetzt von Ost nach West und Süd nach Nord. Dieser «Gleichgewichtszustand» währte bis in das ausgehende 13. Jahrhundert, als er von Norden durch die expandierenden Thais und von Osten durch Java selbst gestört wurde. Das scheint zugleich Srivijaya erheblich geschwächt zu haben.

Die mongolische Eroberung Südchinas und die Seerouten. Um den weiteren Gang der Ereignisse besser verstehen zu können, müssen wir zurückkehren an die südchinesische Küste. Als die Yuan-Truppen nach Fujian und Guangdong vorstießen, kapitulierten etliche Orte nahezu kampflos. Vor allem Quanzhou zählte zu den wichtigen Zentren, die ohne größeren Schaden ihre Besitzer wechselten. Das verdankte die Stadt den islamischen Kaufleuten, besonders einem gewissen Pu Shougeng, der hohe Ämter innehatte und sich gegen die chinesische Seite stellte. Daß Pu Shougeng für die neuen Herren optierte, entsprach insofern den Zeitumständen, als der Mongolen-Staat in jener Phase schon weite Teile Westasiens kontrollierte – sogar die Iran-Region und das Zweistromland – und viele Muslime für Verwaltungsaufgaben eingestellt hatte. Folglich rechneten sich die Ausländer in Quanzhou gute Überlebenschancen aus, wenn sie überliefen. Diese Rechung war nicht ganz falsch, obgleich andererseits bedacht werden muß, daß im Laufe der 1280er Jahre mehrfach antimuslimische Edikte herausgegeben wurden.

Eine völlig andere Situation ergab sich in Zentral-Guangdong. Hier tobten bis zuletzt heftige Kämpfe, weshalb auch Guangzhou schwer verwüstet wurde. Von diesem Schlag sollte sich die Stadt lange nicht erholen, und das beeinträchtigte zugleich ihren Außenhandel. Zwar wurden in den Jahren danach Wiederaufbauarbeiten geleistet und, wie in Quanzhou, entsprechende Amtsträger für die Überwachung des Seeverkehrs eingesetzt, aber viele fremde Kaufleute, die zuvor in Guangzhou gelebt hatten, wichen nun nach Fujian aus, vor allem nach Quanzhou. Fortan rangierte Guangzhou nur noch hinter der Metropole in Fujian.

Diese Verschiebung wurde von mehreren Umständen begleitet, wenn nicht sogar gefördert. Erstmals in der Geschichte zeigte ein Großreich auf dem chinesischen Festland wirkliches Interesse an der Fujian gegenüberliegenden Insel Taiwan und den Pescadoren, auf denen die Yuan vorübergehend einen Außenposten errichteten. Des weiteren expandierte die Schiffahrt entlang der noch jungen Ostroute, die unter den Song meist nur bis Mindanao genutzt worden war. Nunmehr berichten die Quellen von den Sulu-Inseln, der Klabat-Region im Nordosten Sulawesis, von den Molukken, den Banda-Eilanden und selbst der großen Insel Timor. Die weltweit ersten Kurzbeschreibungen der genannten Gegenden liefert ein gewisser Wang Dayuan (1349/50), der behauptet, ausgedehnte Reisen unternommen zu haben.

Seinem Werk und einem weiteren, dem fragmentarisch erhaltenen *Nanhai zhi* (1304), kann zugleich entnommen werden, daß die Geographen jener Epoche von anderen Raumkonzepten ausgingen als ihre Vorgänger. Die Gebiete längs der Ostroute wurden unter den Namen «Kleiner Östlicher Ozean» (Xiao Dongyang) und «Großer Östlicher Ozean» (Da Dongyang) zusammengefaßt, jene entlang der Westroute hießen «Kleiner Westlicher Ozean» (Xiao Xiyang) und «Großer Westlicher Ozean» (Da Xiyang). Dabei lag die gedachte Grenze zwischen den westlichen und östlichen Meeren ungefähr in Höhe der Singapur-Straße bzw. bei Sumatra.

Diese letztendlich routengeleitete Aufteilung der südostasiatischen Seegebiete deutet eine gewisse Gleichwertigkeit zwischen den genannten Zonen an, daß heißt, die junge Ostroute gewann unter den Mongolen an relativem Gewicht. Dazu paßt noch die folgende Überlegung: Der Handelsverkehr entlang der traditionellen Westroute wurde durch militärische Unternehmungen vorübergehend gestört, weshalb sich Quanzhous Kaufleute um die Erschließung neuer Märkte weiter östlich bemühten. Und da einige dieser Händler Muslime waren, ebneten sie auch den Weg für die allmähliche Ausbreitung des Islam innerhalb der «Sulu-Zone».

Turbulenzen entlang der Westroute am Ende des 13. Jahrhunderts. Schon vor dem Fall der Song waren die Mongolen, Sichuan von Norden nach Süden durchquerend, gegen das Reich Dali im Yunnan-Gebiet und gegen Annam im Norden Vietnams vorgerückt. Die Aktionen gegen Annam sollten noch einige Zeit andauern. Ab 1282 griffen Yuan-Einheiten dann auch verstärkt Champa an, Annams südlichen Nachbarn. Hierbei kamen Hunderte von Schiffen zum Einsatz, die auf der Westroute verkehrten. Da Champa heftigen Widerstand leistete und bei seinen Nachbarn, selbst dem weit entfernten Shepo – jetzt vielleicht Ostjava (?) –, um Hilfe ersuchte, dauerte der Konflikt länger als vorgesehen. Erst um 1289 arrangierten sich beide Seiten.

Drei Jahre später, 1292, fuhr eine ganze Armada unter mongolischer Flagge bis vor die Südspitze Vietnams und von dort via Kalimantan weiter nach Java. Angeblich tausend Schiffe waren daran beteiligt. Die schließlich auf Java abgesetzten Truppen erzielten aber nicht den erhofften Erfolg, so daß sich auch dieser Konflikt hinzog und die Flotte wieder nach Quanzhou zurückkehren mußte. Die gesamte Aktion erforderte wahrscheinlich intensive Nachschubleistungen und betraf vermutlich gleichfalls die ansonsten kommerziell genutzte Westroute.

Bereits wenige Jahre vor bzw. parallel zu den Flottenunternehmungen gegen Champa und Java waren andere Teile Südostasiens von mehreren Krisen erschüttert worden. Auch diese Ereignisse mögen den friedlichen Handel vorübergehend destabilisiert haben. Aus dem Herzen Thailands stießen z.B. Truppen des aufstrebenden Sukothai gegen Zhenla, Pagan und den Norden der Malaiischen Halbinsel vor, möglicherweise gelangten diese sogar bis Tumasik nahe des heutigen Singapur. Und von Java aus hatte Kertanagara, einer der Nachfolger Airlanggas, Soldaten nach Sumatra schicken lassen. Srivijaya sah sich demzufolge über mehrere Jahre an zwei Fronten bedrängt. Bald danach waren offizielle Delegationen von dort und anderen Orten an den mongolischen Hof gereist, wohl in der Hoffung auf schnelle Hilfe. Außerdem hatte sich Samudra-Pasai zu Wort gemeldet, das auf Nordwestsumatra lag, wie Aru und Lambri, und gleichfalls Gesandte in die Yuan-Hauptstadt schickte (1282), um die Gunst der Mongolen buhlend.

All das deutet auf mehrere lokale Machtverschiebungen, die den Handelsverkehr längs der großen Westroute, zumindest auf einigen Abschnitten, seit den 1270er Jahren periodisch beeinträchtigten. Wahrscheinlich trugen diese Entwicklungen auch dazu bei, daß die Yuan schließlich gegen Java vorgingen. Länder und Orte, die nicht freiwillig zu den Mongolen überliefen – dazu gehörten die entsprechenden Gebiete auf Java –, mußten eben mit Gewalt unterjocht werden, so die Sicht des Khans. Für die Kaufleute in China war es angesichts der damit verbundenen Turbulenzen vermutlich opportuner, die weniger belastete Ostroute zu erschließen, als sich allein und ausschließlich auf die Westroute zu verlassen. Nach Durchsetzung einer Art *pax mongolica* – auch das war vielleicht Teil des Kalküls – würden sich die Westroutengebiete ohnehin leichter bedienen lassen.

Natürlich soll das oben Gesagte nicht bedeuten, daß der Handel entlang der betroffenen Routenabschnitte völlig zum Erliegen kam. Dennoch mögen einzelne Gruppen in Ostasien für eine gewisse Zeit von ihren Kollegen westlich der Melaka-Straße abgeschnitten worden sein. Denkbar ist zudem eine Intensivierung alternativer Verbindungen an der Westseite Sumatras und durch die Sunda-Straße. Archäologische Funde in Lobu Tua, bei Barus, unterstützen diese These jedoch kaum. Es sind dort zwar zahlreiche Objekte viel früheren Datums gefunden worden, außerdem gab es in Barus persische und indische Kaufleute, selbst Kontakte bis hin nach Fustat in Ägypten lassen sich rekonstruieren, aber eine Verdichtung dieser Indizien für die Zeit um 1300 ist nicht wirklich festzustellen.

MAJAPAHIT UND DIE WIEDERBELEBUNG DES FERNHANDELS. Nach dem Tode Khubilais (1294) ließ der mongolische Druck auf Südostasien spürbar nach. Das kam einigen Ländern entgegen, etwa Sukothai, dem große mongolische Kriegszüge erspart geblieben waren, oder den vielen Orten entlang der Malaiischen Halbinsel sowie der javanischen Welt. Wahrscheinlich profitierten ebenso die Kaufleute hiervon, wenngleich der Seeverkehr in China erst ab den 1320er Jahren wieder freier wurde.

Derweil war auf Ostjava das im Inland gelegene Majapahit zur neuen Hauptstadt aufgestiegen (1292) – vielleicht infolge des mißlungenen Yuan-Angriffs. Reichtum und Ansehen verdankten die Majapahit-Herrscher wohl vor allem dem Landbau, einem komplexen Besteuerungssystem und den nordjavanischen Häfen, die allmählich unter ihren Einfluß gerieten und Gewinne abwarfen.

Während diese Elemente meist als unbestritten gelten, wird die politisch-militärische «Wirkkraft» Majapahits, die sich in der ersten Hälfte des 14. Jahrhunderts entfaltet haben muß, sehr unterschiedlich eingeschätzt. Das hat vor allem mit dem berühmten Heldenepos *Nagarakertagama* (1365) zu tun, in dem es heißt, etliche entfernte Regionen seien damals von Majapahit abhängig gewesen. Einige Historiker sehen hierin friedliche, überwiegend rituell definierte Tributverhältnisse. Andere glauben, Majapahit habe über schlagkräftige Truppen verfügt und viele Gebiete erobert. Fest steht wohl, daß es mehrfach auf Bali und Madura aktiv wurde, außerdem, daß es später gegen Ostsumatra militärisch vorging. Dies könnte tatsächlich für eine gewisse Interventionsfähigkeit sprechen. Chinesische Nachrichten deuten sogar an, Majapahit habe während des 14. Jahrhunderts in einen Konflikt zwischen Sulu und Brunei eingegriffen. Einige Elemente würden also zum Bild einer kriegerischen Hegemonialmacht passen. Doch andererseits ist einzuräumen, daß die meisten Details völlig offen sind und die Wissenschaft keine gesicherten Angaben zu den unterstellten Militärunternehmungen kennt.

Darüber hinaus können für das frühe 14. Jahrhundert sicher noch andere südostasiatische Lokalkonflikte benannt werden. Im überregionalen Kontext spielten sie aber keine Rolle. Vielmehr scheint die Welt rund um das Südchinesische Meer sehr bald wieder mehr Stabilität geboten zu haben und somit den für internationale Kontakte erforderlichen Rahmen. Zwar überfielen Piraten fremde Frachter – wohl vorzugsweise in der heutigen Singapur-Gegend –, dafür gab es keine großen mongolischen Kriegsflotten mehr, die das Meer durchquerten. Statt dessen bestimmten erneut die Händler das Bild – reich beladene Schiffe aus China, Champa, Java, Indien, Westasien und anderen Regionen. Die Gebiete entlang der alten Westtrasse, so dürfen wir spekulieren, erholten sich.

Am chinesischen Ende dieser Route gehörte die weitgehende Freigabe des Fernhandels zu den Umständen, die zur allgemeinen Konsolidierung der Lage beitrugen, den neuen Aufschwung förderten. Für einige Dekaden schien es gar eine echte *pax mongolica* zu geben – «echt», weil düstere Drohungen und Strafaktionen ausblieben. Doch andererseits hatte der politische Einfluß des Khans nie so weit nach Süden gereicht, als daß man wirklich von einer effizienten Oberaufsicht sprechen könnte. Im übrigen wußten die Zeitgenossen um die fehlgelaufenen Unternehmungen gegen Java und Japan – und um die Tatsache, daß die Herrschenden im Yuan-Staat als ehemaliges Reitervolk von der See im Grunde wenig verstanden.

REISEBERICHTE. Gleichfalls in diese Epoche gehören Kulturtransfer und Reiseberichte. Marco Polo soll schon Ende des 13. Jahrhunderts von Quanzhou aus den Heimweg angetreten haben. Falls zutreffend und falls er überhaupt nach China gekommen war, was bekanntlich von einigen Spezialisten bezweifelt wird, müßte er ungefähr zu der Zeit in Südostasien gewesen sein, zu der auch der mongolische Angriff auf Java stattfand.

Über die vorübergehende Präsenz anderer Venezianer im Mongolenstaat ist viel spekuliert worden, die meisten Einzelheiten bleiben indes umstritten. Manchmal eher derb geht es bei Odorico da Pordenone zu, dessen Grab in Udine ist. Auch er war gelegentlich per Schiff unterwegs und ließ nach seiner Rückkehr (1330) in Italien einen langen Bericht anfertigen. In sechzehn Jahren habe dieser Franziskaner 20 000 Heiden bekehrt, wurde später feierlich behauptet. Doch das mit wundersamen Elementen ausgestattete Itinerarium sagt hierzu ziemlich wenig. Einige interessante Angaben sind ihm dennoch zu entlocken, etwa zu Samudra, den Nikobaren und ähnlich «exotischen» Orten.

Ganz anders lesen sich die Aufzeichnungen des berühmten Ibn Battuta. Persönliches und Ethnographisches gehen bei ihm eine unterhaltsame Symbiose ein. Und nahezu überall, wo der lebensfreudige Berichterstatter geweilt haben will, weiß er von Glaubensbrüdern und Geschäftsfreunden zu erzählen, von Moscheen und anderen islamischen Einrichtungen. Hier wird das muslimische Netzwerk, das sich längst von Marokko bis nach China ausgefaltet hatte, durch die Brille eines «Insiders» gesehen. Kleine Bemerkungen – auf vermeintlich Erlebtem oder frei Erfundenem basierend, gleichsam literarische Vorgaben einhaltend – erweisen sich mitunter als wichtig: An einer Stelle etwa beschreibt er die großen chinesischen Schiffe, die er über alle Maßen lobt, ob der Stabilität und des Komforts, den sie geboten hätten. In anderen Kapiteln wiederum huldigt er der Damenwelt oder schildert seine Begegnungen mit außergewöhnlichen Personen. Welche Länder Ibn Battuta am Ende wirklich besucht hat, ist angesichts dieser und ähnlicher Episoden eine offene Frage. Vielleicht gehört seine Beschreibung ja eher ins literarische Milieu und weniger in die Geschichtswissenschaft.

Fast nüchtern klingen dagegen die Schilderungen Wang Dayuans, den wir schon vorgestellt hatten. Auch er will mehrere Länder und Orte Südostasiens sowie etliche Anrainer rund um den Indik bereist haben – höchstpersönlich, wie es im Nachwort heißt. Wiederum sind Zweifel angebracht, doch seine Ausführungen sind insofern wichtig, als sie neben der Westroute ebenso die Eilande und Orte entlang der Ostroute von Quanzhou bis hin zu den Gewürzinseln im Visier haben. Diesem Text kommt daher eine Schlüsselfunktion zu, obschon er nicht frei von wundersamen Topoi ist und viel traditionellen Ballast trägt.

Ein anderes Werk, dessen Autor Zhou Daguan heißt, berichtet exklusiv über den Khmer-Staat. Ihm können wir wertvolle soziologische, naturkundliche und andere Details entnehmen, etwa zu den Bauten in Angkor. Außerdem erwähnt Zhou Daguan die Präsenz chinesischer Kaufleute vor Ort. Leider sind ähnliche Texte aus der Song- und Yuan-Zeit zu weiteren Ländern heute verloren. Hinweise in alten Katalogen lassen aber erahnen, wie wichtig die chinesischsprachige Berichterstattung über die maritimen Regionen Südostasiens damals gewesen sein muß. Vergleichbares ist von keiner anderen Seite überliefert.

Östlicher Indik: Arena großer Interessen?

Die Cholas: maritime Grossmacht im 11. Jahrhundert? Bereits für die zweite Hälfte des ersten nachchristlichen Jahrtausends ließen sich mehrere Verbindungswege quer durch die Bengalen-See und das Andamanische Meer ermitteln, wie oben gezeigt. Die zweifelsfrei wichtigste Route führte von der Westspitze Sumatras nach Sri Lanka und von dort zur indischen Südostküste. Auch in dem hier vorzustellenden Zeitabschnitt dürfte dies ähnlich gewesen sein. Die Hauptakteure am südostasiatischen und am indischen Ende jener Verbindung sind ebenfalls schon mehrfach genannt worden: Srivijaya und die Cholas.

Im Laufe des 11. Jahrhunderts erweiterten die Cholas ihren Machtbereich, indem sie zunächst große Teile Südindiens unter ihre Kontrolle brachten. So schlugen sie die Pandyas in Madurai und die Ceras an der Malabar-Küste. Davor bzw. parallel dazu eroberten sie Sri Lanka und alsbald auch einige Gebiete in Zentralindien, welche zuvor unter Calukya-Herrschaft gestanden hatten. In den Jahren 1022/23 drangen Chola-Truppen außerdem bis nach Bengalen vor, wo sie die Palas besiegten. Alle diese Unternehmungen waren, wohlgemerkt, Landkriege.

Wenig läßt sich hingegen zu den maritimen Expeditionen des Chola-Reiches sagen. Von den Attacken gegen Srivijaya ist bereits berichtet worden. Gelegentlich ist zu lesen, die Cholas seien auch gegen die Andamanen und Malediven vorgegangen, doch die Indizien dafür bleiben vage. Eine weiträumige Kontrolle der andamanischen Inseln, von denen viele bis heute als kaum zugänglich gelten, dürfte während dieser frühen Zeit nicht möglich gewesen sein – ganz abgesehen davon, daß ihre dauerhafte Besetzung keinen wirtschaftlichen Nutzen gebracht hätte. Selbst hinsichtlich des Malediven-«Abenteuers» stellen sich viele Fragen, zumal es keine eindeutigen Belege hierfür gibt.

Welcher Natur also waren die Flottenunternehmungen der Cholas, wenn sie denn stattgefunden haben? Müssen sie als einfache Beutezüge gesehen werden? Oder waren sie vielleicht doch Teil einer komplexen Expansionsstrategie? Träfe letzteres zu, dann hätten wir es um die Mitte des 11. Jahrhunderts mit einer maritimen Großmacht zu tun, deren politischer Einfluß vom östlichen Saum des Arabischen

Meeres über den Golf von Manar und Sri Lanka bis hin zur Westseite Südostasiens reichte. In diesem Falle wäre das Chola-Reich tatsächlich als Konkurrent Srivijayas einzustufen. Die Kontrolle möglichst vieler Warenströme, die Anerkennung durch dritte, eventuell auch der Wunsch nach religiöser Vorherrschaft – all dies könnten Gründe für ein solches Konkurrenzverhältnis gewesen sein.

Doch die Textquellen sind nicht sehr ergiebig. Zwar deuten Inschriften darauf, daß die Cholas periodisch rege diplomatische Kontakte zu Srivijaya und selbst zu den Khmer unterhielten und der Khmer-Staat offenbar seinerseits um die Gunst der Cholas bemüht war, aber von einigen wenigen Anhaltspunkten darauf schließen zu wollen, der östliche Indik sei über lange Zeiträume ins Visier rivalisierender Flottenmächte geraten, klingt riskant. Wäre dem so gewesen, hätten chinesische Texte sehr wahrscheinlich davon berichtet. Zhou Qufei und Zhao Rugua erklären zwar, das Chola-Reich habe häufig Kriege gegen andere indische Fürsten geführt und 60 000 Kriegselefanten aufbieten können, doch zu den maritimen Unternehmungen schweigen sie. Auch den insgesamt recht spärlichen Meldungen zu verschiedenen südindischen Gesandtschaften, die an den Song-Hof kamen und unter anderem große Mengen echter Perlen brachten – wohl aus dem Golf von Manar –, sind keine zusätzlichen Auskünfte abzuringen.

Durch Inschriften eindeutig belegt ist hingegen, daß verschiedene Gilden von den Chola-Gebieten aus regelmäßige Handelsverbindungen nach Südostasien pflegten. So gab es z.B. tamilische Händler in der Barus-Region auf Sumatra. Parallel dazu lassen sich auch kulturelle Einflüsse feststellen, die in beide Richtungen weisen. Mehrere große Tempelanlagen Südindiens erinnern an die Angkor-Bauten, umgekehrt zeigen buddhistische Skulpturen auf Sumatra deutliche Chola-Merkmale. Intensive religiöse Kontakte zwischen Südostasien und Südindien sind darum sehr wahrscheinlich, wie bereits in den Jahrhunderten davor. Doch derlei muß nicht unbedingt mit militärischen Unternehmungen einhergegangen sein.

Die Westseite der Malaiischen Halbinsel: im Brennpunkt internationaler Rivalitäten? Im 11. Jahrhundert stieg im heutigen Myanmar das Pagan-Reich auf. Bald eroberte es die

Mon-Gebiete im Irawadi-Delta, die Region um Thaton und andere Territorien, die heute ebenfalls zu Myanmar zählen. Hierzu gehörten außerdem Tavoy und die Mergui-Gegend sowie möglicherweise noch andere Küstenabschnitte weiter südlich davon. Welche Konsequenzen diese Entwicklungen für den Handel in den genannten Regionen hatten, ist nicht genau abzuschätzen. Wahrscheinlich erfuhr der Austausch in Nord-Süd-Richtung, entlang der Küste, einen gewissen Aufschwung, der sich zugleich fördernd auf Transporte hinüber in die Gebiete am Chao Phraya ausgewirkt haben könnte.

Diese Überlegungen haben zu weiteren Spekulationen geführt. Der berühmte Isthmus von Kra, am südlichen Saum des Einflußgebietes von Pagan, sei ins Blickfeld widerstreitender Interessen gerückt, so eine Theorie. Hier, im Mittelteil der Malaiischen Halbinsel, könnten gar die geopolitischen Visionen Pagans, der Cholas, Srivijayas und vielleicht noch anderer direkt oder indirekt aufeinandergeprallt sein. Sollte dies zutreffen, dann hätten wir es dort tatsächlich mit einer Reibungszone zwischen rivalisierenden Großmächten zu tun.

Eine Überlegung lautet z.B., Takuapa, an der Westseite der Halbinsel postiert, sei als Handelsbasis von dem weiter südlich gelegenen Kedah endgültig abgelöst worden, und zwar vor allem durch Einwirken der expandierenden Cholas. Diese hätten demnach eine Art Keil zwischen Pagan und Srivijaya getrieben. Weniger dramatisch klingt eine andere Variante: Neben den Cholas habe besonders Srivijaya Interesse an der Melaka-Straße gezeigt, ungeachtet der politischen Situation weiter nördlich, im malaiischen Mittelsegment; Pagan und andere seien dagegen für eine Neubelebung transisthmischer Verbindungen eingetreten. Das würde, genau genommen, zwei Spannungszonen unterstellen: eine in der Kra-Gegend und eine zweite weiter südlich. Doch auch dies bleibt Spekulation. Weder chinesische noch arabische Nachrichten könnten solche Vermutungen wirklich unterstützen.

SRI LANKA IM 12. JAHRHUNDERT. Um 1070 scheinen sich die Gewichte erneut verschoben zu haben. Die Cholas brachten zwar Quilon (Kollam) an der Westseite Indiens vorübergehend unter Kontrolle, doch ihre Herrschaft über Sri Lanka ging nun dem Ende zu. Hier beginnt die Geschichte des Polonnaruva-Reiches, das vor allem im

12. Jahrhundert kulturell an Bedeutung gewann und die Geschicke der Insel beeinflußte.

Die Vertreibung der Cholas führte vermutlich auch zu einer raschen Belebung des ceylonesischen Außenhandels, wenn er denn tatsächlich unter den indischen Besatzern gelitten hatte, wie gelegentlich angenommen wird. Offenkundig ist jedenfalls, daß im folgenden häufiger Schiffe aus Sri Lanka nach Myanmar und zur Malaiischen Halbinsel segelten. Südostasiatische und chinesische Produkte, die zuvor in tamilische Hände gelangt waren, erreichten damit wieder verstärkt die ceylonesische Welt, wie zugleich auch erneut mehr Waren in umgekehrter Richtung flossen.

Schwer zu deuten sind hingegen einige fragmentarisch überlieferte Ereignisse, die gleichfalls dem 12. Jahrhundert zugeschrieben werden. Tambralinga auf der Ostseite der Malaiischen Halbinsel sei zwischen 1130 und 1176 unter formale Kontrolle der Singhalesen geraten, so die Interpretation einer Inschrift. Eine andere Geschichte bezieht sich auf Myanmar: Personen aus Sri Lanka, die offenbar über See gekommen waren, hätten den Hafen von Bassein im Irawadi-Delta sowie zwei weitere Orte angegriffen, um Pagan zu maßregeln. Schließlich wird gar berichtet, Pagan sei «mit Erlaubnis des Königs von Sri Lanka» gegen Tambralinga vorgerückt. Wieviel an diesen Meldungen wahr ist, bleibt ein Geheimnis. Möglich ist allerdings, daß sie eine kurze Phase politischer Auseinandersetzungen widerspiegeln, während der Sri Lanka in Südostasien vorübergehend die frühere «Polizistenrolle» der Cholas übernahm, bevor dann Ende des 12. Jahrhunderts erneut kulturelle Verbindungen in den Vordergrund traten.

Über den Buddhismus rückten Sri Lanka und Myanmar nämlich wieder zusammen, alte Traditionen neu belebend. Als zentrales Ereignis gilt die Gründung einer theravada-buddhistischen Schule in Pagan (1190), die sich an den Regeln der Mahavihara-Sekte auf Ceylon orientierte. In den Folgejahren gewann diese Richtung Anhänger auch in anderen Orten Südostasiens, etwa in Angkor. Parallel dazu blühte die Pali-Literatur in Myanmar auf. Außerdem sind dort architektonische Einflüsse aus Sri Lanka festzustellen, z.B. bei einigen Stupas. Doch fast wichtiger noch: Der kulturelle Transfer blieb nicht eingleisig, Gedanken und «Know how» flossen ebenso in die umgekehrte Richtung. So zeigt z.B. der Sat Maha Prasada in Polonnaruva deutliche Spuren des sogenannten Dvaravati-Stils, der in Kambodscha und Thailand seine Heimat hat. Zusammengefaßt nahm demnach im Laufe des 12. Jahrhunderts der Austausch zwischen Kontinentalsüdostasien und Sri Lanka zu. Begünstigende Faktoren hierfür waren der Rückgang politisch-militärischer Kontrolle durch die Cholas, der nahezu zeitgleiche Aufstieg Pagans sowie Sri Lankas Einflußnahmen quer über die Bengalen-See.

Die indische Ostküste im 12. und 13. Jahrhundert. Daneben sind noch andere Entwicklungen zu berücksichtigen, die uns nach Südindien zurückwerfen. Dort blieben die Cholas im 12. und 13. Jahrhundert als Lokalmacht noch für eine gewisse Zeit dominant, doch die Pandyas lösten sich nun und reduzierten damit den Chola-Einfluß über die Madurai-Region und selbst über das Quilon-Gebiet. Dies ist zudem die Epoche, in der Marco Polo durch Südindien gereist sein will. Er beschreibt das Pandya-Terrain als reich, außerdem als Durchgangsort für viele fremde Händler, die vor allem Pferde aus Westasien brachten, um im Gegenzug indische und südostasiatische Produkte zu erwerben.

In die Auseinandersetzungen zwischen Cholas und Pandyas wurden mehrere andere Mächte verwickelt, auch Sri Lanka, das jetzt aber vorübergehend politisch fragmentiert war und darum als Handelsraum und politische Kraft bald wieder schwächelte. Angeblich geriet es im 13. Jahrhundert sogar in Opposition zu dem weit entfernten, gerade erwähnten Tambralinga, wie aus späteren Schriftquellen rekonstruiert wurde. Religiöse Motive mögen die Ursachen für diese merkwürdige Konstellation gewesen sein. Die Details bleiben jedoch offen, unklar sind ebenso die Folgen, die sich daraus für den Fernhandel ergeben haben könnten.

Im Nordosten Indiens, der im 11. Jahrhundert von den Cholas angegriffen worden war, regierten während des 12. Jahrhunderts noch immer die Palas. Diese wurden von den Senas abgelöst, die ihrerseits recht bald den türkisch-afghanischen Ghuriden unterlagen. Damit gingen auch die buddhistischen Hochburgen Bengalens allmählich verloren. Einigen Mönchen gelang jedoch die Flucht nach Myanmar, was die Klöster in Pagan und anderen Orten stärkte, während Bengalen zusehends unter islamischen Einfluß geriet. Da die alte «Achse» zwischen den buddhistischen Zentren Nordostindiens und Srivijaya hiermit unwiderruflich der Vergangenheit angehörte, verlagerten sich die religiösen Kontakte zwischen Süd- und Südostasien mehr und mehr zur schon beschriebenen Linie Sri Lanka-Myanmar.

Als das Ghuriden-Reich wenig später zerbrach, erlebten Bengalen und Bihar noch einmal schwere Wirren, in die sich schließlich das berühmte Delhi-Sultanat als neue Regulativmacht einmischte. Folglich blieben die nordöstlichen Küstenabschnitte des Subkontinents islamisch beeinflußt. Dies lockte wahrscheinlich sehr bald Kaufleute aus den Küstenorten rund um die Arabische See herbei, doch Details sind kaum zu finden. Wenig wissen wir auch über mögliche Kontakte zwischen Bengalen und den islamischen Kaufleuten Südostasiens. Erst etwas später werden entsprechende Einzelheiten in arabischen Texten sichtbar.

Einschnitte im ausgehenden 13. und frühen 14. Jahrhundert. Der Übergang vom 13. zum 14. Jahrhundert brachte weitere Änderungen. Pagan wurde von Norden her durch die Mongolen bedrängt, und als es schließlich 1289 zusammenbrach, strebten verschiedene Gebiete, die zuvor geeint worden waren, wieder nach mehr Eigenständigkeit. Im Küstenbereich scheint vor allem Pegu hiervon profitiert zu haben. Andererseits übten die Mongolen weiter Druck aus, außerdem hatten kriegerische Auseinandersetzungen, die vorübergehend von Sukothai und anderen Mächten ausgegangen waren, gleichfalls negative Folgen. Zumindest nördlich und östlich von Pegu dürften die Bedingungen für Handel und Verkehr demnach nicht gerade günstig gewesen sein.

Parallel dazu wurde Samudra als kleine Handelsmacht immer bedeutender. Anzeichen dafür sind z.B. der lokalen Chronik *Hikayat Raja Raja Pasai* zu entnehmen. Schon kurz vor 1300 sind in Samudra erste islamische Spuren festzustellen, gleichsam ein Vorzeichen für strukturelle Verschiebungen innerhalb des arabisch-persischen Handelsnetzes in der gesamten Region, denn später sollten die Häfen auf Nordsumatra bekanntlich eine zunehmend wichtige Rolle für die islamischen Verbindungen quer durch die Bengalische See spielen. Sogar Ibn Battuta will dort auf dem Weg von und nach China Station eingelegt haben.

Im Nordwesten Indiens finden wir inzwischen das Delhi-Sultanat in Abwehrkämpfe gegen die Mongolen verwickelt, die auch hier von Land her, von Nordwesten, angriffen. Doch das Sultanat konnte sich vorerst halten und ging um 1300 unter seinem Herrscher Ala-ud-din sogar noch einmal in eine expansive Phase über, in der es Gujarat eroberte, um sich anschließend nach Zentral- und Südindien zu wenden. Das erste große Opfer dieser südwärts gerichteten Expansion waren die Kakatyas, deren Hauptstadt Warangal, im Norden des heutigen Andhra-Pradesh-Gebietes, 1310 fiel. Es folgten die Unterwerfung der Hoysala-Dynastie im Südwesten und schließlich der Pandya-Metropole Madurai. Fortan leisteten diese Gebiete Tributzahlungen an den Norden.

Die Herrschaft des islamisch orientierten Delhi-Sultanats über die eroberten Südgebiete wird unterschiedlich eingeschätzt. Handel und Verkehr in den Küstenregionen scheinen gelitten zu haben. Fest steht, daß Gold und Reichtümer von den tamilischen Gebieten in die nördliche Metropole gelangten, wohl meist auf Anordnung der neuen Machthaber. Offenbar wurde auch das Hinterland einzelner Küstensiedlungen geschädigt, etwa durch systematische Tempelplünderungen. Damit fehlte es im Süden an Kapital, und die Überseehändler in den Koromandel-Orten mußten ihre geschäftlichen Aktivitäten deutlich einschränken.

Das wiederum mag eine andere Entwicklung begünstigt haben: den Aufstieg der Malabar-Häfen. Internationale Warenströme, so wurde argumentiert, seien nun häufiger durch Kalikut und Quilon und dafür umso seltener durch Orte wie Nagapattinam an der Ostküste geflossen. Auch über Gewichteverschiebungen innerhalb der tamilischen Gebiete ist nachgedacht worden. So habe z.B. Nagores Aufstieg – dort verkehrten muslimische Händler – Nagapattinams Schwäche aufgefangen. Doch mit Sicherheit zu beweisen sind solchen Thesen nur selten.

Delhis Oberhoheit über Zentral- und Südindien dauerte nicht lange. Bald rissen sich einige Regionen wieder los, was zu neuen Wirren und Kriegen führte. Während der 1330er Jahre erklärte z.B. Madurai seine Eigenständigkeit. Der dortige Herrscher nannte sein Gebiet Ma'abar und pflegte rege Kontakte zu den Yuan in Dadu. Auch Teile Bengalens, das erst in den 1320er Jahren in drei Fürstentümer unterteilt worden war – Satgaon, Sonargaon, Lakhnawati (unterschiedliche Schreibungen) – gingen nun wieder eigene Wege. 1346 entstand zudem das Reich Vijayanagar, das allmählich zur führenden Kraft Südindiens aufsteigen sollte. Natürlich nahm das Delhi-Sultanat diese Änderungen nicht alle kampflos hin. Besonders die bengalischen Gebiete wurden während der 1350er Jahre mehrfach angegriffen, wenngleich vergebens. In Orissa, das am Hinduismus festhielt, konnte das Sultanat dagegen vorübergehende Erfolge melden. In den Folgejahren weitete Orissa seinen Einflußbereich jedoch aus, und zwar entlang der Küsten, Richtung Bengalen und nach Süden.

Fast zeitgleich wurde Sri Lanka von internen Konflikten erschüttert. Mehrere Hauptstadtverlegungen und die Herausbildung eines eigenen tamilischen Staates im Norden (um 1325) erschwerten offenbar die Handelsbedingungen für lokale wie fremde Kaufleute in einigen Orten. Selbst die buddhistischen Außenkontakte waren hiervon betroffen. Für eine Zeitlang, so ist argumentiert worden, wurde Sri Lanka daher von der internationalen Seefahrt zurückgestuft, die nunmehr den Häfen an der Kerala-Küste den Vorzug gab.

Mongolische Diplomatie und internationaler Handel. Mit dem ausgehenden 13. Jahrhundert gerieten demnach weite Teile des indischen Küstensaums sowie Sri Lanka unter Druck. Es kam hinzu, daß Yuan-Gesandte den Subkontinent regelmäßig «ins Visier nahmen». So wissen wir nicht nur von entsprechenden Delegationen, die bis zur indischen Südwestküste reisten, und von Gesandtschaften, die exotische Waren von dort nach China brachten, sondern ebenso von Kontakten zur Kayal-Gegend gegenüber von Sri Lanka.

Besonders wichtig waren die Fahrten eines gewissen Yang Tingbi. Vermutlich bestand ihr vordergründiges Ziel darin, Teile Südindiens enger an den Yuan-Staat zu binden. Doch gab es noch weiterführende Absichten? Wollte der Yuan-Staat – vielleicht angesichts früherer Spannungen quer über die Bengalen-See (man denke nur an die Cholas) – das riesige Meeresgebiet zwischen Sumatra und Sri Lanka ein für allemal «befrieden»? Dachte er gar daran, die zentralindischen Regionen in die Zange zu nehmen, von der Seeseite her und, via Afghanistan, von Norden?

So interessant diese Optionen klingen mögen, so schnell können sie in Zweifel gezogen werden. Allein die schlechten Erfahrungen auf Java zeigen, daß es ein natürliches Limit für Expansionsbestrebungen gab. Meere und Seerouten ließen sich nicht auf Dauer kontrollieren, weder mit Hilfe militärischer Verbände noch durch Diplomatie, und je weiter die Distanz von der nördlichen Zentrale in Dadu, desto geringer die Möglichkeit, erfolgreich zu intervenieren. Von einer *pax mongolica* rund um die Bengalen-See und das Andamanische Meer kann deshalb wohl kaum die Rede sein; Plan und Wirklichkeit wären allzuweit auseinandergeklafft.

Auch der innere Zustand des Yuan-Imperiums ist zu bedenken. Bereits Ende des 13. Jahrhunderts war sein Zusammenhalt nicht mehr gewährleistet. Ärger zwischen den einzelnen Teilregionen, den sogenannten Khanaten, der schon vor der Eroberung Chinas begonnen und mehrere Waffengänge zwischen den alten Kampfgefährten ausgelöst hatte, ließ die Vorstellung von einem Weltreich oftmals nur noch als schöne Fiktion erscheinen. Die Idee einer gigantischen Zangenstrategie gegenüber den mittelindischen Gebieten könnte allein aus diesem Grunde entkräftet werden. Ob also hinter den Reisen Yang Tingbis und anderer vielschichtige Motive standen, bleibt fraglich.

Doch kehren wir zurück auf den Boden der Tatsachen. Als sich die maritime Welt Südostasiens um 1300 von den vielen Krisen zu erholen begann, welche die Yuan und andere Mächte ausgelöst hatten, nahm der Handel in der Region wieder zu, wie wir sahen. Wenig später stabilisierten sich auch die Verhältnisse in einigen Teilen Südasiens, wenngleich keinesfalls überall. Das hatte vermutlich zur Folge, daß mehr Schiffe von Ost- und Südostasien bis nach Südwestindien und noch weiter westwärts fuhren. Verstreute Hinweise in entsprechenden Texten und archäologische Funde deuten auf eine verstärkte Handelstätigkeit. Auffällig ist außerdem, daß chinesische Quellen nun immer häufiger Textiltransporte erwähnen, zumal viele Baumwollprodukte aus indischen Orten kamen. Das war unter den Song zumeist noch nicht so genau festgehalten worden.

Fernreisende und Geographen. Zum Abschluß ein Wort zu den Fernreisenden und Geographen, die in diese Zeit des Aufschwungs gehören. Wang Dayuan, der während der 1330er Jahre unterwegs war, hatten wir schon mehrfach genannt. Er will Mergui, Ta-

Chinesische Kompaßeinteilung. Jeweils zwei Schriftzeichen markieren die gewünschte Himmelsrichtung. Solche Zeichenkombinationen sind zum Beispiel auf der sogenannten Zheng-He-Karte (vgl. die Abbildungen auf S. 238–239 und 261–262) sowie auf der Karte, die den Weg nach Ryuykyu beschreibt, eingetragen (Abbildung S. 250 und 251).

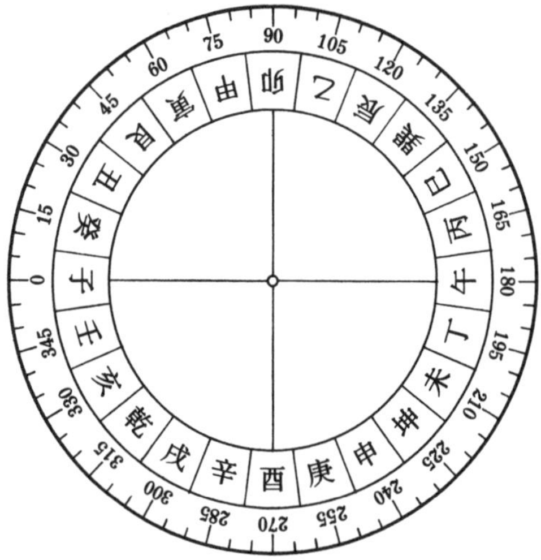

voy und Martaban im heutigen Myanmar sowie Orissa, Südindien und sogar die krisengeschüttelte Insel Sri Lanka – nebst vielen anderen Regionen – besucht haben, über die sein berühmtes *Daoyi zhilüe* Auskunft gibt. Dieser Text erinnert auch an eine chinesische Pagode, die offenbar 1267 – noch zu Zeiten der Song – bei Nagapattinam errichtet worden war und damit die Präsenz chinesischer Seefahrender an der Koromandel-Küste belegt. Außerdem liefert Wang Dayuan die frühesten chinesischen Darstellungen zu den Malediven und der Kayal-Gegend. Neben Details zu lokalen Sitten und Gebräuchen werden in seinen Länderbeschreibungen vor allem Produkte und Handelsgüter aufgeführt. Hieraus kann ein nahezu geschlossenes Mosaik wichtiger Warenströme konstruiert werden. Den Indischen Ozean, so ist zu ergänzen, nimmt Wang Dayuan als ein großes Meer wahr. Gleichzeitig nennt er kleinere Seegebiete wie den Golf von Manar, den er völlig korrekt in Verbindung mit der Perlenfischerei bringt.

Bekannter aber sind die arabischen Berichterstatter. Ibn Majid und Sulaiman al-Mahri gelten als besonders wichtig, da sie beide wertvolle Texte mit geographischen Koordinaten und Hinweisen zur Navigation hinterließen. Darin finden sich recht genaue Angaben zum Golf von Bengalen. Zwar sind diese Abhandlungen strenggenommen erst später verfaßt worden, doch beruhen sie auf älterem Material, dessen Entstehung in den hier behandelten Zeitabschnitt fällt. Den

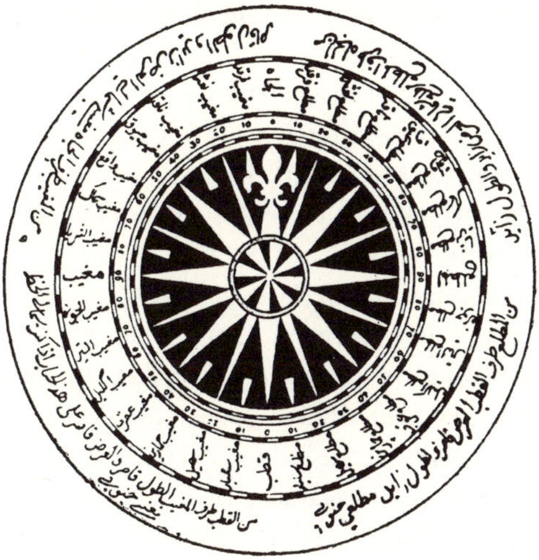

Arabische Sternrose. Die Markierungen und Gradeinteilungen erinnern an ähnliche Stücke aus China. Vgl. die Abbildung links.

chinesischen Aufzeichnungen sind diese Texte gleich in mehreren Punkten überlegen: zum einen werden die Westseite der Malaiischen Halbinsel sowie die Andamanen und Nikobaren sehr viel gründlicher erfaßt, zum anderen enthält das arabische Material Hinweise auf mehrere kleinere Seerouten, die in der chinesischen Tradition so nicht überliefert sind.

Westlicher Indik, Rotes Meer, Persischer Golf: Zwischen Aden und Hormuz, Gujarat und Kerala

DIE INDISCHE WESTKÜSTE BIS ZUM 12. JAHRHUNDERT. Im Südwesten Indiens bleiben anfangs – wir beginnen wieder im 10. und 11. Jahrhundert – die Cholas, Pandyas und andere bestimmend. Ma'abar war genannt worden, und allmählich erwähnen die Texte auch immer häufiger einzelne Häfen, darunter Quilon oder Kalikut, die etwas später wichtig wurden. Erinnert sei zugleich an den Pferdehandel, für den Quilon zu einem führenden Umschlagplatz avancieren sollte, benötigten doch die südindischen Fürsten für ihre vielen Feldzüge nahezu ununterbrochen Nachschub.

Die meisten südwestindischen Orte standen folglich mit dem Nordwesten des Subkontinents wie mit den Häfen an der Arabischen Halbinsel in steter Verbindung. Zu diesen hatte zugleich der indische

Nordwesten rege Kontakte, der ab dem 9. Jahrhundert überwiegend von islamischen Herrschern kontrolliert wurde, die den Seehandel sehr wohl tolerierten. Auch die hinduistischen Landesfürsten der Region scheinen Geschäfte mit fernen Ländern begrüßt zu haben. Insgesamt überwog hier jedoch der Überlandverkehr – wohl schon allein deshalb, weil es unter dem mächtigen Delhi-Sultanat Verbindungen von einer Küste Indiens zur anderen gab.

Zu den wichtigsten nordwestindischen Häfen gehörte Chaul, nahe dem heutigen Bombay. Hier sollen laut al-Masᶜudi (10. Jahrhundert) viele Personen gelebt haben, die von der Golf-Region kamen, aus Siraf, Oman, Basra oder gar Bagdad. Andere Quellen berichten von arabischen Kaufleuten in Cambay. Sogar im Inland waren muslimische Händler anzutreffen, etwa in Anahilavada, wo die Caulukyas residierten. Diese Stadt befand sich an einer wichtigen Route zwischen den Küstengebieten und dem tieferen Hinterland. Mehrere arabische Inschriften, meist allerdings erst aus dem 13. Jahrhundert, bestätigen die Präsenz entsprechender Händlergruppen.

Die Golf-Region, 11. bis 13. Jahrhundert. Weiter westlich, in der iranischen Welt, regierten im 10. Jahrhundert noch immer die Abbasiden. Mit den indischen Häfen blieben sie vermutlich meist über den Seeweg in Kontakt, seltener über die Landroute. Das lag daran, daß die traditionelle Trasse von Kerman nach Kandahar häufig blockiert war und der Landweg entlang der kargen Makran-Küste viel zu beschwerlich gewesen wäre. Das abbasidische Reich schwächelte jedoch bald, denn lokale Potentaten und äußere Gegner forderten es mehrfach heraus. Die Samaniden z. B., die in Buchara regierten, bildeten eine ständige Gefahr. Im Westen Irans, bis hinunter in den heutigen Irak, nach Bagdad, hatten dann zwischen ca. 950 bis 1050 die Buyiden das Sagen. Über Teile Syriens und Ägypten wiederum herrschten die Fatimiden, und auch die Orte an der Golf-Küste gingen nun oft eigene Wege.

Unter letzteren dürfte vor allem Siraf, auf iranischer Seite, noch für geraume Zeit eine zentrale Position im internationalen Handel ausgefüllt haben. Gegen Ende des 10. Jahrhunderts begann dann der wirtschaftliche Abstieg dieses Hafens. Im 11. Jahrhundert wurde Siraf schließlich von der Insel Qais (Kish), die weiter östlich lag, als führender Umschlagplatz in der Region abgelöst. Wie zuvor in Siraf, so waren auch hier indische und Händler anderer Herkunft anzutreffen. Aber Qais war politisch schwach und fiel schon 1229 unter die Kontrolle von Hormuz, das mittlerweile – als Nachfolger von Minab – zu Reichtum gelangt war. Seine Herrscher weiteten ihre Macht zugleich auf einige Gegenden längs der heutigen Oman-Küste aus. Da Hormuz außerdem den Endpunkt einer belebten Landroute bildete, die nach Norden führte, stellte es ab Mitte des 13. Jahrhunderts den wichtigsten Handelspunkt in der Region.

Die Südseite des Golfes führte vom 10. bis 13. Jahrhundert meist nur ein Schattendasein. Piraten bedrohten Teile dieser Küste, was dem internationalen Handel schadete. Qatar, Bahrain und andere Orte sind zwar archäologisch interessant, doch entfalteten sie insgesamt weniger kommerzielle Aktivitäten als etwa Siraf oder später Hormuz. Allein Sohar an der Oman-Küste vermochte eine gewisse Bedeutung zu erlangen. Bereits Ende des 10. Jahrhunderts wird dieser Hafen z.B. von al-Muqaddasi als wichtige Drehscheibe gelobt. Wahrscheinlich hatte er seine Stellung dem Zuzug von Kaufleuten aus Siraf zu verdanken. Außerdem diente er als Anlaufstelle für Schiffe, die direkt aus Indien kamen. Vermutlich flossen die in Siraf eingehenden Importe überwiegend nach Norden und Westen, also nicht unbedingt ins Innere der Arabischen Halbinsel.

Fatimiden, Ayyubiden und das Rote Meer. Die Verbindungen zwischen Nordwestindien und der Golf-Region, so wird heute häufig angenommen, seien während des oben genannten Zeitraums vor allem von arabisch-islamischen Händlern geprägt worden, die indische Seefahrt habe eher eine sekundäre Rolle gespielt. Arabische Inschriften in Indien mögen dafür sprechen, doch umgekehrt finden sich auch Hinweise darauf, daß indische Navigations- und Schiffbautechnik wie früher in die Golf-Region gelangten – ganz abgesehen von den vielen Anhaltspunkten für die Präsenz indischer Händler. Das alles könnte auf eine etwas andere Konstellation deuten. Damit einher geht die Frage, ob die Golf-Region an relativer Bedeutung als Trasse zwischen Indien und der östlichen Mittelmeerküste gewann oder verlor.

Hierzu muß etwas ausgeholt werden. An der nordafrikanischen

Küste, gewissermaßen im fernen «Westen», breitete sich – vom heutigen Tunesien her kommend – seinerzeit eine andere Macht aus: die Fatimiden, eine aus der schiitischen Gemeinschaft der Ismailiten hervorgegangene Dynastie. Zwischen 969 und 973 eroberten diese das Nil-Delta und schließlich ganz Ägypten. Alsbald gerieten auch Teile des Roten Meeres unter ihre Kontrolle, vor allem die nördlichen Küstenzonen. Im 11. Jahrhundert, noch vor Beginn der Kreuzzüge, übernahmen die Fatimiden sogar Sizilien. Zu diesem Zeitpunkt war Kairo (bzw. Fustat) längst die Metropole des fatimidischen Reiches geworden. Ismailitische Händler, die in Ägypten, Sind und Gujarat lebten, rückten nunmehr enger zusammen. Güter, die zuvor von Indien aus in die Golf-Region gelangt waren, so eine Hypothese, seien daher häufiger über den Jemen, der bald ebenfalls unter fatimidischem Einfluß stand, durch das Rote Meer nach Kairo kanalisiert worden. Von dort gelangten sie mitunter weiter bis in den Maghreb, zur Iberischen Halbinsel oder gar nach Italien, wo inzwischen Venedig eine zentrale Rolle spielte.

Als Handelsstraße zwischen Mittelmeer und Indik gewann das Rote Meer demnach ab Ende des 10. Jahrhunderts – gewissermaßen unter der Protektion des Fatimidenreiches – an relativer Bedeutung, und zwar möglicherweise auf Kosten des Handels durch den Golf, trotz der vorübergehenden Blüte von Siraf, Qais und anderen Orten. Als die Fatimiden schließlich 1171 gestürzt wurden und die sunnitischen Ayyubiden, die zugleich Syrien beherrschten, Ägypten übernahmen, habe sich dies, so die Verfechter dieser These, kaum geändert. Kairo blieb der große Umschlagplatz zwischen den Regionen, das Rote Meer diente weiterhin als wichtige Handelsader, während die Golf-Region noch immer unter politischer Fragmentierung gelitten habe und Bagdad, das mehrfach von Naturkatastrophen erschüttert worden war, wahrscheinlich nicht die wirtschaftliche Anziehungskraft entfaltete wie Nordägypten. Die goldene Zeit von Hormuz, so wäre zu ergänzen, stand erst noch bevor.

Allein aus Sicht Nordwestindiens wäre dieses Bild gegebenenfalls zu korrigieren. Denn für Orte wie Baruch, Cambay, Chaul oder Somanatha (mehrere Schreibungen) blieb trotz allem die Golf-Region der bequemere Kanal nach Westen. Die relative Kürze dieser Trasse spricht dafür, arabische Inschriften auf indischer Seite und andere

Anhaltspunkte in den Texten, die bereits erwähnt wurden, könnten ebenfalls als Belege herangezogen werden. Von Basra, am Nordende des Golfs, führten außerdem mehrere Routen durch Mesopotamien bis an den Rand des Mittelmeeres. Eine davon lief parallel zum Euphrat, an Bagdad vorbei, war also nicht unbedingt von den Krisen tangiert, die diese Stadt getroffen hatten.

Doch zurück nach Kairo. Die Ayyubiden, die jetzt über diesen Ort herrschten, wurden in vielerlei Weise aktiv. Sie untersagten nicht nur die christliche Seefahrt auf dem Roten Meer – von der Sinai-Halbinsel waren infolge der Kreuzzüge vereinzelt Schiffe mit Händlern aus dem Abendland südwärts gefahren –, sie stellten auch den Jemen unter ihre Kontrolle, ließen dessen Küsten mit Galeeren überwachen, was die Fatimiden noch nicht getan hatten, und förderten die finanzielle Unterstützung heiliger Stätten auf der Arabischen Halbinsel. Außerdem erhielt Aden ein System genau definierter Zolleinnahmen. In ayyubidischer Zeit stiegen schließlich auch die sogenannten Karimi-Händler auf, überwiegend islamische Großkaufleute, die sehr bald den Handel im Einzugsbereich des Roten Meeres zu dominieren begannen und mit mehreren indischen Häfen sowie Orten entlang der afrikanischen Ostküste südlich von Kap Guardafui in Kontakt traten.

OSTAFRIKA, 11. BIS 13. JAHRHUNDERT. Der lange Küstenstreifen von Somalia bis hinunter nach Mosambik wurde im 11. und 12. Jahrhundert auch von anderen Händlergruppen aufgesucht, etwa von indischen Kaufleuten und solchen aus der Golf-Region, wohl vor allem Sirafis, die in Siraf selbst oder anderen Golf-Orten und im Oman lebten. Das geht aus arabischen Texten hervor, man denke etwa an den Bericht von al-Idrisi aus der Mitte des 12. Jahrhunderts. Archäologische Hinweise unterstützen dieses Bild. Bei Manda an der Kenia-Küste ist z.B. Keramik entdeckt worden, die an entsprechende Funde in Siraf erinnert.

Im allgemeinen teilt die arabische Geographie jener Zeit den ostafrikanischen Küstenraum in vier Zonen auf: Vom afrikanischen Horn bis knapp vor Mogadischu reichte das Berbera-Gebiet, weiter südlich schloß sich Zanj an, es folgten – ungefähr ab der Höhe von Sansibar – die Sofala-Region und schließlich das sagenumwobene Waqwaq-Reich. Die aktivsten Zonen waren vermutlich Zanj und der

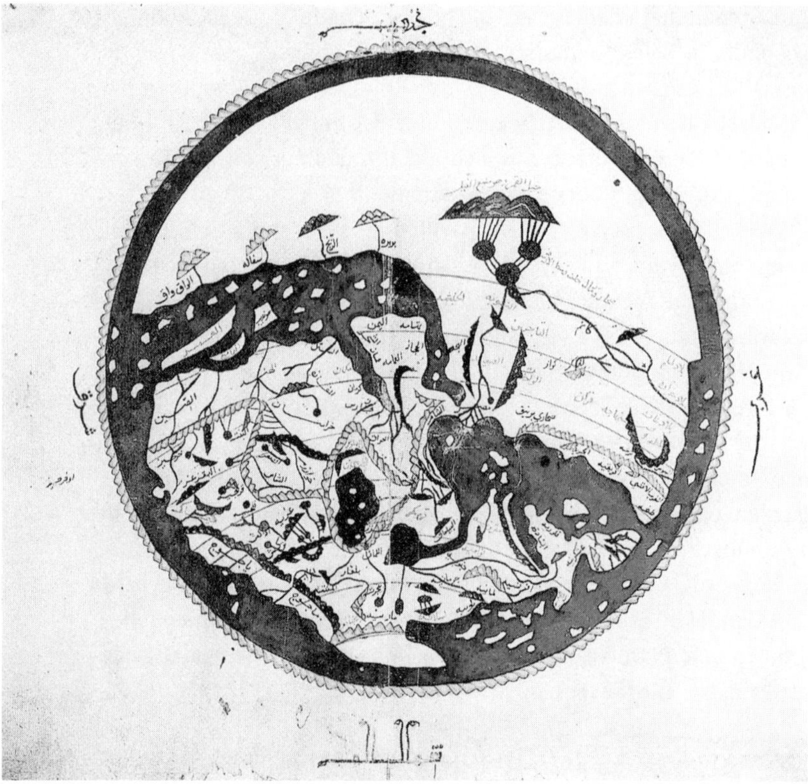

Weltkarte des al-Idrisi (ca. 1150). Die Darstellung beruht auf der sogenannten TO-Konzeption. Ihr zufolge wird das Erdrund – gleichsam T-förmig – in drei Sektoren aufgeteilt, die Asien, Afrika und Europa verkörpern. Der Vordere Orient und das Heilige Land befinden sich an der Schnittschnelle zwischen den Kontinenten. Hier ist der Süden oben, das Mittelmeer erscheint folglich rechts, die Arabische Halbinsel in der Mitte, der Indische Ozean links.

Nordteil des Sofala-Gebietes. In den Gegenden um die heutigen Städte Mogadischu, Mombasa und Daressalam kam es zu neuen Ortsgründungen. Mogadischu selbst könnte für eine gewisse Zeit der wichtigste Hafen gewesen sein. Einwanderer aus dem Jemen und anderen Gebieten ließen sich dort nieder, die wohl vor allem mit Gold, Ambra und Elfenbein handelten. Um 1250 war Mogadischu offenbar auch kulturell schon so bedeutend, daß Ibn Sa'id diesen Ort als islamisches Zentrum bezeichnete.

Südlich von Mogadischu lagen die Inseln Pemba, Sansibar und Mafia. Migranten iranischer Herkunft dürften maßgeblich zu ihrem wirtschaftlichen Aufstieg beigetragen haben. Weniger einfach zu interpretieren sind die reichen Funde songzeitlicher Keramik vor der Tansania-Küste. Wer brachte diese Stücke nach Ostafrika? Waren es sogenannte Bosi-Händler? Vage Indizien sprechen auch dafür, daß von den genannten Inseln nunmehr häufig Schiffe zu den Komoren

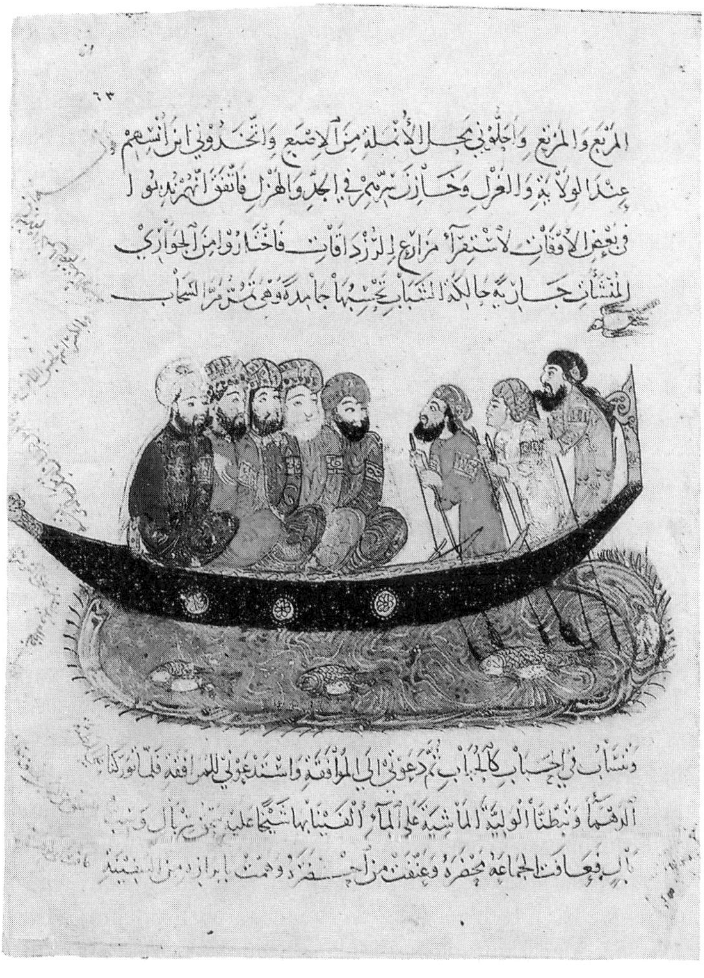

Arabische Seeleute im Ruderboot. Miniatur aus einer irakischen Handschrift der «Standpredigten» des al-Hariri. Bei diesem Werk handelt es sich um eine Sammlung von Reiseabenteuern in fiktiven Weltgegenden.

Arabische Dau des beden-Typs. Diese flachen Boote ohne Kiel waren vollständig «genäht» und dienten als kleine Frachter. Vermutlich fuhren sie schon im Mittelalter die ostafrikanische Küste entlang.

und nach Madagaskar (in den Texten meist: al-Qumr) fuhren. Ibn al-Mujawir erwähnt z.B. eine Route, die von Aden über Mogadischu und Kilwa nach Madagaskar reichte, und spricht von einem Schiff, das auf direktem Wege von dort nach Aden gekommen sei. Das bezieht sich auf das frühe 13. Jahrhundert. Idrisi wiederum deutet sogar Kontakte zwischen Zanj und dem Fernen Osten an. Zhao Rugua, dessen Angaben freilich aus zweiter Hand stammen, sieht Zengbai (wohl Sansibar) südlich von Gujarat, was ebenfalls als vager Hinweis auf direkte Fahrten quer durch den Indik gesehen worden ist. Allerdings bleiben die Konturen all dieser Verbindungen sehr verschwommen.

DIE MAMLUKEN UND DAS ROTE MEER. Mitte des 13. Jahrhunderts wurden die Ayyubiden von den Mamluken verdrängt. Dieser Wechsel zog nur eine vorübergehende Schwächung des Handels im Roten Meer nach sich, wenn überhaupt. Denn nahezu parallel dazu drangen die Mongolen, von Zentralasien her kommend, in den iranischen Raum ein. 1258 eroberten sie sogar Bagdad und richteten ein fürchterliches Blutbad an. Damit ging das abbasidische Kalifat definitiv zu Ende, und Bagdad sank auf das Niveau einer Provinzmetropole herab, die Täbris unterstellt wurde.

Inzwischen war Hormuz zu einer lokalen Handelsmacht aufgestiegen, aber die mongolische Präsenz verunsicherte offenbar viele Geschäftsleute, der Seeweg durch den Golf und die Karawanenrouten durch den heutigen Irak Richtung Damaskus, Aleppo und Mittelmeerküste blieben gefährdet. Als die Mamluken 1260 auch noch den Vormarsch der Mongolen bremsten und kurze Zeit danach an ganz anderer Stelle, in Nubien, Gebietsgewinne verbuchen konnten, ihre wachsende Macht unter Beweis stellend, wurde endgültig klar, daß vorerst das Rote Meer der wichtigere «Kanal» zwischen Europa und weiten Teilen des Indiks, vor allem der südindischen Welt, bleiben würde. Diese Konstellation nahmen andere zum Anlaß, ihre Kontakte nach Ägypten zu intensivieren. 1283 schickte z.B. ein ceylonesischer König Gesandte, die Zimt und vielerlei Kostbarkeiten anboten und darüber hinaus den Vorschlag unterbreiteten, offizielle Beziehungen zwischen Sri Lanka und Kairo zu eröffnen.

Die Entwicklung im Roten Meer entsprach auch den Hoffnungen der jemenitischen Rasuliden, die sich zu jener Zeit den Mamluken unterstellten. Die Rasuliden waren auf Zolleinnahmen angewiesen, daher förderten sie den Seeverkehr. Folglich konnten Aden und andere Orte an der jemenitischen Küste während der nächsten Jahrzehnte ihre Position im internationalen Handel zwischen Ägypten, Ostafrika und Indien deutlich stärken. Ein Chronist berichtet z.B., daß Aden schon kurz nach 1300 reiche Fracht aus China erhielt, darunter mehrere hundert Kilogramm Moschus, Porzellan und Gewürze aller Art. Nach 1340 lockerten die Mamluken dann allmählich ihre Kontrollen über den südlichen Abschnitt des Roten Meeres, was die jemenitische Seefahrt umso mehr beflügelt zu haben scheint.

Geostrategische Überlegungen der Mongolen? Im späten 13. und frühen 14. Jahrhundert, so darf man wohl als Zwischenbilanz vereinfachend zusammenfassen, wurde die internationale Seefahrt im westlichen Teil des Indischen Ozeans von folgenden Häfen und Kräften bestimmt: von Kalikut, Quilon und anderen, eher kleineren Orten an der südwestindischen Küste, von den Städten Nordwestindiens, allen voran Cambay, und schließlich von Hormuz, Aden und einigen afrikanischen Orten. Die großen Landmächte im «Hintergrund» waren die Mamluken mit ihrer Metropole in Kairo, die Mongolen – bzw. das Il-Khanat im heutigen Iran – und die muslimischen Reiche in Nordindien. Vor allem die Mamluken unternahmen Anstrengungen, die Seefahrt zu protegieren.

Indische, jemenitische, persische, arabische, chinesische, jüdische und andere Kaufleute konstituierten die wichtigsten Händlergruppen. Ihre Aktivitäten sind schon für etwas frühere Zeiten durch Dokumente aus Kairo belegt, die in einem jüdischen Archiv entdeckt wurden, durch mehrere geographische Texte und Reisebe-

Bewohner des Ortes Xiyang – wohl Kalikut – und Angehöriger der Muzhi, die nicht eindeutig identifiziert werden können. Die Darstellung ist dem bekannten Werk Sancai tuhui aus dem frühen 17. Jahrhundert entnommen.

richte, zahlreiche Inschriften und Chroniken. Das archäologische Material ist ebenso komplex. Allein die Keramik- und Münzfunde in der Golf-Region spiegeln eine große kulturelle Vielfalt wider, die es bisweilen sogar gestattet, recht präzise Aussagen hinsichtlich des Aufblühens oder Niedergangs bestimmter Orte zu treffen.

An dieser Stelle sei noch einmal die mongolische Präsenz in Persien erwähnt, ist mit ihr doch ein Element zu verbinden, das es so zuvor noch nie gegeben hatte: Erstmalig in der Geschichte wurden – wenngleich auch nur für einige Dekaden – die Küsten Ostasiens und die iranischen Gestade von ein und derselben Landmacht kontrolliert. Für Fernreisende bedeutete dies, daß sie auf dem Landweg verhältnismäßig bequem von Dadu via Turkestan nach Westasien gelangen konnten. Die Seeroute von Quanzhou über Sumatra und Südwestindien

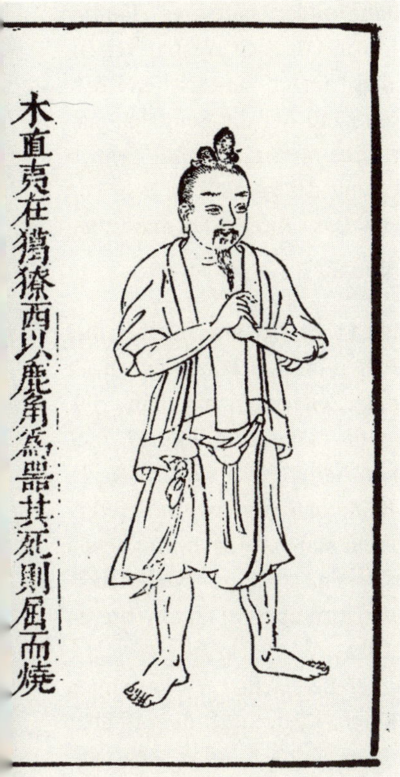

nach Hormuz führte hingegen durch politisch fragmentiertes Terrain. Zwar dürften die vielen kleineren Orte und Staaten entlang der asiatischen Küsten von den Heeren der Khane gehört haben, doch ob sie diese fürchteten, ist eher zu bezweifeln, denn eine *pax mongolica* auf See gab es nicht, zumindest nicht im Indischen Ozean. Kurz, es besteht der Eindruck, daß die seegestützten Kontakte blühten, wie schon im 11. oder 12. Jahrhundert, daß sie also nicht wirklich unter der Konkurrenz durch den Überlandverkehr oder der politischen Vielfalt litten.

Zu bedenken ist allerdings, daß die oben erwähnten sino-mongolischen Flottenunternehmungen Ende des 13. Jahrhunderts und vielleicht auch die Rivalitäten einiger Orte und Länder rund um den Östlichen Indik Handel und Verkehr auf bestimmten Routenabschnitten vorübergehend gestört haben könnten – mit wie auch immer gearteten Auswirkungen bis hin nach Westasien. Dann ist noch einmal an die Yuan-Gesandten zu erinnern, die in Südindien tätig waren. Welche Ziele verfolgten sie? Wollten sie – am Rande gewissermaßen – Einfluß auf das Geflecht maritimer Beziehungen quer durch die Arabische See nehmen, gar politische Rivalen schädigen? Welche Rolle könnten dabei Orte wie Hormuz im Kalkül der Yuan gespielt haben?

Aber vielleicht erübrigen sich solche Fragen, wenn man bedenkt, daß die einzelnen mongolischen Teilreiche im Grunde schon vor 1300 eigene Wege beschritten, die Yuan-Dynastie im Fernen Osten somit anders zu betrachten ist als etwa das zunehmend persisch beeinflußte Il-Khanat. Im frühen 14. Jahrhundert hatten es Händler demnach wieder schwerer, über Land von Ost nach West zu reisen. Außerdem änderten sich die Verhältnisse an der chinesischen Küste und alsbald auch in einigen Gebieten rund um die Bengalen-See. Dem Seeverkehr standen darum um 1320 oder 1330 keine wesentlichen Hindernisse im Weg, und zwar auf der gesamten Länge von Quanzhou bis zu den Häfen Westasiens. Das kann für den maritimen Austausch nur förderlich gewesen sein.

Hormuz, spätes 13. und frühes 14. Jahrhundert. In dieser Zeit will Wang Dayuan den westlichen Indik befahren haben. Er ist, wie gesagt, einer unserer wichtigsten Zeitzeugen und zählte vielleicht zu den typischen Fernreisenden, die es mehr als einmal in jene «entlegenen» Gegenden trieb. Welchen Aufgaben er wirklich nachging, bleibt freilich sein Geheimnis. Bemerkenswerterweise liefert er Angaben zu Kalikut, Quilon und anderen Malabar-Orten, von denen einige bis dahin noch nicht im chinesischen Schriftgut erwähnt worden waren. Außerdem berichtet er von Hormuz, Basra und weiteren Häfen in Westasien und sogar über Afrika.

Wang Dayuan war ein aufmerksamer Beobachter. Es entgingen ihm weder die Pfefferverkäufe der Kerala-Küste noch die offenbar regelmäßigen Pferdetransporte von Hormuz nach Indien. Mitunter seien mehrere hundert Tiere auf mit Coir «genähten» (also nicht genagelten) Schiffen befördert worden, und unter Deck habe man Weihrauch verstaut, lesen wir bei ihm. Diese Hinweise scheinen sich auf die Route Hormuz-Quilon zu beziehen. Zugleich sprechen sie für enge Verbindungen zwischen Hormuz und der Hadramaut-Küste, von wo Weihrauch in der Regel kam, und natürlich dafür, daß Hormuz Pferde aus dem iranischen Hinterland oder von der arabischen Halbinsel bezog, die es dann nach Indien weitersandte.

Hormuz war also in Wang Dayuans Zeiten längst zu einer Drehscheibe des Fernverkehrs geworden, zu einem klassischen *emporium*. Eigene Produkte hatte es kaum zu bieten, sogar Lebensmittel und Wasser mußten importiert werden, aber vor Ort herrschten stabile Rahmenbedingungen, die den Handel kalkulierbar machten und folglich Menschen aus allen Richtungen herbeilockten. Überdies befand sich die Zentrale des kleinen hormuzischen Reiches nicht mehr auf dem iranischen Festland, sondern auf der Insel Jarun, etliche Kilometer südwestlich vom alten Standort, in strategisch besserer Lage. Von dort aus ließ sich die Meerenge am Ausgang des Persischen Golfs bequem überwachen. Qais etwa, das seine Position unter der vorübergehenden Herrschaft der al-Tibi-Familie kurzfristig wieder stärken konnte, hing letztlich genauso von Hormuz ab wie die übrigen «golfaufwärts» liegenden Häfen.

Vermutlich waren Teile des iranischen Festlandes auf Lieferungen des kleinen Reiches angewiesen. Einige Waren, die Hormuz aus Indien und China erhielt und reexportierte, gelangten über Isfahan und Täbriz in die heutige Türkei und den Einzugsbereich des Schwarzen Meeres. Das wiederum könnte ein Argument für die anhaltende Vitalität der Golf-Region sein, gerade wenn angenommen wird, daß der Weg durch das Zweistromland quasi seit dem Aufstieg Kairos und dem Abstieg Bagdads mit Hindernissen verbunden gewesen sei. Es wäre auch darüber nachzudenken, inwieweit Hormuz und einige andere Orte der Region von der offenbar zurückgehenden Durchlässigkeit der Landwege in Zentralasien profitierten. Möglich nämlich, daß viele Produkte, die vorher über Land nach Westen gelangten, nun auf dem Seewege herangeschafft wurden.

Um 1340 begann sich die Situation in Iran wesentlich zu ändern. Das Il-Khanat löste sich allmählich auf. Dieser Prozeß, begleitet von außenpolitischen Herausforderungen und alsbald ebenso vom Ausbruch der Pest auf dem Festland, mag Hormuz zwar politisch geholfen haben, doch nicht unbedingt in wirtschaftlicher Hinsicht. Denkbar ist zumindest, daß einige alte Abnehmer hormuzischer Lieferungen vorübergehend entfielen. Möglich auch, daß Aden – und mit ihm das jemenitische Netzwerk – hiervon profitierte.

Aden und Ostafrika im frühen 14. Jahrhundert. Aden war nicht nur ein Handelspartner von Hormuz, sondern zugleich ein wichtiger Konkurrent. Denn auch die jemenitische Metropole zeichnete sich dadurch aus, daß sie Kaufleute von überall her anlockte. Ibn Battuta erwähnt z.B. eine indische «Kolonie». Zudem hatten die Rasuliden ihren Einfluß nach Osten hin ausgeweitet. So war Zufar (Zafar, Dhufar etc.) bereits 1279/80 besetzt worden. Militärische Erfolge dieser Art stärkten zweifelsohne Adens Position. Selbst wenn

Zufaris und Hadramis – die Bewohner des Hadramaut – nicht immer kontrolliert werden konnten, mögen sich zumindest einzelne Orte wie Mukalla oder as-Shihr, die an der direkten Route von Hormuz nach Aden lagen, bei der Suche nach geeigneten Geschäftspartnern häufiger in Richtung Aden orientiert haben, wenn sie schon die Wahl zwischen diesem Hafen und Hormuz hatten.

Obgleich beide Regionen, die Golfanrainer wie die jemenitischen Häfen, Kontakte nach Ostafrika pflegten, so lag Aden dem Schwarzen Kontinent doch näher. Karimi-Kaufleute nutzten darum die Möglichkeit, verschiedene Orte südlich von Kap Guardafui über den Jemen mit den mamlukischen Zentren im Nordabschnitt des Roten Meeres zu verknüpfen. Die weite Verbreitung grün-gelber Keramik jemenitischer Herkunft aus ebendieser Epoche – vom ägyptischen Qusair über Minab bis hin zu etlichen Punkten an den Küsten Somalias und Tansanias – paßt hier besonders gut ins Bild. Nichtsdestotrotz gab es wohl, wie schon zuvor, parallele Verbindungen zwischen Hormuz und den afrikanischen Häfen, und zwar über Ra's al-Hadd, Zufar und Sokotra, die an Aden vorbeiliefen. Außerdem waren Cambay und andere Orte in Nordwestindien über die südarabische Küste und Sokotra mit Ostafrika verknüpft.

An der afrikanischen Küste selbst, so heißt es gelegentlich, sei im Laufe des 13. und 14. Jahrhunderts eine weitere Gewichteverschiebung eingetreten. Der Schwerpunkt kommerzieller Aktivitäten verlagerte sich offenbar nach Süden, zunächst von Lamu an der Kenia-Küste Richtung Pemba und Sansibar, dann nach Kilwa im heutigen Tansania. Kilwa hatte bis zum 13. Jahrhundert kaum eine Rolle gespielt, doch danach wurde dieser Ort vermehrt in den internationalen Seeverkehr einbezogen. Die Errichtung von Steinbauten, die Herstellung eigener Münzen und der Import von Glasperlen sowie Keramik – darunter auffällig viel chinesische Ware – werden gerne als Indikatoren benannt. Zugleich schritt die Islamisierung fort. Wahrscheinlich ging sie von Gruppen aus, die ursprünglich aus Siraf oder dem iranischen Hinterland (Shiraz) kamen. Später dann, unter der Mahdali-Familie (Mahadila), könnte sie vor allem durch jemenitische Reisende oder Einwanderer gefördert worden sein, die auch mit der Islamisierung anderer afrikanischer Häfen in Verbindung gebracht werden.

Um 1330 war Kilwa demnach zu einem größeren Umschlagplatz aufgestiegen, der Kontakte nach Aden im Norden, zu den Komoren und nach Madagaskar im Osten sowie nach Sofala und anderen Orten im Süden pflegte. Außerdem bezog er Waren aus dem Inneren Afrikas. Scheinbar ging diese Entwicklung zu Lasten Mogadischus. Sofern dies zutrifft, hätte damit die Verbindung Aden-Kilwa obsiegt, während die Kontake zwischen der Golf-Region und Mogadischu zweitrangig wurden.

Westasien nochmals von Osten aus gesehen, erste Hälfte des 14. Jahrhunderts. Im frühen 14. Jahrhundert hatten Händler, die von Kalikut, Quilon und anderen Malabar-Orten nach Westen wollten, im wesentlichen zwei Optionen: Sie konnten nach Hormuz reisen oder nach Aden. Ibn Battuta erzählt von einem reichen Reeder in Kalikut, dem viele Schiffe in China, Persien und im Jemen gehörten. Außerdem habe es in Kalikut einen Hafenmeister (*shabandhar*) aus Bahrain gegeben, dem vermutlich die Erhebung von Zöllen oblag. Derlei deutet in der Tat auf eine gewisse «Zweigleisigkeit» des Seeverkehrs durch die Arabische See und auf die drei Pole Südwestindien, Hormuz und Aden, an denen er hing.

Daneben waren die Malediven – als untergeordneter Handelsplatz, vor allem aber als Lieferant von Coir, das z.B. jemenitische Schiffbauer und Omanis benötigten – in den internationalen Warenfluß einbezogen, wie schon zuvor. Und wahrscheinlich gab es noch andere, weniger frequentierte Routen, die z.B. die indischen Häfen direkt mit Zufar oder der Hadramaut-Küste verbanden. Sino-mongolische bzw. chinesische Schiffe, von denen Ibn Battuta allein in Kalikut dreizehn gesehen haben will, mußten sich demnach, wie alle übrigen, die es nach Westen zog, für die eine oder andere Route entscheiden. Doch welche Gründe am Ende für die Wahl ausschlaggebend waren, ist nicht überliefert.

Politische Machtverschiebungen in der Golf-Region und der Niedergang des Il-Khanats einerseits, die anhaltende Stärke des Mamluken-Reiches und Adens andererseits – all das könnte für eine intensivere Nutzung der Indien-Jemen-Kairo-Route sprechen. Dennoch mag dieser Eindruck trügen. Die Distribution chinesischer Keramik, die im frühen 14. Jahrhundert an vielen Orten auftaucht, nicht selten in größerer Zahl als andere Ware, läßt keine klaren Rückschlüsse hinsichtlich möglicher Präferenzen bei der Auswahl der Zielorte zu. Wenn entsprechende Funde in ihrer Gesamtheit als Indikator für ein Ausgreifen sino-mongolischer Handelsinteressen zu werten sind, wie oftmals angenommen, oder gar für eine wachsende Präsenz chinesischer Schiffe auf der Arabischen See, dann ließe sich ebenso unterstellen, der etwas kürzere Weg nach «Westen» durch den Golf sei von Yuan-Kaufleuten favorisiert worden, vielleicht auch schon deshalb, weil man mit den sogenannten Bosi-Händlern seit langem vertraut war, die ihrerseits wahrscheinlich noch immer Verbindungen nach Persien und Zentralasien pflegten. Das alles spräche für Hormuz und die Golf-Route.

Andererseits ist im Spiegel von Grabungsergebnissen und Wang Dayuans Aufzeichnungen ebenso über mögliche chinesische Aktivitäten an der ostafrikanischen Küste nachgedacht worden. China habe sogar einige Orte im Inneren Afrikas gekannt, so eine These. Doch die Deutung vieler Toponyme bleibt strittig, schlüssige Belege fehlen. Die Gewichtung einzelner Handelsrouten im frühen 14. Jahrhundert ist mithin kaum möglich. Genauso riskant wäre es, von einer Art «iranisch-chinesischer Allianz» zu sprechen, der andere Netzwerke, etwa das jemenitische, gegenüberstanden. Richtiger ist vermutlich die Annahme, daß es ein gewisses Gleichgewicht zwischen konkurrierenden Systemen gab, die überdies viele Querverbindungen zuließen, sich also nicht durch scharfe Abgrenzungen auszeichneten.

Zusammenfassung

Einige strukturelle Merkmale des vorangehenden Zeitabschnitts lassen sich auch für die Periode zwischen ca. 1000 bis 1350 feststellen. Das betrifft vor allem folgende Überlegungen: Während bestimmter Phasen entwickelte sich die Seeroute von Ost nach West unter anderem deshalb, weil die Landroute nicht so durchlässig war. Es gab also eine gewisse Wechselwirkung zwischen beiden Bereichen. Die Seeroute selbst blieb in Segmente gegliedert, die an ihren Rändern oftmals über *emporia*-Häfen miteinander verknüpft wurden. Doch einige Händlergruppen waren weiterhin in mehreren Abschnitten präsent, betrieben also Fernhandel zwischen West- und Ostasien.

Insgesamt wuchsen die einzelnen Meeresräume noch enger zusammen. Daß dem so war, hatte unter anderem mit der wirtschaftlichen Dynamik einzelner «Großmächte» zu tun (wie teils schon zuvor). In Fernost ging die entsprechende Sogwirkung zuerst von den Song aus, später von den Yuan, am entgegengesetzten Ende fielen vor allem jene Reiche auf, die das Rote Meer oder den Golf kontrollierten. Die östliche Welt dürfte dabei der stärkere Motor gewesen sein. Mehrere Faktoren wirkten in China zusammen: Die finanztechnischen Instrumentarien und der Kapitalumlauf wurden verbessert, die Produktion legte zu, in den Küstenregionen bildeten sich große urbane Zentren heran, und die Nachfrage nach Importen wuchs. Nicht zu vergessen schließlich: China war die bevölkerungsreichste Region. Dem vermochten Fatimiden, Ayyubiden und Mamluken wenig entgegenzusetzen, obschon wir natürlich auch hier strukturelle Änderungen, die viele neue Kräfte freisetzten, beobachten können.

Daneben gab es technische Fortschritte. Man denke an den Schiffbau, der unter den Song weiter vorankam, an die boomende Keramikindustrie oder die Erfassung bestimmter Meeresgebiete durch die arabischen Geographen, um nur wenige Beispiele zu nennen. Außerdem wurden in Ost und West einige bis dahin eher als marginal geltende Räume erschlossen bzw. erstmalig – zumindest im Spiegel von Texten und archäologischen Funden – systematisch an den bestehenden Kernraum herangeführt. In Fernost betraf dies jene Inseln und Orte, die im Bereich der Ostroute lagen, am westlichen Ende einige (zuvor selten frequentierte) Abschnitte entlang der ostafrikanischen Küste sowie Madagaskar. Wiederum dürfte die hiermit verknüpfte Dynamik im Osten größer gewesen sein, darüber hinaus wurden die Gewinne zumeist von einer Macht «verbucht»: von China, genauer gesagt, von Kaufleuten, die in Fujian stationiert waren, vorzugsweise in Quanzhou. Die «Geländegewinne» in Ostafrika mußten sich dagegen mehrere Gruppen teilen, vor allem Händler aus Nordwestindien, der Golf-Region und dem Jemen.

Mit der Integration des «Ostrouten»-Bereichs und zusätzlicher afrikanischer Segmente in das Gesamtnetz afro-asiatischer Seeverbindungen stieß die räumliche Ausdehnung dieses riesigen Gefüges gewissermaßen an ihre natürlichen Grenzen. Weitere Schübe kamen erst in europäischer Zeit, besonders durch die Öffnung der Kap-Route und den transpazifischen Verkehr, der die Philippinen mit der Neuen Welt verband.

In den einzelnen Teilräumen, auf unterer Ebene gewissermaßen, sind ebenfalls mehrere Entwicklungen zu beobachten, von denen einige bereits Bekanntes fortschreiben, andere eher neu sein mögen. In Fernost wirkte sich die Aufteilung des chinesischen Küstenraums – Song im Süden, Liao und Jin im Norden – auf den Seeverkehr nach Korea und Japan aus. In Südasien wurde von einem gewissen Wechselspiel zwischen Sri Lanka, den tamilischen Gebieten und der Malabar-Küste ausgegangen: Mal schien die eine Region wichtiger zu sein, mal die andere. Und mit Bezug auf den Westrand des asiatischen Seefahrtsgefüges stellte sich die Frage, wie die Golf-Region und das Rote Meer zu gewichten sind.

Gehandelt wurde auf den internationalen Routen weiterhin mit teuren Luxusgütern, weniger mit anderen Produkten. Doch einige Neuerungen und quantitative Besonderheiten sind ebenso offensichtlich. Unter den Yuan boomte der lokale Küstenverkehr in nie dagewesener Weise; hier ging es vor allem um Reistransporte; wohl keine asiatische Macht hatte bis dahin so viele Lebensmittel in so kurzer Zeit über See befördert wie eben die Chinesen. International wurden deutlich mehr chinesische Keramik und Münzen verbreitet als in früheren Epochen; wenn es so etwas wie eine «Leitwährung» gab, dürfte es die chinesische gewesen sein. Indien, so der Eindruck, begann viele Orte mit Baumwollprodukten zu überschwemmen; diese wanderten westwärts wie zugleich nach Südostasien. Und in Teilen der islamischen Welt spielte vorübergehend der seegestützte Sklavenhandel eine wichtige Rolle; aus Afrika wurden Tausende Menschen in den heutigen Iran, nach Ägypten und in andere Gegenden verschleppt.

Kriege sind ein weiteres Thema. Schiffe wurden nunmehr häufiger und in großer Zahl für militärische Zwecke eingesetzt, besonders in Ost- und Südostasien und vor allem unter den Mongolen. Wirklich neu ist aber, daß auch erstmals im Zusammenhang mit dem bengalisch-andamanischen Meeresteil von transmaritimen Unternehmungen gesprochen wird – erinnert sei an die Cholas und Sri Lanka. Bemerkenswert ist ebenso, daß die Ereignisse zugleich Raum für noch weitergehende Spekulationen boten: Es war die Frage aufgeworfen worden, ob nicht die Yuan im Indischen Ozeans politische Ambitionen gehegt haben könnten, gleichsam in Kombination mit ihrer Präsenz auf dem asiatischen Festland.

Wie zuvor spielte der seegestützte Kulturtransfer wieder eine wichtige Rolle. Über die ostasiatischen Meere gelangten abermals buddhistische und konfuzianische Ideen nach Japan, nebst praktischen Erkenntnissen und neuen Kunsttechniken; Südostasien absorbierte weiterhin indische Elemente, aber auch viel Chinesisches; und von der arabisch-iranischen Welt schob sich der Islam ganz generell nach Osten vor. Oftmals bildeten dabei kleinere Niederlassungen von Händlergruppen jene brückenkopfähnlichen Strukturen, über die entsprechende Kulturelemente abgegeben oder auch aufgenommen wurden.

Ein letzter Gedanke sei gestattet: Vor allem ab dem 13. Jahrhundert treffen wir auf mehr Werke über maritime Länder und Orte, auf Texte, in denen Wirklichkeit und Fiktion häufig unentwirrbare Symbiosen eingehen, das Eigene ins Fremde hineingezaubert wird, sich bisweilen gar ein Gespür für Exotisches zeigt. Vielleicht wäre ja deshalb die Behauptung nicht ganz falsch, daß irgendwann in dieser Zeit eine neue literarische Qualität bei der Wahrnehmung maritimer Gebiete durchbricht, die später in die «maritime Reiseliteratur» mündet.

VII. Wendezeiten (ca. 1350–1500)

Nach den Mongolen: Fragmentierung (ca. 1350–1400)

Dreierrhythmus. Das letzte Kapitel ging von der Hypothese aus, daß die asiatischen Seeräume insgesamt mehr Impulse aus dem ostasiatischen Raum erhielten als von Westen her. Mit dem allmählichen Auseinanderfallen des mongolischen Weltreichs und dem bald darauf einsetzenden Niedergang des Yuan-Staates änderten sich die Verhältnisse jedoch wieder. Für einige Jahrzehnte, bis etwa 1400, wurden die einzelnen maritimen Zonen erneut von regionalen Interessen bestimmt, ein übergeordneter «Impulsgeber» ist nicht sichtbar. In verschiedenen, wenngleich nicht allen Gebieten blieben diese regionalen Kräfte sogar bis weit in das 15. oder gar 16. Jahrhundert wirksam. Allein der maritime Kernraum zwischen Ost und West – d.h. Teile des Südchinesischen Meeres, des östlichen wie des westlichen Indiks – geriet noch einmal für kurze Zeit in den Sog des Fernen Ostens. Gemeint ist die Epoche der großen Expeditionen Zheng Hes, der staatlich gelenkten Seefahrt unter den frühen Ming (Ming: 1368–1644), die wahrscheinlich mehrere Segmente des internationalen Fernhandels für rund dreißig Jahre in einer Weise dominierte, die alle vorangehenden Entwicklungen buchstäblich in den Schatten stellte.

Die folgenden Ausführungen weichen darum von der oben gewählten Gliederungsweise etwas ab. Zunächst stehen die Entwicklungen von der Mitte bis zum Ende des 14. Jahrhunderts im Mittelpunkt. Hier wurde noch einmal überwiegend «regional» vorgegangen. In einigen Fällen waren außerdem Ereignisse des frühen 15. Jahrhunderts zu berücksichtigen. Der zweite Teil (ca. 1405–1435) impliziert einen Perspektivenwechsel: Er beschreibt die staatlichen Unternehmungen der frühen Ming, die Teilen des «Gesamtsystems» gleichsam übergestülpt wurden. Das Gesamtsystem kehrt dann nach dem Ende dieser Unternehmungen in den vormaligen Zustand der Fragmentierung zurück, allerdings unter regional geänderten Vorzeichen. Damit befaßt sich der dritte Teil (ca. 1435–1500). Dieser endet ungefähr dort, wo sich eine weitere Wende ankündigt – die Ankunft der Europäer.

KOREA UND JAPAN. Beginnen wir unsere Darstellung wieder im äußersten Osten, in Korea und Japan. Schon während des 13. Jahrhunderts waren koreanische Küstenorte mehrfach von japanischen Banden attackiert worden, die in den Quellen unter der allgemeinen Bezeichnung «Wako» (kor. Waegu, chin. Wokou) firmieren. In der zweiten Hälfte des 14. Jahrhunderts mehrten sich diese Vorfälle wieder. Das *Haedong chegukki* (chin. *Haidong zhuguo ji*) und annalistische Werke geben Auskunft hierüber. Rivalisierende Gruppen, die ihre Basen auf den Inseln Iki, Tsushima, Cheju und Kyushu sowie dem Goto-Archipel hatten, störten aber nicht nur den regulären Handel rund um die koreanische Halbinsel, sondern ebenso den Seeverkehr mit der chinesischen Küste. Gegenmaßnahmen der koreanischen Seite blieben häufig unwirksam, da die verschiedenen Wako-Horden immer neue Banden bildeten. In einigen Fällen setzten sie bei ihren Überfällen sogar Pferde ein, die sie von ihren Inseln mitbrachten, um tief ins Innere Koreas vorzudringen.

Das Wako-Problem war nur ein Symptom der allgemeinen Machtzersplitterung, die inzwischen Nordostasien ergriffen hatte. Denn längst schwächelte der Yuan-Staat, und dieser Prozeß zog viele weitere Gebiete in Mitleidenschaft. Das stellte die über Korea herrschende Koryo-Dynastie nicht nur vor die Frage, wie mit den Räuberhorden an der Seefront umzugehen sei, sondern auch noch vor die Schwierigkeit, verläßliche Partner an der Landgrenze zu finden. Mit wem, so überlegte der Hof, war am Ende zu paktieren: mit den chinesischen Widersachern der Yuan, die ab den 1350er Jahren allmählich immer mehr Gebiete unter ihren Einfluß brachten, mit den Dschurdschen im Nordteil der Mandschurei oder eben doch weiterhin mit den Mongolen, denen Koryo eigentlich hätte Gefolgschaft leisten müssen? Gesandtschaften gingen folglich hin und her, zugleich wurden jedoch mehrere Grenzkonflikte ausgetragen, die das Verhältnis zwischen Korea und seinen Nachbarn periodisch untergruben. Nur wenige Jahre nach dem Zusammenbruch der Yuan-Herrschaft über China besetzten Koryo-Truppen sogar kurzfristig Teile der Liaodong-

Halbinsel – sehr zum Mißfallen der inzwischen frisch an die Macht gelangten Ming, die sich daher vorübergehend gegen Korea stellten. Zusammengenommen trugen diese Entwicklungen dazu bei, daß die Koryo-Dynastie von außen wie von innen heraus unter erheblichen Druck geriet. Das führte schließlich 1392 zu einem Dynastienwechsel: Fortan regierten die Yi über das Land.

Mit diesem Wechsel verloren die Attacken der Wako-Banden jedoch keineswegs an Intensität. Vor allem von Tsushima aus wurde Choson (chin. Chaoxian), wie Korea jetzt oft in den Quellen hieß, weiterhin bedrängt. Die Yi reagierten darauf mit der Vergabe von Handelslizenzen. Damit sollte der Seeverkehr in geregelte Bahnen überführt werden. Außerdem versuchte man, die mächtige So-Familie, welche Teile Tsushimas kontrollierte, zur Mitarbeit zu bewegen. Aber der illegale Sektor ließ sich nicht von heute auf morgen entschärfen, zumal die Grenzen zwischen normalen Handelsaktivitäten und seegestütztem «Raubrittertum» fließend waren. Deshalb sahen sich die Yi genötigt, wie schon zuvor Koryo, militärische Aktionen einzuleiten. So wurde z.B. 1419 ein großangelegter Angriff gegen Stützpunkte der Soda-Familie, die gleichfalls auf Tsushima ansässig war, durchgeführt.

Diese Unternehmungen scheinen eine gewisse Entlastung für den Seeverkehr rundum die koreanische Halbinsel gebracht zu haben. Allerdings ging Tsushimas Bedeutung als regionaler Handelsstützpunkt damit zurück. Hatte die Insel früher Kontakte zu einigen entfernten Gebieten gepflegt – Funde vietnamesischer Keramik werden gerne als Beispiel hierfür genannt –, so waren diese Verbindungen nunmehr deutlich eingeschränkt. Gleichzeitig intensivierte die koreanische Seite ihre Beziehungen zu den Ryukyu-Inseln, über die sie bald auch zunehmend Waren aus dem südostasiatischen Raum erhielt. Es scheint sogar, daß die neue «Achse» zwischen Ryukyu und Korea die alte «Linie» via Tsushima bis zu einem gewissen Grade ersetzen konnte. Hierauf, wie überhaupt auf den im Laufe des 15. Jahrhunderts immer wichtiger werdenden Ryukyu-Verkehr, wird weiter unten noch genauer einzugehen sein.

NORDOSTCHINA. In China wurde nahezu der gesamte Küstensaum von der Liaodong-Halbinsel bis hinunter zur Yangzi-Mündung durch den Zerfall der Yuan-Herrschaft geschädigt. Das brachte den privaten Seeverkehr im Gelben und Ostchinesischen Meer zwar nicht völlig zum Erliegen, aber er mußte schwere Einbrüche hinnehmen. Überschwemmungen, Dürren, Seuchen wie die Pest, Aufstände und schließlich militärische Auseinandersetzungen zwischen den Yuan und ihren Gegnern, die bald von Zhu Yuanzhang geführt wurden, untergruben nicht nur die wirtschaftliche Position einzelner Häfen, sondern gefährdeten auch die zur Versorgung der Mongolen-Hauptstadt erforderlichen Reistransporte. Erinnern wir uns: Reis wurde per Schiff von den Anbaugebieten im unteren Yangzi-Tal über Shandong bis zur Bohai-Region gebracht. Um den Nachschub zu sichern, versuchte der Yuan-Hof, als ihm die Kontrolle über die Küstenroute zu entgleiten drohte, schließlich zwei einflußreiche Entrepreneure, Zhang Shicheng und Fang Guozhen, die zuvor selbst führende Rollen bei Aufständen übernommen hatten und Teile der heutigen Provinzen Jiangsu und Zhejiang regierten, auf seine Seite zu ziehen. Dies gelang aber nur bedingt, denn Zhang und Fang unterhielten ausgedehnte Handelsnetze – mit Verbindungen bis nach Südostasien und quer durch das Ostchinesische Meer –, die ihre Ansprüche auf politisch-wirtschaftliche Eigenständigkeit unterstrichen.

Ein nicht unerheblicher Teil des verbliebenen Privathandels zwischen China, Korea und Japan wurde nun also von eigenmächtig auftretenden Personen gesteuert, wogegen der Yuan-Hof wenig ausrichten konnte. Ihre Rolle erinnert durchaus an die ebenso breitgefächerten Aktivitäten späterer Handelsmagnaten in Fujian. Hier wie da gelang es den betreffenden Unternehmern, Freiräume im bestehenden System für die Verwirklichung eigener Ziele zu nutzen, ökonomischer wie schließlich auch politischer. Zhang Shicheng und Fang Guozhen waren demnach, überspitzt formuliert, die ersten großen «Prototypen» ihrer Art, zumindest die ersten, deren Rollen in den Quellen gut dokumentiert sind.

Die sich schließlich in den 1360er Jahren endgültig abzeichnende Niederlage des Yuan-Hofes brachte Zhang und Fang dann aber in Konflikt mit den Getreuen Zhu Yuanzhangs. Dieser unterwarf nämlich nicht nur mehrere vom Kommerz lebende Regionen seiner mongolischen Gegner und ihrer Partner, sondern verfügte alsbald auch, kaum daß er 1368 den Thron in Nanjing bestiegen und die Ming-Dynastie begründet hatte, daß private Auslandsgeschäfte radikal zu unterbinden seien. Zu groß war die Angst des neuen Hofes vor künftigen Widersachern an der «Seefront», als daß er den freien Privathandel hätte zulassen können, wie er noch im frühen 14. Jahrhundert unter den Yuan üblich gewesen war. Außerdem lag die neue Hauptstadt Nanjing in Küstennähe; mögliche Verbindungen zwischen der dortigen Bevölkerung und Resten der alten Herrscherclique, welche sich zwar längst in den Norden zurückgezogen hatte, aber weiterhin gefährlich blieb, durfte Zhu Yuanzhang nicht tolerieren. Personen wie Zhang und Fang wurden folglich als Bedrohung empfunden, ihr Aufstieg war auf alle Fälle zu verhindern.

Diese Politik stürzte den chinesischen Küstenraum in eine ungewöhnliche Situation. Da Zhu Yuanzhang konsequent auf seinen Forderungen beharrte und keine Lockerungen zuließ, lag der Privathandel bald danieder. Der einzige Weg hinein nach China – so wollte es der Kaiser – sollte derjenige über den Tributhandel sein. Und für diesen wurden genaue Bestimmungen erlassen, die bald Zahl, Frequenz und Größe der Gesandtschaften regelten. Nachzulesen sind die entsprechenden Vorschriften vor allem in der Sammlung *Da Ming huidian*, während die Verbote, welche den privaten Überseeverkehr betrafen, dagegen meist in den Gesetzen der Ming (*Da Ming lü*) zu finden sind.

Alle chinesischen Küstenorte waren von der neuen Politik betroffen, doch jene am Saum des Ostchinesischen Meeres hatten wohl ganz besonders unter ihr zu leiden. Das berührte zugleich den Seeverkehr im gesamten nordostasiatischen Handelsraum. Zwar gingen offizielle Gesandtschaften zwischen Korea und den Ming hin und her, aber sie wurden aus den vorhin genannten Gründen und wegen der Tributrestriktionen von Mißstimmungen überschattet. Gewiß, Korea lieferte von Zeit zu Zeit Pferde und lokale Produkte über Land oder auf dem Seeweg via Shandong, doch diese Sendungen erfüllten nicht die Wünsche privater Kaufleute, welche ja vom Austausch weitestgehend ausgeklammert bieben. Auch die offiziellen Kontakte zwischen China und Japan fielen eher dürftig aus. Einige wenige Händler versuchten deshalb – wie im Falle des sino-koreanischen Szenarios – die Handelsverbote zu unterlaufen. Diese Bemühungen führten allerdings nur selten zum Erfolg, da die Ming-Behörden gegen «Blockadebrecher» meistens rigoros vorgingen.

DIE RYUKYU-INSELN. Eigentlich profitierte nur eine Region von den Entwicklungen: die Ryukyu-Kette. Wir hatten schon erwähnt, daß diese Inselgruppe für die Versorgung Koreas mit südostasiatischen und Waren anderer Herkunft gegen Ende des 14. Jahrhunderts allmählich wichtiger wurde. Dieser Trend setzte sich im 15. Jahrhundert fort. Entsprechende Hinweise finden sich vor allem in zwei Quellenwerken: in der offiziellen koreanischen Sammlung *Choson sillok*, die an ein gigantisches Tagebuch erinnert, und in der ryukyuanischen Kollektion *Lidai bao'an*. Letztere enthält zugleich wertvolle Dokumente zu den übrigen Auslandskontakten des Ryukyu-Archipels.

Vom späten 14. Jahrhundert bis zum frühen 15. Jahrhundert gab es drei kleine Königreiche auf Okinawa, der Hauptinsel des Archipels. Diese sandten ab den 1370er Jahren häufiger Tributschiffe nach China. Um ihre zügige Abfertigung zu ermöglichen, richtete der Ming-Staat, sich frühere Beispiele zum Vorbild nehmend, ein *shibo*-Amt in Fujian ein. Auch anderenorts wurden solche Ämter installiert. Ihre geographische Verteilung änderte sich zwar im Laufe der Zeit – während einiger Jahre blieben sie gar ganz geschlossen –, doch grundsätzlich galt, daß Ryukyu-Delegationen stets über Fujian einzureisen hatten, während Gesandtschaften aus Südostasien in Guangzhou und japanische Delegationen in Zhejiang zu empfangen waren.

Nicht ganz unwichtig ist, daß Tributhändler, ob sie nun aus Okinawa oder von einem anderen Ort kamen, nach Ankunft in China auch private Transaktionen durchführen durften, allerdings nur in den dafür vorgesehenen Orten und lediglich in sehr begrenztem Umfang. Diesen Spielraum wenigstens gewährte Zhu Yuanzhangs rigorose Politik. Einige Produkte konnten allerdings überhaupt nicht von Ausländern erworben werden, so war z.B. die Ausfuhr bestimmter Metalle untersagt, unter anderem, weil sie zur Herstellung von Waffen benutzt werden konnten. Für die Ryukyu-Missionen lohnte sich die Überfahrt aber schon deshalb, weil sie bei günstigem Wetter höchstens zwei oder drei Tage dauerte, die Transportkosten somit gering ausfielen. Das alles ermunterte die Ryukyu-Seite offenbar dazu, die strikten Vorgaben der Ming im allgemeinen einzuhalten.

Folglich stiegen die drei Staaten auf Okinawa zu «Musterbarbaren» innerhalb des chinesischen Tributsystems auf. Bald förderte China geradezu den Austausch mit den neuen Nachbarn, erwiesen sie sich doch als zuverlässig; außerdem sandten sie häufig Pferde, an denen es im Reich der Mitte immer fehlte, und darüber hinaus Schwefel, der zur Herstellung von Schießpulver benötigt wurde. Vorteilhaft war zudem, daß wesentliche Teile des seegestützten Auslandsverkehrs nunmehr über einen vorgelagerten Posten liefen, gleichsam unter nomineller Aufsicht des chinesischen Hofes, in sicherer Entfernung vom Festland. Das kam Zhu Yuanzhang durchaus entgegen, blickte er doch stets mit Mißtrauen auf die Küstenorte, das Meer und alles, was mit der Welt «dahinter» zu tun hatte.

Um die guten Kontakte nach Okinawa zu stärken, leisteten die Ming alsbald «Entwicklungshilfe». Junge Männer von dort durften in China konfuzianische Klassiker studieren – als Multiplikatoren würden sie nach der Heimkehr im Sinne Chinas wirken –, und mehrere chinesische Familien erhielten die offizielle Erlaubnis, sich bei Naha, der Okinawa-Hauptstadt, niederzulassen, um ihre Kollegen vor Ort in technischen Dingen zu unterweisen, vor allem beim Bau von Schiffen. Diese Dienste kamen meist aus Fujian.

Damit sind wir bereits ins 15. Jahrhundert vorgerückt. Inzwischen waren die drei Ryukyu-Länder zu einem Staat verschmolzen. Das erleichterte die Kontakte zu China in vielerlei Hinsicht. Entsprechende Notizen in den *Ming shilu* informieren über die weiteren Handelsmissionen. Diese brachten neben den schon erwähnten Gütern bald auch mehr und mehr südostasiatische Waren nach Fujian, etwa Pfeffer, Zinn, Sapanholz und ähnliches. Sogar japanische Produkte wurden gelegentlich geliefert, unter anderem Waffen und Lackgegenstände. Das kann dadurch erklärt werden, daß die Ryukyu-Inseln mittlerweile ein eigenes Handelsnetz errichtet hatten, welches von Japan und Korea im Norden bis hinunter zu einigen Orten rund um das Südchinesische Meer reichte. Der Archipel war also letztlich infolge chinesischer Abschottungspolitik und fujianesischer Hilfe zu einer neuen Drehscheibe im ostasiatischen Handel aufgestiegen.

Doch wäre die Behauptung übertrieben, chinesische Importwünsche seien überwiegend durch Tributlieferungen aus Okinawa befriedigt worden. Vereinzelten Quellenhinweisen ist vielmehr zu entnehmen, daß Ryukyu-Schiffe im Laufe des 15. Jahrhunderts gelegentlich auch illegal nach China fuhren, Tribut-Bestimmungen mißachtend, wie ebenso chinesische und andere Händler jene Verbote, die noch der erste Kaiser aus strategischen Gründen erlassen hatte, nun immer öfter zu umgehen wußten. Angebot und Nachfrage in den chinesischen Küstengegenden, die längst wieder auf Wachstumskurs waren, ließen sich durchaus nicht vermittels engstirniger Gesetze steuern. Im Laufe des 15. Jahrhunderts und erst recht danach mehren sich darum die Vorfälle unerlaubter Auslandskontakte.

SÜDCHINAS KÜSTEN. Die Insel Taiwan spielte zu Beginn der Ming-Epoche noch immer keine große Rolle im internationalen Seefahrtsgefüge. Sie blieb eine geographische Trennmarke zwischen Ost- und Südchinesischem Meer. Neu war allerdings, daß sich mit dem geeinten Ryukyu-Reich erstmalig eine nichtchinesische Handelsmacht nördlich von Taiwan anschickte, auch südlich dieser Insel, in Südostasien, tätig zu werden. Vergleichbares war bislang nur chinesischen Seefahrenden gelungen, vor allem den Fujianesen.

Letztere durften zwar aufgrund der geltenden Handelsverbote nicht nach Südostasien reisen, doch wissen wir, wie schon angedeutet, daß einige Personen die Vorschriften der Zentrale einfach umgingen. Gleiches gilt für Kaufleute, die in Guangdong lebten. Es besteht allerdings der Eindruck, daß der illegale Sektor dieser Provinz nicht ganz so aktiv war wie der entsprechende in Fujian. Möglicherweise hatte dies damit zu tun, daß die südliche Metropole Guangzhou den Vorzug genoß, jedes Jahr mehrere ausländische Gesandtschaften empfangen zu dürfen, die aus Südostasien kamen, gelegentlich aber ebenso aus Ländern von den Küsten des Indischen Ozeans. Fujian fertigte dagegen nur Schiffe aus Naha ab. Denkbar ist also, daß Guangzhou mehr Importe durch den Tributverkehr erhielt als Fujian und die Versuchung, unerlaubten Tätigkeiten nachzugehen, deshalb geringer ausfiel.

Ein anderer Unterschied zwischen beiden Provinzen führt uns zurück in die Übergangszeit von der Yuan- zur Ming-Dynastie. Erinnern wir uns: Unter den Mongolen hatten sich in Quanzhou viele Muslime niedergelassen, und von dieser Stadt aus war auch die Ostroute bis hin zu den Gewürzinseln erschlossen worden. Mit dem Einzug der Ming, die Fujian von Land und See her eroberten, änderte sich die

Situation. Die Muslime wurden nach heftigen lokalen Auseinandersetzungen vertrieben, sogar noch nach Jahren verfolgt. Als vormalige Partner der Mongolen waren sie schlichtweg unerwünscht. Einige islamische Kaufleute, die es unter den Yuan zu Reichtum gebracht hatten, scheinen sich daher nach Brunei, Champa oder anderen Orten abgesetzt zu haben. Langfristig versuchten diese Personen aus der Ferne alte Kontakte neu zu beleben. Möglich also, daß sie ihre Kollegen in Fujian zu nichterlaubten Geschäften ermunterten oder aber mit dem aufstrebenden Ryukyu-Sektor zusammenarbeiteten, der ja seinerseits eine gewisse Anziehungskraft auf Fujian auszuüben begann. Doch vieles an dieser Hypothese bleibt offen. Während der frühen Ming-Epoche sind z.B. kaum Anhaltspunkte für chinesische Aktivitäten entlang der Ostroute festzustellen. Selbst die Archäologie kann nichts Gegenteiliges vermelden.

In Guangzhou, das im April 1368 kapitulierte, vollzog sich der Dynastienwechsel auf etwas andere Weise. Hier hatte es keine so große islamische Gemeinde gegeben wie in Quanzhou; jene schlimmen Folgen, unter denen Fujian leiden mußte, blieben daher aus. Außerdem dürfte Guangzhou vom vorübergehenden Wegfall der Ostroute kaum getroffen worden sein. Es war und blieb vornehmlich an die Westroute geknüpft. Und schließlich lag Guangzhou weiter von der kaiserlichen Hauptstadt entfernt als die Häfen Zhejiangs und Fujians; möglich daher, daß die Aufsicht der Zentrale im tiefen Süden von Anfang an etwas lockerer war.

Die Insel Hainan wurde nach ihrer Eroberung (1369) der Aufsicht Guangdongs unterstellt und administrativ neu geordnet. Wichtigste Quelle für die Inselgeschichte jener Epoche ist eine umfangreiche Lokalchronik (*Qiong tai zhi*) aus dem frühen 16. Jahrhundert. Sie unterrichtet uns z.B. über Küstenorte wie Wenchang, Wanzhou oder Yazhou. Außerdem berichtet sie von Überfällen seegestützter Banden, allerdings ohne die sozio-ökonomischen Hintergründe wirklich zu erhellen. Insgesamt spielte die Insel unter den frühen Ming wohl noch keine zentrale Rolle für die Schiffahrt auf der alten Westroute.

KONTINENTALSÜDOSTASIEN. Über den Norden Vietnams, d.h. Dai Viet, herrschte im 14. Jahrhundert die Tran-Dynastie. Chinesische Quellen nennen dieses Gebiet nun fast immer Annan (Annam). In mancherlei Hinsicht orientierten sich die Tran an konfuzianischen Vorbildern, etwa im Bereich von Bildung und Verwaltung. Außerdem sandten sie häufig Tributmissionen in die Ming-Hauptstadt, meist jedoch auf dem Landweg, via Guangxi. Anfang des 15. Jahrhunderts – inzwischen hatte das Herrscherhaus gewechselt – rückten Ming-Truppen gegen Dai Viet vor. Es folgten langwierige kriegerische Auseinandersetzungen, die sehr kostspielig waren und den lokalen Seeverkehr im Golf von Tongking vermutlich über Jahre störten. Hainan scheint von dieser Entwicklung allerdings kaum berührt worden zu sein.

Noch vor 1400 hatte Dai Viet sein eigenes Territorium auf Kosten des Champa-Gebietes erweitert. Folglich waren regelmäßig Gesandtschaften von Champa nach China gereist, in der Hoffnung, die Ming-Seite zu einem Angriff gegen Dai Viet bewegen zu können und damit Champa zu entlasten. Ähnliche Konstellationen sind aus früheren Epochen bekannt. Doch erst nach 1400 sollte diese Rechnung aufgehen, wie wir gerade gesehen haben. Ob der Krieg, den die Ming gegen Dai Viet führten, Champa auch in wirtschaftlicher Hinsicht half, ist hingegen schwer zu ermitteln. Die Inlandsverbindungen mögen unter den Ereignissen gelitten haben, der Überseehandel wohl aber nicht. Über die Westroute blieb Champa für Händler aus China und Südostasien grundsätzlich offen. Faifó (Hoi-an, Hui'an) galt dabei als wichtigster Hafen. Hier lebten auch weiterhin einige Muslime, die vermutlich alte Verbindungen nach Hainan pflegten und vielleicht ebenso neue zu ihren Glaubensbrüdern auftaten, von denen sich etliche während der Yuan-Ming-Übergangsphase nach Südostasien abgesetzt hatten.

Die Küsten Thailands waren um die Mitte des 14. Jahrhunderts und erst recht danach fest in den internationalen Seehandel integriert. In gewisser Weise galt dies auch für das Khmer-Gebiet. Zugleich gerieten beide Seiten in gelegentliche Konflikte miteinander, wie sie auch hin und wieder mit ihren übrigen Nachbarn stritten. Vor allem von Ayuthaya, 1351 am Unterlauf des Chao Phraya gegründet, gingen mehrere Kriege aus, die unter anderem zur vorübergehenden Besetzung der Khmer-Hauptstadt Angkor sowie zur Übernahme etlicher Küstenorte auf der Malaiischen Halbinsel führten.

Zhu Yuanzhang hatte kein Interesse, in diese Auseinandersetzungen einzugreifen. Er entsandte jedoch offizielle Delegationen, die den vollzogenen Machtwechsel in China kundtaten, und empfing sowohl aus Zhenla, von den Khmer also, wie zugleich aus Xianluo – das ist die damals häufigste chinesische Bezeichnung für den zentralen Teil Thailands – ungewöhnlich viele Tributmissionen. Diese kamen fast immer via Guangzhou und wurden wohl gelegentlich von Personen chinesischer Herkunft geleitet, die sich zuvor in Angkor oder dem Chao Phraya-Gebiet niedergelassen hatten und nun im Dienste ihrer neuen Landesherren standen. Legenden, aufgezeichnet in späteren Chroniken, nennen zudem Chinesen, die in lokale Fürstenfamilien einheirateten und damit offenbar zu Ämtern und Ansehen gelangten.

Die Tributschiffe Zhenlas und Xianluos brachten Sapanholz und andere tropische Kostbarkeiten nach Guangzhou, außerdem Elefanten und Elfenbein, ferner Gewürze und allerlei Exotika, die eigentlich aus der malaiischen Welt stammten. Einige Lieferungen hatten einen beachtlichen Umfang. Für das Jahr 1390 wird z.B. eine Xianluo-Gesandtschaft gemeldet, die umgerechnet rund achtzig Tonnen «aromatischer Substanzen» darbot. Wahrscheinlich handelte es sich um Pfeffer, Dufthölzer, Gewürze und ähnliche Dinge, und vermutlich bezog sich die genannte Zahl nur auf die eigentlichen Tributanteile der Lieferung, also nicht auf jene Warenmengen, die gleichsam «nebenher», d.h. privat, eingeführt wurden. Wie hoch das Gesamtvolumen der Importe ausfiel, wissen wir darum leider nicht. Fest steht jedoch: Sendungen dieser Größenordnung übertrafen die offiziell gemeldeten Ryukyu-Transporte, die etwas später in Fujian eingingen, um ein Mehrfaches. Dies stärkt die oben geäußerte Hypothese, Guangzhou habe während der frühen Ming-Periode höhere Einfuhren verbucht als die konkurrierenden Häfen in Fujian.

Besonders auffällig sind die Elefantentransporte. Nicht nur Zhenla, sondern auch Champa sandte mehrfach Dickhäuter nach China. In einigen wenigen Fällen sind sogar Stückzahlen überliefert: 1386 kamen z.B. 54 Elefanten aus den Cham-Landen, 1387 wurden von einem gewissen Tang Jing 59 Exemplare aus Zhenla geholt, und 1388 waren es noch einmal 21 von dort. Wie diese Tiere über See nach Guangzhou gelangten, werden wir wohl nicht mehr erfahren, ebensowenig, von wem die Initiative dafür letztlich ausging. Doch das ist einerlei, der Aufwand dürfte in jedem Falle hoch gewesen sein. Außerdem lassen solche «Schwerguttransporte» erahnen, zu welchen Leistungen der

Seehandel nunmehr imstande war und welche Sogwirkung China auf die Länder des Südens ausgeübt haben muß, scheuten diese doch offenbar keine Mühe, das Reich der Mitte bei Laune zu halten.

DIE MALAIISCHE WELT. Der erste Ming-Kaiser behielt die maritime Welt durchaus im Visier. Er lehnte zwar jede militärische Einmischung ab, war aber bereit, diplomatisch zu intervenieren, wo dies erforderlich schien. Als etwa das ostjavanische Majapahit Teile des schrumpfenden Srivijaya-Reiches bedrängte, ließ die chinesische Seite wissen, daß sie einer grundlegenden Änderung der Machtverhältnisse auf Sumatra nicht unbedingt zustimmen würde. Freilich vermochte der Ming-Hof solange nichts auszurichten, wie er Majapahit militärisch gewähren ließ. Die Folge war ein vorübergehender Niedergang Palembangs als überregionaler Umschlagplatz, während die javanischen Häfen an Gewicht gewannen. Dieser Prozeß – letztlich der Aufstieg Majapahits also – war schon im letzten Zeitsegment angeschnitten worden.

Eine andere Macht, die den Wechsel von der Yuan- zur Ming-Herrschaft, die militärische Zurückhaltung Zhu Yuanzhangs und das mutmaßliche Machtvakuum auf Sumatra auszunutzen wußte, war Samudra-Pasai. Im Laufe des 14. Jahrhunderts hatte sich das Gravitationszentrum dieses Gebietes in das östlich von Samudra gelegene Pasai verlagert. Doch das ist hier nicht so wichtig, zumal Historiker «Samudra-Pasai» meist als eine Entität betrachten. Wesentlich interessanter ist, daß dieser Staat inzwischen zu einer Drehscheibe islamischer Handelsverbindungen avanciert war. Händler von der Arabischen Halbinsel und aus Gujarat dürften Samudra-Pasai als Sprungbrett nach Nordjava und in andere Regionen innerhalb der malaiischen Welt benutzt haben. Damit bildete Nordwestsumatra eine Art Gegenstück zu dem immer noch stark hinduistisch-buddhistisch geprägten Majapahit (dort wiesen allein die nordjavanischen Häfen islamische Einflüsse auf).

Ebenso interessant ist die Hypothese, Samudra-Pasai habe während der zweiten Hälfte des 14. Jahrhunderts versucht, Teile der Melaka-Straße unter seine Kontrolle zu stellen; andere Orte im Nordwesten Sumatras sowie Kedah auf dem gegenüberliegenden Festland seien folglich in eine wie auch immer geartete Abhängigkeit von

Samudra-Pasai geraten. Derlei beruht jedoch zumeist auf malaiischen Chroniken, die erst recht spät in ihre heutige Form gegossen wurden und hinsichtlich der Verläßlichkeit ihrer Aussagen sehr umstritten sind.

Vieles bleibt demnach offen. Das betrifft leider auch ein ganz anderes Kapitel südostasiatischer Geschichte: den Aufstieg Melakas. Ein ehemaliger Prinz aus Sumatra, dessen Name «Paramesvara» auch als Titel gelesen werden kann und der wohl aus Kreisen der alten Srivijaya-Elite stammte, habe für Melakas Emporkommen gesorgt. Zeitnahe chinesische Texte, portugiesische Aufzeichnungen aus dem frühen 16. Jahrhundert und die malaiische Chronik *Sejarah Melayu*, die ziemlich spät in ihrer jetzigen Form fixiert wurde, berichten hiervon, aber einige Details sind nicht wirklich miteinander in Einklang zu bringen. Meist wird heute angenommen, Paramesvara sei es gelungen, Seeräuber in seine Dienste zu stellen; damit habe er gleichsam den Grundstein für seinen Erfolg gelegt.

Offenbar wurde Melakas lange Geburt von chinesischer Seite begleitet – wahrscheinlich mit Blick auf die Verhältnisse in Java und umliegenden Regionen. Im frühen 15. Jahrhundert wird dies besonders deutlich: China protegierte Melaka unter anderem, um Tributansprüche Ayuthayas abzuwehren. Diese und andere Maßnahmen scheinen auch den Seeverkehr durch die Melaka-Straße stabilisiert zu haben, denn solange der Ming-Staat Flagge zeigte, vermochte keine Macht die Meere zu verunsichern. Möglich ist zugleich, daß Melakas Einfluß einige umliegende Orte berührte.

Chinesische Texte halten noch weitere Nachrichten bereit. Meist beziehen sich diese auf Tributgesandtschaften, etwa aus Pahang und Kelantan, beide auf der Ostseite der Malaiischen Halbinsel gelegen. Sonstige Angaben zur Natur seegestützter Verbindungen zwischen diesen Gebieten und ihren möglichen «Partnern» sind hingegen rar, zumindest für die Zeit zwischen ca. 1350 und 1400. Indes wissen wir durch Inschriften und Grabungen, daß sich in der Zwischenzeit weitere islamische Niederlassungen gebildet hatten, die nun sogar intensivere Kontakte nach Osten, Richtung Brunei sowie zu den Sulu-Inseln, pflegten und dort Missionsanstrengungen koordinierten.

Die letztgenannten Gebiete standen außerdem in losem Austausch mit Mindanao, Luzon und anderen Inseln der heutigen Philippinen

Segelboot bzw. prahu (prau) aus Südsulawesi, 20. Jahrhundert. Boote früherer Epochen dürften ähnlich ausgesehen haben.

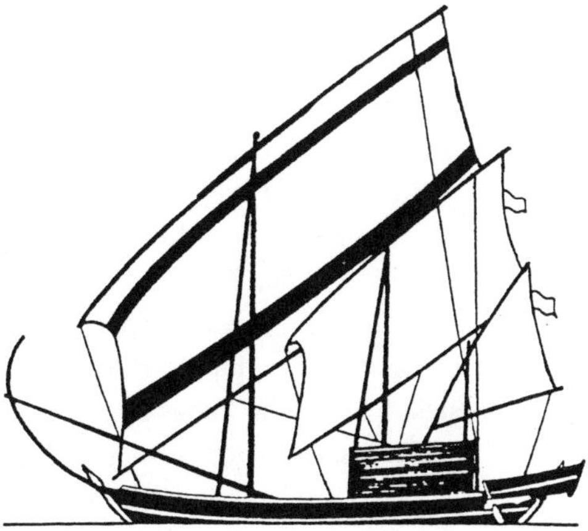

sowie wohl ebenso, wenngleich nur selten, mit den Ming-Häfen. Diese Verbindungen liefen über die nördlichen Abschnitte der sogenannten Ostroute. Durch die Celebes-See war die Sulu-Zone zudem mit Nordsulawesi und den Molukken im Südosten sowie, via Kap Datu, mit dem heutigen Thailand verknüpft. Archäologische Funde bestätigen vor allem die Beziehungen zwischen Nordkalimantan und dem thailändischen Raum.

Auch an Java muß in diesem Kontext noch einmal gedacht werden. Als Sulu und Brunei einander bekämpften – das hatten wir im letzten Kapitel erfahren –, sei Majapahit dazwischengetreten. Was immer daran wahr sein mag: Majapahit könnte einen gewissen Einfluß über Teile der Sulu-Zone ausgeübt haben wie zugleich über einige Inseln in der Osthälfte Indonesiens. Das würde zumindest Zhu Yuanzhangs Zurückhaltung gegenüber jenen Regionen erklären helfen. Andererseits steht fest, daß es gelegentliche Tributkontakte gab. Noch dazu suggerieren Legenden eine wachsende Präsenz privater chinesischer Händler auf den Sulu-Inseln sowie auf Nordkalimantan. Bei diesen könnte es sich mehrheitlich um Muslime gehandelt haben, die Quanzhou gegen Ende der Yuan-Zeit verlassen hatten.

Diese Bruchstücke verleiten zu weiteren Hypothesen, die allerdings nicht alle kompatibel sind. Eine besagt, einflußreiche Chinesen hätten den Sulu-Fürsten zum allmählichen Aufstieg verholfen; die Auseinandersetzung mit Brunei sei ein eher regional begrenztes

Ereignis gewesen. Eine andere unterstellt komplexe islamische Kontakte zwischen der Sulu-Zone und den nordjavanischen Häfen, was immer dies für den Kernraum Majapahits, der keinesfalls islamisch geprägt war, bedeutet haben könnte. Möglich schließlich ebenso, daß Zhu Yuanzhang in Majapahit schlichtweg einen gefährlichen Gegner sah, der gleich an mehreren Fronten sein «Unwesen» trieb: auf Ostsumatra – in den Restgebieten Srivijayas – und an mehreren Punkten der «Ostmeer»-Region, die ja erst unter den Yuan so richtig für die chinesische Seefahrt erschlossen worden war. In einer solchen Konstellation würde Chinas Interesse an Melaka und Samudra-Pasai zusätzliches Gewicht bekommen. Kurz, es wäre darum gegangen, Majapahit auf ganzer Breite in die Grenzen zu weisen. Ob die frühen Ming allerdings wirklich so dachten, wird niemand je eruieren können.

VON TENASSERIM BIS ORISSA. Nördlich von Melaka blieb die Westseite der Malaiischen Halbinsel politisch fragmentiert. Kedah stand vorübergehend, nach einer Lesart wenigstens, unter dem Einfluß von Samudra-Pasai. Andere Gebiete wurden von Ayuthaya bedrängt. Südasiatische Mächte wie vormals die Cholas spielten nun keine Rolle mehr. Die Tenasserim-Küste – Tavoy, Martaban und andere Orte – lag weiterhin im Revier islamischer Händler, die aus dem Bereich des Arabischen Meeres kamen. Über die Inlandsverbindungen dieser Region ist wenig bekannt. Von Tavoy aus reiste kurz nach 1400 eine Tributdelegation nach China, ihre Marschroute wird aber nicht näher beschrieben. Pegu, die Mon-Zentrale im Irawadi-Delta, profitierte offenbar noch immer vom Handel zwischen den nördlich liegenden Gebieten einerseits – besonders von Toungoo, wo 1349 eine neue Dynastie gegründet worden war, und von Prome – sowie den Küstenorten rings um das Bengalische Meer andererseits. Wie zuvor versorgten die Mon ihre Nachbarn mit Reis und Importen aus maritimen Ländern, während sie Edelsteine, Moschus und andere Kostbarkeiten, die aus dem Inneren Myanmars stammten, in Pegu anboten.

Über die Arakan-Küste ist wenig Verläßliches bekannt. Dafür wissen wir umso mehr über den Nordosten des indischen Subkontinents. Dieser geriet in der zweiten Hälfte des 14. Jahrhunderts mehrfach unter Druck des Delhi-Sultanats. So unternahm Firoz Shah, der letzte große Herrscher Delhis, schon während der 1350er Jahre zwei ausgedehnte Feldzüge gegen Bengalen, die allerdings erfolglos endeten. Dabei gingen seine Truppen auch gegen das überwiegend hinduistische Orissa vor. Wenig später wurde Delhi dann seinerseits in schwere Abwehrkämpfe verwickelt, denn von Nordwesten her stießen die Timuriden nach Indien hinein, die zuvor schon die iranischen Städte und sogar Bagdad geplündert hatten. Als sie schließlich 1398 auch die nordindische Zentrale nahmen, bedeutete dies einen tiefen Einschnitt in der Geschichte des Subkontinents, zumal die Verwüstungen, die den timuridischen Sieg begleiteten, gewaltig gewesen sein müssen.

Im Windschatten der kriegerischen Entwicklungen, die den Norden und Westen des Subkontinents erschütterten, verstanden es Bengalen und Orissa, weiterhin eigenen Interessen nachzugehen. Nach dem zweiten Feldzug von Firoz Shah kehrte vor allem in Bengalen Ruhe ein, das sich nun offenbar für einige Jahrzehnte wachsender Prosperität erfreuen durfte. In Orissa blieb währenddessen die Ganga-Dynastie bestimmend. Während der gesamten Epoche dürfte besonders Bengalen in regem Kontakt mit mehreren südostasiatischen Häfen gestanden haben, und diese Kontakte lebten fort. Selbst nach Arakan gab es anscheinend regelmäßige Verbindungen.

KOROMANDEL UND SRI LANKA. Im Süden war inzwischen Vijayanagar zur führenden Macht aufgestiegen. Schon bald nach seiner Gründung hatte dieses wichtige Reich mehrere Nachbarorte geschluckt, so auch Madurai (1370). In der Folgezeit weitete es sein Terrain vorübergehend nach Norden aus. Im ersten Quartal des 15. Jahrhunderts geriet Vijayanagar daher erstmalig in offenen Konflikt mit Orissa. Damit begann eine lange Phase heftiger Auseinandersetzungen um die Koromandel-Küste, im Prinzip ausgefochten zwischen zwei überwiegend hinduistischen Reichen, die vor allem um die Vorherrschaft über mehrere Handelsposten und das agrarische Hinterland stritten und damit vermutlich zugleich die Warenströme durch die Bengalische See beeinflußten.

Sri Lanka, gleichsam gegenüber von Vijayanagar liegend, wurde von den Ereignissen auf dem Festland zwar tangiert, war aber gleichermaßen mit sich selbst beschäftigt. Denn auch hier herrschten konkurrierende Mächte, von denen inzwischen das kleine Gampala eine der wichtigsten bildete. In diesem Land lebten etliche südindische Händler, die es im Laufe der Jahrzehnte zu Macht und Ansehen gebracht hatten. Vor allem die Alagakkonara-Familie, welche während der Polonnaruva-Ära eingewandert war, suchte die Geschicke ihrer neuen Heimat zu beeinflussen. Unter anderem bemühte sie sich darum, den Einfluß ihrer tamilischen Rivalen im nördlichen Jaffna, das die Palk-Straße überblickte, einzudämmen.

Letzteres ist insofern zu erklären, als Jaffna offenbar zeitweise über eine kleine, aber schlagkräftige Flotte verfügte und Interesse an Gebieten auf dem indischen Festland zeigte. Doch sollte Jaffnas Position bald auch durch andere Konkurrenten herausgefordert werden, zu denen das Reich Kotte gehörte, dessen Zentrale auf der Westseite Sri Lankas lag, in einer Gegend, in der muslimische Händler und Kaufleute von der Malabar-Region, via Kap Komorin, häufig zusammenkamen. Einer von ihnen könnte Ibn Battuta gewesen sein, der sogar den berühmten Adamsgipfel bestiegen haben will, aber politisch-ökonomischen Veränderungen vor Ort kaum Beachtung schenkte. Darin unterschied er sich freilich kaum von anderen Reisenden, die ebenso unkritisch mit dem selbst Erlebten oder von Mittelsmännern Gehörten umzugehen pflegten.

Die Darstellung der Welt rund um den östlichen Indik wäre unvollständig, blieben die Kontakte dieser Region zu anderen, weit entfernt liegenden Gebieten unerwähnt. Regionale Gewichteverschiebungen, der Dynastienwechsel in China und die timuridische Expansion hatten zweifellos Auswirkungen auf die Seefahrt, wie wir sahen, doch Fernreisen fanden nach wie vor statt, und Netzwerke, die auch zuvor existiert hatten, lebten fort. Gleich zu Beginn der Ming-Zeit wurden z.B. etliche offizielle Delegationen zwischen Südindien und Fernost hin und hergesandt. Ab etwa 1400 werden dann Kalikut und nun auch Cochin immer häufiger in den Texten genannt. Wahrscheinlich gab es sogar weiterhin private Kontakte zwischen dem Reich der Mitte und Südindien, vorbei an den Handelsverboten der Ming. Ebenso ist davon auszugehen, daß die wichtigen Handelsorte Südostasiens über Südindien oder Sri Lanka in steter Verbindung mit der Golf-Region, Aden und anderen Gebieten im fernen «Westen» standen. Archäologische Funde und verstreute Hinweise in den Schriftquellen sprechen jedenfalls für eine solche Annahme.

DIE MALABAR-REGION. Vermutlich wurden die meisten Malabar-Häfen im Laufe des 14. Jahrhunderts zunehmend von muslimischen Gruppen aufgesucht, die hier bald ihre Kontore erweiterten und regelmäßige Kontakte nach Westasien und Afrika unterhielten. In Kalikut, dessen Herrscher, der *Zamorin* (*Samudri Raja* und Varianten), ein Hindu war, bekamen Muslime sogar hohe Ämter zugeteilt. Während die Zahl der islamischen Kaufleute in Südwestindien somit wuchs, nahm der Einfluß traditioneller Gilden, deren Ausgangsbasen an der Koromandel-Küste lagen, eher ab. Das paßt insofern ins Bild, als bereits mit Bezug auf frühere Perioden beobachtet worden war, daß sich der Schwerpunkt des Handels in Südindien allmählich von der Koromandel-Seite zur Malabar-Küste verschob.

Deutlich zu erkennen ist zudem, daß Kalikut längst zum führenden Hafen an der Malabar-Küste aufgestiegen war. Er versorgte das Hinterland mit Importen aus Westasien und die Händler, die über See kamen, vor allem mit Pfeffer, der letztlich zu den Häfen weiter nördlich sowie zu jenen in der persisch-arabischen Welt wanderte. Ein Teil ging natürlich auch über Ägypten und die Levante nach Europa. Die wenigen Zahlen, welche aus dieser Zeit überliefert sind, legen große Transportmengen nahe. Es ist deshalb nicht unmöglich, daß die wachsende Nachfrage in Kairo und anderenorts die Produzenten in den Malabar-Gebieten zur Intensivierung des Anbaus ermunterte. China hatte hiermit, wohlgemerkt, nichts zu tun. Für diesen Markt waren die südostasiatischen Pfeffergebiete zuständig.

Kalikut, Cochin, Quilon und andere Orte nahmen aber noch eine weitere Funktion wahr: Sie belieferten Nordwestindien und Westasien zugleich mit Gewürznelken, Muskatnuß und Muskatblüte, die allesamt aus Südostasien kamen. Wiederum saßen die Endabnehmer oftmals in Kairo und im Mittelmeerraum, wobei dieselben Wege wie beim Pfeffertransport, einschließlich der alten Karawanenrouten durch das Zweistromland, wichtige Bindeglieder bildeten.

Für den chinesischen Markt scheinen die ostindonesischen Gewürze während der zweiten Hälfte des 14. Jahrhunderts nicht sehr wichtig gewesen zu sein. Erinnern wir uns: Die direkte Verbindung über die Ostroute – von den Produktionsgebieten durch die Sulu-Zone nach Quanzhou –, die unter den Mongolen ausgebaut worden war, hatte vorübergehend an Bedeutung verloren. Zwar gelangten vermutlich gewisse Kontingente ersatzweise über Nordjava und andere Zwischenstationen nach Guangzhou, aber das Gros der ostindonesischen Gewürzproduktion dürfte Richtung Indien und Westasien abgeflossen sein. Stimmt dieses Bild, kann zugleich unterstellt werden, daß mindestens drei Faktoren – Chinas restriktive Handelspolitik, die Lage in der Sulu-Zone sowie die Nachfrage in Westasien – auf Südostasien und Indien zurückwirkten.

GUJARAT. An der Nordwestküste des Subkontinents scheinen besonders die Häfen Gujarats von lokalen Entwicklungen im 14. Jahrhundert profitiert zu haben. Bereits zuvor, unter einigen Herrschern des Delhi-Sultanats, waren Orte wie Cambay verstärkt in das expandierende islamische Handelsnetz einbezogen worden. Steuereinnahmen, Lieferungen aus dem Hinterland, dessen Nachfrage nach Importen sowie die wachsende Präsenz islamischer Kaufleute hatten sich als treibende konjunkturelle Kräfte erwiesen. Auch Ende des 14. Jahrhunderts sollte sich an dieser Grundkonstellation wenig ändern, denn die Timuriden erlaubten es Gujarat, seine eigenständige Rolle nahezu ungestört fortzuführen.

Damit waren die Weichen für den weiteren Aufstieg Cambays gestellt, das, wie vor allem späteren Quellen zu entnehmen ist, viele Rohstoffe bezog und umgekehrt handwerkliche Produkte exportierte. Schildpatt z.B. wurde von den Malediven beschafft und für die Verzierung von Gegenständen des täglichen Bedarfs, etwa Dosen und Gefäßen, verwendet, die sodann zu den Häfen Westasiens gelangten. Dies erinnert in gewisser Weise an die Rolle Fujians. Auch hier kann der Import von Rohstoffen und der Export entsprechender Sekundärprodukte schon für relativ frühe Perioden belegt werden.

Doch Gujarat verdient noch aus einem anderen Grund Beachtung. Dort ansässige Händler streckten im 14. Jahrhundert zunehmend ihre Fühler nach Südostasien aus. Ein Ergebnis dieser merkantilen Expansion, die bis weit in das 16. Jahrhundert andauern sollte, war die Beschaffung ostindonesischer Gewürze via Nordjava und Sumatra, und zwar durchaus unter Umgehung der Malabar-Häfen, die ihrerseits und meist unabhängig von Gujarat entsprechende Produkte aus Südostasien erhielten, wie wir sahen. Auch wenn die Malabaris hierbei eine weniger aktive Rolle ausfüllten als die Gujaratis, sich bisweilen sogar durch andere beliefern ließen, mögen doch beide in eine gewisse Konkurrenzsituation geraten sein, zumal sie in Westasien vermutlich oftmals die gleichen Endabnehmer hatten. Das freilich erinnert an die Verhältnisse in China: Dort waren besonders die Fujianesen, wie ihre Kollegen aus Nordwestindien, aktiv am Seehandel beteiligt; gleichzeitig konkurrierten sie aber mit Guangzhou, das sich, wie die Malabar-Häfen, häufig von anderen bedienen ließ.

HORMUZ UND DIE MAMLUKEN. Der iranische Raum litt schon kurz vor 1340 unter der allmählichen Auflösung des Il-Khanats. Von den vielen streitbaren Nachfolgern, die das mongolische Erbe in neuer Form beleben wollten, war Timur zweifelsfrei der wichtigste. Doch am Seehandel hatte dieser grausame Herrscher, dem es um militärische Macht und Ansehen ging, vermutlich wenig Interesse. Hormuz konnte somit weitestgehend störungsfrei seine alte Rolle als Tor zur Golf-Region fortführen, wenn nicht gar stärken. Ob es dabei nominell an die Timuriden gebunden war, ist nicht eindeutig zu bestimmen. Heute unterstellte Tributverhältnisse mögen in Wirklichkeit ganz anders ausgesehen haben.

Selbst die Eroberung Bagdads und anderer «irakischer» Städte durch Timur, die im wesentlichen während der frühen 1390er Jahre erfolgte, also nach Niederwerfung des iranischen Raumes durch timuridische Truppen, scheint den Warenfluß via Hormuz nicht wirklich beeinträchtigt zu haben. Keramik aus der zweiten Hälfte des 14. Jahrhunderts wurde – wie auch ältere Tonware – an mehreren Orten rund um den Golf gefunden, was die anhaltende Bedeutung der Region in ebendieser Periode belegt. Offensichtlich ist zugleich, daß die Kontakte zwischen Hormuz, Oman, der Hadramaut-Küste und dem Jemen nicht einschliefen. Und erneut treffen wir dabei auf verschiedene, überwiegend muslimische Händlergruppen, die schon zuvor beobachtet werden können: auf die Bohras, welche enge Verbindungen zum Jemen unterhielten, die Khojas, die unter anderem einige hinduistische Vorstellungen übernommen hatten, oder die besonders in der Zeit davor sehr mächtigen Karimi-Kaufleute, um nur einige Beispiele zu nennen.

Die Karimi-Kaufleute führen uns überdies nach Ägypten. Ende der 1340er Jahre wurde Kairo von der Pest getroffen, die auch in Syrien,

Europa und Teilen Chinas wütete. Schätzungen zufolge schrumpfte die Bevölkerung der mamlukischen Hauptstadt damals von 500 000 auf rund 300 000 Menschen. Ägypten insgesamt verlor möglicherweise drei seiner etwa acht Millionen Einwohner, daher ging die Nachfrage nach Importen zurück, und es fehlten zudem plötzlich Arbeitskräfte. Das könnte sich z. B. auf die lokale Textilproduktion ausgewirkt haben, die erheblich zum Export und Wohlstand des Landes beigetragen hatte. Die Mamluken sahen sich demzufolge großen Problemen gegenüber und unternahmen verschiedene Anstrengungen, drohende Engpässe «strukturell» abzufedern.

Unter anderem waren sie darum bemüht, Handel und Gewerbe enger an sich zu binden. Das traf die Karimi-Kaufleute in besonderem Maße, denn ihre Lieferungen nach Nordägypten konnten leicht besteuert werden. Durch höhere Abgaben verstand es der mamlukische Staat daher, seine Kassen zu füllen und sich selbst zu helfen, aber er untergrub zugleich die Position der Handeltreibenden. Ein anderes Argument besagt, italienische Konkurrenz hätte – gewissermaßen parallel dazu – der Karimi-Gruppe zusätzlich geschadet.

Während Kairo und die Karimi-Gruppe folglich ab Mitte des 14. Jahrhunderts geschwächt dastanden, ging es den Timuriden wesentlich besser. Sie holten nicht nur Gold und andere Reichtümer aus Indien, sondern schafften zugleich syrische Handwerker und Personen mit besonderen Fähigkeiten nach Samarkand, in ihre Hauptstadt. Hormuz und Cambay standen im sicheren «Windschatten» dieser Entwicklungen oder profitierten gar von der Stärke des timuridischen Systems, mit dem sie über ihre nordwärtsgerichteten Landverbindungen direkt verknüpft waren. Das förderte zugleich den maritimen Handel, denn Waren, die das timuridische Hinterland begehrte, wurden oft über See herbeigeschafft. Vergleichbares gab es in Nordägypten nicht. Kairos Wirtschaft war durch die unglücklichen Vorgänge um die Mitte des 14. Jahrhunderts zurückgeworfen worden und dürfte als Endpunkt des Handels durch das Rote Meer an Bedeutung verloren haben.

Aden und Afrika. Die Auswirkungen dieser Entwicklungen auf Aden sind schwer zu ermitteln. Nach wie vor lebten die Rasuliden davon, daß sie Kaufleute besteuerten, gelegentlich auch großzügige

Geschenke entgegennahmen, vor allem wohl von den eben erwähnten Karimi-Händlern. Beide Seite gerieten aber auch in Konflikte, denn die Rasuliden waren ihrerseits im Überseegeschäft tätig, also bis zu einem gewissen Grade Konkurrenten für die Kaufleute. Neben den Karimis gab es vor Ort noch indische Gruppen, wie schon zuvor, darunter die sogenannten Baniyas (oder Vanias usw.), meist wohl aus Gujarat, denen zugleich enge Kontakte nach Kerala nachgesagt werden. Offenbar belieferten sie den Jemen mit allerlei Luxusgütern. Entsprechende Hinweise finden sich für die zweite Hälfte des 14. Jahrhunderts und das frühe 15. Jahrhundert. Diese und andere Indizien deuten darauf, daß Aden trotz der gedämpften Konjunkturlage in Nordägypten weiterhin florierte. Jedenfalls fielen die Importe so üppig aus, daß sie nicht nur den eigenen Bedarf decken konnten, sondern ebenso den mehrerer anderer Orte.

Einzubinden in diese Überlegungen ist die Beobachtung, daß Aden, frühere Entwicklungen fortführend, die Kontakte zu den Märkten Ostafrikas ausbaute. Vor allem Kilwa wurde dabei immer wichtiger. Mogadischu, so war oben argumentiert worden, verlor hingegen an Bedeutung. Ob dieser Trend aber auch nach 1400 anhielt, ist nicht leicht zu entscheiden. Chinesische Quellen, die schon dem frühen 15. Jahrhundert zuzuordnen sind, erwähnen unter anderem Mogadischu und Brawa, gelegentlich sogar Malindi, nicht aber das vielbesungene Kilwa.

Auch eine weitere Vermutung ist hier zu berücksichtigen. Gujaratis, so wurde häufig argumentiert, hätten im 14. Jahrhundert – direkt oder via Sokotra – ihre Lieferungen nach Afrika verstärkt, besonders von indischen Textilien. Es könnte also sein, daß die vielen kleinen Häfen entlang der ostafrikanischen Küste unterschiedliche Händlergruppen bevorzugten (wie wohl schon davor). So mögen die einen eher mit Aden kooperiert haben, die anderen mit Cambay oder Hormuz. Zugleich sind mehrere Verschiebungen denkbar, mal zugunsten der einen, mal der anderen Gruppe. Insgesamt wurden die afrikanischen Märkte im Kalkül aller Beteiligten sicher wichtiger. Und wahrscheinlich begünstigten sie nicht nur den Aufschwung Cambays und anderer Orte, sondern trugen auch dazu bei, daß Aden – trotz der abflauenden Konjunktur in Kairo – seine Position behaupten konnte.

Die staatliche Seefahrt der Ming (frühes 15. Jahrhundert)

MACHT UND GRÖSSE: DIE STAATLICHEN FLOTTEN. Wenden wir uns nun, wie zu Beginn des Kapitels angekündigt, jenem kurzen Zeitabschnitt zu, in dem China für rund dreißig Jahre im Mittelpunkt stand. Nach dem Tode des ersten Ming-Kaisers (1398), der mit eiserner Hand regiert hatte, durchlief China zunächst eine kurze Periode innerer Kämpfe, aus denen Zhu Di als Sieger hevorging. Als dieser 1403 den Thron in Nanjing bestieg, begann in der Tat eine besondere Phase in Chinas Außenbeziehungen, denn der neue Kaiser, dessen Regierungszeit auch unter der Bezeichnung «Yongle» bekannt wurde, betrieb eine sehr viel offensivere Politik als seine Vorgänger. So initiierte er nicht nur mehrere Feldzüge gegen die weiterhin gefährlichen Mongolen im hohen Norden, sondern schickte seine Truppen auch nach Vietnam. Vor allem aber mobilisierte er frische Kräfte an der «Seefront» und löste damit eine Kette spektakulärer Ereignisse aus.

Bis zu diesem Zeitpunkt gab es gleichsam zwei Ebenen, über die Chinas Küste mit der maritimen Welt in Verbindung stand: den illegalen Privathandel und den staatlich zugelassenen Tributverkehr. Unter dem Yongle-Kaiser wurden die Verbote, die den Privathandel betrafen, zwar rigoros fortgeführt, dafür aber weitete der Hof den zweiten Sektor systematisch aus, indem er nicht nur mehr Tributgesandtschaften zuließ als zuvor, sondern ebenso den eigenen Beitrag zum staatlich gelenkten Seeverkehr in durchaus ungewohnter Weise erhöhte.

Zu den markantesten Merkmalen der neuen Politik gehörte die Tatsache, daß die Zentrale in Nanjing gleich zu Beginn der Yongle-Periode ein großes Flottenbauprogramm auflegen ließ. In den Folgejahren wurden Hunderte seetüchtiger Fahrzeuge gezimmert. Die kaiserlichen Werften in der Hauptstadt, die Häfen Fujians und einige andere Orte mußten allesamt an diesem Bauprogramm mitwirken, was bedeutete, daß viele Menschen, die zuvor ihr Glück bei illegalen Geschäften gesucht hatten, nunmehr in staatliche Dienste übernommen wurden.

Die großen Überseeflotten, die der Hof bauen ließ, umfaßten angeblich bis zu zwei- oder gar dreihundert Einheiten. Darunter seien bis zu sechzig sogenannter «Schatzschiffe» (*baochuan*) gewesen –

Großraumtransporter, von denen es in späteren Quellen heißt, sie hätten riesige Ausmaße gehabt. Wahrscheinlich jedoch handelte es sich nur um drei- oder viermastige Konstruktionen, die gleichwohl andere Fahrzeuge, welche zu jener Zeit in Ostasien oder auf dem Indischen Ozean verkehrten, von ihren Dimensionen her weit übertrafen. Genaueres ist allerdings nicht überliefert, und wirklich eindeutige archäologische Belege fehlen bis heute, sieht man von einigen schwer zu interpretierenden Fundstücken in den Nanjinger Werftanlagen ab. Künftige Grabungen, die geplant sind, könnten uns hier eventuell voranbringen.

Geleitet wurden die kaiserlichen Schiffe zumeist von Palasteunuchen, von denen Zheng He und Wang Jinghong den größten Ruhm erlangten. Ersterer entstammte einer muslimischen Familie in Yunnan, der zweite soll in Fujian aufgewachsen sein. Zheng He verfügte vermutlich über Kenntnisse des Arabischen oder Persischen, außerdem über militärische Erfahrungen. Zwischen 1405 und 1433 führte er sieben große Flotten in den «Westlichen Ozean» (Xi yang), also in jene Regionen, die an der schon mehrfach erwähnten Westroute (*xi hang lu*) lagen, d.h. von Champa über die Malaiische Halbinsel und Java bis hin zu den Orten und Ländern rings um den Indik. Dabei unterstanden ihm angeblich bis zu 20 000 oder gar 30 000 Mann: Seeleute, Soldaten, Beamte, Mediziner, Techniker und andere.

Welche Waffen Zheng Hes Soldaten an Bord hatten, ist umstritten. Der Ausdruck «Feuerwaffen», der sich zwei- oder dreimal in den Texten findet, bleibt leider unbestimmt. Vielleicht handelte es sich um kleine Kanonen, die um diese Zeit schon in Ostasien zirkulierten, vielleicht auch nur um Minen, entzündbare Pfeile, Pechkübel oder dergleichen. Die Frage ist nicht ganz unwichtig, denn Zheng He geriet mit Feinden aneinander, und wären dabei Kanonen zum Einsatz gekommen, müßte die gängige Vorstellung, erst die Europäer hätten wirklich Gefechte auf See geführt, revidiert werden.

GEOGRAPHISCHE DIMENSIONEN. Über die interne Organisation der großen Ming-Flotten und die logistische Seite ist fast nichts bekannt. Einige Textstellen belegen jedoch, daß es mehrere Unterverbände gab, die verschiedene Regionen aufsuchten, gleichsam gestreut wurden. Doch die genaue Streuung ist nicht überliefert. Da-

Chinesische Seerouten und die frühen Ming-Fahrten

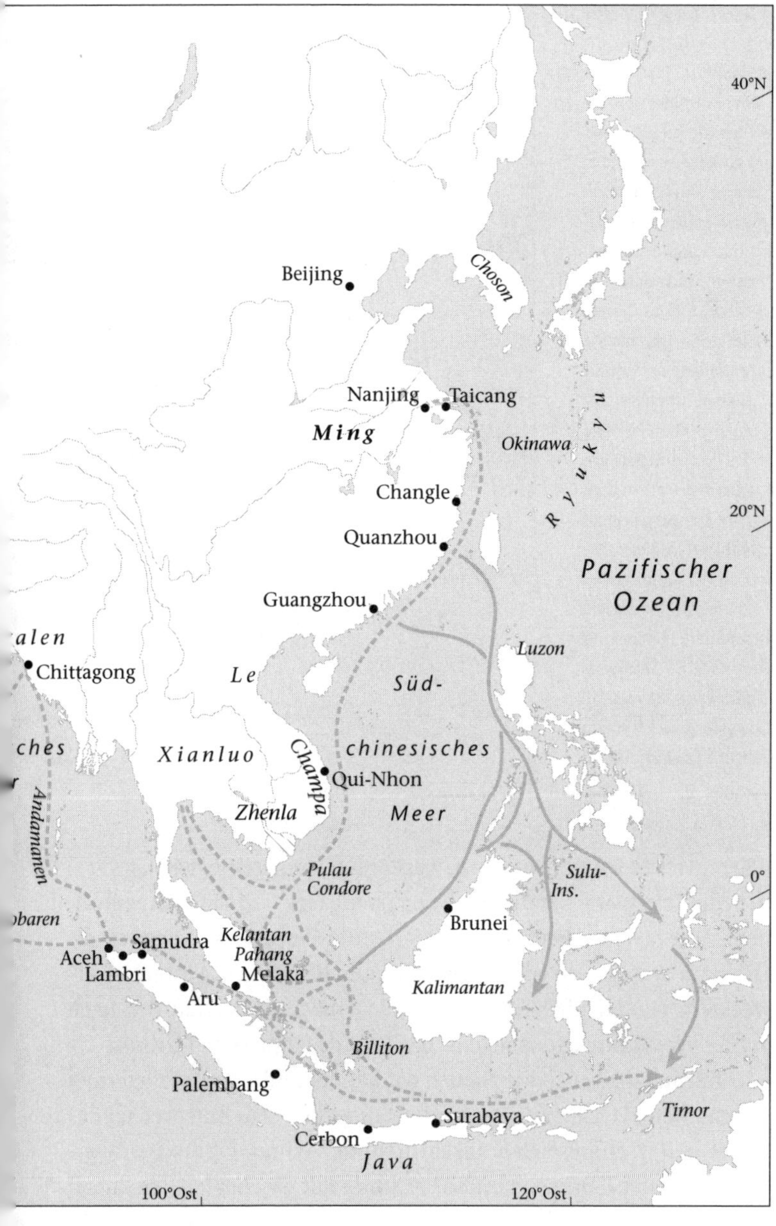
40°N
20°N
0°
Beijing
Choson
Nanjing
Taicang
Ming
Okinawa
Ryukyu
Changle
Quanzhou
Pazifischer
Ozean
Guangzhou
Luzon
alen
Chittagong
Le
Süd-
chinesisches
Meer
ches
Xianluo
Champa
Qui-Nhon
Andamanen
Zhenla
Pulau
Condore
Sulu-
Ins.
obaren
Brunei
Samudra
Kelantan
Pahang
Aceh
Lambri
Melaka
Aru
Kalimantan
Billiton
Palembang
Surabaya
Timor
Cerbon
Java
100°Ost
120°Ost

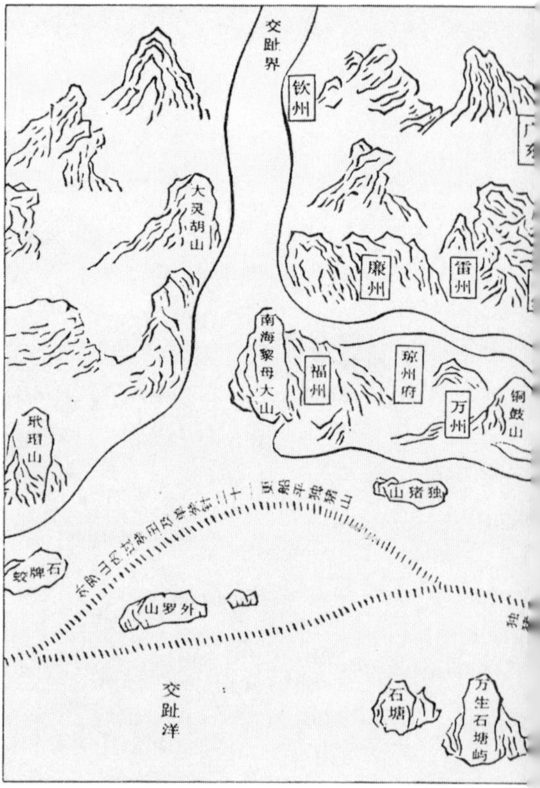

Ausschnitt aus der «Zheng-He-Karte» (Zheng He hanghai tu), die vermutlich im frühen 15. Jahrhundert entstand. Diese Karte beschreibt die «Westroute» (xi hang lu) von China über Südostasien nach Indien, Hormuz, Aden und Ostafrika. Das Gesamtwerk besteht aus mehreren Blättern und muß von rechts nach links «gelesen» werden, wobei die einzelnen Stücke durch den gestrichelten Seeweg und die Küstenlinien miteinander verbunden sind. Die Schriftzeichen entlang der Seeroute markieren zumeist Richtungen und Entfernungen. Das abgebildete Segment zeigt einen Teil der südchinesischen Küste, unter anderem den Kreis Xiangshan (nahe der heutigen Stadt Macau), die große Insel Hainan sowie ganz links den Golf von Tongking und den Norden Vietnams. Die Punkte und Eilande am unteren Bildrand deuten auf die Xisha-Inseln und die Zhongsha-Riffe. Folglich führte der Weg von Fujian und Guangdong nach Vietnam zwischen Hainan und den Xisha-Inseln hindurch.

neben wissen wir von anderen, wesentlich kleineren Unternehmungen, die der Staat – parallel zu denen Zheng Hes – nach Bedarf anordnete. Die meisten betrafen gleichfalls die Westroute, während die Ostroute und die Seewege nach Japan und Korea wenig Interesse erweckten. Die staatliche Flottenpolitik konzentrierte sich demnach auf die Westhälfte Südostasiens und Teile des Indischen Ozeans.

Natürlich sind auch die Namen der Länder und Orte überliefert, in denen Zheng Hes Schiffe am häufigsten verkehrten. Entsprechendes findet sich in chinesischen Inschriften, den ethnographischen Werken Ma Huans, Gong Zhens und Fei Xins – alle drei begleiteten Zheng He auf seinen Fahrten – sowie in zahlreichen *Ming shilu*-Einträgen und vielen anderen Texten. Das Gros der Schiffe fuhr demnach von Nanjing über Fujian direkt bis zur Küste Vietnams, meist ohne län-

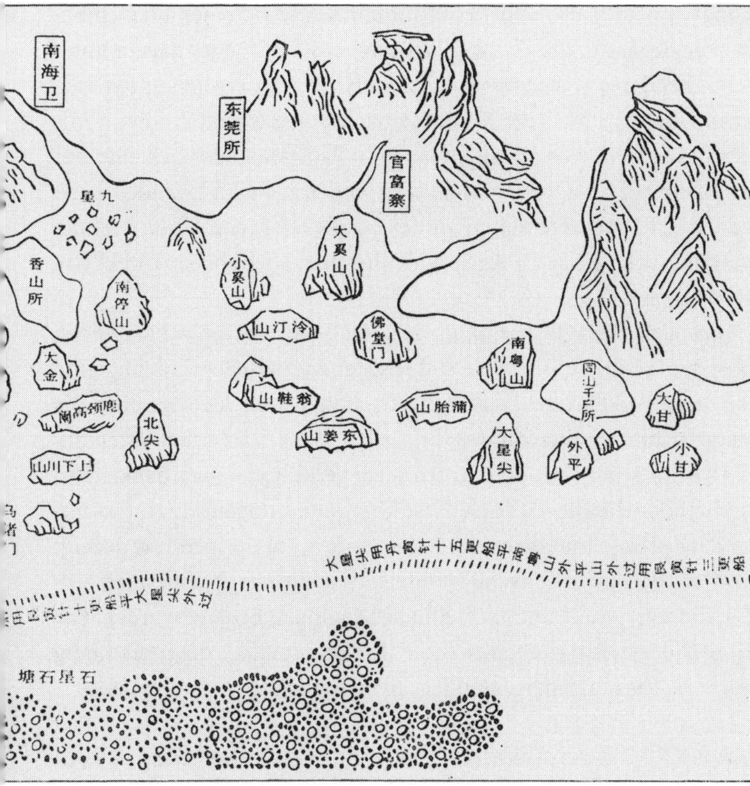

gere Aufenthalte in den Häfen Guangdongs und Hainans. Von Vietnam aus wurden Orte, die heute zu Thailand gehören, ferner die malaiische Ostküste, Ostsumatra und die nordjavanischen Häfen angesteuert. Jenseits der Straße von Singapur bildeten Melaka und Samudra-Pasai wichtige Ziele. Von dort ging es dann zumeist direkt nach Sri Lanka, Cochin und Kalikut. Bengalen lag nördlich dieser Hauptroute und wurde wohl eher von separaten Verbänden angelaufen. Tenasserim, Arakan und die Ostseite Indiens spielten hingegen kaum eine Rolle für Zheng He.

Schon bald sandte der Ming-Hof auch Schiffe quer durch die Arabische See. Diese brachen von den Kerala-Häfen auf und begaben sich entweder direkt oder über die Malediven zur Arabischen Halbinsel oder nach Hormuz. Hormuz spielte offenbar eine Schlüsselrolle, zumal es häufig als Zielort erwähnt und sogar auf einer alten chinesischen Seekarte, die Zheng Hes Route beschreibt und darum unter dem Titel *Zheng He hanghai tu* bekannt ist, besonders hervorgehoben wird. Über regelmäßige Kontakte nach Cambay und zu den nordwestindischen Orten im allgemeinen ist dagegen nichts bekannt, obschon sie auf besagter Karte ebenso eingetragen sind. Eindeutig ist jedoch, daß mehrere Häfen an der ostafrikanischen Küste besucht wurden, wohl meist via Aden oder Hormuz, aber ebenso direkt von Südasien aus.

Das oben Gesagte legt nahe, daß Ming-Schiffe, die in staatlichen Diensten standen, auf vielen Meeresteilen zwischen Nanjing und Ostafrika verkehrten. Zwar hatten schon vorher kleinere Konvois lange Distanzen überwunden, bisweilen sogar den Fernen Osten mit der Golf-Region oder dem Roten Meer verknüpft – man denke etwa an die Bosi-Händler –, doch diese Unternehmungen waren fast immer auf private Initiativen zurückgegangen. Im übrigen war gezeigt worden, daß der asiatische Handelsraum eher in große Zonen zerfiel, die von jeweils unterschiedlichen Gruppen bedient wurden. Die Ming-Flotten durchbrachen diese Struktur radikal, denn erstmalig war nun eine Staatsmacht auf fast allen asiatischen Meeren präsent.

MILITÄRISCH-POLITISCHE DIMENSIONEN. Neuerungen können auch auf militärischem Gebiet festgestellt werden (ungeachtet der Frage, welche «Feuerwaffen» zum Einsatz kamen). Die sino-mongolischen Unternehmungen gegen Japan und Java oder die Chola-Überfälle auf Srivijaya hatten jeweils nur eine Teilregion der maritimen Welt berührt. Anders die Flottenexpeditionen Zheng Hes: Sie stellten klar, daß Interventionen weit ab von der Heimat möglich waren. So mischten sich chinesische Landungstruppen in einen internen Konflikt auf Nordsumatra ein und nahmen auf Sri Lanka einen lokalen Herrscher gefangen, der sich Zheng Hes Anweisungen widersetzt hatte.

Interventionen jenseits der «eigenen» Zone, in diesem Falle des Südchinesischen Meeres, setzten eine fortschrittliche Logistik voraus sowie eine mehr oder minder lückenlose Kontrolle der rückwärtigen Verbindungen in die Heimat. Wie dieses System im Detail aussah, wissen wir leider nicht, das war schon gesagt worden. Doch einige

Anhaltspunkte geben zu denken: Die Ming unterhielten offenbar in oder nahe Palembang, Melaka, Kalikut und anderen Orten staatliche Depots bzw. Versorgungsstationen, die ihnen als Zwischenlager für erworbene Güter oder Nachschubgerät dienten. Einige dieser Orte seien gleichzusetzen mit jenen, die auf der *Zheng He hanghai tu* als «offizielle Plätze» bzw. «offizielle Inseln» (*guanchang* und *guanxu*) vermerkt wurden, so eine Meinung. Mancherorts, wie in Palembang, gab es zudem chinesische Beamte. Dies alles könnten Indizien für die Existenz von – der Ausdruck möge verziehen werden – «Protokolonien» sein, zumindest aber für eine Form überseeischer Präsenz, die sich von der üblichen Diaspora-Niederlassung unterschied. Falls zutreffend, wäre somit auch dieser Sachverhalt als Neuerung gegenüber dem bisher Beobachteten anzusehen.

Doch viele Fragen bleiben offen. Das betrifft z.B. die involvierten Größenordnungen. Die meisten Küstenorte Südostasiens zählten damals sicher weniger als 10 000 oder 15 000 Einwohner. Wie schafften sie es, riesige chinesische Flotten zu versorgen, selbst wenn nur zehn oder zwölf Fahrzeuge mit vielleicht drei- bis viertausend Mann auf einmal an einem Ort eintrafen? Sind die überlieferten Mannschaftszahlen etwa falsch? Vielleicht waren die betreffenden Flotten ja erheblich kleiner oder in versorgungstechnischer Hinsicht autark. Wenn nicht, müßte die chinesische Präsenz in einer kleinen Ansiedlung wie Melaka, die gerade erst aus dem Dunkel der Geschichte aufgetaucht war, oder in Aru auf Nordsumatra dann nicht als erdrückend empfunden worden sein? Und umgekehrt, was dachten Zheng He und seine Offiziere beim Anblick der überwiegend aus kleinen Holzbauten bestehenden malaiischen Orte? Vielleicht wurden sie als extrem rückständig gesehen, angesichts der Tatsache etwa, daß es in China, lokalen Berichten zufolge, unzählige Städte gab, die komplexe steinerne Befestigungsanlagen aufwiesen, Schulen, Straßen, Brükken, Speicher, Märkte und Büroeinrichtungen aller Art. Doch entsprechende Vergleiche sind wohl kaum tradiert.

WIRTSCHAFTLICHE DIMENSIONEN. Strittig ist auch, welche Funktionen die großen Ming-Flotten wirklich zu erfüllen hatten. Gewiß, sie beförderten Soldaten, die im Ernstfall eingreifen konnten. Die Ereignisse auf Sri Lanka und Sumatra belegen es. Daneben aber transportierten sie Handelswaren, wohl vor allem Seide, und auf dem Rückweg schafften sie Gewürze, tropische Hölzer, medizinisch verwertbare Substanzen, exotische Tiere und andere Kostbarkeiten nach China. Außerdem hatten sie stets ausländische Gesandte mit an Bord, die im Dienste ihrer jeweiligen Landesfürsten Tribute übergaben und sich damit – so die chinesische Lesart – den Ming formal unterwarfen. Zheng Hes Schiffe erfüllten folglich mehrere Aufgaben, vorrangig sicher kommerzielle und diplomatische, am Rande aber auch militärische. In dieser Hinsicht unterschieden sich die frühen Ming wohl graduell von einigen ihrer europäischen Nachfolger, die ebenfalls Handelsinteressen verfolgten, doch sehr viel häufiger Militär einsetzten, wenn dies erforderlich schien.

Einigkeit dürfte hinsichtlich der Überlegung herrschen, daß die Ming anderen maritimen Mächten ihrer Zeit qualitativ und quantitativ überlegen waren. China hatte eindeutig mehr Schiffe und mehr Personal, besaß die größten Fahrzeuge weltweit. Wahrscheinlich übernahmen die großen Flotten Zheng Hes damit zugleich einen wesentlichen Teil des Fernhandels im Südchinesischen Meer, in der Osthälfte des Indischen Ozeans und vielleicht sogar auf einigen Strecken quer durch die Arabische See. Den Küstenhandel überließen sie dagegen eher den anderen, wiederum wie die späteren Europäer.

Daß China in vielen strategisch wichtigen Zonen zwischen Nanjing und Ostafrika Präsenz zeigte – so in der Straße von Melaka, an der Nordwestspitze von Sumatra, in Südwestindien, am Ausgang des Persischen Golfs und nahe Aden –, führte noch zu einem anderen Ergebnis: Die Zahl ausländischer Tributgesandtschaften, welche nach Nanjing reisten, stieg unter dem Yongle-Kaiser sprunghaft an. Diese durften, wie schon zuvor, neben dem eigentlichen «Tributgeschäft» auch private Transaktionen vornehmen, wenn sie die dafür geltenden Vorschriften einhielten. Über die entsprechenden Importmengen sagen die Ming-Quellen zwar insgesamt wenig, doch schnellten sie im Vergleich zu jenen, die während der zweiten Hälfte des 14. Jahrhunderts eingegangen waren, sicher kräftig in die Höhe. Dies wiederum könnte die Produktion bestimmter Rohstoffe in einigen Ausgangsregionen stimuliert haben. Ähnliche Gedanken wurden auch schon mit Bezug auf frühere Zeiten vorgetragen. Steigerungen waren damals aber nicht durch staatliche Initiativen, sondern eher durch private Gruppen ausgelöst worden.

Natürlich wäre bei dieser Kalkulation noch eine andere Dimension zu berücksichtigen: In dem Maß, in dem der Ming-Hof den staatlichen Bereich förderte, seine Präsenz in Übersee ausbaute und Personal aus den chinesischen Küstenregionen einstellte, wurden diese entlastet und enger an die Zentrale gebunden. Das heißt nichts anderes, als daß es nun weniger Erwerbslose gab, und damit weniger Personen, die bereit waren, Handelsverbote zu umgehen und unerlaubte Geschäfte zu tätigen. Ebenso rückläufig könnte die Zahl der illegalen Auswanderer gewesen sein. Der Tribut- und Staatshandelssektor dürfte also nicht nur die Gesamtimporte Chinas gesteigert, sondern zugleich die Anteile illegaler Lieferungen an diesen reduziert haben. Er bewegte sich damit auf ein de facto-Monopol zu, das allerdings unerreicht blieb, zumal der Schmuggel letztlich doch nicht vollends zu kontrollieren war.

Überseechinesische und staatliche Seefahrt. Hier erhebt sich gleich die nächste Frage: Wie sah das Verhältnis zwischen den in Übersee lebenden Chinesen und den Staatsflotten aus? Schon unter den Song und Yuan hatten sich Personen aus China nach Südostasien abgesetzt. Einige waren längst an ihre jeweiligen Gastländer angepaßt, andere blieben eher der Heimat verbunden und förderten private Kontakte zu den Küstenorten in Fujian und Guangdong – gegen die dort herrschenden Bestimmungen. Der Ming-Hof versuchte Gesetzesbrecher zu fassen, und in mindestens einem Fall, so wissen wir, ging Zheng He sogar systematisch gegen seine Landsleute in Südostasien vor. Gemeint ist eine kurze militärische Auseinandersetzung zwischen ihm und einem gewissen Chen Zuyi, der sich in China verschiedener Vergehen schuldig gemacht hatte und die Gegend um Palembang mit einer großen Gefolgschaft verunsicherte. Chens Streitmacht, so die Texte, mußte daher von Ming-Truppen vernichtet werden.

In anderen Fällen wurde Zheng He offenbar von seinen Landsleuten begrüßt. Spätere Erzählungen erinnern daran, allerdings können nur wenige Einzelheiten als wirklich gesichert gelten. Ein gewisses Maß an Kooperation zwischen der staatlichen Seefahrt einerseits und den Überseechinesen andererseits mag dennoch angenommen werden. Dafür gäbe es auch verschiedene Erklärungen: Einige Auswanderer verfügten längst über gute Kontakte zu lokalen Herrschern in Südostasien, denen sie nicht selten halfen, Tributbeziehungen nach China aufzubauen. Das kam Zheng He sicher entgegen. Andere Überseechinesen sorgten wahrscheinlich für die Beschaffung von Handelsgütern, die der Ming-Staat benötigte. Vielleicht gab es sogar eine Art regionaler Arbeitsteilung: Die großen Ming-Flotten bedienten die Westroute, privat Handeltreibende, darunter solche, die auf Nordjava lebten, mögen z.B. Gewürze aus den weiter östlich gelegenen Gegenden zu den eigentlichen Handelszentren transportiert haben. Und schließlich ist auch die religiöse Dimension zu bedenken: Es war sicher klüger, Muslime chinesischer Herkunft, von denen es nicht wenige auf Java, in Brunei und anderswo gegeben haben muß, wieder enger an den chinesischen Staat zu binden, als sie langfristig gegen sich zu wissen. Erinnern wir uns: die Quanzhou-Gegend hatte gerade erst den Exodus islamischer Kaufleute erlebt; zu enge Verbindungen zwischen diesen und anderen muslimischen Gruppen außerhalb Chinas wären für die Ming wahrscheinlich nicht sehr opportun gewesen.

DAS DILEMMA DER MOTIVE. Bis hier wurden die wichtigsten beobachtbaren Merkmale der frühen Ming-Expansion skizziert, nebst einigen zusätzlichen Gedanken, die bereits in den Bereich der Interpretation gehören. Nun endlich wäre die längst überfällige Frage nach den tieferen Gründen für die ungewohnte Machtentfaltung auf See zu stellen. Um es gleich vorwegzunehmen: eine klare Antwort gibt es nicht, denn in der Literatur zirkulieren verschiedene Thesen. Oft wird daher auch gesagt, daß mehrere Motive zusammengewirkt hätten, allein ihre Gewichtung sei nicht konstant geblieben. Betrachten wir also kurz die gängigsten Optionen.

(1) Der Yongle-Kaiser habe seinen flüchtigen Vorgänger im Ausland vermutet und ihn mit großem Aufwand suchen lassen, aus Angst, er könne Fremde gegen China aufwiegeln. Dem wurde entgegengehalten, der Gesuchte hätte den Bürgerkrieg, aus welchem Yongle als Sieger hervorgegangen war, wohl kaum überlebt. Doch letztens ist verschiedentlich argumentiert worden, Zheng He sei noch in China mit

dem Flüchtigen heimlich zusammengetroffen, aus welchen Überlegungen auch immer.

(2) Nach anderer Auffassung habe der Hof schlicht und einfach seine Macht zeigen wollen und deshalb den Tributverkehr gefördert, zumal mit der Tributübergabe – so die Vorstellung der Ming – eine symbolische Unterordnung der «Barbaren» unter Chinas weise Führung verbunden gewesen sei.

(3) In Verbindung hiermit, oder auch unabhängig davon, habe der Staat seltene Gegenstände importieren lassen, vor allem solche, die einen gewissen Symbolwert besaßen, als Ausdruck für Harmonie und Frieden galten, also die Legitimität des Herrschers bekundeten, gleichsam sein «Himmelsmandat» bestätigten.

(4) In Wirklichkeit, so andere, sei es eher um die Einfuhr von Luxus- und Konsumgütern gegangen, für den Hof alleine oder die Bevölkerung insgesamt. Für die zweite Variante spräche der Import von Pfeffer, teuren Hölzern, medizinischen Produkten und anderen Dingen, von denen wir wissen, daß sie auf den chinesischen Märkten zirkulierten.

(5) Gegebenenfalls noch wichtiger sei die Beschaffung von Pferden gewesen, durchaus auch für die Zucht. Pferde sind in der Tat das am häufigsten erwähnte «Tributgut» in den *Ming shilu*, zugleich wurden sie in großer Zahl aus Korea und anderen Gebieten bezogen. Vor allem die Kavallerie im Norden benötigte sie gegen die Mongolen. Doch welchen Stellenwert die maritimen Importe im Gesamtkontext hatten, wissen wir nicht; entsprechende Zahlen fehlen. Nur für die Ryukyu-Lieferungen, die nicht in Verbindung mit Zheng He standen, liegen einige Daten vor, wie bereits erwähnt.

(6) Die maritime Expansion, so eine ganz andere Überlegung, habe begrenzten politischen und militärischen Zwecken gedient. So sei es z.B. um die Vernichtung von Seeräubern gegangen, die den Handel störten, oder um die Eindämmung der Interessen Majapahits. Letzteres wäre insofern denkbar, als China in Melaka, Palembang und den nordjavanischen Häfen, die Majapahit um 1400 den Rücken kehrten, Flagge zeigte. Doch all das erklärt nicht, weshalb chinesische Flotten zugleich nach Indien, Hormuz und Afrika fuhren.

(7) Einfacher wäre hier die Annahme, der Hof habe sein maritimes Engagement als «komplementär» zu den Feldzügen im Norden und

gegen Dai Viet gesehen, gleichsam als ein Element seines allgemeinen Expansionsstrebens; dann allerdings wäre die wirtschaftliche Komponente sekundär gewesen.

(8) Die wohl interessanteste These betrifft die Timuriden. Diese planten, China von Xinjiang (Turkestan) her «aufzurollen»: deshalb der chinesische Versuch, dem Gegner mögliche Partner in Süd- und Westasien abspenstig zu machen, ihn gleichsam «von hinten» zu fassen. Schwierigkeiten bereitet hier allerdings die Tatsache, daß die Timuriden ihre Invasionspläne schon früh wieder aufgaben, die chinesischen Fahrten nach Hormuz und Aden aber weitergingen. Eine gegenteilige Variante besagt daher, der Yongle-Kaiser habe sich darum bemüht, die Timuriden auf seine Seite zu ziehen oder sie neutral zu halten, um eine timuridisch-mongolische Allianz zu verhindern. Viele Anhaltspunkte sprechen für eine solche Annahme, doch warum dann Chinas Einsatz in Südostasien?

Die letztgenannte Option würde besondere geostrategische Fähigkeiten voraussetzen, zumindest aber eine gute Kenntnis der Geographie und des Raumes. Entsprechende Informationen – kartographische eingeschlossen – lagen aus der Mongolenzeit vor. Auch Kontakte nach Westasien hatte es schon lange gegeben. Die häufige Erwähnung von Hormuz als Reiseziel wäre sicher ebenfalls erklärbar, sei es, daß man von dort Pferde und andere Dinge bezog, um die Timuriden physisch zu schwächen, oder sei es, daß es ganz einfach darum ging, diese positiv zu beeindrucken, in der Hoffnung, sie als mögliche Partner zu gewinnen. Allerdings, so könnte dann argumentiert werden, hätten Zheng Hes Flotten zugleich die Häfen Gujarats aufsuchen müssen, die ja ebenfalls das timuridische Reich belieferten – doch genau das blieb offenbar aus.

Ob der Ming-Hof demnach eine Art gigantischer Zangenstrategie betrieb und allein deshalb riesige Flotten entsandte, ist angesichts der obigen Überlegungen ungewiß, wenngleich nicht völlig ausgeschlossen. Die Maßnahmen, welche in Südostasien ergriffen wurden, wären in einer solchen Makrokonstellation freilich nur noch als sekundär einzustufen, bestenfalls hätten sie der Sicherung rückwärtiger Verbindungen gedient. Doch nicht genug der Fragen: Leider wissen wir ebensowenig über das Verhältnis zwischen Zheng He und der arabisch-indischen Seefahrt, die ja im frühen 15. Jahrhundert weiterblühte. Wurde etwa das expandierende Handelsnetz der Gujaratis entlang der indischen und afrikanischen Küsten als Konkurrenz empfunden oder eher als komplementäres System? Sah sich China als «Regulativmacht» in Teilen des Arabischen Meeres, oder blieb diese Rolle auf die Westhälfte Südostasiens beschränkt? Melaka und einige Orte an der Nordwestspitze Sumatras gerieten unter chinesischen Einfluß; bedeutet dies, daß Gujaratis und andere Händlergruppen sich nicht so frei nach Osten ausbreiten konnten, wie sie es vielleicht gerne getan hätten? Wiederum Fragen ohne Antworten.

Umbestritten ist jedoch: Im Gegensatz zu einigen Unternehmungen in europäischer Zeit diente die staatliche Seefahrt nicht zur Ausbreitung religiöser Vorstellungen. Es fehlte die missionarische Komponente. Ebensowenig zu belegen ist die abenteuerliche These, Zheng He sei beauftragt worden, neue Länder und Inseln zu entdecken, seine Schiffe hätten gar den Pazifik, das Kap, die atlantischen Wege nach Europa und Amerika, ja selbst die arktischen Gewässer erschlossen. Gewiß, begrenzte Erkundungsfahrten mögen durchgeführt worden sein, etwa südlich von Sofala – Reisende waren stets dankbar für nützliche Informationen –, aber von einer systematischen Exploration unbekannter Räume zu sprechen, wie unlängst in dubiosen Veröffentlichungen geschehen, wäre schlichtweg Unsinn. Weder Zheng He noch andere in seinen Diensten lassen sich mit Christoph Kolumbus oder Pedro Álvares Cabral vergleichen.

DAS ENDE DER STAATSUNTERNEHMEN UND DIE FOLGEN. Als die maritimen Unternehmungen 1433, nur drei Jahrzehnte nach ihrem offiziellen Beginn, eingestellt wurden, schloß China ein bemerkenswertes Kapitel in seiner langen Geschichte. Doch wieder erheben sich Fragen: Zahlreiche Länder und Orte, von Mogadischu über Aden, Hormuz, Kalikut, Cochin, Sri Lanka, Bengalen bis nach Südostasien hatten mehr oder minder regelmäßig diplomatische Missionen nach China gesandt, und viele mögen sich in der Tat als Untertanen Nanjings gefühlt haben – manch ein Monarch wurde sogar in seiner Position durch den chinesischen Hof bestätigt. Warum dann also das jähe Ende der offiziellen Flottenpolitik, die doch nach außen wie eine Erfolgsgeschichte aussah? Die entsprechenden Dokumente, die uns vermutlich Antwort geben könnten, wurden bei einem Palastbrand vernichtet, zufällig oder absichtlich, niemand weiß es genau. Vielleicht enthielten sie ja einige negative Punkte. Andeutungen in den gedruckten Quellen ist jedenfalls zu entnehmen, die Seefahrten seien zu teuer gewesen und zu viele Menschen hätten ihr Leben verloren. Kurz, war die Machtentfaltung auf See am Ende unrentabel geworden?

Solchen Überlegungen wurde entgegengehalten, das staatliche Flottenbauprogramm habe – Material- und Personalkosten hochgerechnet – den Etat keinesfalls außergewöhnlich belastet. Andere Ausgaben seien viel höher gewesen. Auch habe sich der Tributhandel möglicherweise sogar als einträglich erwiesen, zumal der Hof viele teure Waren erhielt und vor allem in späteren Jahren hauptsächlich Zeremonialgegenstände und Papiergeld als Gegengaben austeilte. Mit letzterem hätten die ausländischen Gesandten dann chinesische Produkte erworben, und zwar noch in China selbst, da Papiergeld im Ausland keinen Wert besaß.

Andere Überlegungen sind eher allgemeiner Art: Um 1420/21 zog der Hof von Nanjing in die frostige Nordhauptstadt, nach Beijing. Der Kaiser war fortan wieder mehr mit der Landfront befaßt und wollte unbedingt die Mongolen vernichten. Da von See her keine Gefahr drohte, verlor er offenbar das Interesse für die maritime Welt. Als etwas später tatsächlich gespart werden mußte, seien eben jene Etatposten gestrichen worden, die nicht unbedingt erforderlich schienen, wozu die Flottenpolitik gehört habe. Diese Lesart mag plausibel klingen, beantwortet aber nicht die Frage nach den ursprünglichen Intentionen und Dimensionen der Zheng He-Fahrten.

Wie dem auch sei: Der Entschluß, das staatliche Seefahrtsprogramm zu beenden, wurde relativ zügig umgesetzt. Bald lagen die großen Überseeschiffe müßig in den Häfen, danach dienten sie als billige Holzquellen und wurden abgewrackt, während das Personal bei Bauarbeiten, im Binnenverkehr oder anderweitig zum Einsatz kam. Die Folgen waren unausweichlich: Wenig später hörten die Ming auf, Asiens führende Macht auf den Meeren zu sein. Zwar liefen noch immer Tributmissionen ein, nun wohl wieder an Bord fremder Schiffe, wie schon in früheren Epochen, doch bereits Mitte des 15. Jahrhunderts blieben Gesandtschaften aus den Ländern rund um den Indik chinesischen Gewässern in der Regel fern.

Allein die südostasiatischen Nachbarn hielten dem Kaiser die Treue, vermutlich eingedenk der Nähe und Größe Chinas. So hoffte Melaka rund achtzig Jahre später auf chinesische Hilfe gegen die Portugiesen. Offenbar genossen die Ming während des 15. Jahrhunderts in einigen Orten noch lange den Ruf einer starken Protektionsmacht. Bemerkenswert ebenso: Die Präsenz chinesischer Staatsflotten in Asien wird in einigen iberischen Texten des 16. Jahrhunderts erwähnt. Die entsprechenden Passagen dürften überwiegend auf mündlichen Traditionen fußen, lassen aber erahnen, daß Chinas Seefahrt beeindruckende Dimensionen erzielt und folglich die Erinnerung der Zeitgenossen nachhaltig geprägt hatte. Ähnliches ließe sich späteren Legenden aus dem heutigen Indonesien unterstellen. Wie einige malaiische Chroniken, die gelegentlich zur Rekonstruktion historischer Sachverhalte herangezogen wurden, wären denn bestimmte Elemente in diesen chinesischen Zheng He-«Geschichten» durchaus ernst zu nehmen und neu zu bewerten.

Chinas Rückzug von den Weltmeeren zeichnete sich freilich noch durch eine andere Besonderheit aus: Er war von keiner externen Macht erzwungen worden, sondern ging auf interne Überlegungen zurück – welcher Art auch immer diese gewesen sein mögen. Andere große Seefahrernationen wurden hingegen nach jahrzehntelangen Kämpfen von Rivalen verdrängt, verließen die Bühne mitunter als blutige Verlierer. Nicht so die frühen Ming: Sie zogen sich aus freien Stücken zurück, und nur aus solchen. Gerade das hat die Legendenbildung zusätzlich beflügelt. Und nicht selten sind Zheng Hes Erfolge von späteren Zeitgenossen sogar für ganz andere Zwecke instrumentalisiert worden. So auch heute, werden doch die frühen Ming-Fahrten längst als Ausdruck friedlicher Machtentfaltung, wirtschaftlichen Wachstums und kultureller Verständigung gesehen. Damit will sich China von den imperialen Gelüsten der anglo-amerikanischen Welt ganz bewußt absetzen.

Die übrigen Seefahrenden (frühes 15. Jahrhundert und danach)

CHINA, JAPAN, RYUKYU. Die Auswirkungen der staatlichen Ming-Unternehmungen auf die übrige Seefahrt in Asien wurden sehr unterschiedlich beurteilt. Entsprechend zwiespältig fallen auch Über-

Reiseroute von Fujian nach Ryukyu, aus dem Shi Liuqiu lu von Xiao Chongye und Xie Jie (1579). Der Weg führt von rechts nach links, das heißt in östlich-nordöstlicher Richtung, vorbei an den Eilanden Pengjia, Diaoyu und anderen (nördlich bzw. nordöstlich von Taiwan), zur Hauptinsel der Ryukyu-Kette. Die Zeichen entlang der Reiseroute geben Richtungen und Distanzen an. Die Namen der Inseln erscheinen in den Kästchen.

legungen hinsichtlich der Folgen ihrer Einstellung aus. Für jene, die meinen, die Dimensionen seien in den Quellen maßlos übertrieben worden, spielt das Ende der Seefahrtspolitik kaum eine Rolle. Denn neben den Ming, so ihr Argument, habe es viele andere Gruppen gegeben, die sich in gewohnter Weise entfalteten, unberührt von der chinesischen Seite. Andere glauben hingegen, die staatliche Ming-Seefahrt sei in einigen Regionen so dominant gewesen, daß sie die Konkurrenz eingedämmt habe, folglich sei diese erst 1430 oder 1440 wieder zum Zuge gekommen.

Wahrscheinlich liegt die Wahrheit zwischen diesen beiden Extremen. Und vermutlich wirkten sich Präsenz und Rückzug der großen Ming-Flotten regional sehr uneinheitlich aus. Beginnen wir wieder im Nordosten Asiens. Zheng He hatte mit Japan und Korea kaum etwas zu tun. Außerdem war der private Seehandel zwischen China und diesen Gebieten vor, während und nach Zheng He verboten. Die innerja-

Diese Darstellung, wiederum von rechts nach links zu lesen, schließt an den linken Rand der gegenüberliegenden Abbildung an. Sie ist derselben Quelle entnommen.

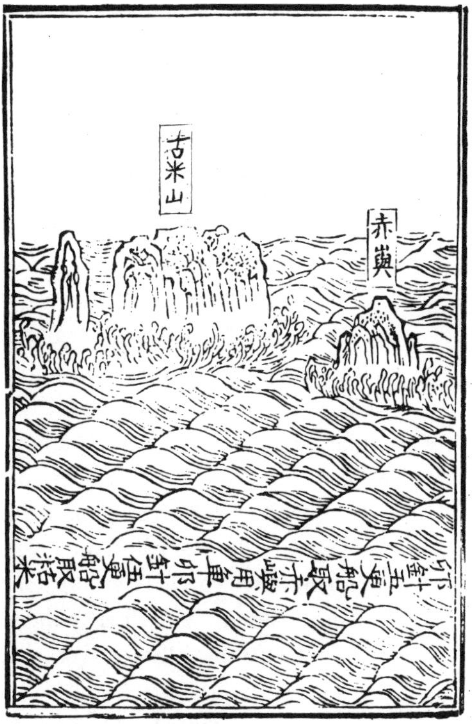

panischen Auseinandersetzungen, die das Inselreich zu dieser Zeit erschütterten, und die Herrschaft der Ashikaga ließen Japan als unberechenbar erscheinen, zumindest sah sich China am Ostrand des Chinesischen Meeres einer durch und durch fragmentierten Welt gegenüber. Folglich fielen die Handelskontakte zwischen dem Reich der Mitte und einzelnen japanischen Gebieten eher unregelmäßig aus.

Auch setzten Banden und Seeräuber, von denen einige aus Japan kamen, chinesische Küstenorte von Zeit zu Zeit in Angst und Schrekken, insgesamt aber spielten diese Ereignisse kaum eine Rolle. Daneben gab es religiöse Kontakte, allerdings waren sie wohl nicht so häufig wie in früheren Zeiten. Immerhin sind tagebuchähnliche Aufzeichnungen japanischer Reisender bekannt, die im 15. und 16. Jahrhundert nach China kamen. Offizielle chinesische Beschreibungen Japans, die natürlich ebenfalls verfügbar sind, wirken eher zurückhaltend, bisweilen sogar kritisch.

Ganz anders verhielt es sich mit den Ryukyu-Inseln. Diese hatten schon unter den frühen Ming den maritimen «Musterknaben» im chinesischen Tributhandelssystem gespielt. Nach dem Ende der Zheng He-Expeditionen gewannen die in Okinawa zusammenlaufenden Handelsrouten zusätzlich an Bedeutung. Nicht nur Korea und Japan wurden immer häufiger via Ryukyu mit südostasiatischen Gütern versorgt, sondern ebenso die Provinz Fujian. Folglich bekamen auch die Kontakte zwischen Okinawa und Südostasien mehr Gewicht.

Im Laufe des 15. Jahrhunderts legte die chinesische Seite die Maximalzahl und Frequenz der Tributgesandtschaften Ryukyus zwar neu fest, doch wurden diese Bestimmungen genauso häufig umgangen. Fujianesen, die zuvor im staatlichen Ming-Sektor gedient hatten und nun nach passenden Erwerbsmöglichkeiten Ausschau hielten, trugen sicher zu dieser Entwicklung bei, da sie mit den Kollegen auf Okinawa heimlich zusammenarbeiteten. Die legale «Entwicklungshilfe» aus Fujian, von der oben die Rede war, wurde somit um eine zweite Komponente bereichert. Das führte langfristig wohl zu einer gewissen «Fujianisierung» einzelner Teile des Ryukyu-Netzwerkes.

Offiziell war der Ryukyu-Verkehr mit China auf den Austausch zwischen Fujian und Okinawa beschränkt, aber die Quellen zeigen an, daß Ryukyu-Schiffe bald auch andere Gegenden entlang der chinesischen Küste aufsuchten. Während der zweiten Hälfte des 15. Jahrhunderts finden wir sie sogar in der Xiangshan-Region, nahe der heutigen Stadt Macau. Selbst auf Hainan scheinen sich Ryukyu-Kaufleute aufgehalten zu haben.

In diesen Regionen kooperierte die Ryukyu-Schiffahrt wahrscheinlich oftmals mit Partnern aus Fujian. Doch das war sicher nicht immer so. Vielmehr entwickelten sich Teile des illegalen fujianesischen Handels völlig unabhängig vom ryukyuanischen. Die heimliche Zusammenarbeit betraf also nur einige Sektoren oder Gruppen, in anderer Hinsicht traten beide Seiten als Konkurrenten auf. Besonders in der zweiten Hälfte des 15. Jahrhunderts wird dies deutlich. Damit waren zugleich die ersten Vorzeichen für den allmählichen Rückgang des Ryukyu-Handels gegeben, denn auf lange Sicht konnte dieser bei der Versorgung Chinas mit südostasiatischen Gütern nicht mithalten.

Südchina, die Sulu-Zone und die Ostroute. Die allmähliche Erodierung der Seehandelsverbote, mit denen China den privaten Bereich in der zweiten Hälfte des 15. Jahrhunderts noch immer belegt hatte, ging freilich auch von anderen Gruppen aus. Verstreute Hinweise in den Quellen verraten, daß z.B. südostasiatische Händler – jenseits geltender Tributvorschriften – ihr Glück an den Küsten Guangdongs und Hainans versuchten. Die Küstenwachen rückten meist gegen solche illegalen «Elemente» aus, doch gelegentlich mögen sie bereits mit ihnen kooperiert haben, denn der Auslandshandel war stets einträglich, und es lockte die Hoffnung auf heimliche Nebenverdienste. Allerdings kam diese Entwicklung erst sehr viel später, im frühen 16. Jahrhundert, zum Durchbruch, um schließlich nur wenige Jahrzehnte danach, wäh-

Grab eines Sulu-Herrschers in Dezhou, Provinz Shandong, der im frühen 15. Jahrhundert nach China reiste, wo er offenbar um Unterstützung für sein Inselreich warb. Als der Sulu-Herrscher in Shandong starb, ordnete der chinesische Hof ein Staatsbegräbnis an und ließ eine Inschrift anfertigen, die den Sulu-Herrscher als äußerst loyalen Vasallen lobt. Die Grabpflege wurde Begleitern der Gesandtschaft und später deren Nachfahren übertragen.

rend der 1550er und 1560er Jahre, außer Kontrolle zu geraten, als nämlich lokale Amtsträger – den Vorschriften zum Trotz – bei unerlaubten Geschäften kräftig verdienten und aus harmlosen Schmugglergruppen allmählich bewaffnete Großbanden hervorgingen, die Küstenposten überfielen, Städte plünderten und einander sogar in Kleinkriege verwickelten.

Die Ostroute hatte für die offizielle Seefahrt zu Zeiten Zheng Hes keine große Rolle gespielt. Allein die Sulu-Inseln und Brunei waren im frühen 15. Jahrhundert an engen Verbindungen zu den Ming interessiert. Mehrere hochrangige Gesandtschaften hatten China besucht, und dabei waren zwei lokale Herrscher auf chinesischem Boden gestorben. Ihre Gräber, ausgestattet mit kaiserlichen Inschriften, sind bis heute erhalten. Diese Fälle zeigen zweierlei: China wurde in Südostasien tatsächlich als Protektionsmacht anerkannt, wobei wahrscheinlich beide Reiche, Sulu und Brunei, um die Gunst der Ming buhlten. Zugleich wußte der chinesische Hof solcherlei rhetorisch zu nutzen, indem er nämlich die verstorbenen Könige ob ihrer «Aufrichtigkeit» und «Bewunderung» für den erhabenen Himmelssohn großherzig loben ließ.

Wie sich das Verhältnis zwischen Sulu und Brunei nach dem Ende der Flottenpolitik entwickelte und welcher Natur die Kontakte zwischen der Sulu-Zone und China im weiteren Verlaufe des 15. Jahrhunderts waren, darüber können wir nur spekulieren. Die offiziellen Gesandtschaften blieben jedenfalls aus, private Kontakte – vielleicht zwischen fujianesischen und muslimischen Händlern in Jolo und Brunei – dürfte es aber gegeben haben. Auch andere Orte der philippinischen Welt, die zuvor gelegentlich Tribute nach China gesandt hatten, könnten in dieses Beziehungsgeflecht einbezogen worden sein. Ebenso ist davon auszugehen, daß die religiösen Kontakte innerhalb der Sulu-Zone, gefördert durch islamische Kreise, deutlich zunahmen.

Aus frühen iberischen Texten ist ersichtlich, daß es im 15. Jahrhundert auch regelmäßige Verbindungen zwischen den Molukken und der Sulu-Zone gab. Wahrscheinlich wurden sie überwiegend von lokalen Handelsnetzen getragen. Die Sulu-Inseln entwickelten sich dabei zu einem regionalen Umschlagplatz zwischen Brunei, einigen philippinischen Orten, Sulawesi und den Gewürzinseln. Außerdem wurde vermutet, daß die ersten islamischen Einflüsse auf den Molukken von der Sulu-Kette oder über sie ausgingen.

Über die nördlichen Molukken regierten um 1500 vor allem zwei Fürsten, jene von Ternate und Tidore. Beide weiteten ihre Einflußbereiche allmählich auf mehrere benachbarte Inseln und Regionen aus, in denen die Staatenbildung noch nicht so weit vorangekommen war. Diese Gebiete standen, wie auch Ambon, Ceram, die Banda-Gruppe und andere Archipele, mit den Häfen Javas und bisweilen sogar mit noch weiter westlich gelegenen Orten in Kontakt. Grundsätzlich hatten sie, wie schon vorher, zwei Optionen: den Verkauf von Gewürzen an die nordwärts gelegenen Ostrouten-Anrainer oder den Export in Richtung Java, Sumatra und Kontinentalsüdostasien.

DIE OSTSEITE KONTINENTALSÜDOSTASIENS. Dai Viet am gegenüberliegenden Ufer des Südchinesischen Meeres hatte inzwischen die Ming-Herrschaft abgeschüttelt. Mittlerweile regierten die Le über das alte Jiaozhi-Gebiet. Chinas kultureller Einfluß blieb dennoch allgegenwärtig, denn die Le verwalteten ihr Land überwiegend nach konfuzianischen Prinzipien, ähnlich ihren Vorgängern. Außerdem sandten sie weiterhin Delegationen nach China, wie übrigens auch Champa.

Dai Viet und Champa rivalisierten letztlich um Chinas Gunst; dazu halten chinesische Quellen viele Details bereit. Und beide scheinen jeweils auf ihre Weise in die maritime Welt nach Zheng He integriert gewesen zu sein. Kontakte zu verschiedenen Handelspartnern – bis hin nach Nordostasien und zugleich nach Melaka und anderen südostasiatischen Orten – sind belegt. Entsprechende Keramikfunde ergänzen das Bild. Gelegentlich ist sogar gemutmaßt worden, die Keramikproduzenten in Dai Viet und China hätten bis zu einem gewissen Grade miteinander konkurriert.

Eine andere Besonderheit bestand darin, daß besonders Champa Verbindungen zu Ryukyu und dem aufstrebenden Melaka pflegte, während Dai Viet sich bei seinen Tributbeziehungen zu China wahrscheinlich eher als Rivale des Ryukyu-Reiches fühlte. Doch diese Konstellation ist bislang nur in groben Zügen erkennbar. Viel wichtiger war, daß Dai Viet bald nach Süden expandierte, 1471 Champa schlug und damit als Handelsmacht zusätzliche Bedeutung gewann.

Möglich ebenso, daß diese Entwicklungen zu Lasten muslimischer Händler gingen, die Champa seit Jahrhunderten als wesentlichen Stützpunkt betrachtet hatten und sich nunmehr fast ganz nach Brunei, Java und anderen Gegenden umorientierten.

Im Gebiet des heutigen Thailand setzte Ayuthaya seinen Aufstieg fort. Chinesische Händler, vermutlich meist aus Fujian, waren hier auf den lokalen Märkten präsent. Sie unterhielten private Kontakte nach China, direkt oder über Ryukyu. Außerdem gingen offizielle Delegationen ins Reich der Mitte. Dutzende solcher Gesandtschaften werden in der *Ming shilu*-Sammlung angezeigt. An ihrer Bereitstellung waren wohl ebenfalls Chinesen, die in Ayuthaya lebten und Zugang zur herrschenden Elite hatten, beteiligt.

Politisch und militärisch fiel Ayuthaya vor allem dadurch auf, daß es 1431 Angkor eroberte und die Khmer-Herrscher zwang, sich nach Phnom Penh zurückzuziehen. Gegenüber seinen nördlichen Nachbarn war Ayuthaya allerdings nicht immer erfolgreich. Im Süden wiederum übernahm es Nakhon Si Thammarat und versuchte auch mehrere andere Gebiete, die noch weiter entfernt lagen, in sein wachsendes Handelsnetz zu integrieren.

Einige Orte am mittleren und südlichen Sektor der malaiischen Ostküste boten jetzt besonders eines: Pfeffer. Allerdings mögen die typischen späteren Pfefferhäfen wie Patani damals noch nicht so wichtig gewesen sein. Pahang, Kelantan und andere Regionen werden ebenfalls in den Quellen genannt, auch in chinesischen. Aber über das Verhältnis dieser Gebiete zu Ayuthaya, von dem sie offenbar bis zu einem gewissen Grade abhingen, und zu den Ming sowie natürlich untereinander können wir nur mutmaßen. Die chinesischen Texte nach Zheng He melden allenfalls sporadische Kontakte, mehr nicht.

MELAKA, SUMATRA, JAVA. Auf der Westseite der Halbinsel liefen die meisten Fäden in Melaka zusammen, so die gängige Annahme. Hinsichtlich der Entwicklung dieses Hafens nach Abzug der offiziellen Ming-Flotten bestehen jedoch unterschiedliche Meinungen. Erst nach deren Fernbleiben habe sich Melaka wirklich «frei» entfalten können, auf sich gestellt oder unter dem Einfluß indischer Händlergruppen, vor allem aus Gujarat, Bengalen und der tamilischen Welt. Damit sei zugleich die Islamisierung vor Ort und in einigen benachbarten Ansiedlungen vorangekommen. Eine andere These besagt, besonders Überseechinesen oder Fujianesen, die illegale Kontakte nach China pflegten, hätten entscheidend zum weiteren Gedeihen Melakas beigetragen.

Wie wichtig Melaka Mitte und Ende des 15. Jahrhunderts wirklich war, ist ebenfalls umstritten. Portugiesische Texte aus dem frühen 16. Jahrhundert stellen diesen Hafen als bedeutendes *emporium* vor, aber einiges spricht dafür, daß ihre Angaben übertrieben sind. Wohl unter anderem deshalb, da die positiven Bilder und die mit ihnen verknüpften Erwartungen, welche ja schon einige Jahre vor der portugiesischen Eroberung (1511) zirkulierten, in Goa und Lissabon «bestätigt» werden mußten. Es ist demnach ziemlich unwahrscheinlich, daß Melaka tatsächlich 50 000 oder mehr Einwohner zählte, wie gelegentlich behauptet. Vermutlich handelte es sich lediglich um eine malaiische Ansiedlung mittlerer Größenordnung, die über einige Nachbarorte herrschte und sich ungefähr mit Samudra-Pasai oder etwas später mit Aceh vergleichen ließe.

Daß es in Palembang und den nordjavanischen Häfen Überseechinesen gab, war bereits erwähnt worden. Diese blieben auch nach Zheng He vor Ort. Wahrscheinlich erhielten sie im Laufe des 15. Jahrhunderts Verstärkung durch neu zuwandernde Fujianesen, die allerdings keine Muslime mehr gewesen sein dürften im Gegensatz zu jenen, die lange davor nach Java gekommen waren. Aber es ist auch argumentiert worden, die Champa-Katastrophe des Jahres 1471 habe eventuell den Zuzug weiterer chinesisch-stämmiger oder Muslime anderer Herkunft nach Nordjava begünstigt.

Cerbon, Semarang, Demak, Gresik, Tuban, Surabaya und andere Häfen unterhielten inzwischen eigene Handelsnetze, die auch Borneo, die Gewürzinseln, Timor, Melaka und die Sumatra-Häfen einbezogen. Viele nordjavanische Orte hatten sich bereits Anfang des 15. Jahrhunderts von Majapahit gelöst und ihre Kontakte zur islamischen Welt gestärkt. Dieser Prozeß war möglicherweise durch die Präsenz der staatlichen Ming-Flotten vorangetrieben worden. Nach deren Abzug setzte er sich fort, sicher begünstigt durch die Präsenz von Gujaratis und anderen. In gewisser Weise nahm damit die politische Fragmentierung zu, außerdem verschoben sich die religiösen Gewichte umso schneller: Die Küste wurde jetzt mehr und mehr islamisiert, während die Inlandsgebiete noch für geraume Zeit an alten Traditionen festhielten.

Der Seeverkehr durch die Sunda-Straße erreichte während der zweiten Hälfte des 15. Jahrhunderts sicher nicht das Volumen, das der Handel durch die Melaka-Straße aufwies. Dennoch blieben Lampung und andere Gegenden auf Sumatra im Geschäft. Auf der gegenüberliegenden Seite, im Nordwesten Javas, scheint außerdem Bantam erstmalig an Bedeutung gewonnen zu haben. Später sollte dieser Ort zu einem großen Handelszentrum aufsteigen, das vor allem von Chinesen frequentiert wurde.

Das Nordufer Sumatras war ebenso politisch fragmentiert wie die Nordküste Javas. Samudra-Pasai, in Zheng Hes Zeiten als wichtiger Umschlagplatz beschrieben, breitete sich nun zeitweilig auf Kosten von Pedir aus. Doch es hatte in Aru offenbar einen Konkurrenten, der vorübergehend so mächtig wurde, daß er sogar Melaka herausforderte. Daneben nennen die Texte weiterhin Lambri und andere Orte. Vermutlich lebten hier, wie in Samudra-Pasai, einige Chinesen – vor und nach Zheng He. Im übrigen sandte Samudra-Pasai bis in die 1480er Jahre offizielle Delegationen nach China.

Insgesamt scheint der Abzug von Zheng Hes Flotten aus den Häfen Nordsumatras wie im Falle Melakas ein kurzzeitiges Vakuum hinterlassen zu haben, das sich Gujaratis und andere schnell zunutze machten. Dabei ergaben sich wechselnde Konkurrenzsituationen. Vor allem Samudra-Pasai und Melaka buhlten um die Gunst fremder Händlergruppen, die indische, chinesische, javanische und andere Produkte brachten. Ryukyu-Schiffe steuerten z.B. anfangs beide Gebiete an, später eher Melaka. Reisende mit persischem Hintergrund mögen hingegen die Häfen Sumatras bevorzugt haben. Epigraphische Hinweise könnten darauf deuten. Gujaratis waren hingegen in Melaka und zugleich auf Sumatra zu finden. Gelegentlich scheinen sie überdies – wie schon in früheren Zeiten – über Barus und die Sunda-Straße bis nach Java gefahren zu sein. Auch persische Spuren sind in Barus und anderswo erhalten.

DIE MYANMAR-KÜSTE UND BENGALEN. Rund um die Bengalische See und das Andamanische Meer treffen wir auf eine andere Situation. Hier waren die großen Ming-Flotten nicht so stark in Er-

Modell eines Frachtboots aus Pagan, Sammlung Lucian Scherman, Staatliches Museum für Völkerkunde München. Wahrscheinlich sahen Schiffe aus Pegu und anderen Orten entlang der heutigen Myanmar-Küsten in früheren Jahrhunderten ähnlich aus.

scheinung getreten wie östlich von Samudra-Pasai. Einen Rückzugseffekt dürfte es höchstens auf der Route Südindien – Sri-Lanka – Nordsumatra gegeben haben, weniger im nördlichen Bereich. Die regen Kontakte zwischen den bengalischen Häfen und Melaka, die portugiesische Quellen andeuten, wurden durch viele Faktoren gefördert, so auch durch den Aufstieg Melakas selbst. Wenn überhaupt, dann gingen sie also nur in «zweiter Instanz» und keinesfalls direkt auf den Abzug der Ming-Flotten zurück.

Eine besondere Konstellation ergab sich im Falle Pegus. Die offizielle Ming-Seefahrt hatte die heutige Myanmar-Küste kaum berührt.

Nach 1433 benötigte der Hof im fernen Beijing aber immer noch teure Luxusgüter, und ein nicht unbeträchtlicher Teil derselben – z. B. Edelsteine – gelangte über die Irawadi-Route und Yunnan ins Reich der Mitte. Es ist folglich denkbar, daß diese Strecke in gewisser Weise Ersatz für den maritimen Weg bot und Pegu davon profitierte.

Pegu, Martaban und weitere Orte im heutigen Myanmar standen überdies in regem Austausch mit Bengalen. Einzelheiten hierzu sind für das mittlere 15. Jahrhundert zwar kaum bekannt, aber portugiesischen Quellen, die etwas spätere Epochen abbilden, ist zu entnehmen, daß wohl vor allem bengalische Händler diese Achse bedienten. Dabei stößt man allerdings auch auf persische Namen – wohl ein Anzeichen dafür, daß verschiedene Gruppen aus dem heutigen Iran und anderen Gegenden, in denen persische Kulturelemente Verbreitung gefunden hatten, längst über Nordindien zu den Handelszentren im Ganges-Delta vorgedrungen waren. Ob man hieraus eine Stärkung der nordostindisch-myanmarischen Beziehungen zu Lasten jener, welche Myanmar mit Sri Lanka verbanden, ableiten kann, ist jedoch fraglich.

Orissa, südwestlich von Bengalen, durchlief Mitte der 1430er Jahre einen Dynastienwechsel. Danach dehnte es seine Macht über weite Teile des ostindischen Küstensaumes aus. Das ging vorübergehend auf Kosten Bengalens, denn zeitweilig sollte Orissas Einfluß bis zu den westlichen Armen des Ganges-Deltas reichen. Auf die maritimen Außenbeziehungen der bengalischen Häfen scheint sich dies indes nicht nachhaltig ausgewirkt zu haben.

Sowohl Bengalen als auch Pegu und wohl zudem Orissa standen in Kontakt mit den Malediven. Diese bezogen z.B. Reis aus Bengalen und lieferten dafür Kaurischnecken, welche während der Ming-Zeit sogar über die Irawadi-Route bis nach Yunnan gelangten, wo sie neben Kupfer und Silber als lokales Zahlungsmittel zirkulierten. Dabei ähnelten die Austauschraten jenen, die auch in Myanmar und Indien registriert wurden. Die monetären Systeme von Yunnan über Myanmar bis hinunter nach Orissa waren demnach «verwandt», und ohne die bengalische Seefahrt, die im 15. Jahrhundert expandierte und als verbindendes Element wirkte, wäre dies ganz gewiß nicht denkbar gewesen.

Koromandel und Sri Lanka. Sri Lanka war offenbar durch Zheng Hes Strafaktion nachhaltig beeindruckt worden. Selbst zwanzig Jahre nach dem Ende der großen Ming-Seefahrten wird eine offizielle Delegation von dort gemeldet, die 1459 Beijing erreicht haben soll. Wichtiger als die Gesandten und Händler aus Sri Lanka waren aber sicherlich tamilische Gruppen (in den Quellen oft «Kling» oder «Keling» genannt), vor allem die sogenannten Chetti-Kaufleute, deren Basen im Einzugsbereich des mächtigen Vijayanagar lagen. Wie ihre Kollegen aus Bengalen brachten sie unter anderem Baumwollprodukte nach Südostasien. Auf diesem Sektor konkurrierten sie demnach mit den Bengalis. Eines ihrer wichtigsten Ziele war offenbar Melaka, außerdem standen sie kurz vor und nach der Eroberung Melakas in engem Kontakt mit den Portugiesen.

Sollten also die frühen Ming-Flotten den Fernhandel zwischen Südindien, Sri Lanka und der Nordwestspitze Sumatras bestimmt haben, dann dürften sie auf dieser Route ab den 1430er Jahren vor allem durch indische Schiffe ersetzt worden sein, die zumeist von der Koromandel-Küste oder aus Gujarat kamen. Hingegen spielten chinesische Händler, die in Südostasien lebten, und Fujianesen, die unerlaubt von ihrer Heimat aus Geschäfte tätigten, nun wohl kaum eine Rolle in den Gegenden westlich von Samudra-Pasai und Melaka. Allenfalls kleine Gruppen mögen in den übrigen Häfen rund um das Bengalische Meer präsent gewesen sein. Das bedeutet, daß sich die private chinesische Seefahrt nach Zheng He zumeist auf Südostasien beschränkte. Während sie dort expandierte – schließlich mußte der riesige chinesische Markt versorgt werden –, fehlte es dagegen für eine gleichzeitige Expansion in Richtung Sri Lanka und Indien an den nötigen Mitteln oder auch an Interesse.

Die weitgehende Segmentierung des Seeraumes, die vor Zheng He geherrscht hatte, weil bestimmte Produkte ziemlich regelmäßig in bestimmten *emporia*-Häfen zu erwerben waren, womit Käufer Transportkosten einsparen konnten, zumal sie nur selten «zonenübergreifende» Fernfahrten einplanen mußten, kehrte folglich nach Zheng He wieder ein. Das System pendelte gleichsam in seinen vormaligen Zustand zurück. Freilich, einige wenige Gruppen und Häfen, etwa Melaka, hatten nunmehr an Gewicht gewonnen oder standen gar erstmalig auf internationalem Parkett. Tiefgreifende qualitative Änderungen gegenüber der Zeit vor 1400 waren aber dennoch nicht zu spüren.

MALEDIVEN UND INDISCHE WESTKÜSTE. Die Malediven hatten im frühen 15. Jahrhundert Tributdelegationen nach China entsandt. Laut Ma Huan konnten diese Inseln direkt von Sumatra aus erreicht werden, ohne Zwischenaufenthalt in den Häfen Sri Lankas oder Südindiens. Bemerkenswert ist zudem, daß die bereits erwähnte *Zheng He hanghai tu* mitten in der Malediven-Kette eine «offizielle Insel» zeigt, sicherlich Male. Vermutlich hatte es auch hier, wie z.B. nahe Samudra-Pasai, einen kleinen chinesischen Handelsposten gegeben, und möglicherweise war der internationale Seeverkehr durch die Malediven-Gegend, wie auf der Route Sumatra-Sri Lanka, für eine gewisse Zeit von chinesischen Schiffen bestimmt worden, nach deren Rück-

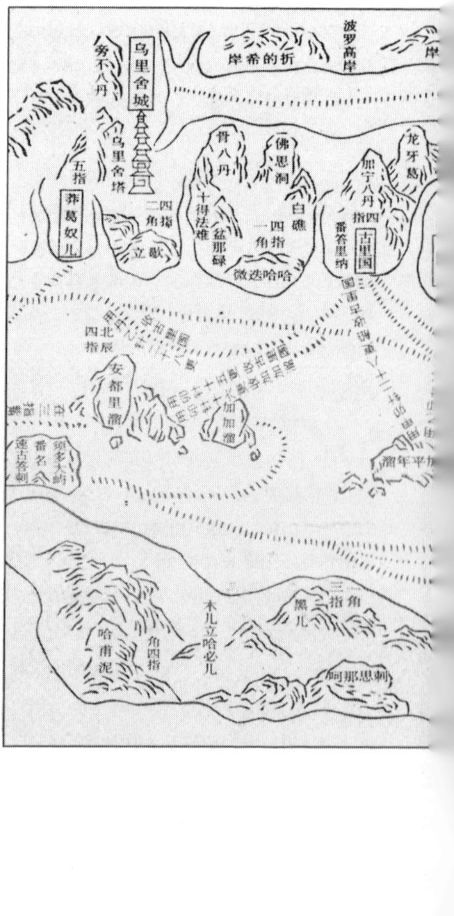

Ausschnitt aus der «Zheng He-Karte» (vgl. die Erklärung zu der Abbildung auf Seite 238). Im Uhrzeigersinn um neunzig Grad gedreht, wird die Anordnung besser verständlich: Die große Insel steht für Sri Lanka. Das längliche Gebiet links (bzw. nach der Drehung darüber) stellt Indien dar. Von der indischen Westküste, die unter anderem Kalikut und Cochin (Gebäude) zeigt, führen mehrere kürzere Routen zu den westwärts vorgelagerten Lakkadiven und Malediven. Die kleine Inselgruppe ganz rechts (bzw. ganz unten) könnte den Chagos-Archipel darstellen, doch gewiß ist dies nicht. Am unteren Rand (bzw. links) findet sich die ostafrikanische Küste, die der Malabar-Region gleichsam gegenüberliegt. Entlang der ostafrikanischen Gestade sind wieder mehrere Orte eingetragen, zum Beispiel Malindi in der Nähe des säulenähnlichen Symbols. Die Schriftzeichen neben den Seewegen markieren Richtungen und Entfernungen. Eine Route deutet eine direkte Verbindung von Male nach Mogadischu an.

zug andere seefahrende Gruppen die Lücken füllten. Vielleicht kam dies ja Bengalis, Gujaratis, Malabaris und Arabern entgegen, die im Laufe des 15. und frühen 16. Jahrhunderts häufig auf den Malediven verkehrten.

An der indischen Westküste und rund um die Arabische See hatte der Rückzug Zheng Hes sicher kein größeres Vakuum hinterlassen. Denkbar ist jedoch, daß die frühen Ming Angebot und Nachfrage in jenen Häfen, die zugleich mit Cambay und anderen Zentren in Verbindung standen, zusätzlich beflügelt hatten. Die Gewinner wären dann wieder Gujaratis und Malabaris gewesen.

Die Malabar-Häfen, die von Vijayanagar relativ unbehelligt blieben, standen – wie in der zweiten Hälfte des 14. Jahrhunderts – in regem Austausch mit ihren alten «Partnern», darunter Hormuz und Aden. Vor allem Kalikut scheint dabei seine führende Position an der

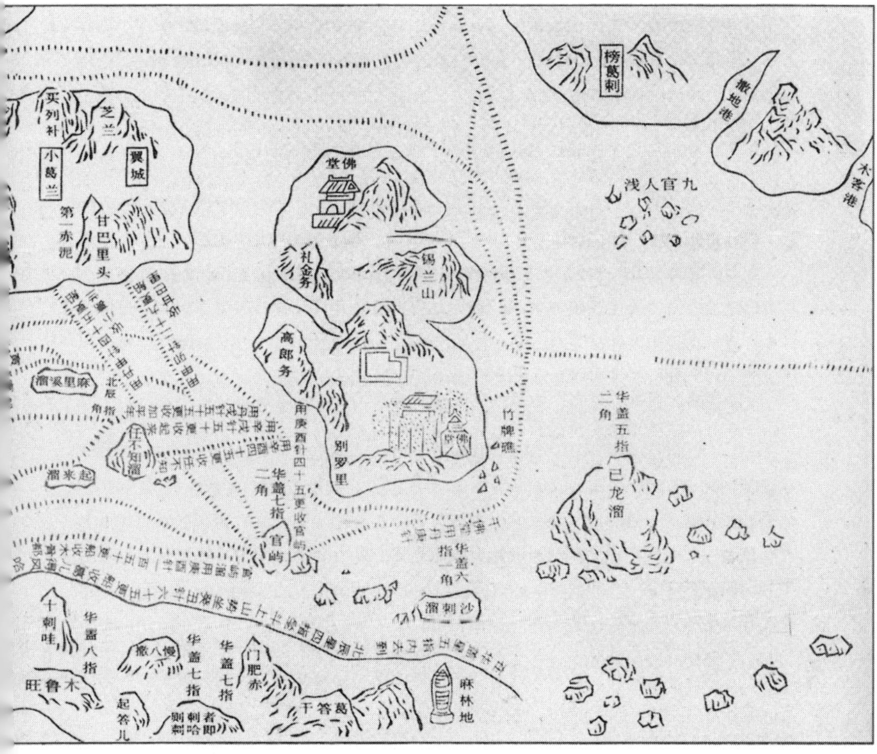

Kerala-Küste weiter ausgebaut zu haben. Vage Indizien sprechen dafür, daß die chinesische Präsenz hier nicht unbedingt positiv aufgenommen worden war, doch das spielte in der Zeit nach Zheng He keine Rolle mehr. Ab Mitte des 15. Jahrhunderts gewinnen dann zugleich Cochin und andere Orte an Bedeutung. Ebenso sind Hinweise auf wachsende politische Interessen an den Malediven zu finden. Diese gingen hauptsächlich von Cannanore aus.

Am mittleren Abschnitt der indischen Westküste, im Konkan-Gebiet, führten lange Auseinandersetzungen zwischen Vijayanagar und seinen nördlichen Nachbarn, den über weite Teile Zentralindiens herrschenden Bahmaniden, zu gelegentlichen Gebietswechseln. Davon betroffen war z.B. die Stadt Goa, die damals allerdings noch keine so große Bedeutung hatte wie im 16. Jahrhundert unter den Portugiesen. Goa und andere Orte, etwa Bhatkal, bezogen gelegentlich Pferde aus Westasien für die Kriegsparteien im indischen Hinterland.

Gegen Ende des 15. Jahrhunderts beginnt schließlich die Auflösung des Bahmani-Sultanats. In welcher Weise sich die begleitenden Wirren auf die westindischen Küstenorte auswirkten, ist kaum abschätzbar. Zu den wichtigsten Nachfolgestaaten der Bahmaniden zählten vor allem die Gebiete von Bijapur, Ahmadnagar und Golkonda, in denen viele westasiatische Kultureinflüsse wirksam waren, von denen einige bis nach Iran oder Khorasan zurückführbar sind; doch damit bewegen wir uns schon weit in das 16. Jahrhundert hinein.

Die Gujaratis verstanden es, ihr ohnehin schon in der Expansion begriffenes Handelsnetz auch nach Zheng He kräftig auszuweiten. Im 15. Jahrhundert finden wir sie folglich nicht nur entlang der Arabischen Halbinsel, in Ostafrika und den Malabar-Häfen, sondern ebenso auf Sri Lanka und verstärkt in Südostasien. Mancherorts bildeten sie ab Mitte des Jahrhunderts die wohl wichtigste ausländische Händlergruppe überhaupt. Das könnte z.B. für Male gelten, wo sich einige Gujaratis niedergelassen hatten, vor allem aber für Melaka. Im übrigen waren Gujaratis aktiv um die Ausbreitung des Islam bemüht, besonders in Richtung Osten. Gleichwohl gab es unter ihnen auch Nicht-Muslime, denen nachgesagt wird, sie seien besonders in Ostafrika tätig gewesen.

Hormuz und Aden. Hormuz, am Eingang zum Persischen Golf, hatte mit hoher Wahrscheinlichkeit von der Präsenz chinesischer Staatsflotten profitiert. Als diese ausblieben, zog es vermutlich vermehrt indische Kaufleute an. Es ist denkbar, daß die Rivalitäten auf dem indischen Festland den Wettbewerb zwischen einzelnen Orten entlang der Gujarat-, Konkan- und Malabar-Küsten belebten und Hormuz hieraus Gewinne schlug, da es etliche Häfen gleichzeitig bedienen mußte. Gegen Ende des 15. Jahrhunderts soll Hormuz bis zu 50 000 Einwohner gezählt haben, darunter viele Ausländer, die in entsprechenden Stadtvierteln lebten. In dieser Hinsicht ist Hormuz gerne als multikulturelles Zentrum skizziert und mit Aden, Melaka und anderen Orten verglichen worden.

Offenbar trug Hormuz während des 15. Jahrhunderts auch zur Verbreitung persischer Kulturelemente bei. Entsprechende Namen und Ausdrücke sowie Inschriften und verstreute Angaben in portugiesischen Texten aus dem frühen 16. Jahrhundert lassen erahnen, daß einzelne Kaufleute «iranischer» Abstammung – Intellektuelle und ganz allgemein einflußreiche Personen – in verschiedenen Orten rund um den Indischen Ozean lebten. Das erinnert an die früheren Bosi-Händler und zudem an die Überseechinesen, von denen gleichfalls mehrere in fremden Ländern hohe Posten erhielten. Doch ob die als Perser identifizierbaren Gruppen in jener Zeit über Hormuz oder eher über indische Häfen auswanderten, wissen wir nicht genau. Oft kamen sie auch nicht aus dem heutigen Iran, sondern aus Samarkand und anderen zentralasiatischen Orten.

Hormuz hatte sich mehrfach mit den mächtigen Landmächten im Norden arrangiert, erst mit den Timuriden, dann mit den Aq-Qoyunlu, einer turkmenischen Konföderation. Kurz, es zahlte gelegentlich Abgaben, dafür aber wurden die Karawanenwege offengehalten, was wiederum nicht nur den Zuzug von Händlern, sondern ebenso die nahezu kontinuierliche Beschaffung von Waren aus dem iranischen, kaukasischen oder zentralasiatischen Hinterland ermöglichte. Zu den Produkten, die so via Hormuz nach Übersee gingen, gehörten noch immer die in Indien heiß begehrten Pferde. Nach Schätzungen seien im späten 15. Jahrhundert bis zu zweitausend Tiere pro Jahr über Hormuz exportiert worden. Diese Zahl klingt allerdings eher bescheiden, hält man die riesigen Lieferungen dagegen, die aus dem chinesisch-koreanischen oder chinesisch-nordasiatischen Raum gemeldet werden. Andererseits wissen wir auch, daß noch andere Häfen rund um die Arabische Halbinsel im Pferdehandel tätig waren, Hormuz also nicht den Alleinanbieter spielte.

Zu dieser Zeit verfügte Hormuz wohl über keine wirklich nennenswerte Flotte. Es lebte vom Reexport, erhob Abgaben und kontrollierte wie vormals mehrere Nachbarorte auf iranischer und omanischer Seite, darunter Maskat. Zu den Vasallen zählte außerdem Bahrain, das «golfaufwärts» lag und Teile des Handels auf arabischer Seite beaufsichtigte. Weiter westlich, im alten Zweistromland, regierten vorübergehend schiitische Familien. Die Karawanenwege nach Aleppo und Damaskas blieben unterdessen gefährdet – nicht zuletzt durch turkmenische Gruppen, welche Teile Westirans und des Kaukasus sowie Ostanatolien kontrollierten.

Die Osmanen interessieren hier noch nicht. Als maritime Macht traten sie im Laufe des 15. Jahrhunderts vor allem im Mittelmeer auf, erst später sollten sie auch in Asien wichtig werden. Überdies blieben Alexandria, Kairo und die ägyptische Mittelmeerküste zunächst unter der Herrschaft der Mamluken, die weiterhin ebenso den Nordteil des Roten Meeres kontrollierten. Parallel dazu stand die Südküste der Arabischen Halbinsel bis 1454 unter rasulidischer Aufsicht, später übernahmen dann die Tahiriden die wichtige Hafenstadt Aden, während Zufar und as-Shihr in die Hände der Katiriden übergingen.

Aden und Zufar waren zwar von den Staatsflotten der Ming besucht worden, aber angesichts der großen Entfernung nach Fernost ist es kaum vorstellbar, daß die offizielle Ming-Seefahrt hier die gleiche Rolle gespielt hatte wie etwa in Samudra-Pasai oder Kalikut. Insofern wäre es sicher übertrieben, von nachhaltigen chinesischen Einflüssen zu sprechen. Selbst die etwas bescheidenere Überlegung, Chinesen seien für fünfzehn oder zwanzig Jahre der *primus inter pares* gewesen, klänge für viele gewagt. Massive Substitutionseffekte infolge des chinesischen Abzugs sind daher sehr unwahrscheinlich.

Eher könnte man sich vorstellen, indische Gruppen, besonders Gujaratis, hätten ihre Position in den genannten Orten gestärkt, während des kurzen chinesischen «Intermezzos», vor allem aber danach. Möglich nämlich, daß hier letztlich genau jene Mechanismen wirksam wurden, die wir bereits im Zusammenhang mit Hormuz erwogen hatten: Indiens Häfen konkurrierten miteinander, sie benötigten mehr Güter aus Westasien, und mehr Händler erschienen demzufolge in Orten wie Aden.

Sicher ist, daß die Karimi-Organisation in der zweiten Hälfte des 15. Jahrhunderts, spätestens aber im frühen 16. Jahrhundert endgültig verschwand. Dagegen scheinen die Hadramis, deren Basen an der Hadramaut-Küste lagen, an Einfluß gewonnen zu haben. Sie begaben sich jetzt immer häufiger ins Ausland. Vage Indizien und Legenden bringen sie sogar mit Ostafrika und der Islamisierung Nordjavas in Verbindung. Einige von ihnen lebten auch in Aden, wo es natürlich ebenso Perser, Ostafrikaner, Maghrebiner und Händler anderer Herkunft gab.

PILGER AUF SEE. Auch wenn Aden im Laufe des 15. Jahrhunderts dann und wann politische Änderungen verkraften mußte, so dürfte es doch, wie Hormuz, bis ins frühe 16. Jahrhundert hinein ein attraktiver Ort gewesen sein, wahrscheinlich sogar an Bedeutung für Handel und Verkehr gewonnen haben. Daß dem so war, ist noch auf einen besonderen Grund zurückzuführen: Während der Jahrhunderte zuvor hatte die Islamisierung Nordindiens, Ostafrikas und einiger maritimer Orte östlich von Sri Lanka rasche Fortschritte erzielt. Damit war die Zahl der Mekka-Pilger, die hofften, über das Rote Meer zu den heiligen Stätten des Islam zu gelangen, schnell gestiegen. Diese Personen fuhren in der Regel via Aden bis nach Jidda, von dort ging es dann weiter auf dem Landweg nach Mekka. Im Vorfeld, wenn sich Pilger z.B. in Gujarat oder den Konkan-Häfen eingeschifft hatten, konnten sie natürlich auch die Hadramaut-Häfen besuchen. Religiöse und kommerzielle Elemente gingen bei diesen Reisen naturgemäß Symbiosen ein, Handel und geistige Erbauung ergänzten einander.

Diese Entwicklung wird aufgrund der Quellenlage ab 1500 besonders deutlich. Doch natürlich kam sie schon davor in Gang. Die Orte am Eingang des Roten Meeres verfügten somit – handelstechnisch gesehen – schon seit geraumer Zeit über einen Standortvorteil, der in dieser Weise nirgendwo sonst in Asien zu beobachten ist. Selbst die viel frühere Ausbreitung des Buddhismus hatte nach allem, was wir wissen, keine großen Pilgerströme ausgelöst, die über See gegangen waren.

Eine genaue Einschätzung des «reinen» Passagierverkehrs von Indien und Afrika über Aden nach Mekka ist freilich nicht möglich. Aber er dürfte die Zirkulation von Konsumgütern und damit von Handelsströmen, die in Aden zusammenliefen, durchaus gefördert haben. Die großen chinesischen Schiffe, die schon Ibn Battuta so gelobt hatte, wären sicherlich besonders tauglich gewesen, einen Teil des Passagieraufkommens zu übernehmen, doch nach Zheng He blieben sie ja, wie berichtet, dem westlichen Teil des Indischen Ozeans fern. Wiederum, so dürfen wir annehmen, waren es daher vor allem indische Fahrzeuge, die hier einsprangen.

Zusammenfassung

Die Zeitabschnitte vor 1350 hatten gezeigt, wie der asiatische Seeraum allmählich zu einer integrierten und dennoch in sich räumlich gegliederten Struktur zusammenwuchs. Außerdem war unterstellt worden, daß der Anschub dafür zuletzt vor allem aus Ostasien kam. Mit der Lockerung von Handelsvorschriften unter den Yuan, dem allmählichen Niedergang dieser Dynastie und dem Emporkommen der Ming, die den Privathandel zunächst radikal unterbanden, glitt das System dann jedoch wieder in eine Phase hinein, in der entsprechende Wachstumsimpulse erneut von verschiedenen Seiten ausgingen, es also keinen dominanten Motor mehr gab, obschon China kraft seiner riesigen Bevölkerung das Potential in sich trug, diese Rolle bald wieder zu übernehmen. Hier begannen drei aufeinanderfolgende Perioden, die von ungewöhnlichen Änderungen gekennzeichnet waren.

Während der ersten fünfzig Jahre (ca. 1350–1400) blieb China im Hintergrund und übte allein auf Südostasien eine gewisse Anziehungskraft aus. Gleichzeitig begann der Aufstieg des Ryukyu-Netzwerkes im Osten. Auch Java und andere Regionen spielten eventuell eine zunehmend wichtige Rolle in der maritimen Welt. Die Ostroute könnte dagegen an Attraktivität verloren haben – zumindest im Spiegel chinesischer Quellen. Im Bereich des Indischen Ozeans zeichneten sich folgende Tendenzen ab: Die Malabar-Häfen wurden immer bedeutender, außerdem expandierte das Handelsnetz der Gujaratis. Hormuz und Aden blieben als große Umschlagpätze «im Rennen», insgesamt aber nahm das relative Gewicht der arabisch-persischen Seefahrt vis-à-vis der indischen Konkurrenz nunmehr ab.

Während der zweiten Phase (ca. 1405–1435) sahen sich Teile des Gesamtsystems neuen Herausforderungen ausgesetzt, die ihren Ursprung im Osten hatten. Plötzlich stand China wieder an der Spitze des Geschehens. Die Fähigkeit der Ming, fernab von der Heimat zu intervenieren, und die außerordentliche Nachfrage, welche parallel dazu von den ostasiatischen Märkten ausging, blieben nicht ohne Folgen. Bestimmte Orte und lokale Mächte scheinen hiervon profitiert zu haben, etwa Melaka, Samudra-Pasai und einige nordjavanische Häfen, ferner Kalikut und Cochin, vielleicht sogar Hormuz und Aden. Manche Bereiche mögen hingegen in ihrer Entfaltung gebremst worden sein, z.B. die indische Seefahrt.

Die dritte Phase (ca. 1435–1500), zeitlich markiert durch das Ende der staatlichen Ming-Unternehmungen und den Beginn der europäischen Expansion, war erneut von einer gewissen Fragmentierung bestimmt. Naha, die nordjavanischen Häfen, Melaka, Kalikut, Cambay und andere Orte wohl vor allem an den indischen Küsten setzten ihren Aufstieg fort. Parallel dazu intensivierten verschiedene Gruppen ihre Aktivitäten. In Ostasien profitierten zunächst die Ryukyu-Händler vom Rückzug der Ming; allmählich weiteten sich dann die privaten chinesischen Netzwerke aus, neben vielen anderen. Im östlichen Teil des Indischen Ozeans waren vor allem Gujaratis, Bengalis und tamilische Händler tätig. Die Gujaratis avancierten zugleich zur führenden Gruppe in der Westhälfte des Indischen Ozeans, während die arabisch-persische Seefahrt weiter an Boden verlor. Das Karimi-Netzwerk, welches zuvor Ägypten, Aden und Ostafrika verknüpft hatte, verschwand völlig.

Einige weitere Punkte fallen auf: Abermals beeinflußten die schwankende Durchlässigkeit der Landroute in Zentralasien und die großen Mächte im Hinterland der Küstenräume Handel und Verkehr in den Seegebieten. Ohne die timuridische Präsenz hätte die Entwicklung von Hormuz und Cambay sicher einen anderen Weg genommen. Auch die Mamluken übten nach wie vor einen gewissen Sog aus. In anderen Fällen besteht der Eindruck, daß bestimmte Orte nahezu ausschließlich vom Seehandel lebten. In diese Kategorie gehören z.B. Naha und Melaka. Des weiteren gab es Häfen, die insgesamt eher «passiv» blieben, sich bedienen ließen, indem sie günstige infrastrukturelle Voraussetzungen schufen und fremde Händler anlockten, während andere Regionen selbst aktiv wurden. Schließlich sind für den Gesamtzeitraum auch vermehrt Personen zu belegen, die eigene kleine Handelsimperien gründeten und damit – meist (aber nicht immer) vorbei an der Macht übergeordneter Zentralen oder lokaler Regierungen – großräumige Netzwerke etablierten und mitunter Einfluß auf politische Entscheidungen ausübten. Bei solchen Netzwerken kamen wohl verschiedene Formen vertraglich festgelegter Kapitalbeteiligungen zur Anwendung.

Die Struktur der Warenströme blieb im allgemeinen konstant. Allerdings dürfte das Handelsvolumen abermals gestiegen sein, außerdem sind bei genauem Hinsehen einige Verschiebungen festzustellen: Pfeffer aus Südostasien wurde z.B. als Importgut in Fernost wichtiger. Im frühen 15. Jahrhundert gelangten westasiatische Pferde nicht nur bis nach Indien, sondern vorübergehend auch nach China. Daneben absorbierte der Ming-Hof viele teure Luxusgüter und «Exotika». Einige davon wanderten über die Irawadi-Route und Yunnan nach Norden. Indischerseits, so der Eindruck, nahmen die Exporte von Textilien und anderen vor Ort gefertigten Produkten, die z.B. aus Cambay kamen, weiter zu. Ostindonesische Gewürze flossen verstärkt nach Westasien und Europa ab, was zu der Vermutung paßt, die Ostroute sei vielleicht nicht mehr so häufig frequentiert worden. Weihrauch, früher oftmals nach China verkauft, erreichte eher die Märkte West- und Südasiens.

Bisweilen wurde auch angenommen, im 15. Jahrhundert habe der Handel mit Eisen, Holz für den Schiffbau und Elefanten auf einigen Routen rund um Indien deutlich zugenommen. Ebenso seien mehr Lebensmittel über lange Distanzen verschifft worden, etwa Reis aus Bengalen und Pegu. Eine generelle Umstellung von teuren Luxusgütern auf billige Massenwaren, die viel Schiffsraum erforderten, also gesteigerte Transportkapazitäten voraussetzten, ist jedoch nicht zu beobachten. Nur wenige Orte hingen in ihrer Versorgung mit Gütern des täglichen Bedarfs hochgradig von seegestützten Importen ab. In den meisten Fällen bot das unmittelbare Hinterland genügend Nachschub.

An mehreren Küsten rund um den östlichen Indik und in Teilen

Südostasiens schritt die Ausbreitung des Islam voran. Das lag vor allem an den stark islamisch geprägten Handelsnetzen der Gujaratis und Bengalis. Besonders Hadramis und Gelehrte aus dem heutigen Iran wußten diese Strukturen zu nutzen. Nicht so in Fernost: Mit dem Übergang zur Ming-Herrschaft zogen sich viele muslimische Händler aus China definitiv zurück. Gleichzeitig nahm Chinas eigene Ausstrahlungskraft in Südostasien zu. Neue Kulturschübe aus Indien konnten dort hingegen kaum noch registriert werden, obgleich tamilische Händler ihre Aktivitäten ausweiteten.

Handel und Kulturtransfer hingen hochgradig von den Interessen einzelner Gruppen ab, die sich selbst vertraten, also eher selten für übergeordnete staatliche Ziele arbeiteten. Ausnahmen sind dennoch zu ermitteln: Ryukyu-Schiffe waren meist für ihr Land unterwegs. Darüber hinaus gab es Unternehmungen auf Anordnung westasiatischer und anderer Höfe, und schließlich konstituierte natürlich die frühe Ming-Expansion einen ganz speziellen Sonderfall. Eines jedoch hatten viele dieser «Systeme» gemein: Sie förderten bestehende Diaspora-Strukturen oder trugen zur Herausbildung neuer Formen überseeischer Präsenz bei, von denen jene, die mit den Fahrten Zheng Hes assoziiert werden können, möglicherweise schon einige Merkmale aufwiesen, die auch spätere europäische Niederlassungen hervorbringen sollten.

VIII. Epilog: Die maritime Welt nach 1500

Grundlegende Entwicklungen: Asiaten und Portugiesen

Betrachtungsweise. Die vorhergehenden Kapitel waren gleichsam von Ost nach West geschrieben worden. Mit dem Eintreffen der ersten Europäer in Asien Ende des 15. Jahrhunderts fällt es schwer, diese Darstellungsweise fortzuführen, da die europäische Expansion bekanntlich von der Kap-Route her einsetzte. Außerdem gerät der Historiker, dem es um Küstenorte und Austauschbeziehungen geht, in ein weiteres, noch grundsätzlicheres Dilemma: Mit einem Schlag überwiegt nämlich die abendländische Berichterstattung, während die asiatische in den Hintergrund rückt. Oftmals wurde maritime Geschichte daher aus rein westlicher Perspektive geschrieben, eben als Kolonialgeschichte, gesehen durch die Brille erst portugiesischer, dann niederländischer und anderer Dokumente – kurz, als Geschichte jener Strukturen, welche die europäischen Mächte dem asiatischen Seeraum wie eine Käseglocke aufsetzten, um im Bilde zu bleiben. Bisweilen knüpfte sich hieran sogar die Überzeugung, um 1500 habe eine völlig neue Epoche eingesetzt, alles sei grundlegend anders geworden.

Gewiß, mit den Europäern wurde tatsächlich ein Schnitt vollzogen, aber dieser betraf nicht alle Facetten des seegestützten Austauschs in Asien. Manche Elemente lebten vielmehr nahezu unverändert fort oder entwickelten sich auch ohne europäische Einflußnahme, außerdem gab es deutliche regionale Unterschiede. In einigen Gebieten war das Europäische sofort zu spüren, besonders in der westlichen Hälfte des Indiks, in anderen eher nicht, z.B. rund um das Ostchinesische Meer. Entwicklung hatte es zudem schon immer gegeben, von einem überwiegend statischen Zustand für die Zeit vor 1500 zu sprechen, wäre demzufolge unangemessen.

Im vorliegenden Kapitel ist der Blick darum abermals von Ost nach West gerichtet, wobei die Darstellung absichtlich gerafft wurde, zumal dieses Segment zugleich als Epilog verstanden sein will, als etwas, das unsere Ausführungen beschließen soll. Die nachfolgende Phase würde nämlich zunehmend durch solche Elemente bereichert, die eben nicht aus der Region selbst stammten, sondern von außen auf sie einwirkten. Dieser Übergangsprozeß zieht sich, strenggenommen, bis weit in die Neuzeit hinein. Einen genauen «Endpunkt» wird man jedoch nie fixieren können. Das freilich muß nicht als störend empfunden werden, denn bereits die Betrachtung des 16. und frühen 17. Jahrhunderts fördert gewisse Merkmale ans Licht, die einen schleichenden Wandel signalisieren. Die gewählte Form des Ausklangs weist also auf etwas Besonderes hin, das aber – der Widerspruch sei verziehen – vielleicht doch nicht so besonders war; genau dem trägt das offene Ende Rechnung. Impressionistisch gesprochen: Unsere Erzählung bricht vor jener Zeitzone ab, in der Europa zu langweilen beginnt...

Es folgen zunächst einige allgemeine Ausführungen zur räumlich-geographischen Entwicklung. Danach wird es in Ost-West-Richtung um die reine Ereignisgeschichte gehen. In einem letzten Teil werden dann Ähnlichkeiten und Unterschiede zwischen der auffälligsten Struktur des 15. Jahrhunderts, dem staatlichen chinesischen Seefahrtssystem, und der hervorstechendsten des 16. Jahrhunderts, dem portugiesischen Asien-«Imperium», zu skizzieren sein. Dieser ungewöhnliche Blick aus der Vogelperspektive und der Vergleich zwischen zwei mehr oder minder aufeinanderfolgenden Straten an der Kippe von der nichteuropäischen zur europäischen Zeit enthält sehr wohl versteckte Reize.

DIE ÖFFNUNG DES ASIATISCHEN SEERAUMES. In geographischer Hinsicht hatte das asiatische Seefahrtsgefüge seine letzten räumlichen Ausdehnungen durch die zunehmende Nutzung der Ostroute unter den Song und Yuan wie durch die Einbindung der ostafrikanischen Küsten in das Gesamtsystem erfahren. Die Europäer öffneten dieses System an zwei seiner peripheren Stellen: Spätestens seit Vasco da Gama verband die Kap-Route das südwestliche «Eck» des Indischen Ozeans mit dem Atlantik, Brasilien und Portugal, später auch direkt mit Nordwesteuropa, während Magellan und seine Nachfolger durch ihre transpazifischen Fahrten die Philippinen und das heutige

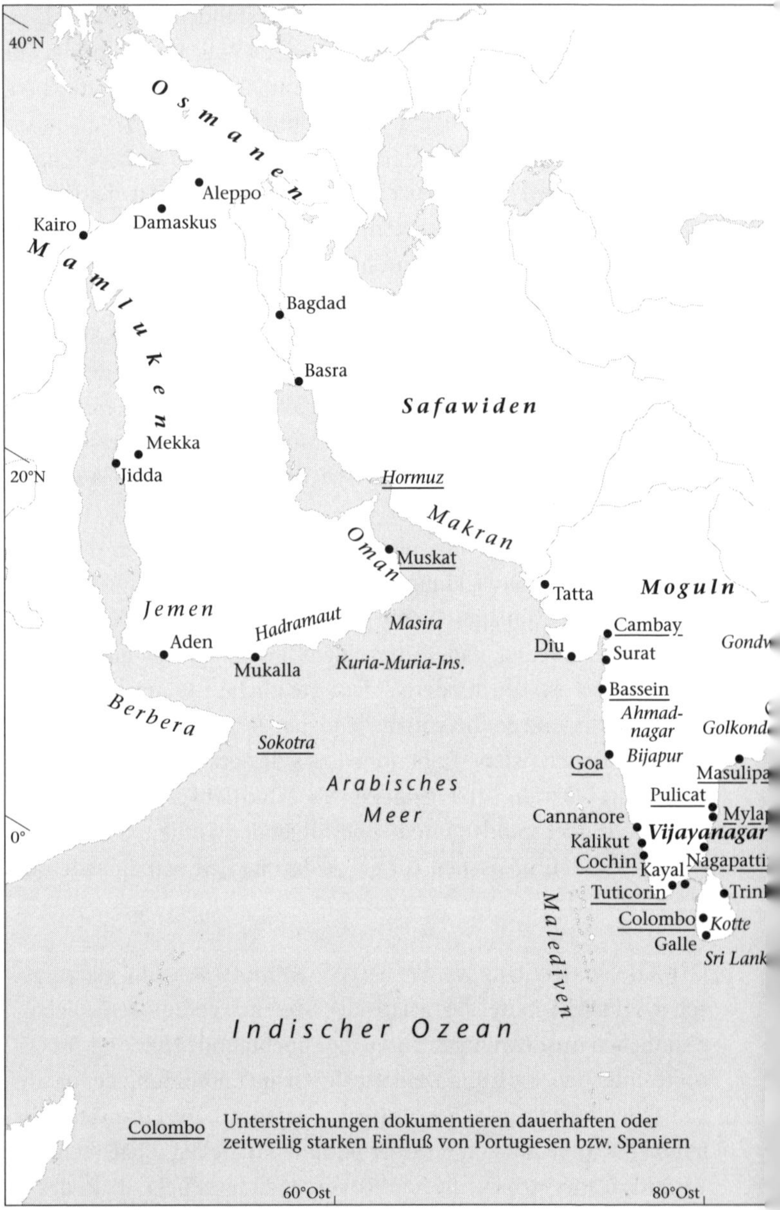

Asien zur Zeit der Portugiesen und Spanier im 16. Jahrhundert

40°N
Japan
Choson
Kyushu
Nagasaki
Ningbo
Ryukyu
Naha
Zhe-
jiang
Ming
20°N
Fujian
Taiwan (Formosa)
Zhangzhou
Pazifischer
Ozean
Guangzhou
Guangdong
Macau
li
Chittagong
Luzon
Hainan
Manila
Philippinen
Pegu
Martaban
Süd-
Cosmin
Syriam
Faifó
chinesisches
ches
Tavoy
Ayuthaya
Meer
Mergui
Sulu-
Ins.
0°
Patani
Brunei
Aceh
Samudra
Pahang
Molukken
Lambri
Melaka
Aru
Pontianak
Banjarmasin
Banda-Ins.
Makassar
Palembang
Tuban
Gresik
Timor
Bantem
Jakarta
(Kelapa)
Cerbon
Demak
100°Ost
120°Ost

Ostindonesien mit Mexiko und Peru verknüpften. Beide Öffnungen sollten langfristig Änderungen innerhalb des asiatischen Seefahrtsgefüges provozieren. Die Umleitung von Warenströmen nach Lissabon, die zuvor über die Levante westwärts gelaufen waren, schädigte – zumindest anfangs – einige asiatische Konkurrenten; auch war sie von Konflikten in der Westhälfte des Indiks begleitet. Die Erkundung der transpazifischen Route unterstützte, zeitverzögert, die Einbindung der Philippinen in die ost- und südostasiatische Handelswelt und damit den Ostrouten-Sektor, außerdem begünstigte sie die weitere Entwicklung des fujianesischen Netzwerks, denn die Spanier auf den Philippinen benötigten chinesische Mittelsmänner und Waren.

Bemerkenswerterweise zeigten die asiatischen Handelsmächte lange kaum Interesse für die neuen transozeanischen Trassen und sandten auch bis weit in die Neuzeit hinein so gut wie keine eigenen Fahrzeuge in die außerasiatische bzw. außerafrikanische Welt, obschon zumindest China dafür sicher die technischen Voraussetzungen gehabt hätte. War also die Erschließung der Ostroute und der afrikanischen Küsten von «innen» heraus erfolgt, aus dem bestehenden System selbst, so fehlte es diesem jetzt offenbar – vielleicht bedingt durch eine gewisse Selbstgenügsamkeit – an der nötigen Dynamik, um den entscheidenden Schritt in eine andere Welt zu vollziehen. Anders formuliert: Die von den Iberern eingeleitete «Öffnung» kam von außen, und eben das ist als neu anzusehen. Deshalb wäre es auch möglich, das heute so modische Etikett der «Globalisierung», welches schon in der Einleitung genannt worden war, vor allem auf diesen Prozeß zu beziehen – oder genauer, auf eine langfristige Entwicklung, die mit ihm in Gang kommen sollte und von den Asiaten nicht immer begrüßt wurde.

Kurz gesagt: Vor 1500 hatte keine Macht, die außerhalb des Systems stand, Teile desselben zu beherrschen versucht. Griechische Kaufleute – wer immer sie gewesen sein mögen –, jüdische, italienische und andere, die aus dem Mittelmeerraum oder vom westasiatischen Festland kamen, partizipierten zwar am Handel quer durch Teile des westlichen Indiks, doch sie unterhielten keine Strukturen, die an jene der europäischen Niederlassungen im 16. Jahrhundert oder danach erinnerten. Letztere wurden von ihren jeweiligen Zentralen im Abendland gesteuert und später zumeist als Kolonien kategorisiert.

Aus europäischer Sicht war die maritime Welt Asiens – mit all ihren Untersegmenten – folglich Teil einer größeren Welt geworden, die allmählich über die Ozeane hinweg in sich integriert werden mußte. Die Aufteilung des Globus in zwei «Arbeitssphären», so wie im bekannten Vetrag von Tordesillas unter Berücksichtigung der übergeordneten Interessen Roms schon 1494 festgelegt, steht für diese außergewöhnliche Vision, vielleicht mehr als jede andere Maßnahme.

OSTCHINESISCHES MEER, CA. 1500–1550. In weiten Teilen Ostasiens galten die Verhältnisse, die wir im letzten Zeitsegment vorgestellt hatten, auch für das frühe 16. Jahrhundert. Den freien Austausch zwischen China und Japan behinderten nach wie vor jene Handelsverbote, welche schon unter dem ersten Ming-Kaiser erlassen worden waren. Offiziell mußten die rivalisierenden japanischen Handelshäuser chinesische Tributbestimmungen einhalten, um mit dem Reich der Mitte ins Geschäft zu kommen. Die Mißachtung der Spielregeln führte zu mehreren Zwischenfällen, etwa in Ningbo, dem alten Mingzhou. Auch der maritime Austausch zwischen China und Korea sowie zwischen Korea und Japan lief nicht reibungslos. Überfälle japanischer Gruppen entlang der koreanischen Küste waren ein besonders häufiges Ärgernis.

Da Japan im Laufe des 16. Jahrhunderts mehr und mehr Silber produzierte und Chinas Wirtschaft unaufhaltsam wuchs, erwiesen sich die Handelsbeschränkungen der Ming als völlig unangemessen. Vor allem Mitte des Jahrhunderts bewirkten sie, daß aus einzelnen, anfangs harmlosen Schmugglerbanden, die bestehende Vorschriften bislang diskret umgangen hatten, große Organisationen hervorgingen, welche eigene Flotten bauen ließen, moderne Waffen erwarben, einander bekämpften oder offen gegen die Ming-Truppen zu Felde zogen, wobei sie mitunter ganze Landstriche plünderten, um sich zu holen, was ihnen die Zentrale vorenthielt. Provinzbeamte und einflußreiche Kaufleute in den Küstengegenden arbeiteten häufig mit solchen Organisationen zusammen, weil sie am Austausch von Silber, Seide und anderen Dingen verdienen wollten und die Seehandelsverbote für unsinnig hielten. Damit standen nicht selten große Regionen im Widerspruch zur Zentrale.

Die meisten illegalen Gruppen werden in den Ming-Quellen, alter

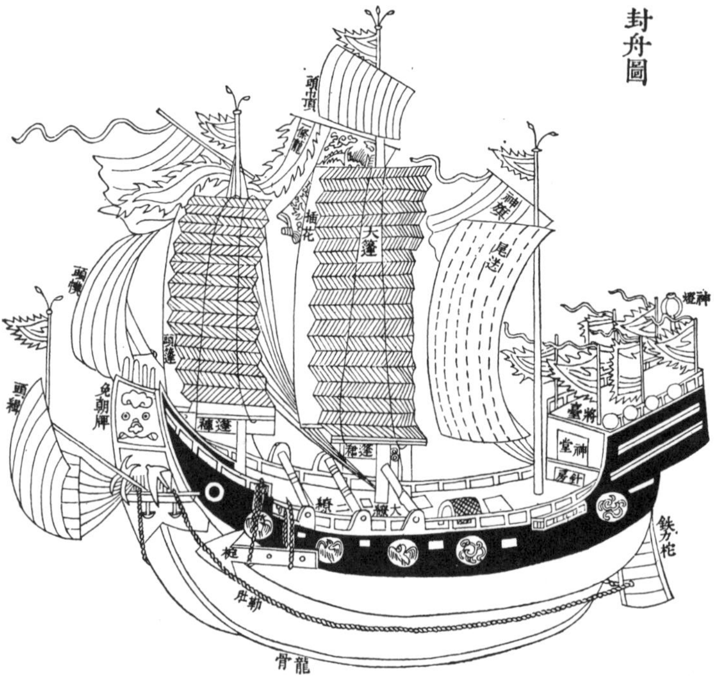

Chinesisches (oder ryukyuanisches) Schiff nach dem Liuqiu guo zhilüe (1758) des Zhou Huang. Ähnliche Fahrzeuge wurden schon in der Ming-Zeit gebaut.

Rhetorik folgend, als Wokou (jap. Wako) klassifiziert, als «japanische Banditen», aber sie setzten sich längst nicht mehr nur aus Japanern, sondern überwiegend aus Chinesen vom Festland zusammen. Diese kamen wohl hauptsächlich aus Zhejiang und Fujian. Einige Wokou-Gruppen unterhielten zudem weiträumige Handelsnetze mit Verbindungen nach Japan und Südostasien, waren demnach bis zu einem gewissen Grade internationalisiert und nahmen mitunter den Charakter kleiner Handelsimperien an, die über Dutzende von Schiffen und große Kapitalmengen verfügten. Gäbe es genaue Zahlen für alle asiatischen Handelsgruppen des frühen und mittleren 16. Jahrhunderts, wären die oberen Plätze wahrscheinlich überwiegend von chinesischen «Konsortien» besetzt.

Eine andere Gemeinschaft, welche die Geschicke Nordostasiens mit denen Südostasiens verband, bildeten nach wie vor die Ryukyuaner. Aber bereits gegen Ende des 15. Jahrhunderts ging ihr Einfluß zugunsten fujianesischer Netzwerke zurück. Dieser Prozeß setzte sich im 16. Jahrhundert fort. Mit der Verteilung japanischen Silbers innerhalb Ostasiens hatten die Ryukyu-Inseln folglich wenig zu tun. Nominell blieben sie zwar Tributlieferanten für China, doch was das Gesamtvolumen aller chinesischen Importe betrifft, ging die Bedeutung ihrer Lieferungen schnell zurück. Auch in Japan und Korea verloren sie an Boden.

DIE EROBERUNG MELAKAS UND DAS SÜDCHINESISCHE MEER, CA. 1500–1550. Um 1500 bildeten einige Orte entlang des Ostrouten-Bereichs, die nordjavanischen Häfen, Melaka, mehrere Niederlassungen rund um den Golf von Siam – letztere teils unter Ayuthayas Kontrolle stehend – sowie etliche Küstensiedlungen auf Nordwestsumatra die wichtigsten merkantilen Pfosten Südostasiens. An ihnen hingen unterschiedliche, teils sich überlappende, lokale oder interregionale Handelsnetze. Zugleich versuchten chinesische, tamilische und andere indische Gruppen, die zumeist von außen kamen, d.h. nicht aus Südostasien selbst, diese Zentren in ihre jeweiligen Austauschsysteme einzubeziehen. Hierbei waren die Chinesen vermutlich am erfolgreichsten.

Noch vor der explosionsartigen Entfaltung des Wokou-Handels an der chinesischen Küste Mitte des 16. Jahrhunderts und noch vor dem Einsetzen gesteigerter japanischer Silberexporte hatten sich die ersten Portugiesen und Spanier bis nach Südostasien vorgearbeitet. Damit wurde dieser Teil der maritimen Welt um zwei neue (äußere) Gruppen bereichert. Am Anfang ihres Auftritts stand die Eroberung des islamischen Melaka durch Afonso de Albuquerque im Jahre 1511. Dieses Ereignis ist immer wieder als Wendepunkt der neueren Geschichte Südostasiens markiert worden, weil es bestehende «Gleichgewichte» empfindlich gestört, alle anderen Orte und Gruppen geschädigt und obendrein deren Unterdrückung durch die Kolonialmächte eingeleitet habe. Inzwischen werden jedoch bestimmte Konsequenzen, die sich aus dem kurzen Waffengang ergaben, etwas differenzierter gesehen.

Gewiß, die islamischen Netzwerke, welche zuvor Melaka als regionale Drehscheibe im Sinne eines *emporiums* genutzt hatten, wichen auf die Häfen Nordwestsumatras oder Javas aus, gelegentlich auch

Südostasien nach Gaspar Viegas (1537). Deutlich sichtbar vor der Küste Vietnams: die Xisha-Inseln und weitere, teils nur imaginierte Untiefen, die durch Punkte angedeutet und hier zu einer hornförmigen Zone zusammengezogen werden. Bemerkenswert ebenso: Der Golf von Tongking läuft nach Nordwesten hin trichterförmig zu. Andere europäische Karten bilden die genannten Gegenden in ähnlicher Weise ab. Möglichweise geht diese Darstellungsform auf chinesische Vorbilder zurück. Zum Vergleich sei hier auf die Zheng-He-Karte verwiesen (S. 238–239).

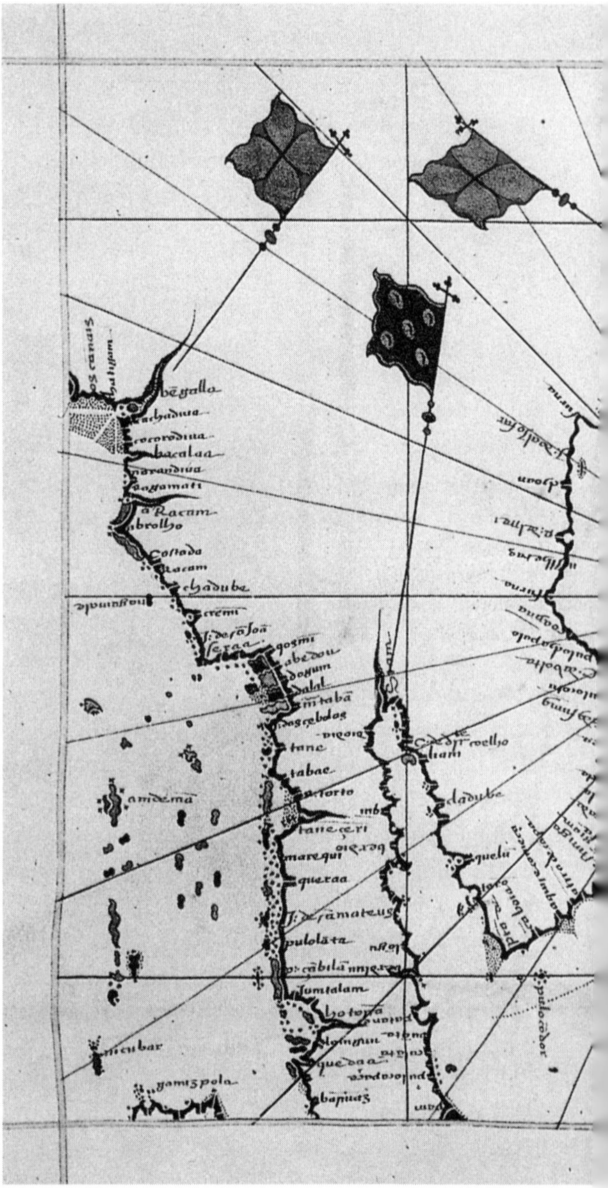

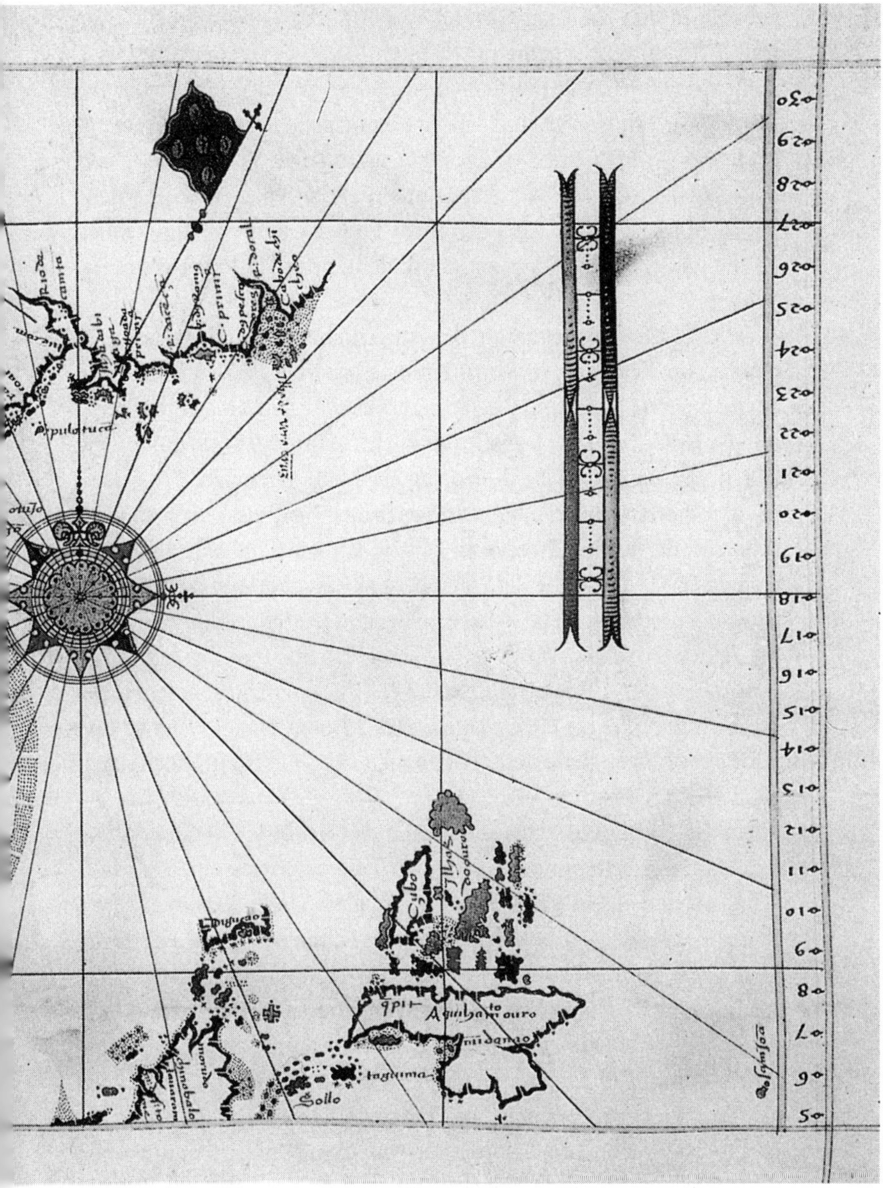
Cubo
taguima
Sollo

auf Johore und die Riau-Gegend an der Südspitze der Malaiischen Halbinsel. So z.B. scheint aus der alten «Achse» Melaka-Brunei-Luzon eine neue Verbindung hervorgegangen zu sein, die Luzon und Brunei mit Johore verband. Die muslimischen Chinesen, derer es nach wie vor viele auf Nordjava gab, und die Ryukyu-Händler verließen Melaka ebenso. Nicht aber andere Chinesen – vor allem solche aus «Chincheo» bzw. Zhangzhou in Fujian – und die tamilischen Kaufleute, welche anfangs sogar mit den Portugiesen zusammenarbeiteten.

Der Fall Melakas schädigte demnach nicht alle Gruppen, in mancherlei Hinsicht wirkte er sogar handelsfördernd. Festlandschinesen etwa pflegten Pfeffer und Gewürze aus Südostasien nach Guangdong und Fujian zu bringen. Diese Produkte hatten sie vor 1511 wohl häufig aus Melaka bezogen. Da die Portugiesen bald ebenfalls südostasiatischen Pfeffer nach China sandten, in der Hoffnung, den chinesischen Markt für ihre Zwecke zu öffnen, kamen sich beide Seiten ins Gehege. Das veranlaßte die Fujianesen zu einer äußerst flexiblen Reaktion: Sie kehrten Melaka den Rücken und kauften südostasiatische Produkte statt dessen vermehrt in Patani, Pahang und anderen Regionen. Damit stimulierten sie zugleich den Pfefferanbau in solchen Gebieten, die näher an China lagen, was kürzere Transportwege und geringere Kosten bedeutete, ließen sich Orte wie Patani doch meist schneller erreichen als Melaka.

Als die Portugiesen kurz darauf mit den Behörden in Guangdong aneinandergerieten und die erste offizielle portugiesische Gesandtschaft an den chinesischen Hof auch noch in einem Fiasko endete – unter anderem deshalb, weil der exilierte Sultan von Melaka die Ming über seine Feinde «aufgeklärt» und um Hilfe gebeten hatte –, gereichte auch dies zum Vorteil für die Fujianesen. Denn Guangzhou, wo die Seeverbote lax gehandhabt worden waren, schloß nun seine Pforten für die Portugiesen und pochte darauf, daß allenfalls Tributschiffe zugelassen würden. Der Tributverkehr in diesem Hafen erlahmte aber recht bald, fast nur noch aus dem heutigen Siam gingen weiterhin entsprechende Lieferungen ein, und ein Ausweichen auf illegale Privatkontakte fiel wegen der rigorosen Überwachung schwer. Damit verlagerte sich der Schwerpunkt aller illegalen Aktivitäten im Küstenbereich ganz automatisch nach Fujian, wo es selten harte Kon-

Die alljährliche Ankunft der Portugiesen in Japan seit der Mitte des 16. Jahrhunderts wurde auf prachtvollen Stellwänden künstlerisch festgehalten. Diese zeigen neben Schiffen auch Menschen verschiedener Herkunft, mitgebrachte Tiere und allerlei Waren, die zum Verkauf angeboten wurden.

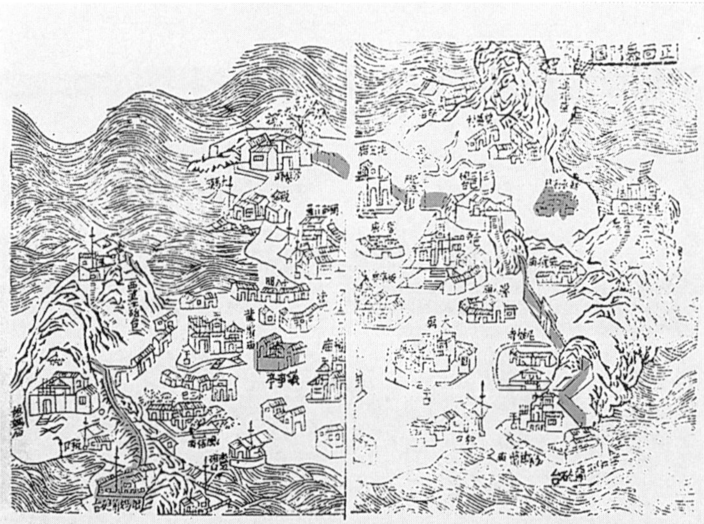

Macau im 17. Jahrhundert. Die chinesische Abbildung ist dem Aomen jilüe (Mitte 18. Jahrhundert) entnommen, die portugiesische dem Livro de Estado da Índia Oriental (ca. 1636) des Pedro Barreto de Resende. Auf der chinesischen Darstellung liegt die Südspitze der Macau-Halbinsel links, auf der portugiesischen rechts. Dort befindet sich ein berühmter Tempel. Er ist der chinesischen Göttin der Seefahrer (Mazu oder Tianfei) geweiht und wurde – so eine Theorie – lange vor Ankunft der ersten Portugiesen errichtet.

trollen gab. Selbst die Portugiesen versuchten wenig später dort und weiter nördlich, in Zhejiang, Fuß zu fassen, doch ohne langfristigen Erfolg. Auch die Ryukyu-Kette blieb ihnen mangels Kapital und Schiffen verwehrt, und wohl ebenso, weil es im Interesse der Fujianesen lag, unliebsame Konkurrenz von Naha fernzuhalten. In summa also: Portugals Erscheinen in Fernost führte zu Umständen, die dem fujianesischen (Wokou)-Handel durchaus zugute kamen.

Mitte des 16. Jahrhunderts, als das illegale Treiben vor China seine Hochphase erreichte, vollzog sich erneut eine Wende, die allerdings mit Melaka nichts mehr zu tun hatte. Guangzhou, längst neidisch geworden auf die Erfolge dieses Sektors in Fujian, ließ die Portugiesen wieder zu. Dies führte letzlich auch zur Gründung Macaus – mit Billigung der Lokalbehörden, wenn nicht sogar der Zentrale in Beijing. Die genauen Umstände und Hintergründe sind bis heute umstritten, doch das spielt hier keine Rolle.

Wichtiger war, daß Macau ab den 1560er Jahren einen raschen Aufschwung erlebte und die Portugiesen rund zwanzig Jahre zuvor erstmals Japan erreicht hatten. Fortan brachten portugiesische Schiffe regelmäßig japanisches Silber nach Guangdong und chinesische Seide nach Japan, beides via Macau. Silber und Seide wurden, wie oben angedeutet, natürlich ebenso über Zhejiang und Fujian ausgetauscht. Das implizierte eine regionale Arbeitsteilung. Die Portugiesen verknüpften Guangdong und Japan, die Fujianesen und andere chinesische Gruppen bevorzugten die Verbindung Japan-Fujian bzw. Japan-Zhejiang.

Der «Ostrouten»-Sektor und Ostasien bis ins frühe 17. Jahrhundert. Kehren wir hier kurz in das frühe 16. Jahrhundert zurück. Längst hatten sich nämlich auch die Spanier in Südostasien angemeldet. Das alarmierte die Portugiesen, behauptete doch die iberische Konkurrenz, Teile Südostasiens fielen bei genauer Auslegung der Tordesillas-Vereinbarung in ihre Sphäre. Obschon viele Jahre vom ersten Auftreten der Spanier (Magellans Reise) bis zur Etablierung wirklich regelmäßiger transpazifischer Verbindungen vergehen sollten, reagierten die Portugiesen sehr schnell, indem sie vor allem die Molukken, von wo besonders Gujaratis Gewürznelken für die indischen Märkte und die Levante bezogen, ins Visier nahmen.

Damit wurden zwar die islamischen Handelsgruppen in gewisser Weise geschädigt, doch die portugiesische Präsenz am Ostrand der malaiischen Welt war zunächst gefestigt.

Der Wettbewerb um die Molukken führte zu gesteigerter Produktion und verstärkte langfristig die Missionsanstrengungen auf islamischer Seite. Inzwischen waren auch die Spanier mit von der Partie, die sich hauptsächlich von Norden her, von den Philippinen, in die Geschehnisse einschalteten. Aus spanischer Sicht blieben die Gewürzinseln aber nur ein Nebenschauplatz. Wichtiger für sie war die philippinische Welt selbst, wo sie in Manila ab 1571 ihre Zentrale errichteten.

Aus fujianesischer Perspektive kamen die Spanier zur rechten Zeit. Der chinesische Markt benötigte nämlich immer mehr Silber, das innerhalb Chinas als Währung zirkulierte. Genau dieses offerierten die Spanier – neben Japan – in großer Menge. Und Fujian hatte noch in anderer Hinsicht Glück: 1567 fielen die unsinnigen Handelsverbote, die den Privatverkehr eingeschränkt und zu schlimmen Auseinandersetzungen an der chinesischen Küste geführt hatten, weitgehend weg. Aus illegalen Wokou wurden nun überwiegend friedliche Kaufleute; der Privathandel konnte sich, im Prinzip nur noch durch Lizenzvorschriften reglementiert, relativ frei entfalten. Der bereits vorher von den Fujianesen in Teilen erschlossene Inlandsmarkt der Philippinen, bis hinunter in die Welt der Sulu-Inseln, wurde damit fest in das stetig und jetzt umso schneller expandierende fujianesische Handelssystem integriert. Hierbei erwiesen sich die Spanier als Katalysatoren des Geschehens, denn fujianesische Schiffe brachten Seide und andere Produkte nach Manila, für die sie im Gegenzug lateinamerikanisches Silber erhielten. Die Silberversorgung Chinas über Fujian war damit durch zwei Quellen gesichert: Japan und die spanische Seite. Diese günstige Ausgangslage bescherte Fujian zusätzliches Kapital, um andere Märkte zu öffnen. Fujianesische Gruppen, so könnte man abschließend behaupten, waren die großen Gewinner einer Entwicklung, die mehrere Umstände in kurzen Abständen hintereinander ausgelöst hatten.

Fast zeitgleich wurde die Stadt Nagasaki zu jenem japanischen Ort, in dem fortan die meisten Außenkontakte der Inselnation zusammenlaufen sollten. Der fernöstliche Handel mit Silber und Seide sowie einigen anderen Produkten – Kupfer, teuren medizinischen Substanzen, Edelhölzern usw. – hing damit an mehreren großen Pfeilern, die rund um das Ostchinesische Meer und die Welt Südostasiens wie folgt verteilt waren: an Nagasaki selbst, an Manila, den Fujian-Häfen – besonders Zhangzhou – und an Macau. Auch weiter südlich gelegene Regionen wurden als Nebenschauplätze in dieses komplexe Geflecht einbezogen. Längs der Vietnam-Küste waren nun z.B. Japaner unterwegs, die inzwischen ein eigenes ausgedehntes Handelsnetz betrieben, das mit den alten Räuberstrukturen der Wokou-Zeit nichts mehr gemein hatte. Auf den verschiedenen Routen zwischen all diesen Orten entwickelten sich naturgemäß mehrfach Konkurrenzsituationen, die bis weit in das frühe 17. Jahrhundert hinein zu unterschiedlichen Konstellationen führten, doch kaum je zu größeren Auseinandersetzungen zwischen den Beteiligten. Das freilich kann hier nicht im einzelnen nachgezeichnet werden.

Während sich also große Teile der ostasiatischen und südostasiatischen Welt einer gewissen Prosperität erfreuten, gab es naturgemäß auch weniger günstige Ereignisse. Ende des 16. Jahrhunderts ging Japan in eine expansive Phase über. Aus Plänen, Manila zu erobern, wurde allerdings nichts, doch dafür fielen japanische Soldaten über Korea her. Bald setzten überdies Christenverfolgungen im Reich der aufgehenden Sonne ein, wo die Jesuiten bislang erfolgreich missioniert hatten. Weniger bedrohlich waren die ehrgeizigen Vorschläge einiger Spanier, Fujian und andere chinesische Gebiete von Luzon aus im Handstreich zu erobern, mit Hilfe der Portugiesen und fremder Hilfstruppen. Das spanische Kolonialsystem war längst viel zu überdehnt, es fehlte an Schiffen, Geld und Soldaten, außerdem verspürte Macau keinerlei Bedürfnis, großräumiges *Conquista*-Denken zu unterstützen. Nachzutragen wäre zweierlei: Hinter diesen phantastischen Plänen und ihrer Ablehnung standen natürlich alte luso-spanische Rivalitäten um Einflußgebiete in Fernost. Und fürderhin: Die iberischen Mächte waren seit 1580 unter Habsburger Herrschaft «vereint», die Überseereiche mußten aber administrativ sauber auseinandergehalten werden, auch in Asien.

Die Präsenz der Spanier auf den Philippinen trug noch andere Merkmale. Sie begnügten sich nicht mit einzelnen Küstenposten, sondern brachten ganze Inseln unter ihre Herrschaft und waren da-

mit die ersten Europäer, die sich große asiatische Territorien aneigneten. Verwaltungstechnisch unterstanden diese Gebiete letztlich Mexiko, sie bildeten also – wiederum eine Besonderheit – eine Kolonie unter einer Kolonie. Die Peripherie der Neuen Welt war somit nach Fernost vorgeschoben worden. Des weiteren geriet Manila als katholische Macht in einen Dauerkonflikt mit mehreren islamischen Gruppen am Südrand der Philippinen. Nach Norden hin versuchten Spanier auf Taiwan Fuß zu fassen, wie übrigens auch die Niederländer ab den 1620er Jahren. Da zugleich Fujianesen dorthin auswanderten, wurde die Insel erstmalig zum Zankapfel verschiedener Parteien und damit, eher nebenbei, als letzter «Marginalraum» Ostasiens in das bestehende Seehandelsgefüge integriert.

Chinesische Dschunke im Hafen von Nagasaki. Das Heck ist dem Betrachter zugewandt. Am Bug fällt das große «Auge» auf. Die Darstellung stammt aus späterer Zeit.

DIE MALAIISCHE WELT BIS INS FRÜHE 17. JAHRHUNDERT. Im heutigen Indonesien und rund um die Malaiische Halbinsel gab es während der zweiten Hälfte des 16. Jahrhunderts keine einheimische Macht, die den Seehandel dominierte. Melaka, das unter den Portugiesen zu einer lusitanischen Drehscheibe hätte werden sollen, wurde mehrfach von islamischen Allianzen angegriffen, die diesen Ort «befreien» wollten. Zu wiederum anderen Zeiten bemühten sich die Portugiesen um malaiische Bundesgenossen, in der Hoffnung, die eigene Position in Melaka stärken zu können. Das alles ging zu Lasten des friedlichen Austauschs.

Die nordjavanischen Häfen hatten sich anfangs an den Aktionen gegen die Portugiesen beteiligt, im folgenden konkurrierten sie jedoch eher miteinander, wobei sie von Chinesen und anderen Zulieferern profitierten, gelegentlich sogar von kleinen, privat handelnden portugiesischen Gruppen. Patani und andere Orte rund um den Golf von Siam wurden ebenfalls mehr und mehr in die bereits existierenden Netzwerke integriert, vor allem die chinesischen. Für eine Zeitlang waren sogar Japaner in diesen Gegenden tätig. In Ayuthaya, dessen Könige ihrerseits Handel betrieben, gab es vorübergehend eine japanische «Kolonie». Die Portugiesen interessierten sich, aus Macau oder Melaka kommend, ebenso für Ayuthaya und natürlich die Vietnam-Küste.

Neu war in gewisser Weise, daß nun Banjarmasin und andere Orte an der Süd- und Westseite Kalimantans sowie Makassar (heute Ujung Pandang) auf Sulawesi fester in das vorgegebene System von Handelsströmen eingeschlossen wurden. Makassars Aufstieg wird besonders in den letzten Jahren des 16. Jahrhunderts sichtbar. Diese

Häfen erhielten unter anderem Textilien aus Indien, die sie an ihr jeweiliges Hinterland sowie nach Osten, an die Molukken, Banda-Inseln und andere Gebiete, weiterreichten. Makassar beteiligte sich zudem am Handel mit Schildpatt, ostindonesischen Gewürzen und Sandelholz, das überwiegend aus Timor kam. Im 17. Jahrhundert stieg Makassar dann vorübergehend zu einem regionalen Handelszentrum auf, das intensive Kontakte zu den Philippinen und Molukken, nach Nordjava, Macau, Melaka und anderen Orten pflegte.

Über Nord-Süd-Verbindungen entlang der Westseite Sulawesis, von der Celebes-See hinunter bis nach Java, ist wenig bekannt. Doch sind diese Gegenden auf Karten dokumentiert. Wahrscheinlich wurden sie von lokalen Gruppen und Chinesen aufgesucht. Genaueres wissen wir dagegen über die Timor-Region, denn hier besorgten vor allem Portugiesen und Chinesen das gerade erwähnte Sandelholz, welches im Laufe des 17. Jahrhunderts zu einem der Hauptexporte ins Reich der Mitte werden sollte.

Besondere Aufmerksamkeit verdient schließlich noch die gegenüber Sumatra liegende Westseite von Java, die unter anderem Pfeffer bot. Chinesen versuchten diesen vor allem in Bantem zu erstehen. Bald hatte sich dort eine stattliche fujianesische Diaspora gebildet, die natürlich mit den übrigen chinesischen Niederlassungen der Region in Austausch stand. Dabei gerieten die Bantem-Chinesen in Konkurrenz zu anderen Gruppen, zu denen z.B. die Portugiesen gehörten, deren Initiativen, auf Java Fuß zu fassen, jedoch meist nur kurzfristige Episoden blieben. Die portugiesische Präsenz dort ist zwar gut belegt, spielte allerdings, gemessen am Handelsvolumen, keine sonderlich wichtige Rolle.

Daß die javanische Westküste neben der langen Nordküste inzwischen an Bedeutung gewonnen hatte, ist nicht nur auf wachsende chinesische Interessen zurückzuführen, sondern ebenso darauf, daß diese Gegend über den Verkehr entlang der Westseite Sumatras mit Orten wie dem inzwischen sehr wichtig gewordenen Aceh und folglich auch mit dem Handel quer durch den Indik verknüpft war. Kurz, über Bantem lief seit dem Fall Melakas eine Alternativroute nach Gujarat, bedient von indischen Kaufleuten, die wohl vor allem aus Cambay stammten. Natürlich hatten sich die Portugiesen während der zweiten Hälfte des 16. Jahrhunderts längst mit vielen islamischen Potentaten arrangiert – durchaus zu deren Wohle –, aber Reisen durch die alte Melaka-Straße blieben, der vielen Kämpfe wegen, riskante Unterfangen; daher wich die muslimische Schiffahrt gerne auf die alternative Trasse aus. Hiervon profitierten naturgemäß auch einige Ort an der Westseite Sumatras, etwa Barus.

Über weite Strecken des 16. Jahrhunderts prosperierten demnach große Teile des südostasiatischen Küstenraums mit Ausnahme einiger Regionen wie eben der Melaka-Gegend. Von lokalen Konflikten abgesehen, ging es den Händlern in der malaiischen Welt, wie ihren Kollegen in den nördlich angrenzenden Zonen, wohl im allgemeinen gut. Die meisten Gebiete, so darf angenommen werden, erlebten mehr oder minder kontinuierliches Wachstum. Ab Ende des 16. Jahrhunderts wurde das System dann aber erneut äußeren Einflüssen ausgesetzt, die diesmal von den Niederländern kamen, welche sich in erster Linie auf Java auszubreiten begannen. Daß sie ausgerechnet in Batavia, dem heutigen Jakarta, ihre asiatische Zentrale errichteten, war eine handelsstrategisch kluge Entscheidung, denn die Verhältnisse östlich von Melaka boten wohl mehr Aussicht auf Gewinn als jene westlich dieses Ortes, rund um den Indischen Ozean, in dem Portugal, Hollands wichtigster Gegner, bekanntlich viel stärkere Präsenz zeigte.

Die Bengalische See und das Andamanische Meer. Zu Beginn des 16. Jahrhunderts wurde der internationale Handel im östlichen Teil des Indischen Ozeans von indischen Händlern aus Gujarat, Bengalen und den tamilischen Gebieten dominiert. Melaka war ein Ort, in dem viele Warenströme zusammenliefen. Als er in portugiesische Hände fiel, wichen mehrere asiatische Händlergruppen auf andere südostasiatische Häfen aus, wie bereits berichtet.

Daß Portugal die Stadt Melaka und nicht etwa eine Region an der Nordwestspitze Sumatras genommen hatte, dürfte die muslimische Konkurrenz als Glück im Unglück empfunden haben. Wäre die Wahl z.B. auf Aceh oder Lambri gefallen, hätten die Portugiesen mit geringem Aufwand die Ausgangspunkte von zwei Wegen kontrollieren können – der Melaka-Trasse *und* jener Route, die der Westküste Sumatras bis zur Sunda-Straße folgte. Aus islamischer Sicht bedeutete die Niederlage Melakas somit den Verlust von nur einer Route. Unterstellt man eine gewisse Zusammenarbeit seitens der Muslime, so scheint gar die Annahme möglich, daß die Aufmerksamkeit der Portugiesen im Vorfeld der Ereignisse gezielt auf Melaka gelenkt worden sein könnte, um eben diesen und nicht einen anderen, strategisch gegebenenfalls wichtigeren Ort opfern zu müssen. Auffällig jedenfalls: Portugal rückte mit hohen Erwartungen gegen Melaka vor; das wollten die Eroberer später sicher als korrekte Entscheidung darstellen, deshalb auch die ungewöhnlich positive Berichterstattung über diesen vermeintlich (oder tatsächlich) so reichen Ort.

Nutznießer der Eroberung war vor allem Aceh, das im frühen 16. Jahrhundert kräftig expandierte, die kleine Insel Weh annektierte, Lambri unterwarf und schließlich ebenso Pedir und Samudra-Pasai. In den 1560er Jahren dehnte Aceh seine Macht sogar nach Osten hin bis Aru aus. Nach Westen bediente es nicht nur die Interessen muslimischer Händler, die wohl vorwiegend aus Gujarat kamen, sondern stand ebenso in Kontakt mit den Osmanen, Portugals Feinden. So wurde Aceh vom anderen Ende des Indischen Ozeans mit türkischen Waffen versorgt und in die Lage versetzt, selbst eine schlagkräftige Flotte zu unterhalten, die Melaka jederzeit bedrohen konnte.

Blicken wir nun kurz nach Norden. Tenasserim und die übrigen Küsten des heutigen Myanmar waren im Gesamtkontext internationaler Handelsströme sicher nicht so wichtig wie etwa Aceh und Melaka. Auseinandersetzungen mit Ayuthaya führten 1569 zu militärischen Erfolgen, doch im 17. Jahrhundert fielen dann Tavoy, Mergui und andere Mon-Orte in gegnerische Hände, wodurch Ayuthaya direkten Zugang zum Andamanischen Meer erhielt. Überlandtransporte quer durch die Malaiische Halbinsel könnten demzufolge wieder eine gewisse Bedeutung erlangt haben, vielleicht zu Lasten der malaiischen Häfen, doch klare quantitative Anhaltspunkte fehlen.

Pegu, die große Handelszentrale im Delta des Irawadi und vor 1511 offenbar ein wichtiger Lieferant Melakas, stand natürlich auch in Kontakt mit seinen indischen Partnern, sogar muslimischen, und später ebenso mit den Portugiesen. Einige Portugiesen ließen sich hier nieder, wie außerdem in Cosmin, Syriam, Martaban und anderswo im heutigen Myanmar – meist als Privatpersonen übrigens, also nicht unbedingt mit Genehmigung portugiesischer Behörden. Vor Ort stellten sie ihr Wissen lokalen Herrschern zur Verfügung, dienten als

Berater und Söldner oder partizipierten am Handel. Ähnliches galt auch für Ayuthaya, die Gegenseite, wo ebenfalls einige Portugiesen lebten.

In Indien, am anderen Ufer des Bengalischen Golfes, war das 16. Jahrhundert von vielen Kriegen und Machtwechseln gekennzeichnet. Vor allem die hinduistischen Reiche gerieten unter Druck. 1565 kollabierte Vijayanagar, kurz danach der Gajapati-Staat von Orissa. Über weite Teile des Subkontinents herrschten alsbald die Moguln, deren Aufstieg schon im frühen 16. Jahrhundert begonnen hatte. Daneben gab es mehrere kleinere Reiche, die ebenfalls von muslimischen Fürsten geführt wurden und unzählige Konflikte austrugen. Auf Handel und Gewerbe entlang der indischen Ostküste wirkten sich diese Änderungen sehr unterschiedlich aus. Vor allem bei den Koromandel-Häfen sind, wie schon davor, gewisse Substitutionseffekte festzustellen; häufig trat ein Hafen an die Stelle eines anderen, wenn es um die Erledigung von Auslandsgeschäften ging. Ungeachtet solcher Fluktuationen glänzte die Region in erster Linie dadurch, daß sie weiterhin viele Textilien produzierte, die z.B. nach Südostasien gingen.

Die Portugiesen unterhielten, von Westen her kommend, mit mehreren tamilischen Häfen und einigen Inlandsorten recht wechselvolle Beziehungen, die hier nicht alle im einzelnen dargestellt werden können. Dabei kam es auch zu Spannungen, besonders mit den muslimischen Mappillas, die im Golf von Manar handelten und überwiegend von Kalikut aus gesteuert wurden. Diese Gegensätze entluden sich mehrfach in größeren Gefechten, so etwa Ende der 1530er Jahre bei Vedalai.

Etliche Portugiesen siedelten zudem in der Region selbst. Kayal, Kilakkarai, Punnaikayal, Tuticorin und andere Orte südlich der Palk-Straße gehörten zu jenen Ankerplätzen, an denen sie zu finden waren. Eine ihrer Einnahmequellen bestand in der Besteuerung lokaler Perlenfischer, eine andere im Verkauf von Pferden, die letztlich aus Westasien stammten. Nördlich der Palk-Straße bildeten Nagapattinam, Devanapattinam, Mylapore (São Tomé), Pulicat (unterschiedliche Schreibungen in westlichen Texten) und andere Niederlassungen Zentren lusitanischer Aktivitäten. Vielfach handelten die Portugiesen dabei mit den Waren, die auch ihre indischen Kollegen an Bord nahmen, eben vor allem Textilien. Außerdem kauften sie zeitweilig Salpeter und beteiligten sich am Geschäft mit Elefanten. Schließlich verschifften sie noch Reis, der unter anderem für Melaka bestimmt war.

Die meisten dieser Unternehmungen beschränkten sich nur auf einige Jahre. Das gilt gleichermaßen für die Vergabe von Rechten zur Betreibung einzelner Handelsrouten, die etwa Masulipatnam mit der Myanmar-Küste und anderen Gegenden verbanden oder Mylapore mit Melaka, um nur zwei Beispiele zu nennen. In dieses System eingeschlossen wurde auch Bengalen, wo die Portugiesen vor allem in Chittagong, Hughli und Pipli tätig wurden. Wieder ging es dabei um Textilien und periodisch um Reis, Salpeter und andere Dinge. Nebenher existierten noch immer die alten Verbindungen zwischen Bengalen und den Malediven sowie zwischen Bengalen und Südostasien. Nordostindien war dadurch nicht nur an das portugiesische Netzwerk angeschlossen, sondern zugleich an die große islamische Trasse, die Aceh unter Umgehung der portugiesischen Routen mit den westlichen Teilen des Indiks verknüpfte.

Sri Lanka als «Grenzfall». Sri Lanka am Südwestrand der Bengalischen See bildete im frühen 16. Jahrhundert ein ganz besonderes Terrain. Damals gab es mehrere Königreiche auf der Zimtinsel und vor allem an der Westküste jene Mappilla-Gruppen, die mit Kalikut und dem gegenüberliegenden Ufer zusammenarbeiteten. Da die Portugiesen sehr früh erkannten, daß Sri Lanka aufgrund seiner zentralen Position im Indischen Ozean große geostrategische Bedeutung zukommen würde, versuchten sie hier sehr bald Fuß zu fassen. Das führte nicht nur zu vielen Konflikten, sondern auch zu interessanten Partnerschaften, vor allem mit dem König von Kotte, der 1542/43 sogar eine Gesandtschaft nach Lissabon schickte.

In gewisser Weise bildete Sri Lanka im 16. Jahrhundert eine Trennzone. Für jene, die aus dem Osten kamen, begann hier das Einflußgebiet des «offiziellen» portugiesischen Herrschaftsraumes, der aus einem Netz befestigter und unbefestigter Stützpunkte bestand, mit Regierungssitz in Goa, an der indischen Westküste. Mit Ausnahme von Melaka waren fast alle anderen Niederlassungen rund um den Golf von Bengalen und östlich davon ohne ausdrückliche Anweisung Lissabons oder Goas errichtet worden. Selbst Macau wurde erst Jahre

Zimt gehörte zu den klassischen Ausfuhrgütern Sri Lankas. Hier eine Darstellung in der Tradition des Garcia da Orta.

nach seiner Geburt formal in das bestehende System integriert. Das Netzwerk kleiner lusitanischer Handelsposten und diasporaähnlicher Strukturen östlich von Sri Lanka, dem wir bisher begegnet waren, könnte demnach als inoffizielles Anhängsel des «eigentlichen» portugiesischen «Imperiums» betrachtet werden, als eine Art *shadow empire*, in dem es nur wenige «offizielle Einsprengsel» gab. Freilich wird in der Literatur meistens nur von einem komplexen Ganzen gesprochen, eben von «Portugiesisch-Asien» an sich, von «Portugiesisch-Indien» oder, einfacher, vom *Estado da Índia*.

Sri Lanka war noch in anderer Hinsicht ein Sonderfall: Katholizismus und Buddhismus begegneten hier einander zum ersten Mal (Marco Polo und andere mittelalterliche Reisende außer acht gelassen). Zweitens nutzten viele Portugiesen, die mit ihren Aufgaben und gesellschaftlichen Positionen innerhalb des *Estado* unzufrieden waren, die Insel als Sprungbrett in die «inoffizielle» Welt, wo sie sich verselbständigen konnten; Sri Lanka funktionierte demnach wie eine soziale Schleuse. Drittens war man später darum bemüht – entgegen sonst üblichen Gepflogenheiten innerhalb Portugiesisch-Asiens –, größere Inselteile, sprich Flächen und nicht nur Küstenpunkte, unter Kontrolle zu bringen. Viertens gab es Überlegungen, Sri Lanka zum Zentrum des *Estado* zu erheben, aus denen aber nichts wurde. Und letztens: Sri Lanka wurde eine jener Zonen, in denen im 17. Jahrhundert niederländische und portugiesische Interessen besonders heftig aufeinanderprallten.

MALABAR, DIE MALEDIVEN UND GUJARAT. Wer im 16. Jahrhundert Kap Komorin in Richtung Westen passierte, betrat demnach Regionen, in denen Portugals Einfluß einen sehr viel offizielleren Charakter hatte und deutlicher zu spüren war als im Osten. Doch betrachten wir zunächst die asiatischen Mächte. Weite Teile der Malabar-Küste oblagen der Kontrolle Kalikuts, dessen muslimische Eliten den *Estado da Índia* immer wieder herausforderten. Über lange Perioden befehligten sie viele kleine und wendige Küstenboote, die den schwereren portugiesischen Schiffen leicht entwischen konnten. Mitunter sandte Kalikut auch Pfeffer und andere Waren ins Hinterland und von dort über Inlandswege weiter zu den Koromandel-Häfen. Ansonsten pflegte Kalikut Kontakte zu den übrigen islamischen Seehandelsmächten. Malabarische Schiffe waren jedoch weit seltener auf hoher See anzutreffen als etwa Fahrzeuge, die aus Gujarat kamen.

Hatten die Portugiesen zu Vasco da Gamas Zeiten keine guten Erfahrungen mit Kalikut gemacht, erging es ihnen in Cochin umso besser. Auf Cochin war aus portugiesischer Sicht zumeist Verlaß, hier kam ein Teil des Pfeffers her, der nach Europa ging. Die islamische Konkurrenz empfand Portugals Präsenz in Cochin natürlich als Ärgernis, denn dieser Ort «veruntreute» nicht nur wertvolle Ware, er lag auch noch zwischen Kalikut und den muslimischen Einflußzonen rund um Kap Komorin, zerschnitt also einen langen Küstenstreifen.

Die übrigen Häfen längs der Malabar-Küste können hier nicht alle genannt werden. Erwähnt sei nur noch Cannanore, das ebenfalls in Verbindung mit muslimischen Gruppen stand und zudem auf den Lakkadiven und Malediven aktiv wurde, von denen es einige Atolle vorübergehend kontrollierte. Das brachte Cannanore in Konkurrenz zu anderen lokalen Mächten.

Die Lakkadiven und Malediven mit ihrem Zentrum in Male bildeten im 16. Jahrhundert eine Zone, in der mehrere Schiffahrtslinien zusammenliefen. Vor allem Gujaratis, Bengalis und Malabaris machten sich dies zunutze. Den Gujaratis waren wir hier schon zuvor begegnet. Nunmehr segelten sie gelegentlich, von Cambay oder Surat kommend, auf einem der indischen Westküste weit vorgelagerten Kurs nach Male, in sicherem Abstand von den Portugiesen in Goa und Cochin, um sodann mit den passenden Winden im Rücken die Reise nach Südostasien fortzusetzen. Die Querverbindungen von Male hinüber zu den muslimischen Handelskollegen an der Malabar-Küste konnten da nur gelegen sein. Portugal kannte das Problem, wohl wissend, daß feindliche Schiffe und Waren durch dieses Loch in alle Richtungen schlüpften, doch der *Estado* unternahm bestenfalls halbherzige Versuche, den Malediven-Sektor unter seine Kontrolle zu stellen.

Wichtig waren die Malediven für den muslimischen Güterverkehr auch insofern, als sie nach 1511 eine Art Brückenfunktion zwischen West- und Südostasien erfüllten. So wurden z.B. ostindonesische Gewürze erst nach Nordjava oder Bantem geliefert, von wo aus sie dann entlang der Westseite Sumatras oder durch die Melaka-Straße via Aceh nach Male gelangten, um schließlich weiter nach Aden oder Hormuz und von dort nach Kairo, Damaskus oder Aleppo transportiert zu werden. Außerdem war es möglich, Ostafrika von Male aus direkt anzufahren.

Males Kunde mit den weitesten Verbindungen waren natürlich die Gujaratis. Deren Kontakte reichten nach Bengalen, Myanmar, Sumatra und Java, gelegentlich wohl bis zu den Gewürzinseln, und innerhalb der Arabischen See zu den Konkan- und Malabar-Häfen, zur Arabischen Halbinsel sowie nach Ostafrika. Durch die portugiesische Präsenz geriet das Gujarati-Netzwerk allerdings unter Druck. Etliche Schlachten wurden vor der eigenen Küste geschlagen, die zugunsten der Portugiesen ausgingen, obgleich die islamische Seite große Flotten aufbot, wie etwa 1508, als die Mamluken Gujarat mit einer ganzen Armada zu helfen suchten. Nachteilig war zugleich, daß Portugal zeitweilig den Eingang zum Roten Meer blockierte und Hormuz einnahm. Andererseits gab es auch positive Entwicklungen. Mehrere Portugiesen, die vom *Estado* enttäuscht waren, kooperierten heimlich mit Cambay, zudem stellte der *Estado* sogenannte *cartazes* aus, gebührenpflichtige Schutzbriefe, deren Besitzer Geleitschutz erhielten. Vor allem in späterer Zeit zogen einige Gujaratis hieraus einen gewissen Nutzen, daneben gingen sie sogar eine Allianz mit Portugal ein, als der Mogul-Staat über ihr Gebiet herfiel.

Die Moguln hatten, wie die meisten Inlandsreiche des Subkontinents, jedoch wenig Interesse an der Seefahrt und ließen die Küstenherren weitestgehend in Ruhe. Als Akbar 1574 Gujarat zum zweiten Male und kurz darauf ebenso Bengalen unterwarf, wo die Portugiesen aus Hughli vertrieben wurden, schien sich allerdings eine neue Situation anzubahnen. Nicht nur die transindischen Landverbindungen konnten jetzt wieder besser für Handelszwecke genutzt werden, vieles sprach auch für ein gemeinsames Vorgehen der großen islamischen Mächte gegen den *Estado*. Doch die Moguln hielten sich zurück und die portugiesischen Positionen florierten wie zuvor. Erst im 17. Jahrhundert, besonders unter Aurangzeb, wurde Delhi an der Seefront aktiver, aber das gehört schon in eine andere Zeit.

Inzwischen hatte Surat die Stadt Cambay als führendes Zentrum des Gujarat-Handels überflügelt und wurde damit zum wichtigsten Mogul-Hafen an der indischen Westseite. In späteren Epochen gab es hier viel nordwesteuropäische Präsenz, die mit den Portugiesen konkurrierte. Eine andere Besonderheit Surats bestand darin, daß Mekka-Pilger oftmals in diesem Hafen an Bord gingen, es demnach rege Passagierverbindungen zur Arabischen Halbinsel gab.

SAFAWIDEN UND OSMANEN. Die Geschicke Westasiens wurden im frühen 16. Jahrhundert hauptsächlich von drei Kräften bestimmt: Mamluken, Osmanen und Safawiden. Letztere waren nach langen Wirren in Ostanatolien, Syrien und dem südlichen Kaukasus zu einer Regionalmacht aufgestiegen, die alsbald über Iran hinaus weitere Expansionspläne hegte und folglich mit mehreren Nachbarn in Konflikt geriet. Vor allem gegen die sunnitischen Osmanen mußten die schiitischen Safawiden dann aber bald Rückschläge hinnehmen. Hierbei ging das Zweistromland verloren (um 1530), was bedeutete, daß auch Basra osmanisch wurde.

Miniatur aus einer türkischen Handschrift (um 1525–1527), die das Leben Iskanders schildert.

Da die Portugiesen inzwischen Hormuz am Ausgang des Golfs besetzt hatten, konnten sich die Safawiden nur begrenzt am Seehandel beteiligen. Allerdings profitierten sie von Warenströmen, die via Hormuz westwärts flossen. Eine wesentliche Änderung dieser Konstellation trat erst unter Shah Abbas ein, als nämlich weitere europäische Konkurrenz erschien, mit der man zusammenarbeitete. 1622 fiel Hormuz schließlich in englische Hände, damit gelangten auch mehr Waren direkt nach Iran – sehr zum Schaden der Osmanen.

Noch im frühen 16. Jahrhundert hatten die Mamluken versucht, den Gujaratis zu helfen. Jetzt gerieten sie selbst unter Druck, drangen doch von Norden her die Osmanen unaufhaltsam nach Süden vor. Sultan Selim I. brachte den Mamluken-Staat 1517 schließlich ganz zu Fall, und wenig später waren Nordafrika, die Hijaz-Provinz auf der Arabischen Halbinsel und der Jemen unter osmanischer Kontrolle. Das hieß, daß Lissabon und dem *Estado da Índia* ein neuer, mächtiger Feind gegenüberstand, der nicht nur im östlichen Mittelmeer regierte, sondern ebenso am Golf sowie entlang des Roten Meeres Präsenz zeigte. Wie erwartet, gingen die Osmanen mehrfach gegen ihre portugiesischen Feinde vor, in Ostafrika sowie an der indischen Westküste, außerdem unterstützten sie Aceh und andere entfernte Orte. Zugleich förderten sie jene Handelsverbindungen im Indischen Ozean, die den eigenen Interessen dienten, auf Kosten der Konkurrenz. All das bestärkte den *Estado* in der Absicht, eine begrenzte Zusammenarbeit mit den Safawiden anzustreben, um der weiteren osmanischen Expansion einen Riegel vorzuschieben.

Das portugiesische Handelssystem. Da die übrigen Indik-Anrainer – Omanis, Hadramis und einige Ostafrikaner – im Gesamtgefüge des Indischen Ozeans eher Nebenrollen spielten, können wir an dieser Stelle einen Perspektivenwechsel vollziehen und endlich etwas näher auf die Portugiesen eingehen. Die anfängliche Absicht Portugals war es, Pfeffer und andere Luxusgüter aus dem Bereich des Indischen Ozeans über die Kap-Route nach Lissabon zu lenken, unter anderem zum Schaden Venedigs, das sich über Ägypten und die Levante bedienen ließ. Zum zweiten sollten die islamischen Mächte im Rücken bedroht werden, gewissermaßen in Fortsetzung der *Reconquista* auf der Iberischen Halbinsel. Und drittens wollte man nach versprengten Christen suchen und den katholischen Glauben verbreiten. Die letzte Komponente sollte nicht unterschätzt werden, doch dazu später mehr. An der Eroberung großer Territorien, auch das muß betont werden, lag Portugal wenig – im Gegensatz etwa zu Spanien.

Um ihre Ziele zu verwirklichen, gründeten die Portugiesen mehrere Niederlassungen, meist in wichtigen oder strategisch günstig gelegenen Hafenstädten rund um den westlichen Indik. Einige Orte wurden gleich ganz genommen und befestigt. Ab 1510 war Goa die Zentrale dieses Systems, des *Estado da Índia*. Seine anfängliche Finanzierung ging überwiegend von Lissabon aus, später trug sich der *Estado* mehr und mehr selbst. Ein wesentlicher Teil seiner Einnahmen kam aus dem Handel, aber ebenso aus Zöllen und der Bereitstellung von *cartazes*, wie oben bereits erwähnt. Die Gewinne aus dem Handel wurden auf mehreren Schiffahrtsrouten (meist *carreiras*) erwirtschaftet, deren wichtigste die Kap-Route bildete. Mit dem Betreiben solcher Routen waren Rechte und Pflichten verbunden, die der portugiesische Hof festlegte, wobei er die Modalitäten im Laufe der Jahre änderte, unter Berücksichtigung der allgemeinen Haushaltslage sowie politischer, personeller und anderer Kriterien. So gab es bestimmte «Linien», an denen vor allem die Krone selbst verdiente, und wiederum solche, die unter wechselnden Bedingungen an Konzessionäre vergeben wurden. Zu ersteren gehörte besonders die Kap-Route, während die Konzessionäre aus dem innerasiatischen Verkehr Gewinne zogen. Da die innerasiatischen Profite – umgelegt auf alle Einnahmen – anteilig stiegen und periodisch zugleich die Erlöse aus Protektionsdiensten und Zöllen wuchsen, interessierte sich der *Estado* naturgemäß bald mehr für den asiatischen Raum als für seine eigentliche Lebensader, die alte Kap-Route.

Eine oft genannte Besonderheit betraf den Warenfluß. Nicht mit portugiesischen oder sonstigen europäischen Produkten – Öl, Wein, Quecksilber, Edelkorallen und ähnlichem –, sondern vor allem mit afrikanischem Gold wurde malabarischer Pfeffer für den europäischen Markt erstanden. Anderswo vermochten die Portugiesen ebenfalls durch komplexe Umverteilungsmaßnahmen, die nicht selten asiatischen Konventionen folgten, Gelder zu erwirtschaften. Es ist deshalb manchmal behauptet worden, der *Estado* habe sich zu einem «redistributiven» System entwickelt. In gewisser Weise trifft dieses Etikett sogar zu. Erinnert sei hier nur an den Handel mit tamilischen Textilien quer durch den Golf von Bengalen. Die Gewinne wurden z.B. in das China-Geschäft investiert, Seide ging dann zurück nach Südostasien, und außerdem flossen südostasiatische Produkte nach Indien. Vereinzelt sind aber auch andere Konstellationen zu beobachten. So war der Silber- und Seide-Austausch in Fernost nicht allein eine innerasiatische Angelegenheit, denn die Neue Welt pumpte ebenso Silber in das System, und zugleich kam Silber via Lissabon aus dem fernen Europa. Hier wirkten letztlich globale Kräfte zusammen, wobei der Ming-Staat einem Schwarzen Loch glich, das von überall her Silber anzog.

Dort, wo der *Estado* auftrat, gab es demnach durchaus einige Strukturänderungen, die ein gewisses Maß an Flexibilität offenbarten. Dies galt z.B. für die ägyptisch-persische «Flanke». Anfangs sollten die islamischen Reiche und zudem die norditalienischen Städte durch Umlenkung der Warenströme nach Lissabon getroffen werden, deshalb auch die Blockaden bei Aden, wie bereits angedeutet. Eine vollständige Kontrolle der Schiffahrt war aber unmöglich. Also ging man dazu über, an den neuralgischen Punkten Abgaben zu erheben und sich mit der Konkurrenz zu arrangieren. Hormuz spielte in dieser Hinsicht eine ganz besondere Rolle. Hier wurde kräftig verdient, flossen doch bald wieder mehr Pfeffer und andere besteuerbare Produkte durch den Golf nach Basra und von dort weiter in die Levante und nach Italien. Außerdem hielt sich der *Estado* die Safawiden gewogen – vorbeugend gegen osmanische Interessen –, denn auch diese erhielten über Hormuz Produkte aus Indien und Südostasien. Solche Konstellationen bedeuteten zwar eine Abkehr von der ursprünglichen Idee, ein umfassendes Monopol zu errichten, waren am Ende aber vermutlich kostengünstiger, weil überflüssige Kriege vermieden wurden.

Dieses Bild ließe sich um weitere Beobachtungen ergänzen, die Änderungen anzeigen, ferner differenzierte Vorgehensweisen seitens des portugiesischen Systems und damit abermals Flexibilität. Wenigstens einige Symptome seien genannt. Muslimische Gruppen, allen voran Kaufleute aus Gujarat, profitierten davon, daß Goas Monopolansprüche im Laufe der Zeit entfielen und Kompromisse im Rahmen von *cartaz*-Regelungen möglich wurden. Das stärkte den islamischen

Handel, etwa zwischen Aceh und der arabischen Welt, via Male. Der *Estado* trug somit, gewollt oder ungewollt, auf regionaler und interregionaler Ebene, zu einer Belebung des gesamten asiatischen Handelsraumes bei. Gleichwohl behielt er seinen Schwerpunkt im westlichen Segment des Indischen Ozeans. Hier waren interne Umschichtungen überhaupt am deutlichsten zu spüren. Östlich davon, besonders im Einzugsbereich des Süd- und Ostchinesisches Meeres, ging Portugal völlig andere Wege. Dort war es nicht *primus inter pares* wie westlich von Sri Lanka; diese Rolle wäre wohl, wenn überhaupt, den Fujianesen zuzugestehen. Und schließlich wurde ab Mitte des 16. Jahrhunderts oder ein wenig danach offensichtlich, daß die größten Gewinne nunmehr zwischen Japan und Java und eben nicht länger im westlichen Indik einzufahren waren. Für viele wanderte das Gravitationszentrum portugiesischer Aktivitäten damit ostwärts. In der Tat, gäbe es Wachstumszahlen, würden sie wahrscheinlich anzeigen, daß die Dynamik, welche vom fujianesischen, spanischen und portugiesischen Handel im Süd- und Ostchinesischen Meer ausging, stärker ausfiel als jene Kräfte, die in der Arabischen See, im Golf und Roten Meer wirksam waren.

Natürlich durchlief der *Estado* auch allerlei innere und äußere Krisen, die seine Ausrichtung beeinflußten. Daneben gab es Grundsatzdebatten. So wurde z.B. über interne Neugliederungen gesprochen. Außerdem ist in der zweiten Hälfte des 16. Jahrhunderts festzustellen, daß Lissabon bald mehr Interesse für Brasilien zeigte als für seine asiatischen Dependancen. Und schließlich gab es auch so etwas wie sozialen Wandel, nebst kleineren Änderungen bei der Abstimmung mit kirchlichen Belangen, die Portugal in Asien beharrlich vertrat. Daß das portugiesische System am Ende dennoch bluten mußte, im 17. Jahrhundert, hatte freilich weniger mit inneren Problemen zu tun als vielmehr damit, daß es als flexible und erfolgreiche Struktur großen Neid bei Niederländern und Briten auslöste, die mit äußerster Gewalt gegen die iberischen Mächte vorgingen.

Staatliche Ming-Seefahrt und Estado da Índia *im Vergleich*

Monopol, Militär, Gewalt. Wie angekündigt, wird es in diesem Kapitel um einige Ähnlichkeiten und Unterschiede zwischen dem staatlichen Seefahrtssystem der Ming im frühen 15. Jahrhundert und dem *Estado da Índia* gehen, deren Erhellung auf Kontinuität oder auch Brüche in der Entwicklung verweisen könnte. Beginnen wir mit den Motiven.

Erinnern wir uns: Portugal konnte eines seiner ursprünglichen Ziele, nämlich eine Art Monopol zu errichten, zu keiner Zeit verwirklichen. Dazu war der *Estado* zu schwach. Selbst auf dem Höhepunkt seiner Macht verfügte er nur über einige Dutzend größerer Schiffe, außerdem lebten kaum mehr als 10 000 oder 20 000 Portugiesen in Asien. Ein vergleichbares Monopolkonzept ist im Kontext der frühen Ming-Seefahrt schwer nachzuweisen, doch die erdrückenden Zahlen chinesischer Fahrzeuge, die in den Quellen gemeldet werden, liefen vermutlich auf eine ähnliche Konstellation hinaus. Die Idee, bestimmte Bereiche zu monopolisieren, mag darum unterschwellig vorhanden gewesen sein.

Beide Systeme zeigten besonderes Interesse für bestimmte strategisch wichtige Orte und Regionen: Melaka, Nordwestsumatra, Kalikut und Cochin, die Malediven, Hormuz und Aden. Die Portugiesen strebten umfassende Kontrollen an, was nicht immer und überall gelang, oder sie erhoben Abgaben. China begnügte sich mit Tributverhältnissen und nomineller Unterordnung, zumindest aus seiner Sicht, denn wie die Tributbringer ihr Gegenüber sahen, wissen wir nicht. Daneben unterhielten die Ming offenbar Niederlassungen mit staatlichen Repräsentanten. Aber im Gegensatz zu einigen Orten unter portugiesischer Herrschaft kamen diese Dependancen, wie immer sie im einzelnen ausgesehen haben mögen, vermutlich ohne militärische Befestigungen aus.

Dem chinesischen wie dem portugiesischen Expansionsstreben kann – neben anderen Absichten – eine großräumige Zangenstrategie unterstellt werden. Nach einer These hatte der Ming-Staat die Timuriden im Blick, deshalb die Kontakte nach Hormuz, gleichsam im Rücken des Timuriden-Reichs bzw. – falls er letztere als Partner gewinnen wollte – im Rücken der Mongolen. Auch in Portugals Kalkül spielte Hormuz eine zentrale Rolle, obschon eine ganz andere. Außerdem versuchte der *Estado*, den Warenfluß durch das Rote Meer zu drosseln. Aber die damit verbundene Hoffnung, den islamischen Gegner im «Nacken» zu schwächen, erwies sich als wenig realistisch.

Daß europäische Mächte überhaupt in der Lage waren, sich in Asien zu etablieren, Teile des Fernverkehrs an sich zu reißen und Stützpunkte zu erwerben, hatte mit ihrer technischen Überlegenheit zu tun. Dies ist ein bekanntes Argument. Wendige Schiffe, ausgestattet mit Artillerie, und umfassendes nautisches Wissen, erworben beim Erkunden der atlantischen Welt, galten als wichtige Trümpfe. Doch Vorsicht ist geboten, denn nicht überall waren Portugiesen und andere Europäer ihren asiatischen Kollegen militärisch überlegen. Aus dem frühen 16. Jahrhundert sind genügend Berichte bekannt, die zeigen, daß etwa Chinas Küstenflotten sehr wohl mit portugiesischen und niederländischen Schiffen umzugehen wußten. Europäische Stützpunkte erwiesen sich auch keineswegs als unüberwindbar, wie z.B. die schmachvolle Niederlage der Holländer auf Taiwan im 17. Jahrhundert belegt. Die Fähigkeit zur Expansion allein auf militärische Vorteile zurückführen zu wollen, wäre darum unangemessen.

Bei den staatlichen Ming-Flotten im frühen 15. Jahrhundert bietet sich ein partiell anderes Bild. Auch chinesische Schiffe waren sicher allen anderen Fahrzeugen überlegen, vor allem in quantitativer Hinsicht, wenn es um die Flottenstärke ging. Über ihre Bewaffnung wissen wir dagegen nichts Genaues, doch wurde gezeigt, daß Zheng He weit entfernt von der Heimat militärisch einzugreifen vermochte. Ob es allerdings zu Seegefechten kam, wie in portugiesischen Zeiten, ist nicht überliefert. Insgesamt mag der technische Vorsprung folglich nicht so groß gewesen sein wie unter den Portugiesen. Und abschließend: Militärische Rückschläge sind nicht bekannt, China zog sich aus eigenen Stücken zurück, ohne eine umfassende Niederlage hinnehmen zu müssen. Der *Estado* wurde dagegen von seinen europäischen Feinden im 17. Jahrhundert schwer beschädigt.

Die Frage nach den jeweiligen militärischen Fähigkeiten hat zu einer weiteren, übergeordneten und bisweilen delikaten Diskussion geführt. Welchen Stellenwert hatte Gewalt in den jeweiligen Systemen? Kriegerische Auseinandersetzungen, Plünderungen, Piraterie und ähnliches sind schon sehr früh im asiatisch-maritimen Kontext nachzuweisen. Erinnert sei nur an die Cholas, die versuchten Yuan-Invasionen oder das Wokou-Problem. Auch die staatliche Ming-Seefahrt war nicht ganz frei davon, obschon sie überwiegend friedlich verlief, und erst recht nicht das portugiesische System. In den lusitanischen Quellen der Zeit sind einige Zusammenstöße sogar martialisch aufgebläht worden, wohl um die eigene Stärke zu zeigen. Doch von «Terror» zu sprechen und diesen, wie in der neueren Literatur gelegentlich geschehen, gar zur treibenden Kraft erklären zu wollen, beruht auf falschen Annahmen und ist obendrein tendenziös.

Gleichwohl mag angenommen werden, daß Form, Nutzen und Ziel von Gewaltanwendung – sowie ihre Wahrnehmung in der Zeit und die damit einhergehende Rhetorik – dann und wann gewissen Schwankungen unterlagen. So muß man Niederländern und Engländern heute vermutlich unterstellen, daß sie, anders als die frühen Portugiesen, ihre eigenen Gewaltakte lieber herunterspielten oder gleich ganz vertuschten, während sie in Wirklichkeit einen Krieg nach dem anderen führten, Massaker verübten und immer neue Territorien an sich rissen. Einen prinzipiellen Unterschied zwischen der voreuropäischen Zeit und der unmittelbar nachfolgenden portugiesischen Epoche definieren zu wollen, wäre hingegen riskant. Erstere war weder statisch-friedlich, noch war letztere ausschließlich dynamisch-gewaltsam.

Religion und «mission civilisatrice». Charakteristisch für Portugals Expansion war auch, daß sie von weltlichen *und* religiösen Zielen motiviert war und daß diese Doppelgleisigkeit eigentlich an zwei europäischen Polen hing, Lissabon und Rom. Rom hatte Portugal besondere Privilegien und damit einhergehend verschiedene Pflichten im Rahmen des sogenannten *Padroado* (Patronats) übertragen, deren Bedeutung nicht unterschätzt werden darf. Außerdem verfügte die Kirche über ihren eigenen «Apparat», der das portugiesische Seefahrtsnetz seinerseits in Anspruch nahm und weit nach Asien hineinwirkte, oft jenseits der Grenzen portugiesischer Handelspräsenz. Ähnliches trifft auf die spanische Seite zu. Wichtig für uns: Dergleichen hatte es entlang der asiatischen Küsten noch nicht gegeben. Wenigstens war die Ausbreitung von Buddhismus und Islam nie so gezielt vorangetrieben worden, dazu hätte es einer koordinierenden, übergeordneten Instanz bedurft. Von einer institutionalisierten Doppelgleisigkeit der Art, wie sie die iberische Seite aufwies, kann folglich mit Bezug auf die asiatischen Mächte durchaus nicht gesprochen werden.

Für Niederländer, Engländer und andere nicht-katholische Gruppen aus dem christlichen Abendland, die um 1600 und danach in Asien auftraten, spielte die Missionsarbeit anfangs nur eine sekundäre Rolle, wenn überhaupt. Missioniert wurde in den eigenen Reihen, erst später auch gelegentlich außerhalb derselben. Und weil die katholische Seite als Feind galt, ging erstmalig ein europäischer bzw. externer Konflikt, der unter anderem religiöse Wurzeln hatte – Reformation und Gegenreformation –, auf die maritime Welt Asiens über. Die von Europa eingeleitete «Globalisierung» warf mithin einen ebenso «globalen» Schatten.

Im Gegensatz zu Europa hatten die Ming nicht die Absicht, fremde Völker zu bekehren; die Ausgangslage war also durchaus anders als etwa unter Portugiesen und Spaniern. Eine Art staatlich initiierter *mission civilisatrice* muß allerdings unterstellt werden. In den *Ming shilu* heißt es z.B., der Hof habe ein berühmtes Werk mit didaktischen Intentionen, das *Lienü zhuan* (Biographien historischer Frauen) aus der Han-Zeit, neu auflegen lassen, um es unter den «Barbaren» verbreiten zu lassen. Diese und andere Anhaltspunkte könnten gar dafür sprechen, daß die ideelle Komponente im Rahmen des frühen Ming-Systems Vorrang gegenüber nüchternen politischen und wirtschaftlichen Zielen hatte, kurz, es sei um Moral, Ordnung und friedliche Koexistenz gegangen. Doch das wäre spekulativ und stünde wahrscheinlich in einem gewissen (wenngleich nicht völlig unüberbrückbaren) Gegensatz zu den übrigen Motiven, die oben erwogen worden waren.

Im Falle Portugals sangen Gott und Geld im Duett, das Religiöse trat an die Stelle des «Zivilisatorischen», und vielleicht war es ja so – «aufgeklärten» Meinungen zum Trotz –, daß beide Komponenten phasenweise ähnlich gewichtet wurden, die erste bisweilen sogar die führende Stimme übernahm, wir unseren Blick dafür nur verstellt haben. Wie immer der Fall lag, fast könnte man dieses Bild fortführen, um mit der banal vereinfachenden Behauptung zu schließen, unter Niederländern und Engländern sei «Freund Mammon» Religionsersatz geworden – ein evolutionärer Fauxpas? – und alle Moral dahingegangen.

FINANZEN UND STRUKTUR. Gelegentlich wurde behauptet, kommerzielle Praktiken und gegebenenfalls die hinter ihnen stehenden Banken- und Kreditsysteme hätten wesentlich zum Erfolg des europäischen Asienhandels beigetragen. Im portugiesischen Kontext wird gerne auf die oberitalienischen und deutschen Handelshäuser verwiesen, darunter die Fugger und Welser, die große Kapitalmengen zur Verfügung stellten. Vergleichbare Strukturen, die ähnlich weiträumig arbeiteten, über adäquate Informationen verfügten, «innovativ» waren und riesige Summen verschoben, scheint es auch in Asien gegeben zu haben, etwa unter den Song, aber über ihre Wirkweisen wissen wir im allgemeinen ziemlich wenig. Hier ist längst nicht das letzte Wort gesprochen. Ob also die rasche Bereitstellung von Geldmitteln innerhalb des portugiesischen Systems – und später seitens der übrigen Europäer – als etwas Besonderes betrachtet werden darf, als Faktor gar, der den Europäern Vorteile einräumte gegenüber ihren asiatischen Konkurrenten, scheint eher zweifelhaft. Nicht zu vergessen in diesem Zusammenhang: Fast alle europäischen Systeme in Asien litten periodisch unter Kapitalmangel und waren auf Kredite asiatischer Geber angewiesen.

Einige Elemente des *Estado*, Verwaltung und Management betreffend, waren sicher neu oder zumindest ungewöhnlich. Markantere Einschnitte boten aber erst Niederländer und Briten. Sie betrieben ihre Asienunternehmungen lange Zeit wie profitmaximierende Firmen. Die Niederländische Ostindische Kompagnie war eine Art Aktiengesellschaft, ausgestattet mit Rechten, welche denen eines souveränen Staates glichen. Der *Estado* zeigte sich zwar als äußerst flexibles Instrument, aber er konnte nicht in der gleichen Weise private und übergeordnete Interessen bündeln wie die spätere nordwesteuropäische Konkurrenz. Die Zentrifugalkräfte traten hier stärker hervor als etwa unter den Niederländern.

Über die finanzielle Ausstattung und verwaltungstechnische Organisation des staatlichen Ming-Sektors können wir nur spekulieren. Sicher ist, daß er keine großen Banken im Hintergrund hatte und aufgrund seiner Kurzlebigkeit wohl auch nicht die Chance bekam, interne Anpassungen vorzunehmen – im Gegensatz zum *Estado*. Vielleicht wäre es deshalb angemessen, das chinesische System allein mit der Anfangsphase des portugiesischen zu vergleichen: Die Kap-Route, mit der Lissabon in das Geschäft einstieg, kam hauptsächlich der portugiesischen Krone zugute, die alte Westroute dem chinesischen Hof. Portugiesischerseits wurden die Asien-Unternehmungen aus mehreren Geldquellen gespeist, im Falle der Ming-Fahrten gab es wohl nur einen Investor, den chinesischen Staat. Die berühmte *Casa da Índia* in Lissabon, die auf Basis von Vorläuferinstitutionen entstand und für die Abfertigung eingehender Waren aus dem Orient, für die Lizenzvergabe und ähnliches zuständig zeichnete, erinnert zwar in mancherlei Hinsicht an die chinesischen *shibo*-Ämter, welche gleichfalls eingehende Warensendungen kontrollierten, Abgaben erhoben usw., doch andererseits fehlte diesen das private Element, und das muß sich entsprechend auf die Gesamtstruktur ausgewirkt haben.

Überhaupt, so könnte man anfügen, wäre es dem chinesischen System wohl kaum vergönnt gewesen, selbst wenn es sehr viel länger existiert hätte, sich institutionell in Richtung einer dem *Estado* wirklich ähnlichen Struktur zu «mausern» – eben weil der Staat die Zügel zu eng angelegt und wenig oder gar keinen Raum für private Interessen geschaffen hatte. Portugal ging mit besseren Karten an den Start. Die Fähigkeit zu moderater Anpassung war gleichsam genetisch vorgegeben. Nicht so unter den Ming, wenigstens ist nichts hierzu bekannt. In gewisser Weise kam also die frühe Ming-Seefahrt nicht über das Stadium des «Kronhandels» und eines möglicherweise angestrebten «Kronmonopols» hinaus.

Offiziell versus inoffiziell. In beiden Fällen, unter den Ming wie den Portugiesen, gab es zwei Schichtungen: den offiziellen staatlichen Sektor und ein inoffizielles Segment. Jene Portugiesen, die in letzteres abtauchten, in das *shadow empire*, zeigten mitunter Bereitschaft, den *Estado* aus der Ferne zu unterstützen oder gar in ihn zurückzukehren, wenn Gewinne winkten. Ähnliches könnte man den Überseechinesen in Südostasien unterstellen. Zwar hatten sie nicht eine überseeische Dependance verlassen wie ihre portugiesischen Kollegen, sondern waren vor Beginn der Ming-Unternehmungen häufig unter Mißachtung chinesischer Gesetze direkt aus der Heimat nach Java, Sumatra oder Thailand gekommen, doch mögen zumindest einige von ihnen mit Zheng He und anderen Ming-Repräsentanten zusammengearbeitet haben. In der kollektiven Erinnerung der Südostasien-Chinesen erscheint Zheng He stets positiv, allein das dürfte für ein gewisses Maß an Kooperation zwischen beiden Sektoren sprechen.

An dieser Stelle könnte auch die Frage nach dem «redistributiven» Charakter erneut aufgeworfen werden. Der offizielle Teil des *Estado* generierte einen Teil seiner Einnahmen aus der Umverteilung lokaler Produkte innerhalb Asiens, wobei er traditionellen Konventionen folgte. Jene Portugiesen, die eher dem inoffiziellen Sektor zuzuordnen sind, fallen ebenfalls in die «redistributive» Kategorie. Aber es gab auch solche Dimensionen, die jenes Etikett nicht unbedingt verdienen, wie oben beschrieben. Das chinesische System sah anders aus. Wahrscheinlich war der Warenaustausch sehr viel direkter. Importen aus Südostasien oder Indien stand der Export von Seide, Kupfer, Keramik und weiteren lokal gefertigten Produkten gegenüber, die viele Orte in Asien schon immer begehrt hatten. «Redistribution» als zusätzliche Einnahmequelle ist zwar nicht völlig auszuschließen – vorübergehend mögen Zheng Hes Flotten z.B. den Großteil des Transports südostasiatischer Güter nach Indien übernommen haben –, aber insgesamt besteht der Eindruck, daß diese Kennung weniger dem chinesischen Staatshandel als vielmehr den in Südostasien lebenden Chinesen zuzuschreiben wäre.

Die Trennung zwischen einem offiziellen und einem inoffiziellen Sektor bietet Raum für viele weitere Hypothesen. Eine betrifft den häufig diskutierten multikulturellen Charakter des portugiesischen Systems. Kritiker betonen, dieser sei eine reine Fiktion, in Wirklichkeit hätten weiße Kolonialherren alle anderen rücksichtslos ausgebeutet. Gewiß, es gab Hierarchien, aber zugleich ist ein hohes Maß an sozialer Mobilität, Toleranz und Bewunderung für das Fremde festzustellen, außerdem nahm der Anteil ethnisch gemischter Gruppen an der Gesamtbevölkerung des *Estado* zu. Vermutlich gilt, daß besonders im inoffiziellen Segment von Portugiesisch-Indien solche Schranken, die im offiziellen Teil moniert werden können, weitestgehend entfielen. Und ebenso dürfte die These stimmen, daß es bei der

Aufnahme Fremder in den offiziellen Teil des *Estado* vielschichtige Assimilierungsprozesse gab, die sich von Region zu Region unterschieden, während die inoffiziellen Segmente eher den umgekehrten Weg gingen, sich bis zu einem gewissen Grade an asiatische Verhältnisse anpaßten.

Wie es in dieser Hinsicht um das frühe Ming-System bestellt war, wissen wir nicht. Die Mongolen hatten Fremde in ihre Dienste gezwungen, auch für militärische Unternehmungen auf See. Möglich ist daher, daß die großen Ming-Admiräle und offiziellen Missionen in Übersee ähnlich «pragmatisch» verfuhren und zugleich strenge Hierarchien pflegten. In jedem Fall sah sich China als «Reich der Mitte» gleichsam verantwortlich dafür, daß Harmonie auf Erden herrschte, und daraus konnte der Anspruch abgeleitet werden, andere führen, zumindest aber an den eigenen Normen messen zu dürfen. Im inoffiziellen Sektor, dem Netzwerk überseechinesischer Niederlassungen, herrschten sicher andere Vorstellungen und Bedingungen. Hier war Assimilationsfähigkeit gefragt, doch nicht alle vermochten sich anzupassen. Vor allem in späteren Zeiten, lange nach Zheng He, sind enge Bindungen an die Heimat festzustellen, teils bedingt durch traditionelle Familienstrukturen. Viele Portugiesen ließen sich hingegen von Asien absorbieren, lebten und arbeiteten als fleißige Individualisten, deren wesentliche Rückzugslinie in die Ausgangskultur das überaus elastische Band der katholische Religion bildete.

Strenggenommen hatte der *Estado* noch mit einem weiteren Stratum zu tun, den Missionsgebieten, deren Wirkungsbereich über die räumliche Ausdehnung des inoffiziellen Segmentes hinausging. Das gilt insbesondere für China. Natürlich hatte die Kirche ihre eigene Struktur. Insofern als diese supranational war, nutzte sie den *Estado* für sich, andererseits half sie den Behörden in Goa. Außerdem, so könnte hypothetisch formuliert werden, wirkte sie von ihren asiatischen Außenpositionen, also jenen, die außerhalb des *Estado* lagen, auf diesen zurück, und zwar sowohl auf dessen offizielle wie inoffizielle Bereiche. Kurz, sie bot geistige Anregungen, nahm zudem, modern ausgedrückt, interkulturelle Brückenfunktionen wahr, nicht selten potentielle Konflikte entschärfend, und trug obendrein zur Verklammerung beider Segmente bei. Daß es hierbei internen Dissenz gab, forderte alle Seiten zu flexiblen Reaktionen heraus, die letztlich zum Überleben des Systems beitrugen.

Vergleichbares ist im chinesischen Kontext schwer nachzuweisen. Ein gemeinsames Gerüst von Normen und Werten, das gleichsam alle Sektionen miteinander verband, gab es sicherlich, eine übergeordnete geistige Instanz, jenseits des Weltlichen, fehlte jedoch. Einige Chinesen waren Muslime, andere Buddhisten oder Daoisten, wieder andere huldigten Volksgottheiten, etwa Mazu oder Tianfei, Chinas Patronin der Seefahrer. Zheng He wurde zudem mit mehreren Glaubensrichtungen assoziiert, er «vereinte» damit sämtliche Elemente auf sich, symbolisch Brücken bauend. Interne Dialoge, die zu Anpassungen zwischen einzelnen Segmenten gemahnten, schienen folglich unnötig, zumindest sind sie nicht registriert. Auch wenn es ein gewisses Maß an Toleranz gegeben haben muß, Flexibilität, geboren aus geistigen und physischen Zwängen, war bei den Ming weniger vorhanden als bei den Portugiesen.

Real versus fiktiv. Sowohl bei den Ming als auch den Portugiesen fällt eine gewisse Divergenz zwischen Anspruch und Wirklichkeit auf – ganz, als handle es sich um ein Merkmal des späten Mittelalters. Das Tributsystem der Ming war an bestimmte Ideale geknüpft. Der Hof mußte sich legitimieren. Vermutlich sah der Alltag auf See ganz anders aus, und den Tributbringern dürfte die chinesische Vorstellungswelt oftmals unverständlich geblieben sein. Auch die portugiesischen Könige folgten anfangs Visionen, nicht selten weit vorbei an der Realität, die Maßstäbe späterer Epochen angelegt. Vielfach wurde gar behauptet, der Hof sei über die Geschehnisse in Asien nicht adäquat informiert gewesen, im Gegensatz zu den Behörden in Goa. Symbole, Bilder und Ansprüche, gezielt als rhetorische Instrumente eingesetzt – dies gehörte somit in den jeweiligen Zentralen, Nanjing und Lissabon, zur Tagespolitik.

Doch hierin blieb der *Estado* keineswegs unbeweglich. Nicht nur Ziele und Arbeitsweisen unterlagen Änderungen, die Kluft zwischen Anspruch und Wirklichkeit wandelte sich ebenfalls. Interne Kritik, auf verschiedenen Ebenen vorgetragen, belegt, daß Asien zunehmend realistisch eingeschätzt wurde. Einen entsprechenden Wandel scheint das chinesische System nicht durchlaufen zu haben, dazu war es zu kurzlebig. Anspruch und Wirklichkeit klafften vermutlich gleichbleibend auseinander. Eine Annährung zwischen beiden wäre ohnehin schwergefallen, denn das hätte wohl die heikle Frage nach Legitimitätsansprüchen berührt, unter Umständen gar eine umfassende politische Umorientierung erfordert.

Entsprechend die Berichterstattung der Ming und frühen Portugiesen: Sie klingt fast nüchtern, läßt aber sehr wohl Visionäres erkennen. Kurz danach wird dann in portugiesischen Texten eine ungeheure Vielfalt sichtbar. China dagegen verschließt sich jedem textlichen Wandel. Einige Jahrzehnte nach dem Ende der staatlichen Unternehmungen gehen alle Akten in Flammen auf; damit sind nur wenige Dokumente übrig, die Zheng Hes Fahrten kommentieren. Sie werden in späteren Zeiten immer wieder zitiert – meist nach dem gleichen alten Muster, nüchtern und starr, unterschwellig mit den alten Visionen versetzt.

Stillstand oder Entwicklung, Kontinuität oder Bruch? Einige der genannten Merkmale deuten darauf, daß es keine großen Unterschiede zwischen dem frühen 15. Jahrhundert und dem ersten europäischen System in Asien gab, andere zeigen sehr wohl gravierende Differenzen. Vergliche man den *Estado* in ähnlicher Weise mit den nachfolgenden europäischen Strukturen und den Staatshandel der Ming mit einigen asiatischen «Vorläufern», wären die Ergebnisse wahrscheinlich ähnlich: Hier wie da gäbe es Parallelen, aber auch Besonderheiten. Abstrakt formuliert: Es ließe sich ein Katalog von Elementen erfinden, von denen viele bei den jeweiligen Systemen nachgewiesen werden könnten – oder auch nicht. Merkmale, die definitiv und über längere Phasen ab einem bestimmten Zeitpunkt festzustellen wären, hätten – mit Bezug auf ihre Einführung – den Charakter von Neuerungen, vor allem, wenn von ihnen weitere qualitative Änderungen ausgingen. Für einige Perioden wären innerhalb einer solchen «Matrix» sicher viele «Erstbesetzungen» aufzuspüren, für andere nicht. Freilich blieben diese Kalkulationen stets intuitiv und damit modellhafter Natur.

Dem Leser seien weiteres Theoretisieren und eine entsprechende Katalogisierung erspart. Statt dessen mag ein ebenso hypothetisches wie vorläufiges Fazit gezogen werden. Die frühen Ming schufen ein

Instrumentarium, das zwar in mancherlei Hinsicht neu war, aber nur begrenzte Auswirkungen auf spätere Epochen hatte. Außerdem dürfte es wenig flexibel und darum nicht wirklich entwicklungsfähig gewesen sein. Der Schritt zu einem kolonialen Stützpunkte-System blieb, übertrieben formuliert, im «protokolonialen» Stadium stecken. Portugal begann mit einer etwas anderen Konstruktion, die mehr Anpassungspotential in sich trug und mit vielen Herausforderungen fertig zu werden vermochte. Zu unterstellen wäre ferner, obschon hier nicht beschrieben: Die späteren nordwesteuropäischen Systeme brachten weitere Neuerungen und trieben die Entwicklung in den maritimen Räumen Asiens – fast im Sinne eines linearen Wandlungsprozesses – auf ihre Weise voran. Demnach gab es seit dem frühen 15. Jahrhundert immer wieder qualitative Änderungen, freilich in unterschiedlicher Ausprägung und an verschiedenen Stellen des Gesamtgefüges. Wem das Etikett «Transformation» noch nicht zu abgegriffen ist, mag es deshalb auf die gesamte Periode ab 1400 beziehen – ja, eigentlich schon auf viel frühere Phasen – und nicht erst auf die eine oder andere europäische Epoche.

Doch ein Problem bleibt: Die Jahre unmittelbar nach dem Ende der staatlichen Ming-Fahrten bis zum Auftreten der Portugiesen scheinen, wie gezeigt worden war, eine vorübergehende Rückkehr zu alten Strukturen impliziert zu haben. Die unterstellte Entwicklungskette hätte damit eine «Delle». Das würde auch erklären, warum das kurzlebige Ming-System bis heute nicht adäquat in längere «Wandelstränge» eingebettet, sondern meist nur einer angeblich statischen Vorlaufphase rein asiatischer Prägung zugeordnet wurde. Dies berichtigend, wäre es fast möglich, den Schnitt zwischen Mittelalter und Neuzeit im asiatisch-maritimen Kontext etwas nach vorne zu schieben, in die Zeit um 1400. Aber Schnitte sind immer etwas Künstliches, da sie Kontinuität vertuschen, die hier, so hofft der Verfasser, wenigstens in einigen Punkten gezeigt werden konnte.

Anhang 1: Handelswaren

In der Einleitung war vermerkt worden, daß die Geschichte der maritimen Räume Asiens unter anderem von solchen Faktoren geprägt worden sei, die sich nur langsam oder gar nicht wandelten. Ähnliches ist auch im letzten Teil angeklungen. Manche Dimensionen der Austauschbeziehungen, etwa Warenströme, gehören in diese Kategorie. Bestimmte Produkte, die in den vorhergehenden Kapiteln mehrfach genannt wurden, kamen nämlich über Jahrhunderte stets aus denselben Regionen. Natürlich «wanderten» Kulturpflanzen mitunter von einem Ort zum anderen und wurden dann und wann sogar in neuen Gegenden heimisch, doch diese Prozesse dauerten oft sehr lange und sind nicht immer leicht zu erkennen. Daneben lassen sich bisweilen gezielte Ausweitungen der Produktion infolge steigender Nachfrage beobachten. Außerdem wissen wir von Substitutionseffekten und anderen in den Wirtschaftswissenschaften häufig erörterten Phänomenen. Schließlich können grundsätzliche Unterschiede zwischen Primär- und Sekundärprodukten, Rohstoffen und gefertigten Erzeugnissen, Luxus- und Massenwaren, gelegentlich sogar Waren und Dienstleistungen festgestellt werden. Diese und andere Überlegungen haben zu einer großen Zahl von Studien geführt, die Natur, Terminologie, Anbau- und Produktionstechniken, Angebot und Nachfrage, Preisstrukturen und Verwendungen einzelner Handelsgüter oder ganzer Warengruppen untersuchen. Solche Arbeiten orientieren sich an archäologischen Funden, mehr aber noch an entsprechenden Schriftquellen. Bis in das 15. Jahrhundert hinein dürften chinesische Texte die zentralen Werke für eine allgemeine Einschätzung wichtiger Warenströme auf der «maritimen Seidentraße» sein. Vielfach führen sie Hunderte von Erzeugnissen auf, die nach China importiert oder von dort exportiert wurden. Danach greift dann das europäische Material. Im folgenden sollen wenigstens einige Produkte, denen wir häufig im Handel begegnen, noch einmal katalogartig vorgestellt werden.

Gewürznelken wurden in alter Zeit vermutlich ausschließlich auf den nördlichen Molukken gewonnen. Besonders die Inseln Ternate, Tidore, Makian und Moti, seltener Halmahera, gelten als frühe Produktionsorte. Sowohl Chinesen als auch Inder und Griechen kannten die aromatisierende wie gleichfalls medizinisch wohltuende Wirkung der ungeöffneten Knospen des *Eugenia caryophyllata*-Baumes. Obschon in alten Quellen vage Hinweise auf den Ursprung der Gewürznelken zu finden sind, dürften die eigentlichen Produktionsgegenden lange nur lokalen Händlern zugänglich gewesen sein. Über die nordjavanischen Häfen gelangten Gewürznelken dann in den internationalen Handel, daneben könnten geringe Mengen durch die Sulu-Zone nach Norden geflossen sein, doch Anhaltspunkte dafür sind erst später auszumachen.

Muskatnuß kam gleichfalls aus Ostindonesien, vor allem von den Banda-Inseln. Hier offenbart sich ein ähnliches Bild: Besonders die nordjavanischen Häfen dienten als Abholorte dieses Produktes, das – wie Gewürznelken – über Indien und die Levante bis nach Europa gebracht wurde.

Kampfer bezeichnet verschiedene Substanzen. Meist handelt es sich um Öle und kleine, kristallähnliche Stücke. Die teuersten Varianten wurden von einem Baum namens *Dryobalanops aromatica* gewonnen, der in alter Zeit auf Kalimantan, im Hinterland von Barus und vereinzelt auf der Malaiischen Halbinsel beheimatet war. Etwas anderer Natur sind die Produkte der Art *Cinnamomum camphora*, welche wohl ursprünglich in Südostchina, Südjapan, auf Taiwan und in einigen Gegenden Vietnams vorkam. Schließlich gab es noch jene Extrakte, die Sprechern des Englischen als *Ngai*- oder *Blumea camphor* bekannt sind. Diese Substanzen wurden z. B. von Tenasserim aus in den Handel gepumpt. Vermutlich waren die genannten Stoffe alle bis zu einem gewissen Grade austauschbar, doch genossen *Dryobalanops aromatica*-Essenzen stets den Vorzug. Ihre Preise fielen so hoch aus, daß dies offenbar Handelsfahrten entlang der Westseite Sumatras, bis hin nach Barus, rechtfertigte. Wahrscheinlich bediente Barus vor allem die Märkte rund um den Indischen Ozean, während Kalimantan – besonders die Häfen an der Nordküste – Ostasien belieferte.

Weißes Sandelholz scheint hauptsächlich auf den Kleinen Sunda-Inseln sowie in Südindien heimisch gewesen zu sein. Es wurde für Schnitzarbeiten, Duftstoffe, Pasten und ganz allgemein in der Medi-

Gharu-Holz, in China häufig chenxiang *genannt, wurde meist vom südostasiatischen Festland bezogen. Gutes Gharu-Holz gab es auch auf Hainan (rechts), qualitativ weniger anspruchsvolle Produkte konnten in Guangzhou erworben werden (links). Die Abbildung entstammt dem* Zhenglei bencao *(Ausgabe von 1249).*

zin benötigt. Die Insel Timor galt lange als wichtigstes Produktionsgebiet. Von dort gingen entsprechende Exporte via Java, später auch Makassar, nach China, Macau und Nordostasien. Andere Sandelholzarten erzielten meist geringere Preise.

Gharuholz, auch als «Adlerholz» und unter vielen weiteren Bezeichnungen bekannt, steht für eine Reihe kostbarer tropischer Gewächse, von denen etliche zum Genus *Aquilaria* zählen. Wiederum sind vor allem medizinische Verwendungen nachgewiesen. Nach traditioneller Auffassung kamen die besten Varianten aus dem heutigen Vietnam und Kambodscha. Daneben galt Hainan als wichtiger Exporteur. Mehrere Arten sind zugleich in Teilen der malaiischen Welt und Südasien zu finden, andere wiederum werden aus Afrika gemeldet. In portugiesischer Zeit findet sich häufig die Bezeichnung *calambac*, die für ganz besonders wertvolle Gharu-Stücke in Mode kam. Oftmals waren sie so teuer, daß sie in reinem Gold aufgewogen wurden.

Sapanholz, in Europa auch *Brasilholz* genannt, gehörte zu den wichtigsten Ausgangsmaterialien für die Gewinnung von Farbstoffen, welche die Textilindustrie benötigte. Verschiedene Sapan-Arten sind in den tropischen Zonen zu finden. In historischer Zeit waren besonders die Vorkommen im heutigen Thailand sowie auf einigen Inseln der Philippinen und in Indonesien bedeutend. China, Korea und Japan importierten große Mengen. Unter den Ming wurde Sapanholz sogar an Beamte ausgezahlt, gleichsam als Lohnersatz. In europäischer Zeit bezogen vor allem die Niederländer Sapanholz aus Siam, das häufig nach Japan ging.

Ebenholz kam aus Indien, Sri Lanka und Südostasien. Es wurde für die Herstellung von Möbeln, kleinen Gegenständen, Stäbchen und – wohl meist pulverisiert – in traditionellen Rezepturen verwendet. Chinesische Quellen beziehen sich überwiegend auf die Vorkommen in Kontinentalsüdostasien. Ob Ebenholz, wie Sapanholz, eher zu den Massengütern zu zählen ist, scheint allerdings ungewiß; große Transportmengen werden nirgends gemeldet.

Pfeffer ist eine der am besten dokumentierten Handelswaren. In historischer Zeit kam dieser hauptsächlich von der Malabar-Küste und einigen Gebieten der malaiischen Welt. Während der indische Pfeffer bis nach Westasien, Ostafrika und Europa gelangte, bildeten China, Korea und Japan die Hauptabnehmer der südostasiatischen Produktion. Es ist davon auszugehen, daß der Anbau hier wie da schon früh durch steigende Nachfrage seitens der Abnehmer stimuliert wurde und dies zur Erschließung neuer Anbaugebiete führte. Im fernöstlichen Kontext dürfte das bereits für die Song-Periode gelten. Mehrere Gruppen beteiligten sich am Handel mit Pfeffer, neben den Fujian-Chinesen und Ryukyu-Kaufleuten wären besonders Gujaratis und Portugiesen zu nennen. Mit dem Wunsch, Pfeffer zu erwerben, ist natürlich auch die Erkundung der Kap-Route verknüpft.

Kardamom stellt den Historiker vor schwierige terminologische Probleme, denn dieser Ausdruck wird auf eine Reihe von Substanzen bezogen, die oft ähnliche Eigenschaften aufweisen, jedoch unterschiedlichen Pflanzen zugeordnet werden müssen. Malabarischer Kardamom, in Südasien meist als Gewürz gehandelt, ist darum nicht unbedingt identisch mit jenen Produkten, die alte chinesische Texte für Südostasien oder gar den gebirgigen Süden Chinas vermelden. Offenbar wurde indischer wie südostasiatischer Kardamom in kleinen Mengen nach China gebracht. Malabarischer Kardamom gelangte ebenso nach Westasien und Europa.

Zimt wird europäischerseits ab dem 8. oder 9. Jahrhundert schon sehr häufig erwähnt. «Klassischer» Erzeuger war stets Sri Lanka, das große Zimtmengen an verschiedene Märkte abgab. Die Portugiesen kanalisierten einen Teil der Produktion über die Kap-Route nach Lissabon, später beteiligten sich auch andere europäische Mächte am Zimthandel, etwa die Spanier. China und die übrigen ostasiatischen Länder hatten an ceylonesischem Zimt allerdings meist nur wenig Interesse.

Sambuk. *Schiffe dieses Dau-Typs wurden als Frachter und bei der Perlfischerei eingesetzt. Ihre Konstruktion verrät europäische Einflüsse.*

Schildpatt, in der Regel von der Karettschildkröte, war ein beliebtes Ausgangsmaterial für die Herstellung dekorativer Gegenstände, außerdem fand es Anwendung in der Medizin. Die Verarbeitung erfolgte anfangs wohl überwiegend in China, später dann vermutlich mehr in Gujarat. Unter den Song könnte Schildpatt zu den wichtigsten Importen Chinas gezählt haben. Die meisten Fanggebiete für Seeschildkröten lagen in Südostasien, rund um Südindien, in der Malediven-gegend sowie im Golf von Aden und an einigen Küstenabschnitten Ostafrikas.

Perlen wurden vor allem in vier Regionen gefischt: nahe den Sulu-Inseln, vor der Küste Hainans, im Golf von Manar und im Persischen Golf. In China galten Perlen schon in früher Zeit als teure Exotika, außerdem sind mit ihnen zahlreiche Legenden verknüpft. Die schönsten und größten Exemplare, so eine Auffassung, lieferten die Sulu-Inseln. Auch sonst waren Perlen wohl überall als Schmuck begehrt. Hormuz hatte den Ruf, ein wichtiger Umschlagplatz für diese kostbare Ware zu sein.

Bernstein kam wohl hauptsächlich aus dem Ostseebereich, dem heutigen Rumänien und vielleicht ebenso aus Sizilien nach Westasien. Von Hormuz gelangten dann immer wieder kleine Mengen via Indien bis nach China. Im älteren chinesischen Kontext ist Bernstein ein nicht selten erwähntes Tributgut.

Edelsteine und Halbedelsteine wurden vor allem mit Sri Lanka und Myanmar assoziiert. Das gilt z.B. für Rubin, Saphir, Katzenauge usw. Allerdings bereitet die terminologische Seite stets gewisse Schwierigkeiten, denn häufig sind die erwähnten Gegenstände und Substanzen nicht sauber einzuordnen. Ein Ausdruck wie «blauer Stein» mag etwa für Lapislazuli gestanden haben oder auch nicht. Über die gehandelten Mengen kann nur gemutmaßt werden. Fest steht allein – man denke z.B. an das Geschäft mit Diamanten in Indien –, daß die entsprechenden Warenwerte, gemessen an den Gesamtumsätzen, bisweilen recht hoch ausfielen. In jüngerer Zeit ist auch der Verdacht geäußert worden, viele Kostbarkeiten aus dem Einzugsbereich der Bengalischen See seien via Myanmar und Yunnan nach China gelangt.

Korallen – gemeint ist die rote Edelkoralle – kamen überwiegend aus dem Mittelmeer und wurden schon seit ältester Zeit über die Levante und den Golf nach Indien und China gebracht, wo man sie z.B. für die Herstellung von Kunstperlen, Ketten, Amuletten und kleinen Figuren benötigte. Außerdem zierten sie buddhistische Statuen. Chinesische Texte erwähnen neben roten Korallen noch andere Arten, z.B. schwarze, doch über das Ausmaß des Handels mit diesen ist wenig bekannt. «Korallenbäumchen», möglichst intakt und gleichmäßig gewachsen, galten in Ostasien als besonders wundersame Gegenstände. In der schöngeistigen Literatur kommen rote Korallen daher immer wieder vor.

Elfenbein und Elefanten wurden vielerorts gehandelt, wobei China sicher den Hauptabnehmer bildete. Vor allem die Länder Kontinentalsüdostasiens lieferten beides, Tiere und Stoßzähne. Aber auch aus Afrika und Indien gelangte kostbares Elfenbein nach Osten. Der hohe Bedarf – wohl vor allem unter den Song – erklärt sich daraus, daß Chinas eigene Elefantenbestände im Laufe der Jahrhunderte zurückgingen, Elfenbein aber für die Herstellung von kleinen Kunst- und Schmuckwaren beliebt blieb. Zusammen mit Rhinozeroshorn fand es natürlich ebenso Anwendung in der Medizin. In Indien, Sri Lanka und Südostasien bot sich ein etwas anderes Bild. Hier wurden besondere Techniken zur Domestizierung wilder Elefanten entwickelt, die bei der Landarbeit, als Reittiere und im Kriegsdienst zum Einsatz kamen. Mitunter zog dies auch ausgedehnte Seetransporte nach sich, vermutlich überwiegend im Küstenbereich. In soziologischer Hinsicht sind Umgang und Handel mit Elefanten insofern interessant, als die entsprechenden Aufgaben meistens Angehörigen bestimmter Kasten zufielen.

Pferde wurden gleichfalls in großer Zahl gehandelt. China bildete wohl über Jahrhunderte den weltweit wichtigsten Importeur. Aber auch die indischen Fürsten hatten einen hohen Bedarf an guten Reittieren, was unter anderem zu regelmäßigen Lieferungen quer durch die Arabische See führte, in erster Linie von Vollblütern. Dagegen wurden in Fernost hauptsächlich kleine Pferde verschifft, die mit dem mongolischen Pony verwandt waren. Diese Transporte beschränkten sich in der Regel auf kurze Strecken; Beispiele sind die Tributlieferungen der Ryukyu-Inseln, Hainans und einiger südostasiatischer Gebiete. Allein im frühen 15. Jahrhundert gelangten Pferde über die gesamte Strecke von Westasien via Südindien nach China. Ein anderer Aspekt betrifft die militärische Seite: Kriegsflotten hatten häufig Rösser an Bord, die nach einer Landungsoperation zum Einsatz kamen. Man denke etwa an die sino-mongolischen Unternehmungen in Nordostasien. Auf einigen Inseln zwischen Korea und Japan scheinen sich dabei – als Folge vorübergehender Okkupation durch Khubilais Truppen – beträchtliche Pferdepopulationen entwickelt zu haben. Maritime Transporte trugen demnach auch zur Verbreitung bestimmter Rassen bei, doch die Einzelheiten harren noch gründlicher Erforschung.

Exotische Vögel und Vogelfedern werden gleichfalls seit ältester Zeit in den Quellen erwähnt. Sittiche, Papageien, Loris und andere sprechende Vertreter der Avifauna waren beliebte Haustiere und erfreuten nicht nur die Zeitgenossen in der alten Welt, sondern ebenso in China, Indien und Westasien. Daneben gelangten Paradiesvogelfedern aus dem östlichen Indonesien in den maritimen Handel. Eisvogelfedern wiederum kamen vor allem aus Indochina ins Reich der Mitte. Dort wurden sie zur Herstellung von Haarschmuck und Verzierung kostbarer Kleidungsstücke verwendet. Die hornartige Substanz auf Kopf und Schnabel verschiedener Nashornvögel war gleichfalls ein begehrter Rohstoff. Entsprechende Hinweise auf diese und andere Arten, etwa Pfauen, Falken und Fasane, finden sich in Erzählungen, Liedern und Gedichten sowie in medizinischen und ethnographischen Texten.

Moschus, ein begehrter Duftstoff, stammte aus dem Hochland von Yunnan und Tibet. Über Inlandswege kam er zunächst in die Häfen Chinas und Myanmars und gelangte sodann von dort zu den Endabnehmern in Übersee. Chinesische und später portugiesische Texte erwähnen Moschus häufig als teures chinesisches Exportgut, neben Seide und Keramik. Auch japanische Quellen verzeichnen diesen Stoff, dem zugleich medizinische Eigenschaften zugesprochen wurden.

Zinn und Blei gehörten in späteren Zeiten zu den typischen Ballastgütern an Bord traditioneller Handelsschiffe. Aus früheren Epochen ist hingegen wenig bekannt. Zinn kam zumeist von der Malaiischen Halbinsel, aber auch Indien wird in den Quellen als Herkunftsregion erwähnt. Wichtig hier: Indische Münzen wiesen oftmals einen hohen Zinnanteil auf. Große Zinnvorkommen gab es ebenso auf Bangka; über ihre Ausbeutung berichten vor allem europäische Quellen. Die Gewinnung von Blei wird gleichfalls mit Indien assoziiert, außerdem mit der gebirgigen Shan-Region im heutigen Myanmar und einigen anderen Gebieten.

Kupfer und Kupfermünzen, in China gegossen, überschwemmten spätestens seit der Tang-Zeit viele asiatische Märkte. International genoß chinesisches Kupfergeld damals den Stellenwert, den heute Euro und US-Dollar ausfüllen. Wenigstens bestätigen archäologische Funde, daß chinesische Münzen nahezu überall zwischen Japan und Ostafrika zirkulierten. Schwierigkeiten bereitet aber die Frage nach den Transporteuren; wahrscheinlich kamen sie zumeist nicht aus China. Andere Kupferproduzenten waren z.B. Indien und Japan. Während einiger Epochen schleusten bestimmte Orte und Länder so viel Kupfer in den Handel, daß es zu Verknappungen in den Ausgangsgebieten kam und Kupfer vorübergehend an Wert gegenüber konkurrierenden Metallen gewann.

Silber bildete schon sehr früh einen festen Bestandteil mehrerer Währungssysteme, so auch in China. Im 16. Jahrhundert benötigte der Ming-Staat so viel Silber, daß er dieses nicht nur aus Japan bezog, sondern ebenso via Manila aus der Neuen Welt. Zugleich sickerte Silber über Europa in das bestehende Handelsgefüge ein. Neben Silbermünzen zirkulierten auch Silberbarren sowie Teller und andere Gefäße aus Silber. Besonders in West- und Südostasien erfreuten sich Gegenstände aus Silber, darunter Schmuck, großer Beliebtheit.

Gold wurde, wie Silber, aus verschiedenen Gegenden in den Handel gepumpt. Große Mengen kamen stets aus dem Inneren Afrikas. Ein anderes Herkunftsgebiet, um das sich viele Legenden bildeten, war die Insel Sumatra. Offenbar «verschwand» ein nicht unerheblicher Teil der Goldproduktion in Indien, dazu könnte auch südostasiatisches Gold gezählt haben. Wahrscheinlich ist überdies, daß Gold in den Beziehungen zwischen der römischen Welt und dem Subkontinent eine zentrale Rolle gespielt hatte. Münzfunde und andere Indizien deuten darauf.

Eisen kann – wie Bronze – mit dem Aufstieg mehrerer Küstenkulturen assoziiert werden, die sich am internationalen Seehandel beteiligten. Ein wichtiger Exporteur war auch China. Allerdings wurden die Ausfuhren dort gelegentlich aus strategischen Gründen verboten. Eisen gelangte in vielerlei Formen auf ferne Märkte, etwa in Gestalt großer Kessel und Gefäße, die zur Aufbewahrung von Gütern dienten.

Weihrauch und Myrrhe vom Südteil der Arabischen Halbinsel, teils auch aus Somalia, sind seit alters immer wieder in den Schriftquellen erwähnt. Ein Teil der Produktion wurde über das Rote Meer und verschiedene Karawanenwege nach Ägypten und Kleinasien gebracht, ein anderer Teil gelangte via Indien ostwärts bis nach China und Japan. Die Song importierten große Weihrauchmengen, in späteren Perioden scheinen Chinas Einfuhren dann aber zurückgegangen zu sein. Chinesische und andere Rezepturen nennen beide Substanzen, Weihrauch und Myrrhe, als wirksame Grundstoffe gegen allerlei Krankheiten.

Baumwollprodukte wurden vor allem in Indien hergestellt und von dort exportiert. Bengalen und die tamilischen Regionen waren hierbei führend. Schriftquellen enthalten unzählige Bezeichnungen, die für bestimmte Gewebearten, Techniken und Qualitäten stehen. Geschichte und Herkunft solcher Termini sind nicht immer sauber zu rekonstruieren. Auch über die Verbreitung der Baumwollproduktion ist längst nicht das letzte Wort gesprochen. Das gilt ebenso für bestimmte Dimensionen des Handels, etwa die wichtige Frage, wann und unter welchen Bedingungen einzelne Baumwollwaren ähnliche Produkte verdrängten, wie ganz allgemein für mögliche Substitutionseffekte zwischen diesen sowie Seide und anderen Stoffen. Hinsichtlich der Händler ist festzustellen, daß wohl die meisten Gruppen am Textilhandel beteiligt waren. Dabei erzielten indische Kaufleute sicher die höchsten Anteile am Geschäft quer durch die Arabische See und den Bengalischen Golf, während Südostasiaten und Chinesen eher die östlichen Gefilde kontrollierten.

Seide und Seidenprodukte haben der großen Seetrasse von Japan bis Ostafrika ihren Namen gegeben. Dies ist vor allem China zu verdanken, denn das Reich der Mitte belieferte nicht nur die Märkte Ost- und Südostasiens mit Damast, Brokat, Gaze und anderen Geweben, sondern auch etliche Gebiete in Südasien und gelegentlich sogar jenseits davon. Neben China produzierten allerdings noch viele andere Regionen seidenähnliche Stoffe oder sogar Seide selbst, die gleichfalls in den Handel gingen. Bagdad, die Koromandel-Orte, das heutige Vietnam und Java werden z.B. in mehreren Song-Quellen als Hersteller genannt. Unter welchen Umständen diese Städte und Länder entsprechende Techniken übernahmen, ist freilich nur selten festzustellen. Wahrscheinlich gelangte das entsprechende Knowhow mitunter über See von einem Gebiet zum anderen.

Reis, Zucker, getrockneter Fisch, Obst und andere Lebensmittel werden ebenfalls im maritimen Kontext erwähnt. Vermutlich nahm ihr Anteil an allen See- und Küstentransporten im Laufe der Jahrhunderte zu, wobei allerdings von starken regionalen Schwankungen auszugehen ist. Erinnert sei etwa an die Versorgung der Mongolenhauptstadt mit Reis aus der Yangzi-Gegend, ein im Gesamtzusammenhang eher vorübergehendes Phänomen, zumal in anderen Perioden häufig auf das Binnengewässersystem ausgewichen wurde. Ferner: Ob einzelne Häfen, z.B. Melaka, tatsächlich, wie gelegentlich behauptet, von Reisimporten aus fernen Gebieten – Pegu, Java usw. – abhingen, kann heute kaum noch ermittelt werden. Ähnliches gilt für Zucker. Südchina und die Ostküste Indiens, sehr viel später ebenso Taiwan, produzierten diesen, aber wie wichtig er für den Seehandel wirklich war, z.B. im Mittelalter und während des 16. Jahrhunderts, ist nicht mehr zu rekonstruieren.

Keramik kam überwiegend aus Ost- und Südchina. Einige Brennöfen waren sogar auf den Export spezialisiert, und zwar schon weit in voreuropäischer Zeit. Dennoch sollten die Hersteller Südostasiens, Indiens und Westasiens nicht unterschätzt werden. Mehrere Schiffe, die im Südchinesischen Meer geborgen wurden, hatten z.B. neben chinesischen zugleich vietnamesische, thailändische und andere Stücke an Bord. Im Einzugsbereich des Indischen Ozeans sind chinesische Produkte vor allem in Südindien, auf Sri Lanka und den Malediven, rund um den Golf und in Ostafrika aufgetaucht. Die Unterwasserarchäologie wird in den nächsten Jahren sicher noch viele Überraschungen liefern; Kunsthistorikern liegt hier ein weites Feld zu Füßen.

Die obige Liste könnte, wie eingangs angedeutet, beliebig verlängert werden. Unzählige Erzeugnisse, hergestellt zumeist in Japan, Korea, China und Indien, sind in den Quellen erwähnt, doch sie alle aufzuzählen, wäre schier unmöglich. Lackgegenstände und Waffen, Schirme, Käfige, Grabsteine, Musikinstrumente, Papier und Schriften, Möbel und Matten, Körbe und Seile, Küchengeräte, Bauteile und Schiffszubehör sind nur einige Beispiele. Auch die Liste der medizinisch verwertbaren Substanzen und Genußmittel ist unendlich lang. Anis, Ambra, Betel, Opium und andere Dinge wären hier zu nennen. Und mit manchen dieser «Elixiere» verbinden sich gar köstliche Geschichten. Eine relativ neue These besagt z.B., Chinas Wunsch, Ambra von den Portugiesen zu erwerben, habe die Geburt Macaus beschleunigt. Kurz, Ambra sei eine kräftigende Rarität gewesen, dringend benötigt in den kaiserlichen Schlafgemächern, zumal der Himmelssohn einen Sohn haben wollte. Doch nicht immer hatten die frühen euro-chinesischen Begegnungen einen so fruchtbaren Charakter, und – um Weberianer gleich in den Windschatten zu schieben –, nur in den seltensten Fällen sind schlüssige Angaben zu Preisen und Mengen zu finden. Darum wird das Bild vom Handel mit diesen nicht immer wichtig erscheinenden, bei genauerem Hinsehen jedoch durchaus interessanten Artikeln und Substanzen stets unscharf bleiben, sehr zur Freude schweifender Geister.

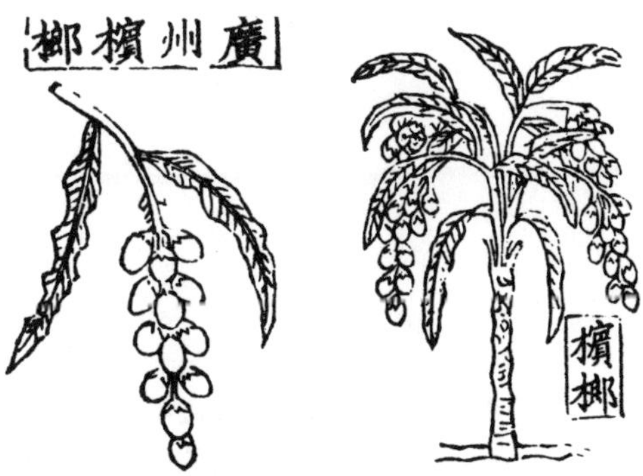

Betel gehörte zu den beliebtesten Handelswaren in Asien, auch in Südchina. Die Abbildung entstammt dem Zhenglei bencao *(Ausgabe von 1249).*

Anhang 2: Schiffe und Schiffbau

Chinesischer Zweimaster, Darstellung aus Lin Qings He gong qiju tushuo (1836). Das Heck (rechts) ist höher als der flache Bug. Am vorderen Mast ist das Segel gerefft. Da es aus horizontal gegliederten Segmenten besteht, liegen diese übereinander.

Trotz archäologischer Funde ist es bis heute unmöglich, ein auch nur annähernd befriedigendes Bild von der Entwicklung einzelner Schiffstypen in Asien zu zeichnen. Vor allem für die Welt des Indischen Ozeans fehlen entsprechende Unterlagen. Im Fernen Osten kann der Historiker immerhin auf einige ältere Abbildungen zurückgreifen, zumeist tradiert in chinesischen Quellen, obschon auch diese fast stets nur rudimentäre Aussagen ermöglichen. Illustrationen in Werken wie dem *Wu jing zong yao* aus der Song-Zeit sind oftmals zu ungenau, als daß sie dem Betrachter wirklich verraten könnten, wie die Schiffe früherer Epochen aussahen. Selbst Gemälde, Grabfunde und Reliefs führen meist nicht weiter, da sie in der Regel kleine Fahrzeuge wiedergeben, die auf Flüssen und Seen unterwegs waren, nicht aber auf den Ozeanen. Spezialisten helfen sich folglich damit – gelegentlich wenigstens –, daß sie von Beschreibungen und Abbildungen späterer Epochen ausgehen, in der Annahme, grundlegende Merkmale, welche etwa für das 16. Jahrhundert festgestellt werden können, seien ebenso auf frühere Epochen übertragbar. Das erweckt mitunter den Anschein, als hätten sich Änderungen nur langsam vollzogen, fast, als handele es sich bei der erkennbaren Typologie von Seefahrzeugen um eine Art *longue durée*-Phänomen.

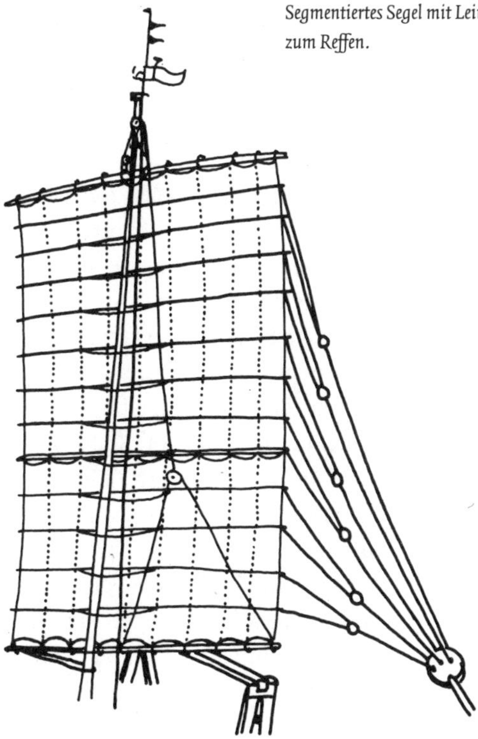

Segmentiertes Segel mit Leinen zum Reffen.

Wie auch immer: Einig sind sich die meisten Spezialisten darin, daß es so etwas wie eine ostasiatische Tradition in der Seefahrerei gab, neben einem wie auch immer gearteten südostasiatischen «Kreis» und einer indo-arabischen «Sphäre». Chinesische Seeschiffe, uns bekannt unter der Bezeichnung «Dschunken», führten z.B. große Segel, die durch horizontale Rippen in Segmente gegliedert und somit in sich verstärkt waren, außerdem nicht an Rahen, sondern, über Ringe befestigt, direkt an den Masten hingen, mithin also schnell und bequem aufgezogen und wieder gerefft werden konnten. Das erübrigte nicht nur Strickleitern und riskante Kletteraktionen, sondern erlaubte es auch, zumal die Segel weit um den Mast herumgeführt werden konnten, hoch an den Wind zu gehen. In der Tradition des Indischen Ozeans fehlte die Untergliederung der Segel; die meisten Bootstypen wiesen zudem Rahen oder rahenähnliche Konstruktionen auf, so z.B. die arabische Dau (Dhau). Das Lateinsegel und verschiedene Formen des Luggersegels waren hier also die

Regel. Freilich, wann und wo einzelne Segelformen eingeführt wurden, entzieht sich weitestgehend unserer Kenntnis.

Etwas besser sind wir über verschiedene Rumpfkonstruktionen informiert, da Unterwasserfunde gewisse Rückschlüsse erlauben. Chinesische Schiffe waren in der Regel durch Schotten verstärkt. Einzelne Holzteile wurden mit Nägeln befestigt. Bei Fahrzeugen des Indischen Ozeans fehlten zumeist – so eine gängige Annahme – die Querwände, außerdem waren Planken, Rippen und andere Teile häufig durch Kokosseile (Coir) miteinander «vernäht». Im allgemeinen scheinen Schiffe dieses Typs anfälliger gegen hohen Wasserdruck gewesen zu sein als chinesische Dschunken, doch boten sie mitunter bessere Staumöglichkeiten, da es keine störende Segmentierung des Innenraums gab. In Südostasien wiederum waren verschiedene Boote mit Auslegern zu finden. Im Gegensatz zu den oftmals klobigen chinesischen Dschunken, deren Proportionen – Länge zu Breite – nicht selten bei 4:1 lagen, wirkten diese Fahrzeuge schlank und wendig. Für lange Fahrten über den offenen Ozean waren sie aber nicht so gut geeignet, außerdem hatten sie keine oder deutlich weniger Aufbauten als ihre chinesischen Konkurrenten, die bisweilen sogar mehrere «Stockwerke» aufwiesen.

In der Einleitung war berichtet worden, der Monsunrhythmus habe das Leben auf See und den Handel zwischen einzelnen Orten über Jahrhunderte maßgeblich bestimmt. Das ist sicher korrekt, doch andererseits wissen wir, daß es neben den windabhängigen Seglern vielerorts auch solche Fahrzeuge gab, die zugleich oder gar ausschließlich mit Menschenkraft betrieben wurden. Chinesische Quellen enthalten z.B. Illustrationen galeerenähnlicher Konstruktionen. Entsprechende Darstellungen finden sich im *Nanchuan ji* und *Longjiang chuanchang zhi*, beide aus dem 16. Jahrhundert. Einige dieser «Galeeren» oder «Galeonen» kamen im Handel, Küstenschutz und Seekrieg zum Einsatz. Selbst die Iberer konnten nicht ganz auf riemengetriebene Schiffe verzichten. Was wir nicht wissen, ist zweierlei: wie hoch die Frachtanteile ausfielen, die auf Fahrzeugen dieses Zuschnitts – und eben nicht auf Segelschiffen – befördert wurden, und welche Richtung die Entwicklung des Schiffbaus nahm, wo und wann etwa Segeltechnik allmählich Rudertechnik verdrängte oder auch umgekehrt.

*«Tausendfüßler-Schiff» (*wugong chuan*) aus Hu Zongxians Werk* Chouhai tubian *(1562). Ganz ähnliche Abbildungen finden sich in weiteren Quellen der Ming- und frühen Qing-Zeit. Die «Tausenfüßler-Schiffe» erinnern an europäische Galeeren und bestimmte südostasiatische Schiffstypen. Wahrscheinlich wurden sie, von portugiesischen Vorbildern beeinflußt, seit dem frühen 16. Jahrhundert in China gebaut und mit leichten Kanonen ausgestattet.*

Weitere Fragen wirft die Beschaffung des Materials für den Schiffbau auf. Chinesische Texte ab der Song-Zeit liefern Anhaltspunkte für die ostasiatischen Gebiete, für Indien und die Arabische See fehlen vergleichbare Unterlagen. Allgemein kann angenommen werden, daß China alle Rohstoffe besaß, die für Rumpf, Aufbauten, Takelage und Kalfaterung erforderlich waren. Anders ist etwa das Bild bei Fahrzeugen im Golf und Roten Meer. Hier fehlte es stets an Holz. Meist wurden sie deshalb aus Material gezimmert, das von weither importiert werden mußte. Vielfach wird auch angenommen, arabische Schiffe seien in Indien geordert worden. Allmählich habe sich dann indisches Knowhow über das Meer verbreitet, wovon z.B. die Bootsbauer auf der Arabischen Halbinsel profitiert hätten.

Fest steht, daß indisches Teakholz ein beliebtes Baumaterial war. Die Portugiesen ließen viele ihrer ozeantauglichen *naus* – große Segler, die auf der Kap-Route unterwegs waren – in Indien zimmern und

Illustration zu einem Text, der dem Wirken der chinesischen Göttin der Seefahrenden gewidmet ist. Das Bild zeigt mehrmastige Schiffe, die nach Meinung einiger Experten jenen Fahrzeugen ähnlich gewesen sein könnten, welche die frühen Ming nach Südostasien und in den Indischen Ozean sandten.

warten. Solche Schiffe konnten gelegentlich mehrere Dekaden überdauern. Natürlich bedeutete dies, daß europäische Techniken mit den Portugiesen nach Asien gelangten. Doch alte Traditionen lebten überall fort, erwiesen sich bisweilen sogar als stärker. China lieferte ein schlagendes Beispiel dafür. Während sich Portugiesen, Spanier, Niederländer und Briten in Südostasien ausbreiteten, expandierte zugleich das fujianesische Handelsnetz, und zwar nahezu ausschließlich gestützt auf eigene bautechnische und nautische Erfahrungen, die im Schatten der europäischen Präsenz weiterentwickelt wurden und – so darf angenommen werden – zu vielen technischen Verbesserungen führten.

Häufig stellten Europäer, die immer neue Fahrzeuge benötigten, auch asiatische Schiffe in ihre Dienste. Auf der Route zwischen Goa, Melaka, Macau und Nagasaki waren z.B. Dschunken und andere Segler unterwegs, die Portugiesen gehörten. Einen Nachteil hatten diese Fahrzeuge jedoch: Sie waren nur selten so ausgelegt, daß auf ihnen Artillerie montiert werden konnte. Andererseits ist erwiesen, daß die chinesische Küstenmarine Kanonen mitführte. In mehreren Texten des 16. Jahrhunderts wird dieses Thema angeschnitten, außerdem lassen die Quellen erkennen, daß interne Diskussionen über Änderungen der Bewaffnung und die Einführung entsprechender Schiffstypen geführt wurden. China blieb somit gewissermaßen am Puls der Zeit.

Die Schiffsgrößen variierten natürlich von Ort zu Ort. In einigen Quellen, die nicht unbedingt beim Wort zu nehmen sind, wird von gigantischen Fahrzeugen gesprochen. Das gilt z.B. für die berühmten «Schatzschiffe» Zheng Hes. Auch von Pferdetransportern ist gelegentlich die Rede. Wie diese und andere Schiffe wirklich aussahen, bleibt bis heute ein Geheimnis. Museen brüsten sich gerne mit Modellen, die bis zu neun Masten aufweisen – in Anlehnung an literarische Quellen –, doch derlei geht wohl an der Wirklichkeit vorbei. Vermutlich waren die größten chinesischen Segler im 14. oder 15. Jahrhundert nicht viel «üppiger» als die schwerleibigen portugiesischen Karracken des 16. Jahrhunderts.

Ein letzter Gedanke betrifft noch einmal den seegestützten Austausch «an sich». Schiffe wurden, wie wir sahen, oftmals in der Fremde geordert, außerdem wurden Techniken von einem Ort zum anderen weitergegeben und Baumeister in den Dienst ausländischer Fürsten oder Unternehmer gestellt. Die Ryukyu-Inseln profitierten auf diese Weise von fujianesischen Erfahrungen, und chinesische Architekten scheinen auch in Südostasien gewirkt zu haben. Solche und andere Entwicklungen förderten natürlich den Handel mit Schiffszubehör. Nicht nur Holz ging über See – etwa von der indischen Westküste zur arabischen Welt –, sondern ebenso Coir, ja sogar Anker scheinen exportiert worden zu sein.

Der Austausch entsprechender Materialien, auf die viele angewiesen waren, die aber nicht überall zur Verfügung standen, zog naturgemäß gewisse Rivalitäten nach sich, welche gleichsam die «Logistik» des gesamten Systems betrafen. Hier ergeben sich neue Fragen. Offenbar gab es Gegenden, die über so viele Ressourcen verfügten, daß sie ihre Bauprogramme rasch ausweiten konnten – dazu gehörten die chinesischen Küstenprovinzen –, und wiederum andere Orte, die sehr viel verwundbarer waren. Ohne indische Schiffbauer, so ist zu vermuten, wären z.B. mehrere muslimische Händlergruppen kaum je ausgekommen. Das Entwicklungspotential einzelner Häfen scheint demnach bis zu einem gewissen Grade von ihrem schiffbautechnischen Umfeld abhängig gewesen zu sein. China und Indien genossen in dieser Hinsicht sicher Vorteile gegenüber den Küstengegenden Westasiens, doch andererseits geriet Indien immer wieder in Konflikte, besonders seit Ankunft der Portugiesen, was wiederum Chinas Chancen erhöht haben könnte, im internationalen Wettbewerb konkurrenzfähig zu bleiben. Die rasche Expansion des privaten chinesischen Handels unter den Ming würde unter Umständen zu diesem Bild passen.

Überhaupt entsteht der Eindruck, daß China über lange Zeitphasen an vorderster Front im Schiffbau stand. Spätestens im 9. oder 10. Jahrhundert scheinen sich im Fernen Osten größere technische Änderungen vollzogen zu haben, die autochthone und fremde Traditionen zusammenführten und – langfristig – jene Entwicklung ermöglichten, welche dann offenbar unter den frühen Ming ihren Höhepunkt erreichte. Die im chronologischen Teil dieses Buches unterstellte Sogwirkung, die von China aus auf weite Teile des asiatischen Seeraums ausgegangen sein muß, bekäme damit eine zusätzliche Komponente.

Literatur

Dieses Literaturverzeichnis enthält nur eine kleine Auswahl aus einem riesigen Angebot allgemeiner wie spezieller wissenschaftlicher Sekundärwerke in verschiedenen Sprachen. Moderne Standardgeschichten, die in größeren Reihen erschienen sind – z. B. in der *Fischer-Weltgeschichte* oder den verschiedenen *Cambridge Economic Histories* –, Enzyklopädien, spezielle Zeitschriften – etwa *Haijiaoshi yanjiu*, *Journal of the South Seas Society (Nanyang xuebao)*, *Zheng He yanjiu* oder *Zheng He yanjiu yu huodong jianxun* –, historische Nachschlagewerke, Bibliographien, kartographische und geographische Hilfsmittel, Werke zur nautischen Geschichte sowie Internetveröffentlichungen konnten hier nicht berücksichtigt werden. Ebenfalls nicht aufgeführt wurden Primärquellen und Quellensammlungen und entsprechende Übersetzungen, etwa von Reiseberichten – man denke z.B. an Ibn Battuta, Marco Polo, Fa Xian oder Gabriel Ferrands *Relations des voyages et texts géographiques arabs, persans et turks ...* –, außerdem epigraphisches Material, Archivquellen und sonstige Kollektionen.

Überblickswerke zu größeren Regionen und Epochen sowie zum Mittelmeermodel

Abu-Lughod, Janet L.: *Before European Hegemony. The World System A. D. 1250–1350*. New York etc. 1989.

Braudel, Fernand: *La Méditerranée et le monde méditerranéen à l'époque de Philippe II*. Paris 1949.

Chaudhuri, Kirti N.: *Trade and Civilisation in the Indian Ocean. An Economic History from the Rise of Islam to 1750*. Cambridge 1985.

Chen Yan: *Haishang sichou zhi lu yu Zhongwai wenhua jiaoliu*. Beijing 1996.

Das Gupta, Ashin, und Michael N. Pearson (Hg.): *India and the Indian Ocean, 1500–1800*. Calcutta 1987.

Feldbauer, Peter: *Die islamische Welt 600–1250. Ein Frühfall von Unterentwicklung?* Wien 1995.

Haarmann, Ulrich (Hg.): *Geschichte der arabischen Welt*. 4. erw. Aufl. München 2001.

Hall, Kenneth R.: *Maritime Trade and State Development in Early Southeast Asia*. Honolulu 1985.

Höllmann, Sabine: «Arabische Seereisen vom 9. bis zum 15. Jahrhundert», in Wolfgang Stein (Hg.), *Kolumbus oder Wer entdeckte Amerika?* (München 1992), S. 100–110.

Horden, Peregrine, und Nicholas Purcell: *The Corrupting Sea. A Study of Mediterranean History*. Oxford 2000.
Hourani, George F.: *Arab Seafaring in the Indian Ocean in Ancient and Early Medieval Times*. Princeton 1991.
Liu Yingsheng: *Silu wenhua. Haishang juan*. Hangzhou 1995.
Lombard, Denys: «Une autre ‹Méditerranée› dans le Sud-Est asiatique», *Hérodote* 28 (1998), S. 184–193.
Magalhães Godinho, Vitorino: *Os descobrimentos e a economia mundial*. 4 Bde. Lissabon 1991.
McPherson, Kenneth: *The Indian Ocean. A History of People and the Sea*. Delhi etc. 1993.
Pearson, Michael N.: *The Indian Ocean*. London 2003.
Reid, Anthony: *Southeast Asia in the Age of Commerce, 1450–1680*. 2 Bde. New Haven etc. 1988–1993.
Risso, Patricia: *Merchants and Faith. Muslim Commerce and Culture in the Indian Ocean*. Boulder 1995.
Sutherland, Heather: «Southeast Asian History and the Mediterranean Analogy», *Journal of Southeast Asian Studies* 34.1 (2003), S. 1–17.
Toussaint, Auguste: *Histoire de l'Océan Indien*. Paris 1961.
Wong, Roy Bin: «Entre monde et nation: les régions Braudéliennes en Asie», *Annales* 66.1 (2001), S. 9–16.

Thematisch und regional übergreifende Sammelbände

Begley, Vimala, und Richard Daniel De Puma (Hg.): *Rome and India. The Ancient Sea Trade*. Madison 1991.
Boussac, Marie-Françoise, und Jean-François Salles (Hg.): *Athens, Aden, Arikamedu. Essays on the Interrelations between India, Arabia and the Eastern Mediterranean*. New Delhi 1995.
Chandra, Satish (Hg.): *The Indian Ocean. Explorations in History, Commerce and Politics*. New Delhi etc. 1987.
Cimino, Rosa M. (Hg.): *Ancient Rome and India. Commercial and Cultural Contacts between the Roman World and India*. New Delhi 1994.
Conermann, Stephan (Hg.): *Der Indische Ozean in historischer Perspektive*. Hamburg 1998.
Chittick, Neville, und Robert I. Rotberg (Hg.): *East Africa and the Orient. Cultural Syntheses in Pre-Colonial Times*. New York etc. 1975.
Guillot, Claude, Denys Lombard und Roderich Ptak (Hg.): *From the Mediterranean to the China Sea. Miscellaneous Notes*. Wiesbaden 1998.
Lombard, Denys, und Jean Aubin (Hg.): *Marchands et hommes d'affaires asiatiques dans l'Océan Indien et la Mer de Chine, 13ᵉ-20ᵉ siècles*. Paris 1988.
Mollat du Jourdin, Michel (Hg.): *Sociétés et compagnies de commerce en Orient et*

dans l'Océan Indien. Actes du Huitième Colloque International d'Histoire Maritime (Beyrouth, 5–10 Septembre 1966). Paris 1970.

Prakash, Om, und Denys Lombard (Hg.): *Commerce and Culture in the Bay of Bengal, 1500–1800*. New Delhi 1999.

Ptak, Roderich: *China and the Asian Seas. Trade, Travel and Visions of the Other (1400–1750)*. Aldershot etc. 1998.

Ptak, Roderich: *China, the Portuguese and the Nanyang. Oceans and Routes, Regions and Trade (c. 1000–1600)*. Aldershot etc. 2004.

Ptak, Roderich, und Dietmar Rothermund (Hg.): *Emporia, Commodities and Entrepreneurs in Asian Maritime Trade, c. 1400–1750*. Stuttgart 1991.

Rao, S. R. (Hg.): *Marine Archaeology of Indian Ocean Countries. Proceedings of the First Indian Conference on Marine Archaeology of Indian Ocean Countries, October 1987*. Goa 1988.

Ray, Himanshu P., und Jean-François Salles (Hg.): *Maritime Communities of the Ancient Indian Ocean*. Lyon 1996.

Ray, Himanshu P., und Jean-François Salles (Hg.): *Tradition and Archaeology. Early Maritime Contacts in the Indian Ocean. Proceedings of the International Seminar* Techno-Archaeological Perspectives of Seafaring in the Indian Ocean, 4th cent. B. C. – 15th cent. A. D., *New Delhi, February 28 – March 4, 1994. New Delhi 1994*. Lyon etc. 1996.

Reade, Julian (Hg.): *The Indian Ocean in Antiquity*. London 1996.

Rothermund, Dietmar, und Susanne Weigelin-Schwiedrzik (Hg.): *Der Indische Ozean. Das afro-asiatische Mittelmeer als Kultur- und Wirtschaftsraum*. Wien 2004.

Salles, Jean-François (Hg.): *L'Arabie et ses mers bordières. I. Itinéraires et voisinages*. Lyon etc. 1988.

Scott, Rosemary, und John Guy (Hg.): *South East Asia & China. Art, Interaction & Commerce*. London 1995.

Sprengard, Karl A., und Roderich Ptak (Hg.): *Maritime Asia. Profit Maximisation, Ethics and Trade Structure, c. 1300–1800*. Wiesbaden 1994.

Thomaz, Luís Filipe F. R. (Hg.): *Aquém e além da Taprobana. Estudos orientais à memória de Jean Aubin e Denys Lombard*. Lissabon 2002.

Zhongguo yu haishang sichou zhi lu. China and the Maritime Silk Route. 2 Bde. Fuzhou 1991–1994.

Handelswaren und -ströme, Metalle, Geld, Keramik

Alves, Jorge M. dos Santos, Claude Guillot und Roderich Ptak (Hg.): *Mirabilia Asiatica. Produtos raros no comércio marítimo, produits rares dans le commerce maritime, seltene Waren im Seehandel*. 2 Bde. Wiesbaden etc. 2003–2005.

Atwell, William S.: «International Bullion Flows and the Chinese Economy, circa 1530–1650», *Past and Present* 95 (1982), S. 68–90.

Brown, Roxanna: *Guangdong Ceramics from Butuan and Other Philippine Sites.* Manila 1989.

Brown, Roxanna M.: *The Ceramics of South-East Asia. Their Dating and Identification.* Kuala Lumpur etc. 1978.

Burkill, Isaac H.: *A Dictionary of the Economic Products of the Malay Peninsula, with Contributions by William Birtwistle et al.* 2 Bde. London etc. 1935.

Chattopadhaya, B. D.: *Coins and Currency Systems in South India, c. AD 225–1300.* New Delhi 1977.

Donkin, R. A.: *Beyond Price. Pearls and Pearl Fishing. Origins to the Age of Discoveries.* Philadelphia 1998.

Donkin, R. A.: *Dragon's Brain Perfume. An Historical Geography of Camphor.* Leiden etc. 1999.

Francis, Peter: *Asia's Maritime Bead Trade, 300 B. C. to the Present.* Honolulu 2002.

Glahn, Richard von: *Fountain of Fortune. Money and Monetary Policy in China, 1000–1700.* Berkeley etc. 1996.

Goddio, Franck, et al.: *Lost at Sea. The Strange Route of the Lena Shoal Junk.* London 2002.

Groom, Nigel: *Frankincense and Myrrh. A Study of the Arabian Incense Trade.* London etc. 1981.

Guy, John S.: *Oriental Trade Ceramics in Southeast Asia, 9th to 16th Century.* Singapur 1986.

Guy, John S.: *Woven Cargoes: Indian Textiles in the East.* London 1998.

Hamashita Takeshi: «Ryukyuan Merchants and their Pepper Trade under the Tribute Trade System, 15th to 17th Centuries», in *Chinese Culture and Adjacent Nations (Papers from the Third International Conference on Sinology, History Section)* (Taibei 2003), S. 115–172.

Ho Chuimei (Hg.): *New Light on Chinese Yue and Longquan Wares. Archaeological Ceramics Found in Eastern and Southern Asia, A. D. 800–1400.* Hong Kong 1994.

Kellenbenz, Hermann (Hg.): *Precious Metals in the Age of Expansion. Papers of the XIVth International Congress of the Historical Sciences.* Stuttgart 1981.

Kobata, Atsushu: «The Production and Uses of Gold and Silver in Sixteenth and Seventeenth Century Japan», *Economic History Review* 18 (1965), S. 245–266.

Küster, Hansjörg: *Kleine Kulturgeschichte der Gewürze. Ein Lexikon von Anis bis Zimt.* München 1987.

Laufer, Berthold: *Sino-Iranica; Chinese Contributions to the History of Civilization in Ancient Iran, with Special Reference to the History of Cultivated Plants and Products.* Ndr. Taibei 1967. Ursprünglich in *Field Museum of Natural History, Anthropological Series* 15.3 (als Nr. 201; 1915).

Martinetz, Dieter, Karlheinz Lohs, und Jörg Janzen: *Weihrauch und Myrrhe; Kostbarkeiten der Vergangenheit im Licht der Gegenwart.* Berlin 1989.

Pelliot, Paul: *Notes on Marco Polo. Ouvrage posthume.* 3 Bde. Paris 1959–1973.

Pirazzoli-t'Serstevens, Michèle: *La céramique extrême-orientale à Julfar, dans l'émirat de Ra's al-Khaimah (XIVe-XVIe s.), indicateur chronologique, économique et culturel* (Beijing 2003).

Potts, D. T.: *The Pre-Islamic Coinage of Eastern Arabia.* Kopenhagen 1991. Supplement dazu: Kopenhagen 1994.

Ptak, Roderich: *China's Seaborne Trade with South and Southeast Asia (1200–1750).* Aldershot etc. 1998.

Richards, John F. (Hg.): *Precious Metals in the Later Medieval and Early Modern Worlds.* Durham 1983.

Rosu, Arion: «La girafe dans la faune de l'art indien», *Bulletin de l'École française d'Extrême-Orient* 71 (1982), S. 47–61.

Schafer, Edward H.: *The Golden Peaches of Samarkand. A Study of T'ang Exotics.* Berkeley etc. 1963.

Schafer, Edward H.: *The Vermilion Bird. T'ang Images of the South.* Berkeley etc. 1967.

Tampoe, Moira: *Maritime Trade between China and the West. An Archaeological Study of the Ceramics from Siraf.* Oxford 1989.

Thomaz, Luís Filipe F. R.: *A questão da pimenta em meados do século XVI. Um debate político do governo de D. João de Castro.* Lissabon 1998.

Tsao Yung-ho: «Pepper Trade in East Asia», *T'oung Pao* 68.4–5 (1982), S. 221–247.

Turner, Paula M.: *Roman Coins from India.* London 1989.

Warburg, O.: *Die Muskatnuss. Ihre Geschichte, Botanik, Kultur und Verwerthung sowie ihre Verfälschungen und Surrogate, zugleich ein Beitrag zur Kulturgeschichte der Banda-Inseln.* Leipzig 1897.

Watt, George et al.: *A Dictionary of the Economic Products of India.* 6 Teile in 9 Bdn., Indexband. Calcutta 1889–1990. Ndr. Delhi 1972.

Wheatley, Paul: «Geographical Notes on Some Commodities Involved in Sung Maritime Trade», *Journal of the Malayan Branch of the Royal Asiatic Society* 32.2 (1959), S. 5–140.

Wicks, Robert S.: *Money, Markets, and Trade in Early Southeast Asia. The Development of Indigenous Monetary Systems to AD 1400.* Ithaca, N. Y. 1992.

Wiesner, Ulrich: *Chinesische Keramik auf Hormoz. Spuren einer Handelsmetropole im Persischen Golf.* Köln 1979.

Wisseman, Jan Christie: «Money and Its Uses in the Javanese States of the Ninth to Fifteenth Centuries», *Journal of the Economic and Social History of the Orient* 39 (1996), S. 243–297.

Yamada Kentaro: *Kôryô hakabutsu jiten.* Tokyo 1979.

Yamada Kentaro: *Nankai kôyaku fu: supaisu-rûto no kenkyû.* Tokyo 1982.

Yamada Kentaro: *Tôzai kôyaku shi.* Tokyo 1956.

Schiffe, Wracks, Unterwasserarchäologie

Abu Ridho und E. Edwards McKinnon, hg. v. Sumarah Adhyatman: *The Pulau Buaya Wreck. Finds from the Song Period*. Jakarta 1998.

Blake, Warren, und Michael Flecker: «A Preliminary Survey of a South-East Asian Wreck, Phu Quoc Island, Vietnam», *The International Journal of Nautical Archaeology* 23.2 (1994), S. 73–91.

Brown, Roxanna, und S. Sjostrand: *Maritime Archaeology and Ship Wreck Ceramics in Malaysia*. Kuala Lumpur 2002.

Brown, Roxanna, und S. Sjostrand: *Turiang. A Fourteenth Century Shipwreck in Southeast Asian Waters*. Los Angeles 2000.

Church, Sally K.: «Zheng He: An Investigation into the Plausibility of 450-ft Treasure Ships», *Monumenta Serica* 53 (2005), S. 1–43.

Flecker, Michael: «A 9th Century AD Arab or Indian Shipwreck in Indonesian Waters: First Evidence for Direct Trade with China», *World Archaeology* 32 (2001), S. 335–354.

Flecker, Michael: *The Archaeological Excavation of the 10th Century Intan Shipwreck*. Oxford 2002.

Goddio, Franck et al.: *Sunken Treasure: Fifteenth Century Chinese Ceramics from the Lena Cargo*. London 2000.

Goddio, Franck, und Christian Tröster: *Weißes Gold. Versunken, entdeckt, geborgen*. Göttingen 1997 (übers. aus dem Franz.).

Green, Jeremy, und Rosemary Harper (Hg.): *The Maritime Archaeology of Shipwrecks and Ceramics in Southeast Asia*. Victoria (Australien) 1987.

Horridge, George A.: *The Design of Planked Boats of the Moluccas*. London 1978.

Horridge, George A.: *Sailing Craft of Indonesia*. Singapur 1986.

Manguin, Pierre-Yves: «Late Medieval Asian Shipbuilding in the Indian Ocean. A Reapprisal», *Moyen Orient et Océan Indien* 2.2 (1985), S. 1–30.

Manguin, Pierre-Yves: «The Southeast Asian Ship: An Historical Approach», *Journal of Southeast Asian Studies* 11.2 (1976), S. 266–276.

Manguin, Pierre-Yves: «Trading Ships of the South China Sea: Shipbuilding Techniques and their Role in the Development of Asian Trading Networks», *Journal of the Economic and Social History of the Orient* 36 (1993), S. 253–280.

Moreland, W. H.: «The Ships of the Arabian Sea about A. D. 1500», *Journal of the Royal Asiatic Society of Great Britain and Ireland* 2 (1939), S. 173–192.

Needham, Joseph et al.: *Science and Civilisation in China*. Bd. IV/3. Cambridge 1971 (darin Sektion «Nautical Technology», S. 379–695).

Scheuring, Hans L.: *Die Drachenflußwerft von Nanking. Das Lung-chiang ch'uan-ch'ang chih, eine Ming-zeitliche Quelle zur Geschichte des chinesischen Schiffbaus*. Frankfurt a. M. 1987.

Turnbull, Stephen, und Wayne Reynolds: *Fighting Ships of the Far East*. Bd. 1: *China and Southeast Asia, 202 BC – AD 1419*. Oxford 2002.

Turnbull, Stephen, und Wayne Reynolds: *Fighting Ships of the Far East*. Bd. 2: *Japan and Korea, AD 612–1639*. Oxford 2003.
Underwood, Horace G.: «Korean Boats and Ships», *Journal of the Korea Branch of the Royal Asiatic Society* 23 (1933), S. 1–100.

Gelbes und Ostchinesisches Meer: China, Japan, Korea, Ryuyku

Amino Yoshihiko: *Môkô shûrai*. Tokyo 1974.
Batten, Bruce L.: *Gateway to Japan: Hakata in War and Peace, 500–1300*. Honolulu 2006.
Farris, William W.: *The Evolution of Japan's Military, 500–1300*. Cambridge, Mass. 1995.
Hazard, Benjamin H.: «Creation of the Korean Navy during the Koryo Period», *Transactions of the Royal Asiatic Society, Korea Branch* 48 (1973), S. 10–28.
Kerr, George H.: *Okinawa. The History of an Island People*. Ndr. Rutland etc. 1970.
Kreiner, Josef (Hg.): *Ryûkyû in World History*. Bonn 2001.
Kuroda Toshio: *Môkô shûrai*. Tokyo 1965.
Mueller, Gerhard: *Wohlwollen und Vertrauen; die Investiturgesandtschaft von Chen Kan im Jahr 1534 vor dem Hintergrund der politischen und wirtschaftlichen Beziehungen des Ming-Reiches zu den Ryûkyû-Inseln zwischen 1372 und 1535*. Heidelberg 1991.
Nakamura Hidetada: *Nihon to Chosôn*. Tokyo 1966.
Ptak, Roderich: «The Ryukyu Network in the Fifteenth and Early Sixteenth Century», *Revista de Cultura / Review of Culture* (internationale Ausg.) 6 (2003), S. 7–23.
Robinson, Kenneth R.: «Centering the King of Chosôn. Aspects of Korean Maritime Diplomacy, 1392–1592», *Journal of Asian Studies* 59.1 (2000), S. 109–125.
Robinson, Kenneth R.: «The *Haedong Chegukki* (1471) and Korean-Ryukyuan Relations, 1389–1471», *Acta Koreana* 3 (2000), S. 87–98, und 4 (2001), S. 115–142.
Schottenhammer, Angela (Hg.): *Trade and Transfer Across the East Asian ‹Mediterranean›*. Wiesbaden 2005.
Seyock, Barbara: *Auf den Spuren der Ostbarbaren. Zur Archäologie protohistorischer Kulturen in Südkorea und Westjapan*. Münster 2004.
So Kwan-wai: *Japanese Piracy in Ming China during the 16th Century*. East Lansing 1975.
Tamura Hiroyuki: *Chûsei Nitchô bôeki no kenkyû*. Tokyo 1967.
Verschuer, Charlotte von: *Le commerce extérieur du Japon. Des origines au XVIe siècle*. Paris 1988.
Wang Yi-T'ung: *Official Relations between China and Japan, 1368–1549*. Cambridge, Mass. 1953.

Wang Zhen-ping: *Ambassadors from the Island of Immortals. China-Japan Relations in the Han-Tang Period.* Honolulu 2005.
Wiethoff, Bodo: *Die chinesische Seeverbotspolitik und der private Überseehandel von 1368–1567.* Hamburg 1963.
Xie Bizhen: *Zhongguo yu Liuqiu.* Xiaman 1996.
Yamashiro, José: *Okinawa, uma ponte para o mundo.* São Paulo 1993.
Zhong Liu wenhua jingji xiehui (Hg.): *Di yi (er, san ...) jie Zhong Liu lishi guanxi guoji xueshu hui.* Taibei 1988– (mehrere Bände, fortlaufend).

China allgemein: einzelne Epochen und maritime Kontakte

Bielenstein, Hans: *Diplomacy and Trade in the Chinese World, 589–1276.* Leiden etc. 2005.
Chang Pin-tsun: *Chinese Maritime Trade. The Case of Sixteenth-Century Fu-chien (Fukien).* Princeton 1983 (unveröffentl. Diss.).
Chen Gaohua und Wu Tai: *Song Yuan shiqi de haiwai maoyi.* Tianjin 1981.
Chen Jiarong (Aaron Chen, Chan Kai Wing): *Zhongwai jiaotong shi.* Hong Kong 1987.
Chin, James K. (Qiang Jiang): *Merchants and Other Sojourners. The Hokkiens Overseas, 1570–1760.* Hong Kong 1999 (unveröffentl. Diss.)
Dars, Jacques: *La marine chinoise du Xe siècle au XIVe siècle.* Paris 1992.
Deng Gang: *Chinese Maritime Activities and Socioeconomic Development, c. 2100 B. C. – 1900 A. D.* Westport etc. 1997.
Deng Gang: *Maritime Sector, Institutions and Sea Power of Premodern China.* Westport etc. 1999.
Din Ta-san, José, und Francisco F. Olesa Muñido: *El poder naval chino desde sus origines hasta la caída de la dínastia Ming (siglos VI a. de J.C. – XVII d. de J.C.)* (mit Pao Tsen-peng et al.). Barcelona 1965.
Höllmann, Thomas O.: «Das Reich ohne Horizont: Berührungen mit den Fremden jenseits und diesseits der Meere (14. bis 19. Jahrhundert)», in Wolfgang Bauer (Hg.), *China und die Fremden. 3000 Jahre Auseinandersetzung in Krieg und Frieden* (München 1980), S. 161–196.
Huang Chunyan: *Songdai haiwai maoyi.* Beijing 2003.
Kobata Atsushi: *Hainandao shi.* Taibei 1979 (übers. aus dem Jap.).
Kuwabara, Jitsuzô: «P'u Shou-keng; a Man of the Western Regions, who was the Superintendent of the Trading Ships' Office in Ch'üan-chou towards the End of the Sung Dynasty, together with a General Sketch of the Arabs in China during the T'ang and Sung Eras», *Memoirs of the Research Department of the Toyo Bunko* 2 (1928), S. 1–79, und 7 (1935), S. 1–104.
Liao Dake: *Fujian haiwai jiaotong shi.* Fuzhou 2002.
Lin Tien-wai (Lin Tianwei): *Songdai xiangyao maoyi shigao (A History of the Perfume Trade of the Sung Dynasty).* Hong Kong 1960.

Lo Jung-pang: «The Emergence of China as a Sea Power during the Late Sung and Early Yüan Periods», *The Far Eastern Quarterly* 14.4 (1955), S. 489–505.

Lo Jung-pang: «Maritime Commerce and Its Relation to the Sung Navy», *Journal of the Economic and Social History of the Orient* 12 (1969), S. 57–101.

Reischauer, Edwin O.: «Notes on Tang Dynasty Searoutes», *Harvard Journal of Asiatic Studies* 5 (1940), S. 142–164.

Schottenhammer, Angela: *Das songzeitliche Quanzhou im Spannungsfeld zwischen Zentralregierung und maritimem Handel. Unerwartete Konsequenzen des zentralstaatlichen Zugriffs auf den Reichtum einer Küstenregion*. Stuttgart 2002.

Schottenhammer, Angela (Hg.): *The Emporium of the World. Maritime Quanzhou, 1000–1400*. Leiden 2001.

Schottenhammer, Angela, und Roderich Ptak (Hg.): *The Perception of Maritime Space in Traditional Chinese Sources*. Wiesbaden 2006.

So, Billy K. L.: *Prosperity, Region, and Institutions in Maritime China. The South Fukien Pattern, 946–1368*. Cambridge, Mass., etc. 2000.

Sun Guangqi: *Zhongguo gudai hanghai shi*. Beijing 1989.

Xu Xiaowang et al.: *Fujian tongshi*. 5 Bde. Fuzhou 2006.

Yu Changsen: *Yuandai haiwai maoyi*. Xi'an 1994.

Zhang Tieniu und Gao Xiaoxing: *Zhongguo gudai haijun shi*. Beijing 1993.

Zhang Wei und Fang Kun (Hg.), *Zhongguo haijiang tongshi*. Zhengzhou 2003.

Zhongguo haiyang fazhanshi lunwenji. Taibei 1984– (mehrere Bände, fortlaufend).

Südchinesisches Meer, Sulu-Zone, ostindonesische Meere

Andaya, Leonard: *The World of Maluku. Eastern Indonesia in the Early Modern Period*. Honolulu 1993.

Bellwood, Peter: *Prehistory in the Indo-Malaysian Archipelago*. 2. Aufl. Honolulu 1997.

Breazeale, Kennon (Hg.): *From Japan to Arabia. Ayutthaya's Maritime Relations with Asia*. Bangkok 1999.

Brown, D. E.: *Brunei, the Structure and History of a Bornean Malay Sultanate*. Brunei (Bandar Seri Begawan) 1970.

Charnvit Kasetsiri: *The Rise of Ayudhaya. A History of Siam in the Fourteenth and Fifteenth Centuries*. Kuala Lumpur 1976.

Chen, Chingho A.: *Historical Notes on Hoi-an (Faifo)*. Carbondale 1974.

Chen Jiarong (Chan Kai Wing, Aaron Chen): *Sui qian Nanhai jiaotong shiliao yanjiu*. Hongkong 2003.

Coedès, George: *Les états hindouisés d'Indochine et d'Indonésie*. Ndr. Paris 1964.

Graaf, H. J. de, und Th. G. Th. Pigeaud: *De eerste moslimse vorstendommen op Java. Studiën over de staatkundige geschiedenis van de 15de en 16de eeuw*. Den Haag 1974.

Guida, Donatella: *Immagini del Nanyang. Realtà e stereotipi nella storiografia cinese verso la fine della dinastia Ming*. Neapel 1991.

Hutterer, Karl (Hg.): *Economic Exchange and Social Interaction in Southeast Asia. Perspectives from Prehistory, History and Ethnography*. Ann Arbor 1977.

Jacq-Hergoualac'h, Michel, et al.: «La région de Nakhon Si Thammarat (Thaïlande peninsulaire) du Ve au XIVe siècle», *Journal Asiatique* 284.2 (1996), S. 361–435.

Jacq-Hergoualac'h, Michel: *The Malay Peninsula. Crossroads of the Maritime Silk Road (100 BC – 1300 AD)*. Leiden etc. 2002.

Jiang Zuyuan, Fang Zhiqin et al.: *Jianming Guangdong shi*. Guangzhou 1987.

Lombard, Denys: *Le carrefour javanais. Essai d'histoire globale*. 3 Bde. Paris 1990.

Maspero, Henri: *Le royaume de Champa*. Paris etc. 1928.

National Committee for the International Symposium on the Ancient Town of Hoi An (Hg.): *Ancient Town of Hoi An. International Symposium Held in Danang on 22–23 March 1990*. Hanoi 1999.

Noorduyn, J.: «Majapahit in the Fifteenth Century», *Bijdragen tot de Taal-, Land- en Volkenkunde* 134.2–3 (1978), S. 207–274.

Manguin, Pierre-Yves (Hg.): *Sriwijaya. History, Religion, and Language*. Kuala Lumpur 1995.

Marr, David G., und A. C. Milner (Hg.): *Southeast Asia in the 9th to 14th Centuries*. Singapur 1986.

Meilink-Roelofsz, M. A. P.: *Asian Trade and European Influence in the Indonesian Archipelago between 1500 and about 1630*. Den Haag 1962.

Müller, Shing, Thomas O. Höllmann und Putao Gui (Hg.): *Guangdong. Archaeology and Early Texts, Archäologie und frühe Texte (Zhou-Tang)*. Wiesbaden 2004.

Pelliot, Paul: «Le Fou-Nan», *Bulletin de l'École française d'Extrême-Orient* 3 (1903), S. 248–303.

Reid, Anthony: *Charting the Shape of Early Modern Southeast Asia*. Chiang Mai 2000.

Saleeby, Najeeb M.: *The History of Sulu*. Manila 1963.

Salmon, Claudine: «Srivijaya, la Chine et les marchands chinois (X^{e}-XIIe siècles). Quelques réflexions sur la société de l'empire sumatranais», *Archipel* 63 (2002), S. 57–78.

Salmon, Claudine, und Roderich Ptak (Hg.): *Hainan. De la Chine à l'Asie du Sud-Est, von China nach Südostasien*. Wiesbaden 2001.

Sandhu, Kernial S., und Paul Wheatley (Hg.): *Melaka. The Transformation of a Malay Capital, 1400–1800*. 2 Bde. Kuala Lumpur 1983.

Schaffer, Lynda N.: *Maritime Southeast Asia to 1500*. Armonk etc. 1996.

Slametmuljana: *A Story of Majapahit*. Singapore 1976.

Suebsang, Promboon: *Sino-Siamese Tributary Relations, 1282–1853*. Madison 1971 (unveröffentl. Diss.).

Tibbetts, G. R.: *A Study of the Arabic Texts Containing Material on South-East Asia.* Leiden etc. 1979.

Wada Sei: «The Philippine Islands as Known to the Chinese before the Ming Period», *Memoirs of the Research Department of the Toyo Bunko* 4 (1929), S. 121–166.

Wade, Geoffrey P.: *The Ming shi-lu as a Source for Southeast Asian History. Fourteenth to Seventeenth Centuries.* Hongkong 1994 (Diss., nicht gedruckt, aber im Netz).

Wang Chuan: *Shibo taijian yu Nanhai maoyi. Mingdai Guangdong shibo taijian yanjiu.* Hongkong 2001.

Wang Gungwu: «The Nanhai Trade. A Study of the Early History of Chinese Trade in the South China Sea», *Journal of the Malayan Branch of the Royal Asiatic Society* 31.2 (1958), S. 1–135.

Wheatley, Paul: *The Golden Khersonese. Studies in the Historical Geography of the Malay Peninsula before A. D. 1500.* Kuala Lumpur 1961.

Whitmore, John K.: *Vietnam, Ho Quy Ly, and the Ming (1371–1421).* New Haven 1985.

Wisseman, Jan Christie: «Javanese Markets and the Asian Sea Trade Boom of the Tenth to the Thirteenth Centuries A. D.», *Journal of the Economic and Social History of the Orient* 41 (1998), S. 344–381.

Wolters, O. W.: *Early Indonesian Commerce. A Study of the Origins of Srivijaya.* Ithaca, N. Y. 1967.

Wolters, O. W.: *The Fall of Srivijaya in Malay History.* Ithaca, N. Y. 1970.

Golf von Bengalen, Andamanisches Meer

Abraham, Meera: *Two Medieval Merchant Guilds of South India.* New Delhi 1988.

Aiyangar, Krishnaswami S., et al.: *Vijayanagara. History and Legacy.* New Delhi 2000.

Aung-Thwin, Michael: *Pagan. The Origins of Modern Burma.* Honolulu 1985.

Bandaranayake, Senake, et al. (Hg.): *Sri Lanka and the Silk Road of the Sea.* Colombo 1990.

Begley, Vimala (Hg.): *The Port of Arikamedu. New Excavations and Researches, 1989–1992.* Paris 1996.

Drakard, Jane: «An Indian Ocean Port. Sources for the Earlier History of Barus», *Archipel* 37 (1989), S. 53–82.

Eaton, R. M.: *The Rise of Islam and the Bengal Frontier, 1204–1760.* Berkeley 1993.

Frasch, Tilman: *Pagan. Stadt und Staat.* Stuttgart 1996.

Glover, Ian C.: *Early Trade between India and Southeast Asia. A Link in the Development of a World Trading System.* Hull 1989.

Gommans, Jos, und Jacques Leider (Hg.): *The Maritime Frontier of Burma. Ex-*

ploring Political, Cultural and Commercial Interaction in the Indian Ocean World, 1200–1800. Leiden 2002.

Guillon, Emmanuel: *The Mons. A Civilization of Southeast Asia*. Bangkok 1999.

Guillot, Claude (Hg.): *Histoire de Barus. Le site de Lobo Tua*. 2 Bde. Paris 1998–2003.

Hall, Kenneth R.: *Trade and Statecraft in the Age of the Colas*. New Delhi 1980.

Jacq-Hergoualac'h, Michel: *La civilisation de ports-entrepôts du Sud-Kedah (Malaysia), Ve-XIVe siècles*. Paris 1992.

Jacq-Hergoualac'h, Michel: *The Malay Peninsula. Crossroads of the Maritime Silk Road (100 BC – 1300 AD)*. Leiden etc. 2002.

Kulke, Hermann, und Dietmar Rothermund: *Geschichte Indiens. Von der Induskultur bis heute*. München 1998.

Lombard, Denys: *Le sultanat d'Atjéh au temps d'Iskandar Muda, 1607–1636*. Paris 1967.

McKinnon, E. Edwards et al.: «A Note on Aru and Kota Cina», *Indonesia* 26 (1978), S. 1–42.

Pathmanathan, S.: *The Kingdom of Jaffna, I (ca. 1250–1450)*. Colombo 1978.

Ray, Haraprasad: *Trade and Diplomacy in India-China Relations. A Study of Bengal during the Fifteenth Century*. New Delhi 1993.

Ray, Himanshu P.: *The Winds of Change. Buddhism and the Maritime Links of Early South Asia*. Delhi etc. 1994.

Sandhu, Kernial S., und Paul Wheatley (Hg.): *Melaka. The Transformation of a Malay Capital, 1400–1800*. 2 Bde. Kuala Lumpur 1983.

Sastri, K. A. Nilakanta: *A History of South India. From Prehistoric Times to the Fall of Vijayanagar*. 12. Aufl. Madras etc. 1994.

Sastri, K. A. Nilakanta: *The Colas*. 2. Aufl. Madras 1955.

Sastri, K. A. Nilakanta: *The Pandyan Kingdom. From Earliest Times to the Sixteenth Century*. 2. Aufl. Madras 1972.

Spencer, George W.: *The Politics of Expansion. The Chola Conquest of Sri Lanka and Sri Vijaya*. Madras 1983.

Stargardt, Janice: «Burma's Economic and Diplomatic Relations with India and China from Early Medieval Sources», *Journal of the Economic and Social History of the Orient* 14.1 (1971), S. 38–62.

Stargardt, Janice: *The Ancient Pyu of Burma*. Bd. 1. *Early Pyu Sites in a Man-made Landscape*. Cambridge etc. 1990.

Stein, Burton: *Vijayanagara*. Cambridge etc. 1989.

Subrahmanian, Nainar: *A History of Tamilnad (to A. D, 1336)*. Madurai 1972.

Tibbetts, G. R.: *A Study of the Arabic Texts Containing Material on South-East Asia*. Leiden etc. 1979.

Weerakkody, D. P. M.: *Taprobanê. Ancient Sri Lanka as Known to Greeks and Romans*. Brepols etc. 1997.

Arabisches Meer, Persischer Golf, Rotes Meer

Agrawal, A.: *Rise and Fall of the Imperial Guptas.* Delhi 1989.

Ahmad, Maqbul: *Indo-Arab Relations. An Account of India's Relations with the Arab World from Ancient up to Modern Times.* [New Delhi] 1969.

Alam, Muzaffar, und Sanjay Subrahmanyam (Hg.): *The Mughal State, 1526–1750.* New Delhi 1998.

Ashtor, Eliyahu: *The Levant Trade in the Later Middle Ages.* Princeton 1973.

Aubin, Jean: «L'apprentissage de l'Inde. Cochin 1503–1504», *Moyen Orient et Océan Indien* 4 (1987), S. 1–96.

Aubin, Jean: «Le royaume d'Ormuz au début du XVIe siècle», *Mare Luso-Indicum* 2 (1973), S. 77–179.

Aubin, Jean: «Les princes d'Ormuz du XIIIe au XVe siècle», *Journal Asiatique* 241 (1953), S. 77–138.

Barendse, René J.: «Trade and State in the Arabian Seas. A Survey from the Fifteenth to the Eighteenth Century», *Journal of World History* 11.2 (2000), S. 173–225.

Biedermann, Zoltán: *Soqotra. Geschichte einer «christlichen» Insel im Indischen Ozean. Vom Altertum bis zur frühen Neuzeit.* Wiesbaden 2006.

Boucharlat, Remy, und Jean-François Salles (Hg.): *Arabie orientale, Mésopotamie et Iran méridional de l'âge du fer au début de la periode islamique.* Paris 1984.

Bouchon, Geneviève: «Les musulmans du Kerala à l'époque de la découverte portugaise», *Mare Luso-Indicum* 2 (1972), S. 3–59.

Bouchon, Geneviève: *Mamale de Cananore. Un adversaire de l'Inde portugaise (1507–1528).* Genf etc. 1975.

Chittik, Neville: «Indian Relations with East Africa before the Arrival of the Portuguese», *Journal of the Royal Asiatic Society of Great Britain and Ireland* (1980), S. 117–127.

Chittick, Neville: *Kilwa. An Islamic Trading City on the East African Coast.* 2 Bde. Nairobi 1974.

Crone, Patricia: *Meccan Trade and the Rise of Islam.* Princeton 1987.

Dihle, Albrecht: *Antike und Orient. Gesammelte Aufsätze.* Heidelberg 1984.

Doumenge, Françoise: «L'halieutique maldevienne, une ethno-culture millénaire», *Archipel* 70 (2005), S. 67–138.

Faroqhi, Suraiya: *Geschichte des Osmanischen Reiches.* München 2000.

Gopal, Surendra: *Commerce and Crafts in Gujarat, XVIth & XVIIth Centuries. A Study in the Impact of European Expansion on Precapitalist Economy.* New Delhi 1975.

Gronke, Monika: *Geschichte Irans. Von der Islamisierung bis zur Gegenwart.* München 2003.

Jackson, Peter: *The Delhi Sultanate.* Cambridge 1999.

Jain, Vardhman K.: *Trade and Traders in Western India (AD 1000–1300).* New Delhi 1990.

Janaki, Vengalil A.: *The Commerce of Cambay from the Earliest Period to the Nineteenth Century*. Baroda 1980.

Kreiser, Klaus: *Der osmanische Staat, 1300–1922*. München 2001.

Kulke, Hermann, und Dietmar Rothermund: *Geschichte Indiens. Von der Induskultur bis heute*. München 1998.

Lombard, Maurice: *Blütezeit des Islam. Eine Wirtschafts- und Kulturgeschichte, 8.–11. Jahrhundert*. Frankfurt a. M. 1992 (übers. aus dem Franz.)

Maloney, Clarence: *People of the Maldive Islands*. Bombay etc. 1980.

Matuz, Josef: *Das Osmanische Reich. Grundlinien seiner Geschichte*. Darmstadt 1985.

Munro-Hay, Stuart C.: *Aksum. An African Civilisation of Late Antiquity*. Edinburgh 1991.

Nagel, Tilman: *Timur der Eroberer und die islamische Welt des späten Mittelalters*. München 1993.

Piacentini, Valeria Fiorani: *L'emporio ed il regno di Hormoz (VIII – fine XV sec. d. Cr.), vicende storiche, problemi ed aspetti di una civiltà costiera del Golfo Persico*. Mailand 1975.

Piacentini, Valeria Fiorani: *Merchants, Merchandize and Military Power in the Persian Gulf (Sûriyânj / Shahriyâj-Sîrâf)*. o. O. 1992.

Pigulevskaja, Nina V.: *Byzanz auf den Wegen nach Indien. Aus der Geschichte des byzantinischen Handels mit dem Orient vom 4. bis 6. Jahrhundert*. Berlin etc. 1969.

Potts, Daniel T.: *Archaeology of the United Arab Emirates. Proceedings of the First International Conference on the Archaeology of the U. A. E.* London 2003.

Potts, Daniel T. (Hg.): *Dilmun. New Studies in the Archaeology and Early History of Bahrain*. Berlin 1983.

Potts, Daniel T.: *The Arabian Gulf in Antiquity*. 2 Bde. Oxford 1990.

Pouwels, Randall L.: *Horn and Crescent. Cultural Change and Traditional Islam on the East African Coast, 800–1900*. Cambridge 1987.

Ratnagar, Shereen: *Encounters. The Westerly Trade of the Harappa Civilization*. Delhi etc. 1981.

Ratnagar, Shereen: *Trading Encounters. From the Euphrates to the Indus in the Bronze Age*. Delhi etc. 2004.

Rice, Michael: *The Archaeology of the Arabian Gulf, c. 5000–323 BC*. London etc. 1994.

Richards, John F.: *The Mughal Empire*. Cambridge etc. 1993.

Roemer, Hans R.: *Persien auf dem Weg in die Neuzeit. Iranische Geschichte von 1350–1750*. Wiesbaden 1989.

Sastri, K. A. Nilakanta: *A History of South India. From Pre-historic Times to the Fall of Vijayanagar*. 12. Aufl. Madras etc. 1994.

Savory, Roger: *Iran under the Safavids*. Cambridge 1980.

Schlingloff, Dieter: «Indische Seefahrt in römischer Zeit», in Hermann Müller-Karpe (Hg.), *Zur geschichtlichen Bedeutung der frühen Seefahrt* (München 1982), S. 51–85.

Serjeant, Robert B., und G. Rex Smith (Hg.): *Society and Trade in South Arabia*. Aldershot etc. 1996.

Spuler, Bertold: *Die Mongolen in Iran. Politik, Verwaltung und Kultur der Ilchanzeit, 1220–1350*. 3. Aufl. Berlin 1968.

Stein, Burton: *Vijayanagara*. Cambridge etc. 1989.

Vérin, Pierre: *The History of Civilization in North Madagascar*. Rotterdam 1986.

Williamson, Andrew: *Sohar and Omani Seafaring in the Indian Ocean*. Muscat 1973.

Kontakte über mehrere Zonen hinweg

Cho Hungguk: «Early Contacts between Korea and Thailand», *Korea Journal* 35.1 (1995), S. 106–118.

Ferrand, Gabriel: «Le K'ouen-louen et les anciennes navigations interocéaniques dans les mers du sud», *Journal Asiatique*, 11. Ser., 13.2 (1919), S. 239–333, 13.3 (1919), S. 431–492; 14 (1919), S. 5–68, 201–241.

Ferrand, Gabriel: «Les îles Râmni, Lâmery, Wâkwâk, Komor des géographes arabes, et Madagascar», *Journal Asiatique*, 10. Ser., 10.3 (1907), S. 433–566.

Filesi, Teobaldo: *I viaggi dei Cinesi in Africa nel medioevo*. Rom 1961.

Filesi, Teobaldo: *Le relazioni della Cina con l'Africa nel medioevo*. Mailand 1963. Ursprünglich in *Annali della Facoltà di Scienze Politiche ed Economia e Commercio della Università degli Studi di Perugia* (1961–1962).

Guillot, Claude: «La Perse et le Monde malais. Échanges commerciaux et intellectuels», *Archipel* 68 (2004), S. 159–192.

Gunaratna, Rohan: *Sino-Lankan Connection. 2000 Years of Cultural Relations*. Colombo 1987.

Hirth, Friedrich: *China and the Roman Orient. Researches into their Ancient and Mediaeval Relations as Represented in Old Chinese Records*. Leipzig 1885.

Iwao Seiichi: *Nanyô Nihon machi no kenkyû*. Tokyo 1966.

Iwao Seiichi: *Shuinsen bôekishi no kenkyû*. Tokyo 1958.

Karashima Noboru: «Trade Relations Between South India and China during the 13th and 14th Centuries», *Journal of East-West Maritime Relations* 1 (1989), S. 59–81.

Kauz, Ralph: *Politik und Handel zwischen Ming und Timuriden. China, Iran und Zentralasien im Spätmittelalter*. Wiesbaden 2005.

Kauz, Ralph, und Roderich Ptak: «Hormuz in Yuan and Ming Sources», *Bulletin de l'École française d'Extrême-Orient* 88 (2001), S. 27–75.

Kobata Atsushi: *Chûsei Nantô tsûkô bôekishi no kenkyû*. Tokyo 1939.

Liu Xinru: *Ancient India and Ancient China. Trade and Religious Exchanges, AD 1–600*. Delhi etc. 1988.

Pelliot, Paul: «Deux itinéraires de Chine en Inde à la fin du VIIIe siècle», *Bulletin de l'École française d'Extrême-Orient* 4 (1904), S. 131–413.
Ray, Haraprasad: *Trade and Trade Routes between India and China, c. 140 B. C. – A. D. 1500*. Kalkutta 2003.
Reichert, Folker: *Begegnungen mit China. Die Entdeckung Ostasiens im Mittelalter*. Sigmaringen 1992.
Rose di Meglio, Rita: «Il commercio arabo con la Cina dal X secolo all'avvento dei Mongoli», *Annali del Instituto Universitario Orientale*, neue Ser. 16 (1965), S. 137–175.
Salmon, Claudine: «Les Persans à l'extrémité orientale de la route maritime (IIe A. E. – XVIIe siècles)», *Archipel* 68 (2004), S. 23–58.
Sen, Tansen: *Buddhism, Diplomacy and Trade. The Realignment of Sino-Indian Relations, 600–1400*. Honolulu 2003.
Shen Fuwei: *Zhongguo yu Feizhou – Zhong Fei guanxi erqian nian*. Beijing 1990.
Thomaz, Luís Filipe F. R.: «La présence iranienne autour de l'océan Indien au XVIe siècle d'après les sources portugais de l'époque», *Archipel* 68 (2004), S. 59–158.
Wheatley, Paul: «The Land of Zanj; Exegetical Notes on Chinese Knowledge of East Africa prior to A. D. 1500», in Robert W. Steel und R. Mansell Prothero (Hg.), *Geographers and the Tropics. Liverpool Essays* (London 1964), S. 139–187.

Der staatliche Ming-Seehandel und Zheng He

Chen Xinxiong und Chen Yunü (Hg.): *Zheng He xia Xiyang. Guoji xueshu yantaohui lunwenji*. Taibei 2003.
Ieong Wan Chong (Yang Yunzhong) (Hg.): *Zheng He yu haishang sichou zhi lu (Zheng He and the Maritime Silk Route)*. Macau 2005.
Jiangsu sheng jinian Zheng He ... (Hg.): *Zhuancheng wenming, zouxiang shijie, heping fazhan. Jinian Zheng He xia Xiyang 600 zhounian guoji xueshu luntan lunwenji (Carry on Civilization, Open the World, for Peace and Development. Proceedings of the International Academic Forum in Memory of the 600th Anniversary of Zheng He's Expedition)*. Beijing 2005.
Ptak, Roderich: *Cheng Hos Abenteuer im Drama und Roman der Ming-Zeit. Hsia Hsi-yang: ... Hsi-yang chi: ...* Stuttgart 1986.
Ray, Haraprasad: *Trade and Diplomacy in India-China Relations. A Study of Bengal during the Fifteenth Century*. New Delhi 1993.
Salmon, Claudine, und Roderich Ptak (Hg.): *Zheng He. Images & Perceptions, Bilder & Wahrnehmungen*. Wiesbaden 2005.
Su Mingyang: *Seven Epic Voyages of Zheng He in Ming China (1405–1433)*. Facts, Fiction and Fabrication. Torrance 2005.
Zheng Yijun: *Zheng He xia Xiyang*. Beijing 1985.

Zhu Mingyuan et al. (Hg.): *Wang Jinghong yu Zheng He xia Xiyang*. Hongkong 2004.

Portugiesen, Spanier und Asiaten im 16. Jahrhundert

Alves, Jorge M. dos Santos: *O domínio do norte de Samatra. A história dos sultanatos de Samudera-Pacém e de Achém e as suas relações com os Portugueses (1500–1580)*. Lissabon 1999.

Borschberg, Peter (Hg.): *Iberians in the Singapore-Melaka Area and Adjacent Regions (16th to 18th Century)*. Wiesbaden etc. 2004.

Bouchon, Geneviève: *Albuquerque. Le lion des mers d'Asie*. Paris 1992.

Bouchon, Geneviève: *Vasco da Gama*. Paris 1997.

Chaunu, Pierre: *Les Philippines et le Pacifique des Ibériques (XVIe, XVIIe, XVIIIe siècles). Introduction méthodologique et indices d'activité*. Paris 1960.

Dunn, Malcolm: *Kampf um Malakka. Eine wirtschaftsgeschichtliche Studie über den portugiesischen und niederländischen Kolonialismus in Südostasien*. Wiesbaden 1984.

Feldbauer, Peter: *Der Estado da India. Die Portugiesen in Asien 1498–1620*. Wien 2003.

Flores, Jorge M.: *Os Portugueses e o Mar de Ceilão. Trato, diplomacia e guerra, 1498–1543*. Lissabon 1998.

Gil, Juan: *Hidalgos y samurais. España y Japón en los siglos XVI y XVII*. Madrid 1991.

Jin Guoping: *Zhong Pu guanxi shidi kaozheng*. Macau 2000.

Jin Guoping und Wu Zhiliang: *Jing hai piao miao (História[s] de Macau. Ficção e realidade)*. Macau 2001.

Lobato, Manuel: *Política e comércio dos Portugueses na Insulíndia. Malaca e as Molucas de 1575 a 1605*. Macau 1999.

Loureiro, Rui Manuel: *Fidalgos, missionários e mandarins. Portugal e a China no século XVI*. Lissabon 2000.

Manguin, Pierre-Yves: *Les Portugais sur les côtes du Viêt-Nam et du Campa. Étude sur les routes maritimes et les relations commerciales, d'après les sources portugaises (XVIe, XVIIe, XVIIIe siècles)*. Paris 1972.

Marques, A. H. de Oliveira (Hg.): *História dos Portugueses no Extremo Oriente*. 4 Teile in 5 Bdn., Indexband. Lissabon 2000–2003.

Okamoto Yoshitomo: *Jûroku seiki Nichiô kôtsûshi no kenkyû*. Tokyo 1942.

Ollé, Manel: *La invención de China. Percepciones y estrategias filipinas respecto a China durante el siglo XVI*. Wiesbaden 2000.

Pearson, Michael N.: *Merchants and Rulers in Gujarat. The Response to the Portuguese in the Sixteenth Century*. Berkeley etc. 1976.

Pearson, Michael N.: *Port Cities and Intruders. The Swahili Coast, India, and Portugal in the Early Modern Period*. Baltimore etc. 1998.

Pinto, Paulo J. de Sousa: *Portugueses e Malaios: Malaca e os sultanatos de Johor e Achém, 1575–1619*. Lissabon 1997.
Subrahmanyam, Sanjay: *Improvising Empire. Portuguese Trade and Settlement in the Bay of Bengal, 1500–1700*. Delhi 1990.
Subrahmanyam, Sanjay: *The Portuguese Empire in Asia 1500–1700. A Political and Economic History*. London etc. 1993.
Thomaz, Luís Filipe F. R.: *De Ceuta a Timor*. Lissabon 1994.

Nachweis der Abbildungen und Karten

Vorderer Vorsatz: Koreanische Weltkarte, um 1470. Honkô-ji Tokiwa Museum of Historical Materials, Shimabara, Präfektur Nagasaki (Japan). Diese und ähnliche Karten gehen auf die Geographie der Mongolenzeit zurück. Korea, rechts, wird übertrieben groß dargestellt. Ganz links sind die Konturen der Iberischen Halbinsel und Italiens vage zu erkennen. Afrika – in der Mitte mit einem See –, die Arabische Halbinsel und Indien sind stark verzerrt. Mehrere Elemente können letztlich auf die TO-Geographie zurückgeführt werden.

Hinterer Vorsatz: Südostasien nach Fernão Vaz Dourado, aus dem *Atlas universal* (1571), Lissabon, Arquivo Nacional da Torre do Tombo. Typisch für portugiesische Karten dieser Epoche sind zum Beispiel die breite Malaya-Halbinsel, der spitz zulaufende Golf von Tongking und die schematisch wirkenden Mündungsgebiete großer Flüsse. Aus: L. F. Barreto (Hg.), Fernão Mendes Pinto e os mares da China, Lissabon 1998, S. 23.

Karten: cartomedia-karlsruhe © Verlag C. H. Beck.

S. 41: Oceanos 46 (2001), S. 116.

S. 61: H. L. Scheuring, Die Drachenfluß-Werft von Nanking. Das Lung-chiang ch'uan-ch'ang chih ..., Frankfurt a. M. 1987, S. 204, Abb. 41.

S. 63: Ch. Higham, The Bronze Age of Southeast Asia, Cambridge 1996, S. 26.

S. 65: J. Needham u. a., Science and Civilisation in China, Bd. IV.3, Cambridge 1971, S. 446.

S. 70: F. R. Allchin u. a., The Archaeology of Early Historic South Asia. The Emergence of Cities and States, Cambridge 1995, S. 310.

S. 71: G. Koch (Hg.), Boote aus aller Welt, Berlin 1984, S. 132, Abb. 16.

S. 74–75: Oceanos 46 (2001) S. 12.

S. 78–79: A. Pesce, Jiddah. Portrait of an Arabian City, London 1976, S. 10.

S. 81: Wang Qi u. a., Sancai tuhui, Taibei 1970, Bd. 2, S. 867.

S. 101: W. Stein (Hg.), Kolumbus oder Wer entdeckte Amerika?, München 1992, S. 81, Abb. 1.

S. 125: W. Stein (Hg.), Kolumbus oder Wer entdeckte Amerika?, München 1992, S. 124, Farbtafel XIII.

S. 142: M. Meissner, Das goldene Zeitalter Arabiens unter den Abbasiden, Hanau o. J., Frontispiz.

S. 143: T. O. Höllmann, Die Seidenstraße, München 2004, S. 24.

S. 149: J. Needham u. a., Science and Civilisation in China, Bd. IV.3, Cambridge 1971, S. 426.

S. 158: Yuan shi, Sibu beiyao – Ed., Heft 30, j.208, 12b.

S. 170–171: Cao Wanru u. a., Zhongguo gudai ditu ji, Bd. 1: Zhangguo zhi Yuan, Beijing 1990, Tafel 65.

S. 173: J. Needham u. a., Science and Civilisation in China, Bd. IV.3, Cambridge 1971, Tafel 408, Abb. 975.

S. 192: Haijun Haiyang cehui yanjiusuo u. a. (Hg.), Xinbian Zheng He hanghai tu ji, Beijing 1988, S. 7.

S. 193: W. Stein (Hg.), Kolumbus oder Wer entdeckte Amerika?, München 1992, S. 103, Abb. 3.

S. 198: W. Stein (Hg.), Kolumbus oder Wer entdeckte Amerika?, München 1992, S. 125, Farbtafel XIV.

S. 199: M. Meissner, Das goldene Zeitalter Arabiens unter den Abbasiden, Hanau o. J., nach S. 80.

S. 200: G. Koch (Hg.), Boote aus aller Welt, Berlin 1984, S. 99, Abb. 8.

S. 202–203: Wang Qi u. a., Sancai tuhui, Taibei 1970, Bd. 2, S. 850.

S. 225: W. Stein (Hg.), Kolumbus oder Wer entdeckte Amerika?, München 1992, S. 83, Abb. 3.

S. 238–239: Haijun Haiyang cehui yanjiusuo u. a. (Hg.), Xinbian Zheng He hanghai tu ji, Beijing 1988, S. 40.

S. 250: Sammlung Mingdai shiji huikan, Taibei 1969, Bd. 6, S. 14–15.

S. 251: Sammlung Mingdai shiji huikan, Taibei 1969, Bd. 6, S. 14–15.

S. 253: Jinian weida hanghaijia Zheng He xia Xiyang 580 nian choubei weiyuanhui u. a. (Hg.), Zheng He shiji wenwu xuan, Beijing 1985, nach S. 78.

S. 259: W. Stein (Hg.), Kolumbus oder Wer entdeckte Amerika?, München 1992, S. 84, Abb. 4.

S. 262–263: Haijun Haiyang cehui yanjiusuo u. a. (Hg.) Xinbian Zheng He hanghai tu ji, Beijing 1988, S. 64

S. 278: Zhou Huang, Liuqiu guo zhilüe, in der Sammlung Juzhen ban congshu (Baibu congshu 27.21), Heft 1, Illustrationen 3b-4a.

S. 280–281: L. F. Barreto (Hg.), Fernão Mendes Pinto e os mares da China, Lissabon 1998, S. 14.

S. 283: L. F. Barreto (Hg.), Fernão Mendes Pinto e os mares da China, Lissabon 1998, S. 25.

S. 284: Revista de Cultura (chin. Ausg.), Nr. 49 (2003), S. 146, 147.

S. 288: L. Blussé, Strange Company. Chinese Settlers, Mestizo Women and the Dutch in VOC Batavia, Dordrecht und Riverton 1986, S. 118.

S. 295: Revista de Cultura (chin. Ausg.), Nr. 49 (2003), S. 102.

S. 299: M. Meissner, Das goldene Zeitalter Arabiens unter den Abbasiden, Hanau o. J., nach S. 80.

S. 317: Li Huilin, Nan-fang ts'ao-mu chuang. A Fourth Century Flora of Southeast Asia, Hongkong 1979, S. 89, Abb. 24.
S. 319: A. Pesce, Jiddah. Portrait of an Arabian City, London 1976, S. 145.
S. 325: Li Huilin, Nan-fang ts'ao-mu chuang. A Fourth Century Flora of Southeast Asia, Hongkong 1979, S. 112, Abb. 31.
S. 326: Lin Qing, He gong qiju tushuo (1836), j. 4, 3a.
S. 327: G. Koch (Hg.), Boote aus aller Welt, Berlin 1984, S. 190, Abb. 15.
S. 329: Chouhai tubian, in Sammlung Siku quanshu zhenben 5.92–94, Bd. 3, j. 13, 17b-18a.
S. 330–331: Oriente, Nr. 16, Lissabon 2006, S. 22.

Register

Das Register enthält geographische Bezeichnungen, Namen von Personen, Dynastien und Reichen, Handelswaren sowie weitere ausgewählte Stichwörter.
Sternchen vor Ortsnamen, die deutschsprachigen Lesern möglicherweise weniger geläufig sind, verweisen auf Karten.